KB235092

사 회  발 전 과  문 화 현 상 을  통 해  보 는

# 미국광고사

사 회  발 전 과  문 화 현 상 을  통 해  보 는

사 회 발 전 과 문 화 현 상 을 통 해 보 는

# 미국광고사

신기혁 · 신인섭 지음

한국학술정보㈜

# A statement by the President

We are now marking the 200th anniversary of the American Revolution. For two centuries we have grown, changed and flourished as an independent nation. A diverse people, drawn from all corners of the earth, have joined together to fulfill the promise of democracy.

America's Bicentennial is rich in history and in the promise and potential of the years that lie ahead. It is about the events of our past, our achievements, our traditions, our diversity, our freedoms, our form of government and our continuing commitment to a better life for all Americans.

The system of free enterprise which is enjoyed as a part of our national heritage has been effectively and capably [illegible]gated through the various ele[ment] of the advertising media. This evidences those values which are inherent to our American way of life.

The Bicentennial offers each of us the opportunity to join with our fellow citizens in honoring the past and preparing for the future in communities across the nation. Thus, in joining together as races, nationalities and individuals, we also retain and strengthen our traditions, background and personal freedom.

As we lay the cornerstone of America's Third Century, I am most happy to commend the publisher, editor and staff of ADVERTISING AGE on your special commemoration of our nation's 200th anniversary. Efforts such as yours are helping to make this great national celebration a memorable and meaningful one for all. #

*Gerald R. Ford*

제럴드 R. 포드 대통령이 Advertising Age(애드버타이징 에이지) 미국 건국 200주년 특집호 (1976. 4. 19)에 보낸 축하 메시지

어느 나라이건 국가 원수가 광고에 대해 말하는 일은 극히 드물다. 그런데 미국 역사를 보면 대통령이 광고에 관해 언급하거나 나아가서는 광고 관련 단체 모임에서 연설하는 일도 있다. 1926년 10월 27일 Calvin Coolidge(캘빈 쿨리지) 대통령은 워싱턴에서 있었던 미국광고업협회 연례총회에서 연설한 적이 있다. 그 뒤에 루즈벨트, 트루먼, 포드 대통령은 광고에 관해 메시지를 보낸 기록도 남아 있다. 레이건 대통령 같은 경우 영화배우 시절 Chesterfields(체스터필즈) 담배 모델을 한 적도 있다. 미국에서 광고가 어떤 위치를 차지하고 있는가를 보여 주는 일이라고 하겠다.

몇 가지 이유로 이 책을 쓰게 되었다.

엘비스 프레슬리, 마이클 잭슨 모두 고인이 되었다. 아마 지금 미국 대통령의 이름보다도 프레슬리나 잭슨의 이름을 아는 사람이 많을지도 모른다. 그만큼 미국 대중문화는 세계화되었다. 광고를 포함하는 마케팅 커뮤니케이션의 세계도 비슷하지 않을까 싶다. David Ogilvy(데이비드 오길비)가 쓴 『Confessions of An Advertising Man(어느 광고인의 고백)』은 이제 세계 여러 나라 광고서적 책방의 단골 메뉴이다. 몇 개 나라 말로 번역되었는지 모른다. 50여 년 전에 미국에서 전개된 독일 자동차 폴크스바겐 광고 캠페인은 지금도 광고하는 사람이면 대개 한두 개씩은 알고 있다. 그런 의미에서는 코카콜라 광고도 마찬가지이다.

PR이라는 말은 19세기 말 미국 철도 관계 회보에 처음 나왔다 하나 PR을 세계로 퍼뜨린 것은 주로 세계 제2차 대전 이후 미국이었다. 일본은 맥아더 장군의 연합군 총사령부, 흔히 GHQ를 통해서 PR을 알게 되었다. 한국은 광복 후 하지 장군의 미군정 시대에 한국에서 활동하던 미국 공보조직을 통해 PR을 배웠다.

우리 한국 사회를 보자. 아마 집안 살림살이 가운데 미제 물품이 한두 개 없는 곳이 없을 만큼 미제는 우리 주변에 있다. 광고 역시 마찬가지이다. 미군이 한국에 진주한 지는 올해로 67년째이다. 이 사이에 한국의 광고는 초기에 일본 영향에서 벗어나 1970년대 무렵부터 미국의 영향을 받게 되었다. (엄밀하게 말한다면 미국 제품과 그 광고가 한국 신문에 등장한 것은 이미 독립신문이 창간된 무렵으로 거슬러 올라간다.)

미국광고 특히 광고 산업의 핵을 이루는 광고대행업의 영향이 우리에게 다가온 것은 1960년대 말 코카콜라와 펩시콜라와 Caltex(칼텍스), Gulf(걸프) 등 석유회사가 한국 시장에서 경쟁을 벌인 뒤부터였다. (지금의 오리콤 전신인 만보사와 합동광고가 그런 예이다.) 1980년대까지는 미국 제품과 미국광고는 한국을 향하는 일방통행이었다. 그 뒤 한국 제품과 광고가 이제 미국 시장을 향하게 되었다. 그리고 쌍방향이 되고 있다.

미국광고는 단순히 미국만의 광고는 아니다. 세계 여러 나라의 10대 광고주 가운데에 미국광고주가 들어 있지 않은 나라는 거의 없다. 세계 광고계를 지배하고 있는 광고회사 그룹이 4개 있는데 런던에 본사가 있는 WPP, 뉴욕에 있는 OMNICOM(옴니콤), 역시 뉴욕의 Interpublic Group(IPG, 인터퍼블릭 그룹), 파리의 Publicis(퍼블리시스)가 그것이다. 그런데 이런 광고회사 그룹을 구성하는 주요 광고회사를 보면 태반은 미국 회사들이다.

2010년 세계 광고비 약 4,560억 달러(주요 7개 매체 광고비)의 3분의 1쯤은 미국이 차지하고 있다. 신문, 잡지 부수 공사 기구인 ABC 제도는 1914년에 세계 최초로 미국에서 시작되었다. 상업방송을 처음으로 시작한 나라도 미국이며, 공익광고를 먼저 제도화한 곳도 미국이다. 미국의 A. C. Nielsen(닐슨)은 1950년 TV 시청률 조사를 세계 처음으로 실시하였다. 그리고 이러한 ABC 제도와 TV 시청률 조사 제도는 세계 여러 나라 광고 과학화에 초석이 되었다. 서구에서는 거의 사라진 광고회사의 광고 대행 커미션을 15%로 국제적인 기준처럼 만든 나라 또한 미국이다. 세계 유일의 국제적 광고 단체인 국제광고협회(International Advertising Association: IAA)가 창설된 것은 1938년 뉴욕에서의 일이다.

1990년대 후반부터 세계를 바꾸고 있는 인터넷, 21세기에 들어와 널리 퍼진 yahoo(야후), google(구글), facebook(페이스북), twitter(트위터), iPad(아이패드) 등이 시작된 곳도 미국이다. 몹시 역설적이지만 담배 광고를 가장 자유롭게 많이 했었던 나라가 미국이었고, 반면 담뱃갑에 경고문을 먼저 표기하기 시작한 것도 미국이며, 1971년 세계 최초로 방송매체에서 담배 광고를 금한 것도 역시 미국이었다.

미국광고와 PR 그리고 그 발전 과정을 이해한다는 것은 남의 일 공부하는 것이 아니라 글로벌 시대에 마케팅커뮤니케이션 활동을 하는 사람이나 기업, 단체에는 필수가 되었다.

이렇게 볼 때 이 책은 단순히 미국광고의 과거를 살피는 것에만 그치지 않고 미국광고의 발달 과정, 현재와 미래를 살핌으로써 세계 광고계를 내다보는 눈을 키우는 데 도움이 될 것이다.

미국광고 발전과 역사에 관한 책은 무척 많다. 이유는 간단한데 광고란 경제활동의 일부로서 산업 발전과 관련이 되고, 언론 매체와도 관련이 되며, 사회 및 문화와도 밀접히 얽혀 있는 그야말로 과학과 예술의 혼합체이기 때문이다. 그런데 역사 이야기를 하려면 시대 구분이 있기 마련인데 연구한 사람에 따라 다르게 되어 있다. 그래서 주로 다음 책들을 참고했다.


- Frank Presbrey(1929). 『The History and Development of Advertising』. New York: Doubleday, Doran & Company.
- C. H. Sandage(1945). 『Advertising Theory and Practice』. Chicago: Richard D. Erwin Company.
- James P. Wood(1958). 『The Story of Advertising』. New York: Ronald Press Company.
- Roland Marchand(1985). 『Advertising. The American Dream』. Berklay & Los Angeles: University of California Press.

- Juliann Sivulka(1998). 『Soap, Sex and Cigarettes, A Cultural History of American Advertising』. Wadsworth Publishing Company.
- Billy I. Ross, Anne C. Osborne, Jef I. Richards(2006). 『Advertising Education, Yesterday－Today－Tomorrow』. Lubbock, Texas: Advertising Education Publications.
- Advertising Age:
  1) The New World of Advertising. Nov. 21, 1973.
  2) How it was in advertising, 1776~1976. Apr. 19, 1976.
  3) The Advertising Century, Dec. 1999.
  4) Encyclopedia of Advertising(2003). New York: Fitzroy Dearborn.
  5) 75 Years of Ideas, Mar. 28, 2005.
  6) 80 Years of Ideas, Mar. 29, 2010.
- Edward L. Barnays(1928). 『Propaganda』. New York: Liveright Publishing Corp.
  ________________(1934). 『Crystallizing Public Opinion』. New York: Liveright Publishing Co.
- Scott M. Cutlip(1995). 『Public Relations History From the 17th to the 20th Century』. Hillsdale, N.J.: Lawrence Erlbaum Associates.
- Scott M. Cutlip, Allen H. Center, Glen M. Broom(2006). 『Effective Public Relations』, 4th ed. Upper Saddle River, N.J.: Pearson－Prentice Hall.

이러한 자료들을 바탕으로 시대 구분은 다음과 같이 아홉 개로 나누었으며 광고와 밀접히 관계되는 PR(10장)과 미국광고와 한국 광고의 관계를 각각 별도의 한 장(11장)으로 엮었으며 그 순서는 아래와 같다.

1. 초기 인쇄시대: 15세기~1840년
2. 산업혁명과 확장기: 1840~1900년
3. 제1차 세계대전 및 정리기: 1900~1920년
4. 노호하는 '20년대: 1920~1930년
5. 경제대공황에서 제2차 세계대전 종료: 1930~1945년
6. 제2차 세계대전 이후 번영기, 사회적 통합기: 1945~1960년
7. 크리에이티브 전성기, 석유위기, 국제화 시대: 1960~1975년
8. 글로벌 시대: 1975~1990년

각 장은 대략 정치, 경제, 언론, 광고(광고회사, 크리에이티브) 및 그 밖의 일의 순서이다. 300년 기간의 미국광고 역사를 간추려서 우리말로 다룬 책은 이것이 처음일 것이다. 미국광고의 역사와 발전과정을 살피면 18세기 영국에서 시작된 산업혁명 이후 미국에서 꽃핀 근대에서 현대에 이르는 세계 광고의 흐름을 이해할 수 있고 우리의 과거와 현재, 나아가서는 미래를 점칠 수 있는 통찰을 얻을 수 있다. 이 책을 통하여 글로벌 시대에 접어든 한국에 마케팅 커뮤니케이션 분야에서 어떻게 대처해야 할 것인가에 대한 시사를 얻는 데에 조금이나마 도움이 되기를 바란다.

마지막으로 오래전에 Presbrey(프레스브리)가 1929년에 쓴 미국광고의 역사책을 미국에서 빌려다 준 선우동훈 교수의 보살핌과 지금 뉴욕대학 교수인 올가 페데렌코의 자료 협조에 대해 깊은 감사를 드린다.

한편, 본 서적은 용어 및 외국어의 표기에 있어 원어를 그대로 사용하는 것을 원칙으로 했는데, 그것은 한국어 표기가 원어 발음과 일치하지 않는 경우가 많기 때문이다. 많은 회사, 브랜드, 인명, 도서명, 지명 등을 원어 그대로 사용했지만 한국어로 정착된 단어의 경우에는 한글로만 표기하거나 처음에만 원어 표기를 병행하고 이후는 한글로만 표기했다.

신기혁 · 신인섭

제1장

# 초기 인쇄매체 시대: 15세기~1840

# 제1절 정치, 경제, 사회, 문화

1492년 Christopher Columbus(크리스토퍼 콜럼버스)가 신대륙을 발견하기 훨씬 전부터 미국에는 원주민들이 살고 있었다. 알래스카 주 옆에 있는 베링해협을 건너온 인간이 지금의 미국 땅에서 살기 시작한 것은 약 15,000년에서 30,000년 전으로 추정하고 있다.

그러나 실질적으로는 콜럼버스가 아메리카 대륙을 발견한 뒤부터 미국의 역사는 시작된다. 16세기 후반에는 스페인 사람들이 플로리다 주 Augustine(오거스틴)에 정착했다. 그뒤 17세기에는 네덜란드가 지금의 뉴욕 부근에 New Netherlands(뉴 네덜란드)라는 식민지를 만들었다. 그리고 프랑스와 영국 등이 뒤를 이었다. 16세기에 미국에 온 서양인들은말, 소, 돼지 등을 가져왔고 감자, 담배, 콩, 호박 등을 가져갔다.

**정치** 1607년에는 버지니아 주 제임스타운(Jamestown)에 첫 영국 정착지가 탄생했다. 1620년 11월에는 메이플라워(Mayflower)호에 102명의 청교도 일행과 승무원 25~30명이 3개월에 걸친 항해 끝에 매사추세츠(Massachusetts) 주 플리머스(Plymouth)에 도착했다.

미국에서 가장 오래되었고 이름 높은 하버드대학이 창립된 것은 1636년의 일이다.

1733년까지에 동부 13개 정착지(식민지, Colony)가 생겼으며 이것이 13개 주로서 미국의모태가 되어 1776년 7월 4일에 독립을 선언하고 오늘날의 미국 탄생의 시발점이 된다. 1756년부터 7년간의 영불전쟁에서 영국은 승리했고, 그 결과 미국 내에 있던 프랑스의 정착지는 모두 영국이 차지하게 되었다.

유명한 벤저민 프랭클린(Benjamin Franklin)의 연날리기 시험이 있었던 것은 1752년이었다. 프랭클린은 미국 독립선언 기안자의 한 사람으로서 정치가, 신문 발행인 등으로도 널리 알려져 있다.

**인지세(印紙稅, Stamp Act), 독립선언, 독립전쟁** 영국 정부는 미국에 주둔하고 있는 10,000명의 영국 상비군 군비 충당을 위해 이미 영국에서 시행 중인 인지세를 1765년부터 미국에서도 시행하려 했으나 심한 반대에 부딪혀 실패했다. 인지세 부과 대상은 토지, 건물 등 모든 법적인 문서, 결혼 증서, 신문, 잡지 판매와 광고 등으로 해당되지 않는 문서가 없을 만큼 광범위한 것이었다. 인지세에 반대한 미국인은 인지는 불태우거나 파기했다. 그리고 이 법은 결국 파기되었다. 인지세에 대한 반대 이유는 "영국인의 권리(Rights of Englishmen)"를 미국에서도 시행해야 된다는 것이며, 미국에 대한 대표권이 없는 영국 의회가 결정한 과세는 안 된다는 것이었다. 사실 그때까지 영국 식민지였던 미국은 영국 의회에 대표권이 없었다.

1773년에는 유명한 "보스턴 티 파티(Boston Tea Party)" 사태가 일어났다. 그 이유도 영국이 미국으로 실어 간 차(茶)에 심한 세금을 매겨 팔려는 데에 대한 반발로서 보스턴 항구에 차를 실어 나르는 영국 선박의 차를 모두 바다에 던져 버린 것이었다. 이 사건에 대해 영국은 심한 처벌을 가해 바다에 버린 차에 대한 배상금 지불, 주둔 영국군에 대한 숙식 제공, 나아가서는 보스턴 항구 봉쇄, 영국 왕이 부여한 특허권 취소 등 가혹한 처벌을 내렸다.

**독립전쟁** "보스턴 티 파티"와 인지세에서 시작한 일련의 사건은 그 이후 주로 미국 동부의 13개 영국 식민지(13개 주)를 중심으로 하는 1774년의 제1차 대륙회의(Continental Congress)로 이어지고 이 회의는 영국 국왕 조지 3세에게 식민지의 대표권을 요구하는 청원서 제출 사건으로 발전한다. 왕은 이 청원을 무시했고 이러한 행동은 반란이며 주모자들은 역적이라고 했다. 1775년에 소집된 제2차 대륙회의는 대륙군대(Continental Army) 창설을 승인했고 조지 워싱턴은 사령관이 되었다. 이렇게 해서 미국 독립전쟁이 시작된 것이다. 2차 회의 때 패트릭 헨리(Patrick Henry)의 유명한 연설 "내게 자유가 아니면 죽음을 달라(Give me liberty or give me death)"가 나왔다고 알려져 있다. 1776년 7월 4일 미국은 드디어 독립을 선언했다. 1783년까지 계속된 미국 독립전쟁(American Revolutionary War 혹은 War of Independence)은 1776년 프랑스이 지원과 프랑스이 동맹구이던 스페인과 화란도 가

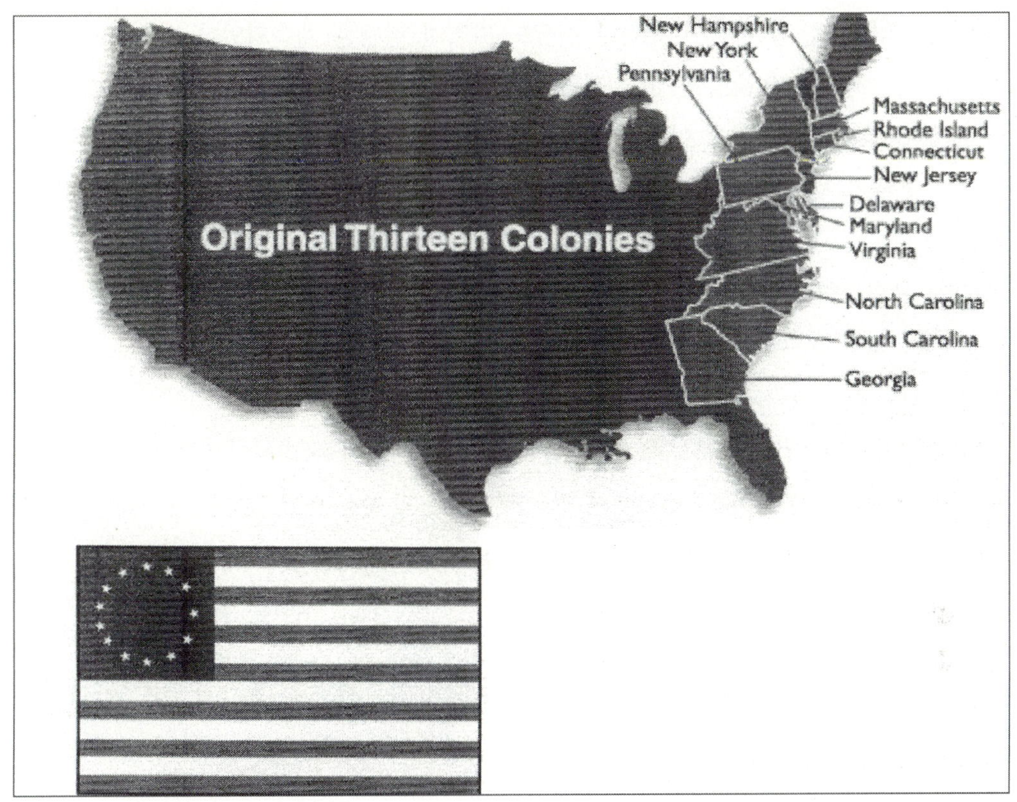


〈그림 1-1〉 미국의 시작인 동부 13개주 지도와 독립 당시 미국의 깃발

세함으로 인하여 국제전이 되었다. 드디어 1783년에는 파리조약이 체결되었고 영국 정부는 미국의 독립을 승인하게 되었다.

독립전쟁이 끝난 4년 뒤인 1787년에는 미국 헌법이 제정되고 다시 4년 뒤 흔히 인권장전이라고 알려진 권리장전(權利章典, Bill of Rights)이 수정헌법으로 채택되었다.

처음으로 센서스가 실시된 해는 1790년이었는데 미국 인구는 393만 명으로 50%는 남부, 그리고 중부와 동부에 각각 25%가 살고 있었다. 이 숫자에는 약 50만 명으로 추정되는 흑인은 포함되지 않았다. 초기 인쇄매체 시대의 마지막 해인 1840년에 이르자 미국 인구는 1,700만 명을 넘어섰는데, 여기에는 60만 명에 이르는 이민 인구가 포함되어 있었다. 즉 1790~1840년의 50년 기간에 미국 인구는 약 4.3배 증가했다.

조지 워싱턴(George Washington)이 초대 대통령이 된 것은 1789년이었고 그는 재임되어 8년간 대통령직에 있었다. 그 뒤 1840년까지 8대 대통령이 있었다.

**프랑스와의 전쟁** 미국이 독립한 뒤에도 자잘한 전쟁은 계속되었다. 워싱턴의 뒤를 이은 John Adams(존 애덤스) 대통령 재임 기간에는 미국 독립전쟁을 도왔던 프랑스와 해전이 계속되었다. 여러 가지 이유가 있었지만 큰 원인은 1794년에 미국이 영국과 상호 협력 조약을 맺게 됨으로써 당시 영불전쟁에 휘말려 있던 프랑스가 이를 문제 삼은 것으로, 전쟁 상대인 영국에 도움이 되는 교역은 프랑스에 불리하다는 것이었다. 그리고 1789년 7월에는 프랑스혁명이 일어나 왕정이 무너진 무렵이었다. 크고 작은 해전이 미국과 프랑스 사이에 일어났는데 이 전쟁은 선전포고가 없었던 전쟁으로 18세기 말에서 19세기 첫 해까지 2년 동안 지속되었다.

1800년에는 워싱턴 D.C.를 수도로 결정했다. 1807년 미국은 러시아로부터 알래스카를 720만 달러에 구입했다. 유럽 대륙에서 영국과 프랑스의 이른바 나폴레옹 전쟁(1803~1815)은 당시 두 나라와 밀접한 경제적 의존 관계에 있던 미국에는 골치 아픈 일이었다. 그래서 미국은 중립을 원했으며 1807년에는 교전국 어느 쪽과도 무역을 하지 못하도록 금수법(禁輸法, Embargo Act)을 제정했다. 그러나 이 법은 오히려 미국에 불리하다는 결론에 도달해 2년 뒤에 폐기되었다.


**영미전쟁, 1812~1815** 흔히 말하는 나폴레옹 전쟁, 즉 영불전쟁은 영국과 프랑스의 전쟁이었지만 미국과 영국의 관계도 몹시 불편하게 만들었고 드디어 "1812년 전쟁"이라 부르는 미국과 영국의 전쟁을 불러일으켰다. 1812년부터 3년간 계속된 이 전쟁의 원인은 몇 가지가 있었다. 무엇보다도 영국이 미국과 프랑스의 교역을 방해했는데 이러한 교역은 영국의 교전국인 프랑스에 도움을 준다는 것이었으며, 프랑스와 전쟁을 하는 영국 해군에 병력이 부족해서 미국 선원을 강제로 영국 해군에 편입한 일, 그리고 영국 해군이 미국 정부 모르게 아메리칸 인디언에게 무기를 제공하여 그들을 돕고 있는 것 때문이었다. 당시 미국은 서북부 개척을 하고 있는 상황에서 영국의 인디언에 대한 원조는 큰 장애가 되었다. 전쟁은 미국의 대서양 해안, 멕시코 만 해안 그리고 미국과 캐나다 접경에 있는 5대호 주변에서 일어났다. 그러나 영국으로서는 이 전쟁이 크게 중요한 것이 아니었으므로 결국 미국과 화해로 끝났다.

1817년에서 8년간 재임한 미국 제5대 대통령 James Monroe(제임스 먼로)가 '서구 제국은 중남미에 간섭하지 않고, 한편 미국은 서구에서 일어나는 전쟁에 간섭하지 않는다'는 것을 천명한 먼로주의 선언은 1823년의 일이었다. 먼로주의를 제창하게 된 원인은 사실상

영불전쟁 동안 프랑스와 두 국가 사이의 관계에서 얻은 미국의 자구책이었다.

**경제** 영국의 식민 정책의 특징은 왕이 민간 기업에 특정 지역이나 업종에 대해 특허를 허가하는 제도이다. 이 특허권(Charter) 가운데는 경제적 권리뿐만이 아니라 정치적, 사법적 권리도 포함되어 있었는데 영국의 식민지이었던 미국에서도 같은 방법을 썼다. 대지주나 거상들은 왕의 특허를 받아 미국 동부에 진출했다. 그러나 소득이 별로 없게 되자 이들은 그곳에 정착한 사람들에게 그 특허를 양도했다.

초기에는 주로 미국 동북부의 정착자(定着者)들이 담배, 쌀, 인디고 등을 생산해서 유럽 지역에 수출하고 태반의 생필품은 유럽에서 수입해다 썼다. 그러다가 차차 제분소나 제재소를 만들었고 교역을 위해 작은 조선소도 만들었다. 이렇게 해서 1770년 무렵에는 미국 정착자들이 정치, 경제적으로 자립하여 자치할 수 있는 단계에 이르렀다.

미국의 국내 총생산은 1790년부터 1840년까지 50년 사이에 그 당시 금액으로 1.9억 달러에서 15.6억 달러로 증가해 8.2배 성장했다. 다만 1인당 소득기준으로는 $48에서 $91로 증가해 2배에 조금 못 미치는 정도에 그쳤다. 이 금액을 2005년 화폐 가치로 환산한 숫자는 다음 표에 나와 있는데 이미 18세기 말에 국민 1인당 생산은 $1,000를 넘었다. 그러나 미국은 여전히 농업국가로서 1830년에도 인구 가운데 겨우 8.8%만이 2,500명 이상이 사는 도시에서 살고 있었다.

〈표 1-1〉 미국 국내 총생산(GDP), 1790~1840

| 연도 | GDP($10억) | 환산($10억) | 국민 1인당 GDP($) | 환산($) |
|---|---|---|---|---|
| 1790 | 0.19 | 4.03 | 48 | 1,025 |
| 1800 | 0.48 | 7.40 | 90 | 1,397 |
| 1810 | 0.70 | 10.63 | 97 | 1,471 |
| 1820 | 0.70 | 14.41 | 73 | 1,499 |
| 1830 | 1.01 | 22.16 | 78 | 1,718 |
| 1840 | 1.56 | 31.46 | 91 | 1,838 |

자료: www.measuringworth.com. 환산은 2005년 달러 기준이며 반올림함.

**영국 산업혁명 영향, 그리고 미국의 발명** 1769년 James Watt(제임스 와트)의 증기 기관 발명에서 본격화된 영국의 산업혁명은 기계, 석탄 채굴, 기계 부품 제조, 철도 등 모든 산업분야로 퍼져 나갔다. 산업혁명은 미국에도 큰 영향을 미쳤음은 말할 나위가 없다. 미국에서 산업혁명이 일어나게 된 시기는 학자 간에 다른 의견이 있으나 대략 1840년을 전후한 것으로 본다.

영국에서 시작된 산업혁명의 영향은 서서히 미국에서 나타나게 되었다. 1792년에는 20대 초반의 영국인 기술자 Samuel Slater(사무엘 슬레이터)가 미국 최초로 영국식으로 설계된 직물공장을 뉴욕에 설립했다. 한 해 뒤에는 Eli Whitney(엘리 휘트니)가 목화씨 자동추출기(Cotton Jin, 코튼 진)를 발명하여 일일이 손으로 뜯어내야 했던 목화씨를 자동적으로 추출할 수 있게 되었다. Whitney는 1798년에 상호 교환이 되는 기계 부품 생산을 시작해서 기계 조립을 가능케 했다. 이 발명은 무기 생산에도 지대한 공헌을 했다.

약 20년 뒤인 1814년에는 Francis C. Lowell(프랜시스 C. 로웰)이 보스턴에 미국 최초의 방직공장을 설립하여 한 지붕 아래에서 목화가 직물로 짜여 나가는 일관 생산 공장을 세움으로써 직물 제조에 혁명이 일어났다. 이런 공장을 세우게 된 것은 로웰이 1810년 영국의 직물공장을 시찰한 결과인데 공장 견학은 하되 눈으로 보기만 하고 적을 수는 없다는 조건이었다. 그런데 그는 자기가 본 것을 모두 기억했다가 미국에 돌아와 공장을 세웠다.

1831년에는 Cyrus McCormick(사이러스 매코믹)이 수확 기계를 발명했다. 사람의 손으로 거두던 곡식을 기계가 대신하게 된 것인데 이는 다섯 사람이 일하던 몫의 일을 수확기계(reaper)가 하게 된 것이다. 거둔다는 의미의 리이퍼는 뒤에 콤바인이 되었고, 한 사람이 운전하는 기계가 곡식을 거두고, 알곡을 분리 처리하고, 자루에 담아 넣어 차에 실어 주는 일관작업을 하게 되었다. 뒷날의 International Harvester Company(인터내셔널 하베스터 컴퍼니)는 이렇게 탄생했다. 6년 뒤에는 강철로 만든 경작 기계가 발명되어 사람이나 가축이 아닌 기계를 사용하여 밭을 갈 수 있게 되었다.

한편 수송에도 혁명이 일고 있었다. 미국 연방정부가 건설한 메릴랜드(Maryland) 주와 서(西) 버지니아(West Virginia) 주를 연결하는 1,000킬로미터의 도로가 7년 공사 끝에 1818년 개통되었다. 이 도로는 정부 예산으로 건설했기 때문에 국도(國道, National Road)라고 이름 지었다. 이 도로는 서부를 향해 가던 개척자들에게는 더없는 축복이었다. 대서양 지역인 미국 동부와 미국과 캐나다 국경에 있는 5대호(Great Lakes)를 연결하는 580킬로미터의 운하가 1825년에 개통되었는데 시작은 1817년이었으며 5대호 가운데 하나인 이리 호수(Lake Erie)의 이름을 따서 이리 운하(Erie Canal)라 부르고 있다.

1816~1840년 기간에 5,322km의 운하를 건설한 결과 운송과 사람의 교통이 늘어났고 동시에 운하 주변의 시러큐스(Syracuse), 뉴욕, 버펄로(Buffalo), 클리블랜드(Cleveland), 오하

이오(Ohio) 등의 도시화가 촉진되었다.

## 인구

<표 1-2> 1790~1840 기간 미국의 인구 변화

| | |
|---|---|
| 1790 | 제1회 센서스 실시. 392.9만 명. 25% New England, 25% Middle States, 50% South 거주(흑인 제외). 노예 50만 명에서 8배 증가한 400만 명(1790~1860년의 70년 기간) |
| 1800 | 530.8만 명(80만 명의 노예 포함) |
| 1810 | 723.9만 명(120만 명의 노예 포함) |
| 1820 | 963.8만 명. 뉴욕: 12만 3천, 필라델피아: 11만 3천, 보스턴: 4만 3천 |
| 1820~60 | 이 기간에 500만 명 미국으로 이민 |
| 1830 | 1,287만 명. 15만 명의 이민 포함. 겨우 8.8%만이 인구 2,500명 이상 도시 거주 |
| 1840 | 1,707만 명. 60만 명 이민 포함. |

자료: Laurence Urdang(1996).

18세기 말부터 19세기 초까지 계속된 프랑스 혁명 및 나폴레옹 집권 그리고 영국과 프랑스의 전쟁은 미국에도 지대한 영향을 미쳤다. 간단히 말하자면 미국은 이 두 세력의 싸움에 끼어들고 싶지 않았다. 그래서 1807년에는 무역금지법에 해당하는 엠바고(Embargo) 법을 제정해서 영국과 프랑스와 교역을 금지시키려 했다. 즉 교전국 어느 편과도 거래를 하지 않음으로써 어느 한편과 적대 관계로 빠져들지 않고 중립을 지키려고 했던 것이다. 그러나 이 법에 뒤이어 더욱 강화된 불개입 법령(Non-intercourse)은 별다른 효과를 거두지 못했다. 프랑스나 영국과 무역을 해서 득을 얻으려는 측에서는 아예 법을 무시했다. 또 밀무역(密貿易)이 성행했으며 정부가 다스릴 힘도 없었다. 결국 이 두 법은 1809년에 폐기되었다. 한편 이 무역금지법으로 영국에 의존해 오던 직물 공업은 수입 길이 막힘으로 인하여 미국 국내 직물 공업 발전의 계기를 맞이하게 되었다. 어떤 의미에서는 미국에서 산업혁명의 자극제가 되기도 했다. 미국 공산품 생산은 1808년의 1.2억 달러에서 1810년에는 1.98억 달러, 1834년에는 3.25억 달러로 급성장했다. 면직물 가격은 1815~1829년 사이에 1야드당 40센트에서 7센트로 하락했고, 모직물도 1야드당 50센트에서 15센트로 크게 하락했다.

1830년대에는 기계 수확기, 철제 쟁기 등의 발명으로 농업 발전에 큰 도움을 주었다. 1838년에는 흔히 말하는 모르스(Mores) 전신 부호가 발명되었고 또한 이 무렵 사진술도 발명되었다. 도시 간의 전신 교환이 이루어졌다. 운하의 확장, 증기 기선의 발달로 교역은 훨씬 많이 쉽게 할 수 있는 여건이 생겼다.

이 시기 마지막 무렵인 1837년에는 Procter(프록터)와 Gamble(갬블) 두 사람이 시작한 양초와 비누 제조회사 Procter & Gamble(P&G)이 창립되었다. P&G는 130년 뒤 세계 최대의 광고주가 되었으며 철두철미한 조사와 제품 개발, 흔히 말하는 프로덕트 매니저(Product Manager) 제도를 포함한 현대적인 브랜드 관리제도의 창시자가 되어 미국, 나아가서는, 세계 마케팅과 마케팅커뮤니케이션에 지대한 영향을 미치게 되었다.

**사회, 문화** 1790년 최초의 인구센서스가 실시되기 30년 전 1760년의 미국 동부 13개 주 인구는 160만 명이었는데 25%는 흑인 노예였다. 인구의 대부분은 대서양 연안 지역에 흩어져 살고 있었으며, 가장 많은 사람이 살던 곳은 버지니아 주, 다음이 매사추세츠 주 그리고 3위가 펜실베이니아 주였다. 최대 도시는 필라델피아로서 인구 25,000명이고, 인구 5,000명 이상 도시가 셋이었는데 보스턴, 뉴욕, 찰스턴(Charleston)이었다. 그리고 이들 지역에 따라 거주자들의 출신 국적이 달랐다. "합중국(United States)"이란 말이 있지만 그야말로 초창기부터 미국은 각양각색의 국적을 가진 사람들이 모여 사는 사회였다.

다만 사회 계층은 엄연했는데 지역 따라 다소의 차이는 있었지만 북부 5개 주인 이른바 뉴잉글랜드(New England) 지역에서는 성직자, 법관, 대학교수와 전문직이 사회계층의 맨 위를 차지하고 있었다. 뉴욕에서는 지주, 남부에서는 대농이 이런 계층에 속해 있었다. 인구가 가장 많았던 계층은 소농, 무역업자, 상인들로서 미국의 뼈대를 이루는 성실하고 근면하며 신앙심 깊고 이방인을 돌볼 줄 아는 근로자들이었다. 다음 계층은 노예와 본국에서 쫓겨난 백인들이 있었다. 최하층 계층은 아프리카에서 팔려온 흑인 노예로서 주로 남부에 살고 있었다. 주에 따라서는 이러한 사회 계층 구분이 법제화된 곳도 있었으며 심지어 교회에서도 신분에 따라 앉는 자리가 달랐다.

## 제2절 언론, 광고

미국 최초의 인쇄기는 영국의 식민지 시절이었던 1639년 하버드대학에 처음 도입되었다. 인쇄기는 정부의 엄격한 통제하에 있었으며 성경을 인쇄했다. 1660년에 *Publik Occurance*(퍼블릭 오커런스)라는 신문이 나왔으나 정부의 허가를 받도록 요구를 받았다. 그 뒤 인쇄기는 차차 증가했으나 미국 최초의 정기 간행물로서 광고를 정기적으로 게재한 신문(주간)

은 1704년에 창간한 Boston News-Letter(보스턴 뉴스레터)[1]이었으며 이해 5월 1-8일 호에 광고가 게재되었다.

1728년에는 벤저민 프랭클린이 역시 주간지인 Pennsylvania Gazette(펜실베이니아 가제트)를 발행했는데 창간 이듬해인 1729년 10월 2일 호에는 광고를 1면에 처음으로 게재했다. 1700년대 중반부터는 일러스트레이션이 등장하고 광고와 광고 사이에 간격을 두며 또한 활자체도 다양해졌다. 그의 신문은 미국 최대의 신문이 되었다. 이 무렵 미국에는 7개 신문이 발행되었다. 최초의 잡지 광고가 출현한 것도 역시 프랭클린의 General Magazine(제너럴 매거진)으로 1741년 5월 호가 시작이었다.

〈표 1-3〉 1720~30년대 미국의 7개 신문과 간행된 도시

| | |
|---|---|
| Boston News-Letter(보스턴) | Massachusetts Gazette(보스턴) |
| Journal(보스턴) | Gazette(뉴욕) |
| Maryland Gazette(아나폴리스) | Pennsylvania Gazette(필라델피아) |
| Mercury(필라델피아) | |

자료: Frank Presbrey(1920).

The Boston News-Letter.
Published by Authority.
From Monday April 17. to Monday April 24. 1704.

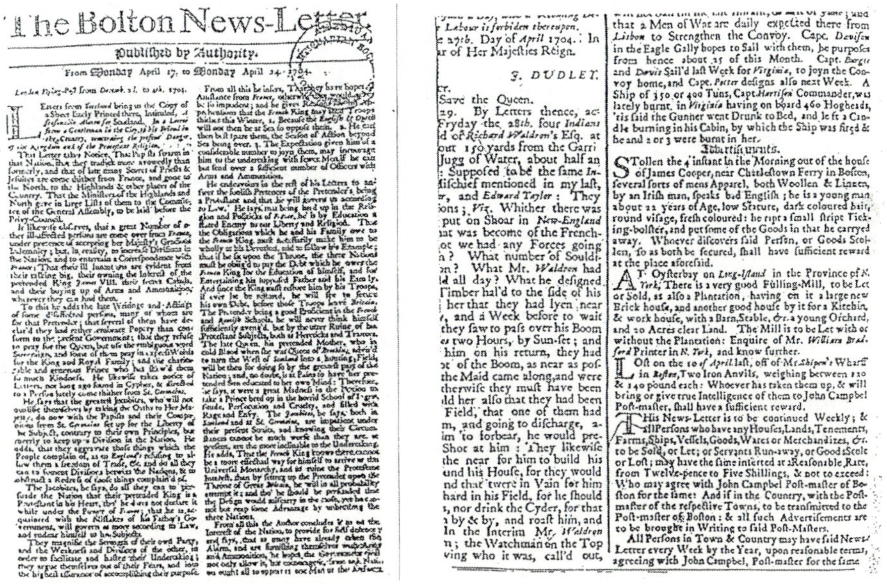

〈그림 1-2〉 최초로 유료 광고를 게재한 미국 최초의 정기 간행물(주간) Boston News-Letter 1704년 4월 17-24일 호. 오른쪽은 4개 광고가 게재된 5월 1-8일 호. 광고의 첫 글자는 크게 되어 있다.

1) The Boston News-Letter는 미국 최초의 정기간행물로서 주간지였다. 제호 밑에는 1704년 4월 17일-24일이라고 기재되어 있다

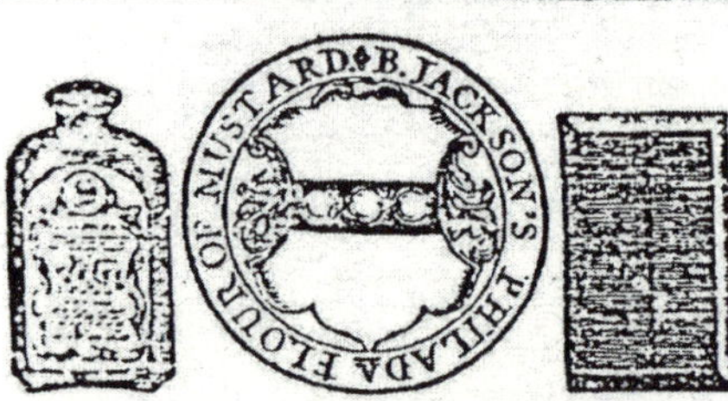

〈그림 1−3〉 벤저민 프랭클린의 Pennsylvania Gazette 1760년 4월 24일 호. 세 개 일러스트레이션이 있다. 광고 사이는 금을 그어 구분했으며 왼쪽에는 미국 최초의 상표가 들어간 광고가 있다.

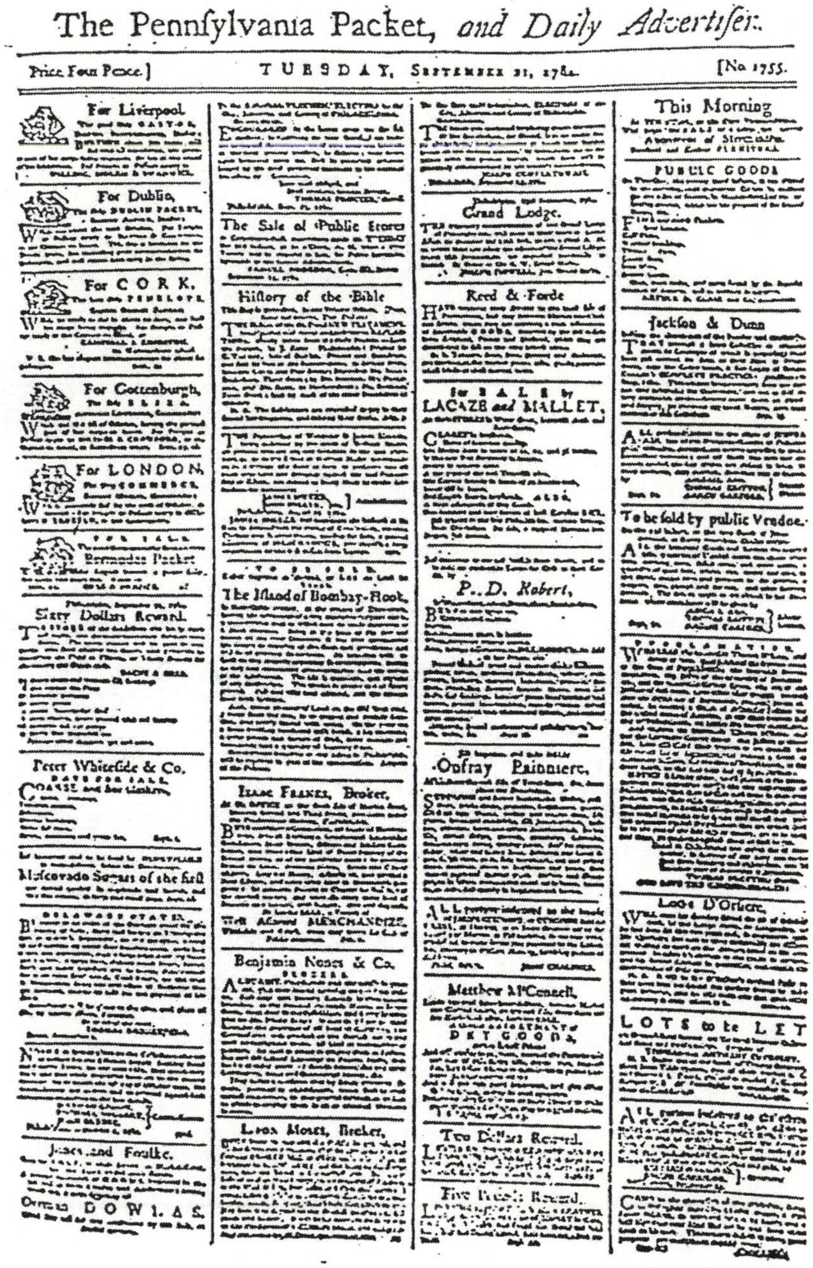
The Pennsylvania Packet, and Daily Advertiser.

Price Four Pence.] TUESDAY, September 21, 1784. [No. 1755.

For Liverpool

For Dublin

For CORK

For Gottenburgh

For LONDON

Bermudas Packet

Sixty Dollars Reward.

Peter Whiteside & Co.

Muscovado Sugars of the first

Jones and Foulke.

DOWLAS.

The Sale of Public Stores

History of the Bible

The Island of Bombay-Hook

Isaac Franks, Broker.

Benjamin Nones & Co.

Levy Moses, Broker.

Grand Lodge.

Reed & Forde

LACAZE and MALLET.

P. D. Robert,

Oufray Painnierc.

Matthew M'Connell,

DRY GOODS,

Two Dollars Reward.

Five Pounds Reward.

This Morning

PUBLIC GOODS

Jackson & Dunn

To be sold by public Vendue.

PROCLAMATION.

Loge D'Orient

LOTS to be LET

〈그림 1－4〉 미국 최초의 일간신문인 The Pennsylvania Packet and Daily Advertiser 1784년 9월 21일 호

1775년에는 신문의 수가 25개로 늘었고 크기는 9"×15"(23cm×38cm)였으며, 4페이지 신문이 1주당 5,000부 발행되기에 이르렀다. 1784년 9월 21일에는 미국 최초의 일간신문

Pennsylvania Packet and Daily Advertiser(펜실베이니아 패킷 앤드 데일리 애드버타이저)가 발행되었다. 이 신문은 원래 1771년에 John Dunlap(존 던럽)이 창간했는데 1783년에는 1주에 3회 4페이지를 발행했고 1면은 4단이었다. 따라서 하루 16단(4면×4단)인데 그 가운데 10단은 광고였다. 그래서 미국 신문의 제호를 보면 "Advertiser"라는 말이 들어 있는 경우가 흔히 있다. 미국 최초의 일간신문의 제호가 "Daily Advertiser"인 것이나 1785년에 창간된 New York Daily Advertiser도 그런 사례이다. 제호에 Advertiser라는 말이 들어간 신문은 지금도 있다.

1720년대에서 1820년까지 1세기 동안 미국 신문 추세를 보면 다음 표와 같다.

<표 1-4> 신문 추세(1721~1820)

| 연도 | 신문의 수 | 비고 |
|---|---|---|
| 1721 | 2* | |
| 1771 | 31** | 미국 인구 220만 |
| 1775 | 37 | 독립전쟁 개시 |
| 1783 | 43 | 독립전쟁 종료 |
| 1790 | 106 | |
| 1800 | 260 | 미국 인구 530만 |
| 1820 | 532 | 미국 인구 964만<br>이 무렵에 약 1,000개 정도의 신문이 창간 혹은 폐간했다. |

자료: *James P. Wood(1958), **Harry B. Weiss(1948).

신문 발전에 획기적인 일은 1833년에 penny paper(페니페이퍼)의 등장이다. Penny paper는 미국 돈 1센트(cent)짜리 신문이란 뜻을 지니는데 뉴욕에 먼저 등장했다. 시작은 1833년이었고 한 해 뒤에는 Transcript(트랜스크립트), 다시 1년이 지나자 New York Herald(뉴욕 헤럴드)가 Penny Paper로 등장했는데 이 신문은 유명한 James G. Bennett(제임스 G. 베넷)이 발행하는 신문이었다. New York Herald는 1924년에 New York Tribune(뉴욕 트리뷴)과의 합병으로 사라졌다. 구독료가 싸게 되자 신문 독자가 늘어나서 1833년에 2,000부, 1835년에는 20,000부로 폭증했다. Penny paper는 그 뒤 30여 개로 늘어났다. 이 무렵 뉴욕 인구는 27만 명이었다.

**New York Herald의 James G. Bennett(제임스 G. 베넷)**[2] 1835년에 James

---

2) Frank Presbrey(1929)에서 인용.

G. Bennett은 뉴욕에서 뉴욕 헤럴드를 창간했는데 광고에도 고집스러운 방침을 세워 여러 가지 특기할 만한 일들을 남겼다. 베넷은 뉴욕, 워싱턴, 필라델피아 등에서 신문 기자로 일하다가 500달러의 자본으로 뉴욕 헤럴드를 시작했다. 처음에는 1인 경영 신문사였다. 각종 기사를 쓰는 것은 물론이고 자기 신문에 게재하는 광고 카피까지도 써 주었다. 특히 화재, 살인, 사기사건 등 센세이션을 일으킬 만한 기사를 크게 다루었다. 창간 1년이 지나자 발행 부수는 3만에서 4만 부까지 증가했으며 뉴욕 최대의 광고 매체가 되었다. Bennett 이 경쟁자들을 물리치고 신문 사업에서 성공한 관건은 누구보다 앞서 "광고는 뉴스"라는 것을 깨달은 데에 있었다. 독자는 신문 기사 못지않게 광고에 관심이 있었고 광고를 읽었다. 그는 뉴욕 헤럴드가 완전히 자리를 잡은 1840년대 후반 광고와 관련하여 다음과 같은 규정을 세웠다.

첫째, 일러스트레이션 사용을 금지했다. 어떤 광고가 색달라서 다른 광고보다 더 독자의 주의를 끌어서는 안 되며 모든 광고는 균등해야 한다는 원칙을 세웠다.

둘째, 따라서 모든 광고는 깨끗한 글자로만 되어 있어서 옆 광고와 내용은 다르나 형태는 똑같아야 했는데 이것이 이른바 칼럼 규정(Column Rule)이었다. 다만 처음 두 줄은 대문자 사용을 허가했다.

셋째, 몇 달씩 같은 광고를 게재하던 당시 동일한 광고는 2주 이상 게재하지 못하게 했다. 뒤에 이 기간은 1일로 줄였다. 즉 광고는 매일 달라야 한다는 것이었고 새로운 기사 못지않게 새로운 광고는 자기 신문에 도움이 된다는 생각이었다.

넷째, 광고료는 현금 즉시 지불이었다. 신용 거래는 인정하지 않았다. 즉 광고 원고 접수 시 광고료를 지불해야 되었다

다섯째, 요즘으로 말한다면 광고주에 대한 PR 기사는 허용하지 않았다.


18세기 초에 광고를 게재한 주간신문이 등장한 뒤 130여 년 사이에 미국의 광고는 신문을 중심으로 완전히 정착했다. 다만 광고회사의 등장만이 남아 있을 뿐이었다. 이미 언급했지만 미국광고의 한 가지 뚜렷한 특징은 초기 신문 발행인들이 모두 광고에 대한 중요성을 충분히 이해하고 있었다는 사실이다. 어떤 의미에서는 신문 발행의 목적이 광고 수입을 통해 돈을 벌려는 데에 있었다고도 볼 수 있다. 한편, 광고를 중요하게 본 것은 신문 발행인뿐만은 아니었다. 미국 초대 대통령이었던 조지 워싱턴은 대통령 취임 3개월 전에 1789년 1월 16일 New York Daily Advertiser지에 게재된 광고를 보고 뉴욕에 있는 Henry

Knox(헨리 녹스) 소장에게 옷감을 구해서 보내 달라는 편지를 보냈다. 그는 또한 1773년 7월 15일 Maryland Advocate & Commercial Advertising(메릴랜드 아드보카트 & 커머셜 애드버타이징)지와 같은 해 9월에 Pennsylvania Gazette 지에 자기 땅에 정착민들을 유치하기 위해 광고를 게재한 광고주이기도 했다. 미국에서 18세기 후반에 광고에 대한 인식이 어떠했는가를 보여 주는 한 사례이다.

한편 동양 3개국인 한국, 일본, 중국 등의 신문 발행은 상업보다는 정치, 사회, 문화적인 데에 그 목적이 있었다. 물론 동양 3개국은 모두 외부의 강요로 개항을 했고 그 결과 근대 신문과 광고가 도입되었다. 그러니 당연히 광고에 대한 이해는 부족했다. 이러한 역사적인 배경 외에도 이 세 나라는 유교 사회의 사회계층, 즉 "사농공상(士農工商)"이 광고를 경시하도록 만들었다.

〈표 1-5〉 이 시기의 미국 대통령

| 취임연도(대) | 이름 |
| --- | --- |
| 1789(1) | 조지 워싱턴(George Washington) |
| 1797(2) | 존 애덤스(John Adams) |
| 1801(3) | 토마스 제퍼슨(Thomas Jefferson) |
| 1809(4) | 제임스 매디슨(James Madison) |
| 1817(5) | 제임스 먼로(James Monroe) |
| 1825(6) | 존 퀸시 애덤스(John Quincy Adams) |
| 1829(7) | 앤드루 잭슨(Andrew Jackson) |
| 1837(8) | 마르틴 밴 부렌(Martin Van Buren) |

〈표 1-6〉 초기 인쇄 매체 시대 주요 정치, 사회사건 연표(1492~1840)

| | |
| --- | --- |
| 1492 | 콜럼버스 신대륙 발견 |
| 16세기 | 스페인, 화란, 프랑스, 영국 등이 주로 미국 동해안 지역에 정착 |
| 1607 | 영국회사 최초로 제임스타운(Jamestown)에 정착 |
| 1620 | 청교도 일행 메이플라워(Mayflower)호를 타고 매사추세츠 주에 도착 |
| 1636 | 하버드대학(단과대학) 설립 |
| 1733 | 13개 주(식민지, Colonies) 설립 |
| 1752 | 벤저민 프랭클린(Benjamin Franklin) 연날리기 시험 |
| 1756~62 | 영불 7년 전쟁에서 영국 승리 |
| 1765 | 영국 의회 미국에 인지세(Stamp Act) 시행 결정. 1766년에 폐기 |
| 1767 | 타운쉔드(Townshend)법 제정해서 영국으로부터 미국에 수입하는 차(茶), 유리, 연(鉛), 종이 등 물품에 과세. 식민지(미국)의 심한 반대로 1770년에 폐기 |
| 1773 | "Boston Tea Party 발생." 이듬해에 영국은 강제법(Coercive Act) 제정해서 과세 |
| 1776. 7. 4. | 미국 독립선언 및 독립전쟁(1775~1783) |

| 1783 | 영국이 미국 독립 승인 |
|---|---|
| 1787 | 미국 헌법 제정 |
| 1789 | 조지 워싱턴(George Washington) 대통령 취임. 재임됨. |
| 1798~1800 | 미불전쟁 |
| 1800 | 워싱턴을 수도로 결정함. |
| 1807 | 금수법(禁輸法, Embargo Act) 제정해서 영국과 프랑스에 대한 무역 금지함. 1809년에 중단 |
| 1807 | 러시아로부터 알래스카를 720만 달러에 매입 |
| 1812~15 | 영미 전쟁 |
| 1817 | 컴버랜드(Cumberland)도로 개통 |
| 1823 | 먼로 독트린(Monroe Doctrine) 선언 |
| 1825 | 이리(Erie) 운하 개통. 대서양과 미국/캐나다 국경의 5대호 지역 연결 |
| 1837 | 최초의 여성, 오벨린(Oberlin) 대학 입학 |

### 〈표 1 - 7〉 언론, 광고 연표

| 1438 | Johannes Gutenberg(요하네스 구텐베르크) 움직이는 인쇄술 발명 |
|---|---|
| 1639 | 하버드에 최초의 인쇄기 도착 |
| 1690년대 | 인쇄기 증가 |
| 1690. 9. 25. | Pulik Occurance. Both Foreign and Domestick 발행. 발행인 Benjamin Harris. 광고 없는 신문. 정부는 출판 허가받도록 요구 |
| 1704 | 최초의 정기 간행 신문 출현. Boston News-Letter 1704.5.1-8호에 최초로 유료 광고 게재 |
| 1728 | Benjamin Franklin이 Pennsylvania Gazette (주간) 발행 |
| 1741 | Benjamin Franklin의 General Magazine 5월 호에 최초의 잡지 광고 출현 |
| 1773 | 조지 워싱턴 대통령 광고 이용 |
| 1775~1783 | 독립전쟁 때 정부가 광고 이용 |
| 1775 | 3월에는 인지세를 미국에도 시행토록 영국의회가 결정했으나 전국적인 반대에 부딪혀 1776년 3월에 철회 |
| 1820~30 | 뉴욕에 샌드위치맨 등장, 퍼레이드 성행. 기계에 의한 종이 대량생산에 힘입어 대형 신문용지 생산이 가능해지면서 대형신문 등장 |
| 1830년대 | 신문 광고에 대한 비판 대두 1833 페니페이퍼(1 센트 신문) 출현 및 폭증 |
| 1835 | James G. Bennett이 New York Herald 창간, 1년 내에 30,000~40,000부 발행 |
| 18세기 말 | 보스턴, 뉴욕, 필라델피아 신문 1면은 모두 광고였고 광고가 기사보다 관심의 대상이었음. |

# 제2장

# 산업혁명과 광고 확장기: 1840~1900

# 제1절 정치, 경제, 사회, 문화

**정치** 1840년에서 1900년에 이르는 60년 동안에 미국은 놀랄 만큼 성장했다. 이 시기는 미국이 산업혁명을 이루었고 19세기 말에 이르러서는 세계 최강국으로 부상했다.

11대 대통령 James P. Polk(제임스 P. 포크)는 영토 확장주의자였다. 그는 재임 기간 (1845~1849) 미국－멕시코 전쟁(1846~1848)을 통해 캘리포니아 주와 뉴멕시코 주를 멕시코로부터 싼값으로 사들였다. 한편 1836년에 멕시코로부터 독립을 선언하면서 멕시코와 독립전쟁을 치른 텍사스는 미국의 개입을 통하여 1845년에는 미국에 합병되었다. 이 미국과 멕시코 전쟁에는 여러 가지 복잡한 배경들이 있었으나 어찌 되었든 미국은 이 전쟁을 통해 방대한 지역을 차지하게 되었다. 한편 미국 인구는 이 기간에 2,300만 명에서 3.3배가 증가한 7,600만 명으로 늘었다.

19세기 말엽에는 하와이가 미국 영토로 합병되었다. 또한 미국과 스페인 전쟁(1846~1848)은 종료되고 파리조약으로 괌, 필리핀, 푸에르토리코가 미국 영토가 되었다.

1861년에서 1865년까지 미국에서는 남북전쟁이 있었다. 노예 해방을 둘러싼 남부와 북부의 싸움에서 공업화에 앞선 북부의 군대가 남부 군대에 대해 압승했다. 1863년 1월 1일에는 유명한 링컨 대통령의 노예 해방선언이 발표되었다. 해방선언 이후 1870년까지 사이에 490만 명의 흑인 노예가 해방되었다.

미국의 산업혁명 시기에 대해서는 학자에 따라 견해가 반드시 일치하는 것은 아니다. 그러나 대개 19세기 중반에서 1900년까지를 미국 산업혁명 시기로 보고 있으며, 엄청난 경제 성장을 이 시기의 특징으로 내세운다. 국내총생산(GDP)은 그 당시 금액으로 1840년의 15.6억 달러에서 1900년에는 206억 달러로 늘어나 13.2배나 성장했고 개인당 GDP는 91달러에서 270달러로 약 3배 증가했다. 이 금액을 2005년 돈으로 환산하면 국민 1인당 GDP는 1,838달러에서 5,557달러로 증가한 것이다.

〈표 2-1〉 대통령(1840~1900)

| 취임연도(대) | 이름 |
|---|---|
| 1841(9) | 윌리엄 H. 해리슨(William H. Harrison, 취임 1개월 후 사망) |
| 1841(10) | 존 타일러(John Tyler) 계승 |
| 1845(11) | 제임스 P. 포크(James P. Polk) |
| 1849(12) | 자카리 테일러(Zachary Taylor) |
| 1850(13) | 밀라드 필모어(Millard Fillmore) |
| 1853(14) | 프랭클린 피어스(Franklin Pierce) |
| 1857(15) | 제임스 뷰캐넌(James Buchanan) |
| 1861(16) | 아브라함 링컨(Abraham Lincoln, 1865년에 암살) |
| 1865(17) | 앤드루 존슨(Andrew Johnson) |
| 1869(18) | 율리시스 S. 그랜트(Ulysses S. Grant) |
| 1877(19) | 루터포드 B. 헤이스(Rutherford B. Hayes) |
| 1881. 3.(20) | 제임스 A. 가필드(James A. Garfield, 1881년에 암살) |
| 1881. 9.(21) | 체스터 A. 아서(Chester a. Arthur) 계승 |
| 1885(22) | 그로버 클리블랜드(Grover Cleveland) |
| 1889(23) | 벤저민 해리슨(Benjamin Harrison) |
| 1893(24) | 그로버 클리블랜드(Grover Cleveland) |
| 1897(25) | 윌리엄 맥킨리(William McKinley) |

〈표 2-2〉 정치, 경제 관련 주요 사건(1840~1900)

| | |
|---|---|
| 1845 | 텍사스 주 합병으로 미국 28번째 주가 됨. |
| 1846~8 | 미국-멕시코전쟁 |
| 1848 | 캘리포니아에서 금 발견 |
| 1850 | 필라델피아에서 석유 발견 |
| 1850 | 캘리포니아 미국 31번째 주가 됨. |
| 1850 | 인구 2,319만 명(이민 170만 명 및 노예 320만 명 포함) |
| 1855 | 웨스턴 유니언 전화회사(Western Union Telegraph Company) 창립 |
| 1856 | 싱거 재봉기 회사(Singer Sewing Machine Company) 창립 |
| 1860 | 인구 3,144만 명 |
| 1861~5 | 남북 전쟁 |
| 1863 | 노예 해방 |
| 1863 | 남북전쟁 재정 지원을 위해 최초로 First National Bank 설립. 웨스턴 유니언(Western Union) 창립 |
| 1860~70년대 | 백화점 등 각종 유통 회사 설립 |

| 1869 | 대륙횡단철도 완공 |
| --- | --- |
| 1870 | 록펠러 스탠더드 석유회사(Standard Oil) 창립 |
| 1870 | 인구 3,982만 명. 이민 230만, 해방된 노예 490만 명 포함<br>(시카고 시: 160만 명, 필라델피아 시: 120만 명) |
| 1870 | 상표 보호법 제정 |
| 1877 | 벨(Bell) 전화회사 창립 |
| 1880 | 인구 5,016만 명 |
| 1881 | 적십자 창설 |
| 1892 | 카네기 철강회사(Carnegie Steel Company) 창립 |
| 1886 | 미국노동연맹(American Federation of Labor: AFL) 설립 |
| 1887 | 주간 통상법(Interstate Commerce Act) 제정 |
| 1888 | 코닥 상표 등록 |
| 1890 | 인구 6,295만 명 |
| 1890 | 독점금지법(Sherman Anti-Trust Law) 제정 |
| 1892 | 제너럴 일렉트릭(General Electric: GE) 창립 |
| 1896 | 하와이 합병 |
| 1898 | 미국과 스페인전쟁 종료. 괌, 필리핀, 푸에르토리코 미국 영토가 됨. |
| 1900 | 인구 7,599만 명 |

　미국과 멕시코 전쟁이 끝나던 1848년에는 캘리포니아에서 금이 발견되었다. 신문을 통해 이 소식이 알려지자 온 미국이 금 캐기에 나섰다. 1850년까지 약 76,000명이 미국 북동부에서 캘리포니아로 왔다. 금 발견이 있기 한 해 전만 해도 샌프란시스코의 인구는 겨우 459명이던 것이 곧 35,000명의 도시가 되었다(Wood, 1958). 1850년에 캘리포니아는 31번째 주가 되었다. 1855년에는 공업화된 북부를 대변하는 공화당이 창립되었다.

　남북전쟁 때문에 방대한 군수물자 구매를 위한 돈이 필요했고 원활한 금융을 위해 최초로 First National Bank(퍼스트 내셔널 뱅크)가 창립되었는데 이 영문 이름이 나타내듯이 미국 최초의 전국 조직을 가진 은행이었다.

　이미 언급한 대로 미국 인구는 폭증했는데 그 주된 이유는 주로 유럽에서 이사 온 이민 때문이었다. 1845~1855년 기간에는 매년 30만 명의 이민이 유럽에서 미국에 왔다. 급속한 인구 팽창으로 100만 명을 넘는 인구를 가진 시카고(160만)와 필라델피아(120만)가 탄생했다.

〈표 2-3〉 국내총생산(GDP), 1840~1900

| 연도 | 미국 전체 | | 개인당 | |
|---|---|---|---|---|
| | GDP($10억) | 환산($10억) | GDP($) | 환산($) |
| 1840 | 1.56 | 31.46 | 91 | 1,838 |
| 1850 | 2.56 | 49.59 | 110 | 2,132 |
| 1860 | 4.35 | 82.11 | 138 | 2,606 |
| 1870 | 7.74 | 112.3 | 194 | 2,814 |
| 1880 | 10.4 | 191.8 | 206 | 3,816 |
| 1890 | 15.1 | 319.1 | 239 | 5,060 |
| 1900 | 20.6 | 422.8 | 270 | 5,557 |

자료: http://www.measuringworth.org/usgdp/ 환산은 2005년 달러로 했으며 반올림한 금액임.

**경제** 미국이 영국을 앞지르고 세계 최대 강국이 된 19세기 말 무렵까지의 기간에 일어난 미국 경제 발전 상황은 그야말로 눈부신 것이었다.

1869년에는 드디어 대륙횡단 철도가 완공되어 미국 동부와 서부를 잇게 되었다. 철도가 물품과 사람 수송에 미친 영향은 놀랄 만했다. 또한 철도의 발전은 유통업의 급속한 발정에 절대적인 영향을 미쳤다.

〈표 2-4〉 지역별, 연대별 철도(단위: 마일)

| 지역 | 1850 | 1860 | 1870 | 1880 | 1890 |
|---|---|---|---|---|---|
| 뉴잉글랜드(동부) | 2,507 | 3,660 | 4,494 | 5,982 | 6,831 |
| 중부 | 3,202 | 3,660 | 10,964 | 15,872 | 21,536 |
| 남부 | 2,036 | 8,838 | 11,192 | 14,778 | 29,209 |
| 서부 | 1,276 | 11,400 | 24,587* | 52,589 | 62,394 |
| 태평양 연안 | - - | 23 | 1,677 | 4,080 | 9,804 |
| 합계 | 9,021 | 30,626 | 52,914 | 93,301 | 129,774 |

자료: http://en.wikipedia.org/wiki/Rail_transportation_in_the_United_States
*1869년 대륙횡단 철도 완공

**철도 확장과 유통조직** 1850년에서 1890년까지 40년 기간에 미국철도는 9천 마일에서 약 13만 마일로 14배가 넘게 폭증했고 미국 동부와 서부를 연결했다. 표에서 알 수 있듯이 1860년에서 1870년 사이에 철도 부설은 2배 가깝게 증가했는데 물론 대륙 횡단 철도의 완공에 따른 증가였다. 지역별로는 서부가 이 40년 사이에 약 1,300마일에서 50배 가까이 늘어났다. 1890년에는 10개 철도회사의 사원수가 10만 명을 넘게 되었다. 당시 수도 워싱턴에서 일하는 공무원이 숫자는 불과 2만 명에 지나지 않았다.

철도가 생기자 물건을 대량으로 빠르게 운반할 수 있게 되었고 유통망이 탄생했다. 그 결과 1858년에는 오하이오 주에서 Macy's(메이시즈)가 창립되었는데 Macy's는 1902년에 뉴욕에 백화점을 개업했다. 뉴욕 메이시는 미국 최대의 백화점으로 이름나 있다. 이듬해에는 A&P라는 약칭으로 알려진 Great Atlantic & Pacific Tea Company(그레이트 애틀랜틱 & 퍼시픽 티 컴퍼니)가 창업했는데 원래 차(茶) 전문 판매회사였지만 소매 체인 사업에 참여하여 1912년에는 이른바 이코노미 상점(Economy Store)을 시작했다. 1915년에는 600개, 1922년에는 13,961개, 1930년대에 접어들자 16,000개의 소매 체인을 미국에 가진 거대한 유통 회사가 되었다. A&P는 1936년에 미국 최초의 슈퍼마켓을 창설했다. 1861년에는 미국 백화점의 효시이며 백화점의 왕이라고 일컬어지는 Wanamaker(워너메이커) 의류 백화점이 탄생했다. 1872년에는 우편 주문 전문회사로 출범해서 뒤에 백화점 사업에 뛰어든 Montgomery Ward(몽고메리 워드), 1879년에는 역시 우편주문 전문회사로 출범한 Woolworth(울워스), 1886년에는 카탈로그에 의한 우편주문 전문회사로 Sears & Roebuck(시어즈 & 로벅) 등 각종 유통 관련 회사들이 탄생하여 철도로 실어 오는 물건을 소비자가 손쉽게 살 수 있는 유통망이 생겼다. 유통망이 생기자 시장이 확장되었고 소비자를 따라 전국에 광고를 해야 할 필요가 생겼다.

<표 2-5> 유통 관련 회사 창립

| 연도 | 회사명 | 비고 |
| --- | --- | --- |
| 1858 | Macy's | 소매점, 1902년에 뉴욕에 백화점 창설 |
| 1859 | A&P(Great Atlantic & Pacific Tea Co.) | 체인 소매점 |
| 1861 | Wanamaker | 백화점 창시자 |
| 1872 | Montgomery Ward | 우편주문, 뒤에 백화점 |
| 1879 | Woolworth | 체인 소매점 |
| 1886 | Sears & Roebuck | 카탈로그에 의한 우편주문 |

산업의 급속한 발전으로 19세기 후반부터 대재벌이 탄생했다. 1850년에는 필라델피아에서 석유가 발견되었다. 이로부터 15년 뒤 미국 최대의 석유재벌이 탄생한다. 그것은 다름 아닌 John D. Rockefeller(존 D. 록펠러)의 Standard Oil(스탠더드 오일)이었는데 1880년에는 미국 석유 시장의 90%를 차지하게 되었고 세계 최대의 거부가 되었다. 다만 1890년에 제정된 독점금지법(Sherman Anti-trust Law)으로 인하여 이른바 트러스트(Trust)가 분할되어 Standard Oil of New Jersey(현재 엑슨, Exxon), Standard Oil of California(현재 셰브론, Chevron),

Standard Oil of New York(현재 모빌, Mobil)이 되었다.

이 무렵에 미국 산업에 일어난 일들을 차례로 소개하면 경이적인 미국 경제의 발전 과정을 엿볼 수 있다.


**산업 발전** 1850년대에 우여곡절을 겪으면서 발족했던 재봉틀 회사는 1860년대 중반에 Singer 재봉기 회사가 되었다. 앞에 언급한 존 워너메이커는 처남과 함께 3,900달러로 필라델피아에 백화점을 개업했는데 뒤에 미국 최대의 남성 의류 백화점이 되었다. 말하자면 도, 소매 유통의 창시자가 된 것이다. 그는 구매 후 10일 이내에 불량 제품을 가져오면 바꾸어 주는 제도를 처음 시작했으며 단일 가격 표시제도 도입했다. 그는 나름대로 파격적인 광고를 했다.

〈그림 2-1, 2-1-2〉 Singer 재봉기

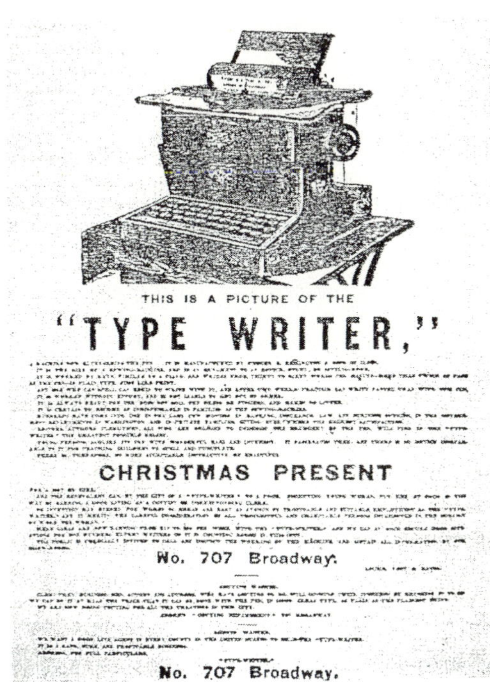





〈그림 2-2〉 1875년의 타자기 광고는 그림이 들어 있어 2단 크기 광고를 하는 계기가 되었다.

〈그림 2-3〉 1889년 5월 Scribner's(스크리브너즈)와 그 밖에 여러 잡지에 게재한 코닥 카메라 광고. 이탤릭체로 쓴 "Press the button - we do the rest"라는 슬로건이 들어 있다.

 

1866년에는 Western Union(웨스틴 유니언)이 약 1,400km의 케이블망을 부설했다. 또한 대서양 횡단 케이블도 가설했으며 22,000개의 사무소를 전국에 설치했다. 2년 뒤에는 타이프라이터가 발명되었고 대량생산에 들어갔다. 1875년에는 G. F. Swift(스위프트)가 발명한 냉동 화물차가 등장했다. 1876년에는 Alexander G. Bell(알렉산더 G. 벨)이 전화를 발명했다. 1870~75년까지 5년 동안 특허 등록은 121건에서 1,138건으로 10배 가깝게 늘어났다.

1870년대에는 Andrew Carnegie(앤드루 카네기)가 제철공장을 설립했고 뒤에 U.S. Steel(U.S. 철강회사)로 발전했다. 위대한 자선 사업가이기도 한 카네기는 대학, 도서관 등에 거액을 기증했는데 그는 록펠러 다음가는 거부였다. 1876에는 미국 건국 100주년을 기념하는 박람회가 필라델피아에서 개최되었고 전화, 전구, 타자기 등이 전시되었다. 아울러 이해에 Thomas Edison(토마스 에디슨)은 축음기를 발명했다. 1879에는 에디슨이 백열등을 발명했고 전구, 소켓, 발전기 공장, 발전소와 서비스 등 각종 전기 관련 사업을 하는 General Electric(GE, 제너럴 일렉트릭)이 탄생했다. 1882년에서 20세기 초까지 기간에 전기 사용의 폭증으로 뉴욕에 1개이던 발전소가 전국 4,000개로 늘어나게 되었다. 석유에 의한 조명은 전기로 대치되었다. 같은 해인 1879년에 George Eastman(조지 이스트맨)은 KODAK(코닥)카메라 특허를 등록했다. 1888년에는 KODAK 카메라의 유명한 "버튼만 누르세요. 나머지는 저희에게 맡기세요(You Press the Button — We Do the Rest)"라는 광고가 나타났다. 휘발유가 발명된 것도 이해였다. 1880년대에는 Thomas Lipton(토마스 립튼)이 미국에서 Lipton 차 판매를 시작해서 대성공을 거두었고 아울러 Lipton 차는 대광고주로 등장했다. 동시에 Pears(페어즈) 비누도 저명인사와 배우를 이용한 증언광고로 대광고주로 부상했다. 1881년에는 오하이오 주 클리블랜드 시에 최초의 전차가 가동하기 시작했다.

1890년대에 접어들자 매사추세츠 주에서 처음으로 자동차 운전이 시도되었다. 말 없는 마차(Horseless Carriage)라는 말이 탄생한 것이 이 무렵이었다. 1893년 시카고 박람회에서는 전화와 전기가 전시되었으며 1,200만 명이 관람하는 기록을 세웠다. 에디슨의 움직이는 그림(Motion Pictures), 즉 영화가 등장한 것도 1890년대 중반이었다. 19세기 말에는 대륙횡단 무전전선 서비스가 시작되었으며 이것은 우편주문 광고 증대에 지대한 영향을 미쳤다. 또한 100여 개 자전거 회사가 등장해서 치열한 자전거 판매전이 벌어졌다. 코카콜라가 상표를 등록한 것은 1893년이었다.

〈그림 2-4〉 19세기 말 자전거 신문 광고

〈그림 2-5-1 및 2-5-2〉 19세기 말 자동차라는 말이 나오기 전에 "말 없는 마차(Horseless Carriage)"라고 부르던 시기의 자동차

19세기에는 각종 제품과 제조 방법의 발명이 이어졌다. 그리고 이런 발명은 브랜드 탄생의 계기가 되었다. 지금은 한국에도 진출한 여러 기업과 브랜드가 이즈음 탄생했다. 미국 위스키를 일컫는 버번의 원조로 알려진 Old Grand Dad(올드 그랜드 대드)의 양조 개시는 18세기 말이었다. 19세기 첫 50년간에는 언더우드의 과일과 양념 보존 방법이 발명되었고 곡물 수확기가 제조되어 곡식 수확에 획기적인 도움을 주었다. 6연발 콜트 권총, 지금은 세계 최대의 광고주가 된 P&G가 비누와 양초 제조를 시작한 것도 이 시기였고 Goodyear Tire(굿이어 타이어)의 창립자 Goodyear는 유황으로 고무를 처리하는 방법을 발명해서 500가지의 사용방법 특허를 등록했다. 초콜릿, 연유가 나타났다. 19세기 후반에는 Levi's 청바지, 유리병의 고무 패킹, 서부 거주자를 위한 챙 넓은 모자, 효모 표준화에 의한 빵 만들기 간편화, Campbell(캠벨) 수프와 깡통 제품, 케첩으로 유명해진 Heinz(하인즈), Root Beer(루트 비어), Schlitz(슐리츠), Coors(쿠어스), 버드와이저(Budweiser) 맥주와 함께 초기에는 약으로 팔던 코카콜라가 등장했다.

〈표 2-6〉 새로 발명한 제품

| 연도 | 발명 |
|---|---|
| 1796 | 미국 최초의 버번(Bourbon) 위스키인 Old Grand Dad 양조 |
| 1822 | 윌리엄 언더우드(William Underwood): 과일과 양념 보존 방법 개발 |
| 1834 | 사이러스 맥코믹(Cyrus McCormick): 곡물 수확기 특허 등록 |
| 1835 | 사무엘 콜트(Samuel Colt): 6연발 권총 특허 등록 |
| 1837 | 프록터(Harley T. Procter)와 갬블(James Gamble): 비누와 양초를 제조 |
| 1839 | 찰스 굿이어(Charles Goodyear): 고무를 유황 처리하는 방법 발명해서 500가지 사용방법 특허 등록 |

| 1842 | 위트맨(Stephen F. Whitman): 필라델피아에서 초콜릿 판매 개시<br>보든(Gail Borden): 뉴욕에서 연유 판매 개시 |
|---|---|
| 1853 | 슈트라우스(Levi Strauss): 질긴 재료로 만든 청바지 판매 개시 |
| 1858 | 메이슨(John L. Mason): 유리병을 고무 패킹으로 닫아 회전해서 열 수 있는 방법을 발명해서 식품 저장을 혁신함. |
| 1865 | 스텟슨(John B. Stetson): 서부 평원에 거주하는 사람을 위해 챙이 넓은 모자 만듦. |
| 1868 | 프레이슈맨(Charsles Fleischmann): 효모 표준화로 빵 만들기 쉬워짐. |
| 1869 | 캠블(Joseph Campbell): 채소, 양념, 젤리, 수프 등의 깡통 제품 제조 |
| 1869 | 하인츠(Charles E. Heinz): 서양고추냉이를 병에 담음. 나중에는 3,000여 가지의 각종 제품을 담게 됨. |
| 1870 | 하이어즈(Charles E. Hires): 마른 나무뿌리와 약초로 루트 비어(Root Beer) 제조함. |
| 1873 | 쿠어스(Adolph Coors): "깨끗한 로키산맥 샘물"로 만든 쿠어스(Coors) 맥주 제조 |
| 1874 | 슐리츠(Joseph Schlitz): 밀워키에서 자기 이름을 붙여 슐리츠 맥주 제조함. |
| 1876 | 안호이저 – 부시(Anheuser – Busch): "맥주의 왕"이란 별칭을 붙인 버드와이저 제조 |
| 1886 | 코카콜라, 처음에는 의약품으로 제조, 판매. 뒤에 청량음료가 됨. |
| 1892 | 코닥 카메라 필름에 의한 사진술 발명 |

위의 연표에서 알 수 있듯이 식품, 음료, 맥주, 비누, 바지, 농기구, 권총 제조 등 다양한 분야에서 신제품들이 그야말로 쏟아져 나왔다. 대중 소비, 대중 광고 시대의 도래를 예고하는 상황이 벌어진 것이다.

한편 기업합병과 각종 비리에 대한 자성과 자율규제의 소리가 높아진 것도 19세기 말에서 20세기 초에 이르는 기간에 일어난 일이었다. 1886년에는 미국 노동연맹(American Federation of Labor: AFL)이 탄생해서 노동자의 권익을 부르짖게 되었다. 주간(州間) 통상법(Interstate Commerce Act)이 제정되어 중소기업의 철도 운송 요금 차별 대우가 시정되었다.

1832년에 태어나 19세기 마지막 해에 별세한 작가 Horatio Alger(호레시오 엘거)가 쓴 소설의 주제인 "누더기에서 거부로, 통나무집에서 백악관으로(From rags to riches, from the log cabins to the White House)"라는 말이 나오게 된 것도 19세기 후반이었을 만큼 미국 산업과 경제 발전은 놀라웠지만 반면 그 피해도 나타나기 시작했다. 유명한 작가 Mark Twain(마크 트웨인)은 이 시기를 "황금으로 도금한 시기(Gilded Age)"라고 불렀다.


## 제2절 언론, 광고

19세기 후반 미국에서 광고가 급증한 데에는 몇 가지 이유가 있다. 말할 것도 없이 그 바탕에는 놀라운 경제 성장이 있었는데 1840년에서 1900년까지 60년 사이에 미국 GDP는

(그 당시 돈으로) 15.6억 달러에서 32배나 증가한 206억 달러로 증가했고 개인당 GDP도 91달러에서 3배 증가한 270달러가 되었다. 로버트 코은(Robert Coen)의 미국광고비 추정에 의하면 1865년에 5,000만 달러이던 것이 1900년에는 5억 4,000만 달러로 11배 가깝게 증가했다.

<표 2-7> 1865~1900년 기간 중 미국광고비의 변화

| 1865 | $5,000만 |
|---|---|
| 1880 | $2억 |
| 1890 | $3.6억 |
| 1900 | $5.4억 |

자료: Advertising Age 1973.11.21.

**광고의 폭증** 이런 광고비의 증가는 무엇보다도 폭발적인 인구 증가에 원인이 있는데 1870년에 약 4,000만이던 인구가 30년 뒤인 1900년에는 90%나 증가한 7,600만 명이 되었다. 그리고 인구의 대이동이 있었다. 특히 19세기 중엽의 캘리포니아 금 발견은 소위 골드러시라고 불리는 대소동과 서부로의 인구 대이동을 가져왔다.

다음으로 공업생산의 증가였는데 기술 발달에 기초한 목화씨 빼는 기계, Cotton Jin을 비롯해서 목화에서 직물까지 일관생산이 되는 직물 공장 건립, 철제 쟁기와 수확기의 발명, 조립이 가능한 기계 부품 생산, 증기 기관, 전신, 석유, 철강, 전기, 전화 등의 연속적인 발견과 발명으로 사람의 노동력에 의존하지 않고 기계에 의존하는 대량 공업 생산 시대로 바뀌었다.

도로와 운하, 특히 1860년대 말에 완공된 대륙횡단철도는 미국의 동부와 서부를 잇는 교량 역할을 했으며 또한 새로운 시장을 만들어 주고 유통망을 확장하는 데에 지대한 영향을 미쳤다. 도소매업, 백화점의 출현은 교통망의 발전 없이는 불가능했기 때문이다.

광고가 증가하게 된 또 다른 이유는 작은 일처럼 보이지만 포장의 발달이 있었다. 공장에서 생산된 제품을 대량으로 사다가 조금씩 떠서 팔던 것이 포장되어 나오게 되자 소비자들이 처음에는 익숙지 않았으나 점차 포장된 제품을 찾게 되었다. 제품을 포장하게 되니 포장 속에 들어 있는 물건과 만든 공장의 이름 등을 표시해야 할 필요가 생겼고 그 제품 이름은 브랜드명이 되었다. 포장은 시리얼, 비누, 밀가루, 담배, 성냥 따위의 모든 제품에 해당되었다. 과일, 채소, 우유, 수프 등은 깡통으로 포장되었다. Campbell 수프, Pillsbury

(필즈베리) 밀가루, P&G 비누, Heinz의 양념, Levi's 청바지, National Biscuit(Nabisco, 내셔널 비스킷, 지금은 나비스코) 등의 브랜드가 등장했다. 브랜드명이 생기자 다른 제품과 차별화가 생겼고 이것을 알리기 위해 광고를 해야 될 필요가 생겼다. 광고는 브랜드를 알리고 소비자는 브랜드를 믿고 물건을 가려서 사는 시대가 되었다. 동시에 신제품을 알리는 데 광고는 절대적인 역할을 하게 되었다. 자전거, 카메라와 같이 전에는 없었던 새로운 기술의 신제품은 광고를 통해서 어떤 물건인가를 알게 되었다.

**신문, 잡지의 증가** 신문, 잡지, 기타 매체의 발달은 광고 매체의 증가를 가져왔는데 1850년에는 일간 신문 200개, 주간신문 2,300개, 잡지 500여 가지가 미국에서 발행되고 있었으며 일간지 1일 총 발행 부수는 100만 부에 이르고 있었다. 지금의 뉴욕 타임스 창간호는 1851년에 발간되었다. 워싱턴 포스트는 1877년에 창간되었다.

〈표 2-8〉 신문, 잡지 1850년 통계

| 도시 | 일간신문 수 |
|---|---|
| 뉴욕 | 15 |
| 보스턴 | 15 |
| 필라델피아 | 10 |
| 뉴올리언스 | 10 |
| 볼티모어 | 6 |
| 시카고, 피츠버그, 버펄로, 트로이, 시라큐스 등 동시에 각각 2~5개 일간지가 발행됨. | |

자료: Presbrey(1929).

그 결과 영국과 미국의 신문을 대비하면 미국이 훨씬 앞서게 되는 결과를 가져왔는데 주된 원인의 하나가 영국에서는 당시 인지세가 폐기(1853년에 폐기)되기 전이었기 때문이었다. 당시 영국은 신문 500개에 연간 총 발행 부수는 9,100만 부인 데 비해 인구는 영국보다 적었던 미국은 각종 신문 2,300여 개에 연간 발행 부수는 4억 2천만 부를 넘었다. 신문의 수나 발행 부수와 인구 대비 보급 비율에서 미국이 영국을 훨씬 능가하게 된 것이다.

〈표 2-9〉 1850년 영국과 미국 신문 대비

| 국가 | 인구 | 신문의 수 | 연간 총 발행 부수 |
|---|---|---|---|
| 영국 | 27,368,736 | 500 | 9,100만 부 |
| 미국 | 23,191,876 | 2,302 | 4억 2,260만 부 |

자료: Presbrey(1929).

1844년에는 발명자의 이름을 따서 부르는 모르스(Morse) 부호 전신이 발명되었다. 이 발명은 통신 혁명이었다. 그리고 언론에도 영향을 미쳤다.

19세기 후반에 들어서자 잡지시대에 접어들게 되었고 19세기 말에는 잡지 전성시대가 다가왔다. 큰 광고회사이던 N. W. Ayer(에이어)는 1874년에 잡지 리스트를 작성했는데 종교 잡지도 아니며 신문사가 발행하는 주간지도 아닌 "고가 주간지(High Cost Weeklies)"를 대상으로 한 것이다. 16개 잡지 가운데 6개는 10만 부 이상이고 3개는 5만 부 이상이며 나머지 7개는 5만 부 이하였다(Presbrey, 1929).

〈표 2-10〉 주간 잡지 상황

| 잡지명 | 발행지 | 발행 부수 |
|---|---|---|
| Appleton's Journal | New York | 25,000 |
| Every Saturday | Boston | 12,000 |
| Fireside Companion | New York | 125,000 |
| Fireside Friend | Chicago | 100,000 |
| Frank Leslie's Illustrated | New York | 82,000 |
| Frank Leslie's Lady's Journal | New York | 32,000 |
| Harper's Bazar | New York | 85,000 |
| Harper's Weekly | New York | 150,000 |
| Hearth and Home | New York | 40,000 |
| Home Circle | Boston | 30,000 |
| Literary Companion | Augusta, MA | 25,000 |
| Saturday Evening Post | Philadelphia | 30,000 |
| Saturday Night | Philadelphia | 200,000 |
| Waverly Magazine | Boston | 12,000 |
| Youth's Companion | Boston | 125,000 |

이 밖에 19세기 말 무렵에 창간된 저명한 월간지는 다음과 같았다(Wood, 1958).

Ladies Home Journal(레이디스 홈 저널, 1883), Cosmopolitan(코스모폴리탄, 1886), Munsey's (먼시즈, 1889), McClure's(맥클루즈, 1893)

기술의 발달은 광고 매체인 신문과 잡지 발전에 큰 도움을 주었다. 1837년에는 사진술이 발명되었다. 철도 확장, 우편 제도, 전신, 타자기, 전화의 발명, 교육의 보급으로 인한 문맹률 감소는 신문, 잡지 보급에 큰 도움을 주었다. 1880년대에는 석판(石版) 색도 인쇄술

이 발명되었다. 이렇게 해서 바야흐로 매스커뮤니케이션 시대가 등장한 것이다.

　미국 잡지는 1870년대까지 광고를 게재하지 않았다. 뒤에 설명하겠지만 잡지를 광고 매체로서 만들고 대성공을 거두어 광고 발전에 지대한 공헌을 한 사람은 Cyrus H. K. Curtis (사이러스 H. K. 커티스)였다. 1883년에 Ladies Home Journal에서 시작해서 4년 뒤에는 주간지 Saturday Evening Post(새터데이 이브닝 포스트)를 통해 잡지와 잡지 광고의 힘을 과시했다.

　**옥외광고** 전기의 발명은 옥외광고에 일대 변화를 일으켰다. 1893년에는 뉴욕 브로드웨이에 "거대한 환한 도로(Great White Way)"가 등장했는데 전기가 환히 도로를 비추게 되었기 때문이었다. 해가 지고 달과 별빛이 보이는 하늘에 갖가지 식품, 담배 그리고 신문사 광고가 환하게 불빛으로 나타났다. 이때 건립된 옥외광고의 크기는 60피트(20미터)에 30피트 크기였다. 케첩, 담배회사, 위스키 등의 광고와 함께 저명한 신문 New York World (뉴욕 월드)는 대대적으로 옥외광고를 이용했다. 이 신문은 광고를 위해 매달 임대료 714달러, 전기료 200달러라는 당시로써는 거금을 지불했다. 이런 거대하며 휘황찬란한 옥외광고는 뉴욕시 도처에 건립되었다. 수년 뒤 Wrigley's(리글리) 껌은 뉴욕 타임스 스퀘어 (Times Square) 광장에 길이 200피트, 높이 50피트의 거대한 옥외광고를 세워 유명해졌다.

　**광고주** 19세기도 거의 저물어 갈 1898년에 Press and Printer of Boston(프레스 앤드 프린터 오브 보스턴; 보스턴의 신문과 인쇄업)에서 일반 정기간행물에 정기적으로 광고를 게재하는 2,583개 광고주에 대한 조사를 실시한 자료가 있다. 이 자료는 <표 2-11>과 같은데 역시 가장 많은 업종은 약국에서 파는 의약과 치료제로서 17%를 차지하고 있으며 2위는 가정용품, 가구 등이고 구성비는 8%, 3위는 장신구, 4위가 식품 및 음료로 구성비 6%, 5위 이하 10위까지는 모두 같은 5%의 구성비로 되어 있다. 100개 이상 광고주가 있는 업종은 9개이다. 그리고 지역별로 보면 2,583개 광고주 가운데 80%가 뉴욕, 일리노이, 매사추세츠, 미시간, 펜실베이니아, 오하이오의 6개 주에 있으며 도시 기준으로 하면 뉴욕, 시카고, 보스턴, 필라델피아, 피츠버그의 5개 도시에 집중되어 있었다(Presbrey, 1929).

〈표 2-11〉 정기 광고주. 1898

| 업종 | 광고주의 수(구성비 %) |
|---|---|
| 의약, 치료제 등 약국에서 판매하는 제품 | 425(17) |
| 가정용품, 가구 등 | 216(8) |
| 장신구 | 193(7) |
| 식품 및 음료 | 152(6) |
| 건설 및 장비 | 144(5) |
| 자전거 및 부품 | 133(5) |
| 서적 | 130(5) |
| 정기 간행물 | 128(5) |
| 문방구 및 사무용품 | 124(5) |
| 운동 용구 및 야외 활동용품 | 109(4) |
| 사진기, 사진, 미술 | 86(3) |
| 화초(씨, 꽃, 나무) 등 | 76(3) |
| 보석, 장식 용품, 화장실용품 | 72(3) |
| 재봉, 팬시용품 등 | 55(2) |
| 기타 12종은 50개 이하이며 생략 | 437(17)(150개 광고주는 잡품) |
| 합계 | 2,583 |

주: 구성비는 반올림함. 기타 12개 업종은 광고주가 50개 이하이다. 150개 광고주는 업종이 잡품(雜品)이다.

**광고 대리인, 대행사(광고회사)의 출현** 신문이 나오고 신문에 광고가 게재되며 발행인이 광고 지면을 팔게 되자 1841년(또는 1842년)에 광고대리인이 등장했다. 아직 광고회사(또는 광고대행사. Advertising Agency)라는 호칭은 아니었고 광고 대리인(Advertising Agent)이었다. 여러 신문의 광고 지면을 도매로 사서 소매로 파는 중개업이거나 또는 단지 커미션만 받고 신문 지면을 팔아 주는 대리인이었다. 따라서 광고주를 위해 일하는 것이 아니라 매체를 위해 일했다.

광고를 내는 측에서 보면, 공장 주변 시장만을 대상으로 판매하던 물건이 수송 수단이 발달하면서 시장이 늘어났다. 그러자 새로운 시장에 자사 제품을 알려야 했고 신문에 광고를 해야 되었다. 그런데 생소한 시장에서 신문에 광고를 게재하는 일이 결코 간단하지 않았다. 신문 유무, 신문 선택, 광고료 협상, 광고물 제작, 게재 확인, 광고 요금 지불 등 관련되는 일이 만만치 않았다. 따라서 광고주 측에서는 광고를 위한 여러 가지 자잘한 일을 해 줄 사람이 필요했고 반대로 매체인 신문 측에서는 더 많은 광고 지면을 팔 수 있는 기회를 잡기 위해 지면 판매를 담당해 줄 사람이 필요했다. 그래서 광고를 대행하는 사람이 필요하게 되었으며 광고대리인 또는 광고회사가 필요하게 되었다.

미국에서 광고대리인의 창시자는 Vonley B. Palmer(본리 B. 파머)로서 처음 필라델피아에 광고대리점을 설립했고 뒤에 보스턴, 뉴욕으로 확장했다. 그는 신문사로부터 25%의 커미션을 받았다. 말하자면 신문 광고 지면 판매 대리인, 즉 스페이스 브로커였다. 남북전쟁이 있던 1860년대 초에 미국에는 약 30개 광고 대리인 혹은 대리점이 있었는데 그 가운데 절반 이상이 뉴욕에 있었다(Sivulka, 1998).

주로 신문 광고 지면 판매 대리업자이던 광고 대리점이 19세기 말에 가까워지자 카피, 신문 선정, 광고료 협상 따위로 업무가 확장되면서 차차 광고 대행(Advertising Agency) 시대로 접어들게 되었다. 1850년대에 창립된 S. M. Pettingill(페팅길)은 자기 회사 광고를 신문 디렉터리에 게재했다. 1864년에 창립된 J. Walter Thompson(J. 월터 톰슨, JWT)은 잡지 광고 발전에 지대한 공헌을 했다. 한 해 뒤에 George W. Rowell(조지 W. 로웰)은 보스턴에 광고대리점을 창설했는데 그는 뒤에 광고업 발전을 위해 많은 공헌을 했다.

1869년에 뉴욕에 창립한 N. W. Ayer는 지면 브로커에서 대행업으로 발전해 나가는 길잡이 구실을 했다. 스페이스 브로커 시대에 광고 대리인은 광고주에게 신문 광고료를 밝히지 않았다. 되도록 많이 받아 될수록 적게 지불해서 이익을 남기는 것이 관례였다. 에이어는 공개 광고료(Open Rate) 제도를 도입해서 신문에 지불하는 광고료를 광고주에게 알리고 15%의 커미션을 받았다. 아울러 매체 선정, 카피 제작, 극히 초보적인 조사 따위 서비스를 제공했다. 에이어는 1892년에 최초로 카피라이터 사원을 채용했다. 1871년에 시카고에서 발족한 Lord & Thomas(로드 & 토마스)는 뒤에 Foote, Cone & Belding(풋, 콘 & 벨딩, FCB)이 되었는데 19세기 말에는 카피라이터와 아트 디렉터를 채용했다. 1891년에는 George Batten(조지 배튼), 2년 뒤에는 Bates(베이츠)가 광고대행업을 시작했다. 이 두 회사는 뒤에 BBDO, Ted Bates(테드 베이츠)가 되었다.

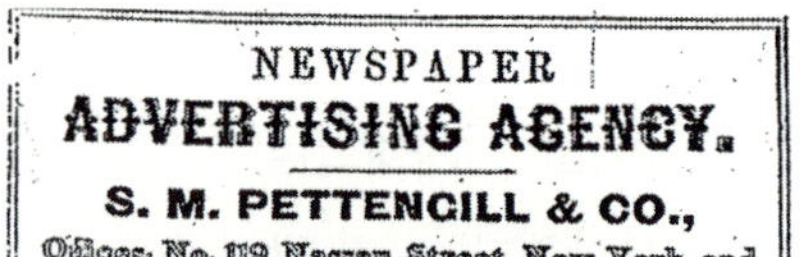
NEWSPAPER
ADVERTISING AGENCY.
S. M. PETTENGILL & CO.,
Offices, No. 119 Nassau Street, New York, and 10 State Street, Boston.
Are the Agents for the Best and Most Widely Circulated Newspapers throughout the United States and British Provinces, and they are
REGULARLY RECEIVED & FILED AT THEIR OFFICES,
where Subscriptions and Advertisements are taken for them. Merchants and other Advertisers are respectfully invited to call and examine Papers and Prices.

The following Notices from first-class papers, are selected from hundreds of similar Notices from the voluntary testimonials of the Press:

ADVERTISING AGENTS.

The following notices of the firm of S. M. Pettengill & Co., Advertising Agents in New York and Boston. We have been doing business for this firm for a number of years, and can cordially endorse all that is said of them. They are prompt and reliable gentlemen, and are worthy of the unbounded confidence of the Press. They send none but Cash advertisements, and always settle promptly. The notices are from the very best presses in the country.—*Harrisburg Telegraph.*

Advertising Agents in New York.—The large amount of advertising done by New York business men, in the West and South, renders it necessary for the latter to have good and reliable agents in that city. We anticipated at one time, owing to the losses and annoyances experienced, to dispense with the service of agents altogether; but we found the difficulties arising from having no agent greater than those occasioned by the latter. In this emergency it is satisfactory to be able to find good and reliable agents, prompt and accurate in all transactions, and in every respect thorough-going business men. We have found such in S. M. Pettengill & Co. For several years we have transacted business with this office, and on no occasion did they fail to meet promptly all their engagements. The satisfaction we have experienced ourselves in our business transactions with these gentlemen, induces us to accord to them this voluntary testimonial, so that merit may be rewarded, and our friends of the press may have an opportunity of availing themselves of the same advantages that we enjoy, and which experience has rendered us fully capable of appreciating.—*Cincinnati Gaz.*

Messrs. S. M. Pettengill & Co., are also the agents of the Pittsburg *Gazette*, in New York, and we cordially endorse the above statement of our Cincinnati cotemporary as to their fidelity and promptness. Our business connections with them have always been of the most gratifying description, and we can recommend them to any of the press who are seeking reliable advertising agents in New York.—*Pittsburg Gazette.*

We can cheerfully endorse these commendations of Messrs. Pettengill & Co. Several years' business relations with them enables us to say, that they are alike energetic, prompt and honest.—*Albany Evening Journal.*

We take pleasure in adding our recommendation of Messrs. Pettengill & Co., to the above testimonials in their favor, having found them faithful and useful agents for some years past. We would advise all in want of such agents, to employ Messrs. Pettengill & Co.—*New Orleans Picayune.*

The above commendations are well deserved, as we judge, both by the general tone of the country press, and from somewhat extensive business transactions with the house referred to. We can recommend P. & Co. to such of our publishing friends as desire newspaper agents in this metropolis.—*N. Y. Tribune.*

199

〈그림 2-6〉 1850년대 Pettingill 광고대리인의 자체 광고. Advertising Agency와 Advertising Agent라는 말이 섞여 있다.

19세기 후반에는 매체 지면 판매를 위해 일하는 광고대리인이 아니라 광고주에게 서비스를 제공하는 광고대행사로 전환했다.

미국에서 한 가지 흥미 있는 일은 여성 광고인의 등장인데, 이것은 남북전쟁 기간에 남자들은 군대에 가고 사람이 부족해서 여자가 광고 대리업을 하게 된 데에서 생긴 현상이었다.

그 무렵만 해도 광고는 남성들의 전유 업종이었다. 여하튼 19세기 후반부터 여성이 광고업에 참여했다.

**크리에이티브** 처음에는 자기 제품의 차별화를 가장 손쉽게 나타내고 제품의 우수성을 보증하며 아울러 제품에 대한 책임을 나타내는 브랜드명이 크리에이티브의 중심이었다. 대개 창시자의 이름이 브랜드 이름이 되었는데 프록터 & 갬블의 Procter & Gamble(P&G), 굿이어 타이어의 Goodyear, 청바지의 Levi's, 토마토케첩의 Heinz, 맥주의 Coors, Schlitz 등이 그것이다. 제품의 특성을 나타내는 광고 카피도 등장했다. 오래 되풀이해서 쓰면 브랜드 이름을 말하지 않아도 알게 된다. Ivory(아이보리) 비누의 "It Floats(그것은 뜬다)"라거나 Nabisco의 "You Need a Biscuit(당신은 비스킷이 필요하다)"이라는 네 낱말을 재치 있게 둘로 줄인 "Uneeda Biscuit(유니더 비스킷)," KODAK 카메라의 "Press the button, we do the rest(셔터만 누르세요. 나머지는 알아서 할게요)" 등이다.

또한 브랜드 이름을 그냥 알리기만 하는 것이 아니라 오래 기억하게 할 슬로건이 여럿 나타났다. Michelin(미셸린) 타이어, 퀘이커 오트밀 등 여러 제품의 캐릭터가 등장했는데 지금도 사용되는 낯익은 심벌이 되었다.

〈그림 2-7〉 Michelin 타이어, Quaker Oats(퀘이커 오츠) 캐릭터

〈그림 2-8〉 1898년의 Ivory 비누 포 스터. "IT FLOATS"라는 슬로건이 오른쪽 아래에 있다.

〈그림 2-9〉 뒤에 Nabisco로 이름이 바뀐 National Biscuit Company 의 "유니더 비스킷(Uneeda Biscuit)" 옥외광고

**카피라이터의 등장** 1890년대 말이 되자 전문 카피라이터의 시대가 다가왔다. 백화점 왕이라 일컫는 워너메이커는 최초로 광고 카피라이터를 채용했다. 이 백화점 광고를 빛낸 John E. Powers(존 E. 파워스)는 물론, 광고회사를 차린 Charles A. Bates(찰스 A. 베이츠), 뒤에 FCB가 된 Lord & Thomas 광고회사에서 광고란 "인쇄한 세일즈맨(Salesman in Print)"이란 주장으로 유명한 John Kennedy(존 케네디), "Reason Why(리즌 와이)" 이론을 들고 나온 Claude Hopkins(클로드 홉킨스), Ernest Calkins(어네스트 컬킨즈), Artemus Ward(아테무스 워드) 등이 이 시대 광고 카피라이터로 등장했다. 20세기에 들어선 뒤 이들의 활동은 더욱 드러나게 되었다.

**아르누보(Art Nouveau)** 19세기 말이 되자 프랑스로 거슬러 올라가는 새로운 표현 아르누보의 물결이 미국에 들어왔다. 이 물결은 미술, 건축, 수공예, 가구, 패션, 제품 디자인, 그래픽 디자인, 광고 등 모든 분야에서 나타나게 되었다. 대담한 선과 블록과 커브, 흐르는 물결 등 환상적인 표현 등이 광고 포스터에 나타나게 되었다.

〈그림 2-10-1 및 2-10-2〉 1890년대의 아르누보 포스터 2점

## 제3절 그 밖의 일들

**19세기 후반 미국광고 발전에 기여한 사람들** 19세기에만 유달리 나타나는 현상은 아니지만 미국이라는 나라 전체에 팽배해 있는 것은 소위 기업가 정신이라고 말하는 Entrepreneurship(안트러프리뉴어십)이다. 정치가, 기업인, 언론인, 광고인 할 것 없이 모두 직업의 귀천을 가리지 않고 사업을 개척하고 돈을 벌어 잘 살려는 의욕에 가득 차 있다. 아울러 돈을 벌고 나면 자기에게 돈을 벌게 해 준 그 업계의 진정한 발전을 위해 앞장서서 노력했다.

**세기의 흥행가, 광고인 P. T. Barnum(바넘)** 광고를 밥벌이로 시작한 것은 아니었으나 일찍부터 광고, 선전의 힘을 알고 활용한 사업가 가운데는 흥행 사업가로 절세의 평판을 얻고 엄청난 돈을 번 P. T. Barnum(1810~1891)이 있다. 그를 유명하게 만든 흥행 가운데 하나는 미국 초대 대통령 조지 워싱턴의 보모로 일하면서 "그 영아"에게 처음으로 옷을 입힌 161세 흑인 여성을 등장시켜 구경꾼을 모아 돈을 긁어모은 일이었다. 사실은 이 여성의 진짜 나이는 80세쯤이었다. 이 밖에도 수다한 흥미진진한 행사들을 만들어 Barnum은 큰 흥행 사업가가 되었다.

그의 흥행은 미국 내에서만 유명해진 것이 아니었다. 1842년에는 다섯 살 먹은 난쟁이를 General Tom Thumb(톰 섬 장군)으로 분장시킨 후 화려한 장식 마치에 태워 뉴욕 시가 행진을 시켜 유명하게 만들어 10만 명의 관객을 끌어들였다. 이 소문이 유럽에도 퍼져 빅토리아 여왕께 알현할 만큼 놀라운 성과를 거두었다. 그는 광고, 선전을 위해서라면 모든 매체와 수단을 이용했다. Barnum은 자서전 가운데 "이 모든 내 성공은 '인쇄인의 잉크' 덕분이다"라고 술회했는데 인쇄인의 잉크란 다음 아닌 광고, 선전을 의미했다.

〈그림 2-11〉 흥행가, 광고인, PR맨으로 알려진 P. T. Barnum의 사진과 1861년 신문 광고 및 1870년 서커스 옥외광고용 포스터

독실한 기독교인, 정직한 광고 신봉자, 백화점 왕 John Wanamaker(존 워너메이커, 1838~1922) 워너메이커는 1861년 필라델피아 시에 오크 홀(Oak Hall)이라는 의류 백화점을 미국 최초로 시작했다. 6년 뒤에는 다시 같은 도시에 둘째 백화점을 개점했고 뉴욕에 진출했다. 뒤에 그는 파리와 런던으로 사업을 확장했다. 그런데 워너메이커는 신실한 장로교 신자이며 정직한 광고의 신봉자였다. 같은 시대에 살던 기업가 록펠러처럼 사회적 성경(Social Gospel), 즉 부(富)란 "하나님의 나라를 세상에 보여 주는 도구"라는 철학을 가진 사업가였다. 신 앞에서 사람은 평등하다는 생각에서 그는 단일 가격 표시를 제도화했다. 품질 보장이라는 신념에서 환불 제도를 실시했고, 점내 전등 가설, 엘리베이터 설치, 식당 설치, 사원 의료 제도, 이익 분배 등 당시 미국에서는 아무도 하지 않던 일들을 먼저 실행했다. 이것은 그의 신앙심에서 생긴 것이었다. 그는 뒤에 체신부장관이 되었다.

그는 당시 떠오르는 카피라이터 John E. Powers(존 E. 파워즈)를 자기 회사에 고용했다. Powers의 정직하고 명쾌한 광고 카피 솜씨는 즉시 큰 매출로 나타났다. 광고에 대해 그가 한 말은 많은데 Wanamaker는 "경기가 나빠서 사람들이 사지 않을 때가 있습니다. 이런 때야말로 광고를 가장 많이 해야 합니다. 나는 늘 광고를 신뢰합니다. 나는 절대로 광고를 중단하지 않습니다"라는 말을 했다. 지금도 널리 알려진 "내가 쓰는 광고비의 절반은 낭비인데 그것이 어느 절반인지 모르는 것이 문제이다"라는 말도 그의 말이다.

"One price and goods returnable": Center City's Department Stores

〈그림 2-12〉 Wanamaker 사진과 "One price and goods returnable"이라는 슬로건 및 그의 백화점

**New York Ledger(뉴욕 레저)의 Robert Bonner(로버트 보너)[3]** 이미 제1장에서 언급했지만 1835년에 뉴욕 헤럴드를 시작해서 수년 사이에 뉴욕 최대의 신문으로 키운 베넷은 괴팍한 광고 게재 기준을 민들있는네 그 결과는 매우 창의적인 신문 광고를 낳는 계기가 되었다. 특히 뉴욕 헤럴드 지와 광고를 둘러싸고 일전을 벌인 사람은 다름 아닌 같은 뉴욕에서 1851년에 New York Ledger(뉴욕 레저, 원래 제호는 New York Merchants Ledger) 잡지를 시작한 Bonner였다. 그는 헤럴드 발행인 베넷의 광고 게재 규정에 반기를 들고 나선 잡지 발행인이며 동시에 큰 광고주였다. 이 잡지는 원래 비즈니스와 금융 문제를 다룬 잡지였는데 Bonner는 픽션, 수필, 전기(傳記), 소설 등을 다룬 가정 잡지로 만들었다. 창간 5년 후에 레저는 40만 부를 발행하는 잡지로 컸다. 이 무렵 미국 인구는 3,100만 명이었으니 New York Ledger의 성장은 놀라운 일이었다.

Ledger 잡지에는 광고를 게재하지 않았다. 그런데 Ledger 잡지는 엄청난 광고를 한 대광고주의 하나였다. 즉 자기 잡지에는 광고를 게재하지 않았으나 자기 잡지 판매를 위해서는 천문학적인 금액의 광고비를 아끼지 않았다. 뉴욕에서 발행되는 여러 신문에 아낌없이 광고비를 투자했다. 그 신문 가운데 가장 까다로운 게재 조건을 제시한 것이 뉴욕 헤럴드였는데 그 발행인이 Bennett(베넷)이었다. 그런데 Bennett의 칼럼 규정에도 구멍은 있었다. 활자의 크기, 일러스트레이션의 사용 금지 등 규제가 있었으나 같은 카피의 반복 금지 규정은 없었다. 이 구멍을 뚫은 것이 뉴욕 최대의 출판 광고주인 Bonner의 New York Ledger 잡지 광고였다. 1년 총광고비는 25만 달러였는데 이런 광고비는 이 무렵에는 그야말로 천문학적인 금액이었다. Bonner가 한 신문에 가장 많은 광고를 게재한 것은 1858년 5월 6일 뉴욕 헤럴드 지였는데 2,000달러였다. 헤럴드는 이날 신문을 8페이지 더 늘려 16페이지를 발행했다.

---

3) Wood(1050)에시 인용.

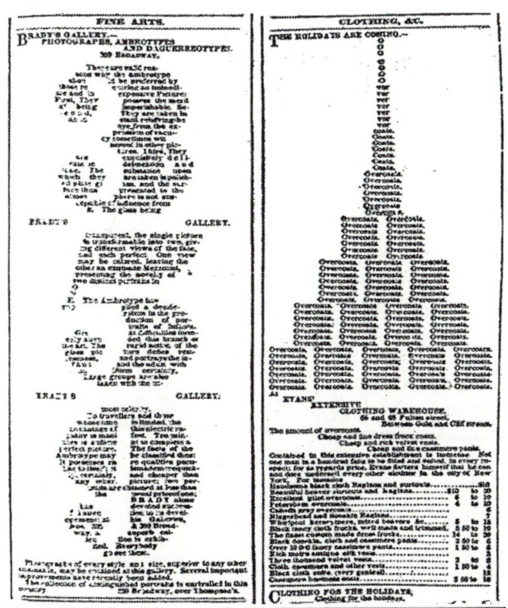

〈그림 2-13〉 로버트 보너(Robert Bonner)의 뉴욕 렛저(New York Ledger) 광고. 잡지 이름 "LEDGER"의 머리글자인 "L"을 첫 줄, "E"자를 다음 줄, 셋째 줄에는 "D" 등으로 차례로 꾸며서 반복했다. New York Herald 1856. 10. 4(자료: Presbrey, 1929).

〈그림 2-14〉 New York Ledger의 광고가 다른 광고에도 영향을 미쳤음을 보여 주는 광고들. 숫자 "359"는 광고주가 뉴욕 브로드웨이 359번지임을 표시한 것이다. 고층 빌딩 모양을 한 광고는 의류회사 광고인데 "overcoats"라는 단어를 가지고 만든 광고이다(자료: Presbrey, 1929).

## Cyrus H. K. Curtis(사이러스 H. K. 커티스)와 Ladies Home Journal

1883년에 Ladies Home Journal 초판을 낸 후반 Curtis는 미국에서 현대적 잡지 발행과 잡지 광고의 개척자였다. 동시에 그는 광고 정화에 앞장섰다.

그전까지 거의 모든 문학잡지(월간 또는 계간)는 영국식 잡지 경영 모델을 따라 광고에 대해서는 아예 관심이 없었고 오직 판매 수입에만 의존하고 있었다. 관심이 없었다기보다 심지어 광고를 천박하게 여기고 있었다. 1815년에 보스턴에서 창간된 North American Review도 광고를 게재한다는 것은 아예 생각도 할 수 없을 정도였다(Wood, 1958). 1850년에 창간한 후 얼마 안 가서 5만 부를 판매할 만큼 성공한 Harper's New Monthly Magazine은 재봉기 회사가 연간 18,000달러라는 거금을 투자해 잡지 뒷면에 광고를 게재하겠다고 했으나 거절했다. 이 Harper's 잡지는 자사가 발행하는 책 등의 광고만을 게재했고 그 밖의 유료 광고는 게재하지 않았다(1882년 이후에는 방침을 바꾸어 광고를 받았다, Presbrey, 1929).

역시 보스턴에서 1859년에 창간된 Atlantic Monthly도 광고로 잡지 지면을 "훼손하기를 거절"했다. 뉴욕 레저가 신문에 대대적인 광고를 하면서 자기 잡지에는 광고를 게재하지 않은 것도 역시 같은 맥락이었다. 즉 19세기 초에서 중반까지 태반의 미국 잡지 발행인의 광고관은 이런 것이었다.

커티스는 원래 4페이지짜리 농업 잡지인 Tribune & Farmer를 발행했다. 그런데 이 잡지에 여성을 대상으로 하는 칼럼을 썼더니 인기가 있었다. 그래서 1883년에 여성을 대상으로 Ladies Home Journal을 창간했는데 겨우 8페이지였고 패션, 육아, 요리, 바느질, 수공예 따위 기사와 더불어 광고를 게재했다.

이 잡지의 성공은 대단했다. 1년이 지나자 25,000부가 팔렸다. 그러자 커티스는 저명인사의 글을 실었다. 다시 1년 후에는 10만 부가 팔렸다. 판형을 크게 하고 광고료를 인상했으며 계속해서 저널 광고를 증가했더니 드디어 부수가 75만 부로 폭증했다. 창간 이후 5년간에 Curtis가 Ladies Home Journal 잡지 광고에 사용한 금액은 50만 달러를 넘는 거금이었는데 돈을 빌려서까지 이런 광고를 했다.

창간 15년이 된 1898년에 이 여성지는 85만 부에 이르렀다. 이해 잡지 사설란에는 우편이 가 닿는 곳이면 어디든 저널지가 있으며 세계 65 문명국가 가운데 59개국에 이 잡지가 가고 있다는 기사를 실었다. 그리고 다음과 같은 글이 게재되었다(Wood, 1958).

"미국에서 발행되는 잡지에 광고주가 가져오는 수입이 없다면 매달 독자에게 주는 내용은 제공할 수가 없다는 사실은 결코 잊어서는 안 될 것이다. 미국의 잡지가 문학, 일러스트레이션 및 기술적인 측면에서 뛰어나고 선망의 대상이 될 위치에 서게 만든 것은 어떤 다른 요인보다도 미국광고의 성장이었다. 오늘날과 같은 최고의 미국 잡지를 가능케 한 것은 미국광고주이다.”

20세기가 동튼 1900년이 되자 Ladies Home Journal 잡지는 “미국 가정의 월간 성경책(Monthly Bible of the American Home)”이라는 호칭을 얻게 되었다. 저널은 1892년 광고 정화 문제가 대두되기 시작할 무렵 이미 말썽 많던 특허 약 광고 게재를 거절할 만큼 광고의 사회적 책임을 생각했다.

19세기도 다 저물어 가는 1897년에 Curtis는 필라델피아에서 시들어 가는 주간지 Saturday Evening Post를 1,000달러에 인수해서 1년 동안 방치했다. 그 뒤 그는 이 2,000부를 발행하는 남성지를 되살리기 시작했다. 새 편집자를 구했고 잡지의 광고와 판촉을 위해 100만 달러가 넘는 돈을 투자했다. 1900년에 이 주간지의 구독 부수는 182,515부로 늘었고 1909년에는 100만 부가 팔렸다. 인수 후 2년 사이에 광고 수입은 약 6만 달러로 늘었고 1900년에는 16만 달러로 껑충 뛰었다. 천문학적인 광고 수입 증가는 20세기에 나타났는데 1905년에는 100만 달러, 1910년에는 500만 달러가 되었다(Wood, 1958).

Curtis가 미국광고 발전을 위해 이바지한 바는 20세기에 들어서서 더욱 두드러졌다. 그는 1901년에 광고회사 대행 계약(Agency Contract)을 제정해서 대행사 커미션 10%, 현금 지불 할인 5% 인정을 제도화했다. 1919년에는 광고 대행 커미션을 15%로 제정했으며 동시에 광고대행사 서비스에 매체 선정, 구매뿐 아니라 카피, 디자인, 시장 조사까지도 포함되어야 한다고 말할 만큼 선각적인 주장을 했다. 그는 1910년에 커티스 광고 강령(The Curtis Advertising Code)을 제정하고 공표했다. 이 가운데 광고 카피 검열(Censorship of Copy) 조항에는 19가지 사례를 열거했다.

신문, 잡지 등 광고매체의 폭증이 광고 증가에 필수적이었음은 당연한 일이다. 미국광고가 발전한 또 다른 이유는 광고회사의 등장과 활동이 있었는데 이 두 가지를 차례로 보기로 한다.

**George W. Rowell(조지 W. 로웰)**[4] 미국에서 19세기 후반에 광고 발전을 위해 가장 많은 족적을 남긴 사람은 다름 아니라 1865년에 보스턴에서 동료 Horace Dodd(호레

---

4) Presbrey(1929)에서 인용.

스 도드)와 광고대리업을 시작한 George W. Rowell이었다. 이들은 100개 신문 리스트를 작성하고 신문사가 "공표한 광고 요금(Publisher's Rate)"을 면밀히 조사했다. 그리고 계속해서 광고를 게재한다는 전제하에 요금표에 표시된 광고료의 75%를 지불했으며 아울러 한 달 이내에 광고료를 현금으로 지불인 경우에는 다시 3%를 할인했다. 이것이 선례가 되어 이른바 현금 지불 할인(Cash Discount) 제도가 광고계의 관례가 되었다. 연간 지면 구매 계약으로 싸게 지면을 사서 되파는 방법을 이용했다.

19세기 중엽 미국 신문 광고 요금은 광고대리인이 결정하는 것이 상례였다. 따라서 광고 대리인의 커미션은 그야말로 다다익선으로 커미션 기준이란 없었다. 광고 대리인은 광고료 수금에 대한 책임을 지지 않았다. 신문 광고 요금 거래의 난맥상을 극복하기 위해 로웰은 대리인의 커미션을 25%로 정하고 아울러 수금 책임을 지도록 했다.

1860년대 말에 창설된 N. W. Ayer는 난맥상인 광고대리 업계에 새로운 서비스 방식을 도입하는 데에 앞장섰다. 이른바 공개 계약(Open Contract) 제도를 도입해 광고주에게 신문에 지불하는 광고료를 알려 주고 거기에 광고대리인은 15%의 커미션을 받는 계약 방식이었다. 이것은 광고대리인이 신문, 잡지의 광고 지면을 팔아 주고 커미션을 받던 매체를 위한 서비스업에서 광고주를 위한 서비스업으로 전환하는 것을 뜻했다.

한편 신문은 부수를 감추고 발표하는 숫자는 때로 실제 발행 부수의 다섯 배나 부풀리는 경우도 있었다. 광고 대리인의 역할은 되도록 많은 자료를 얻어 가장 근접한 부수를 광고주에게 알려 주며 아울러 신문 잡지의 질에 대한 판단을 내려 주는 일이었다.

로웰은 1869년에 "로웰의 미국 신문 연감(Rowell's American Newspaper Directory)"을 발행했다. 미국 최초의 이 연감에는 미국에서 발행되는 5,411개의 각종 신문, 잡지와 367개 캐나다 신문, 잡지가 포함되어 있었다. 이 연감에는 간행물 이름 다음에 추정 부수가 표시되어 있었다. 그리고 이것이 불씨가 되었다. 우선 동업 광고대리점에서 이의가 제기되었는데 자사가 가지고 있는 리스트의 비밀 부수와 달랐기 때문이었다. 더 심한 반발은 발행인한데서 일어났다. 자기네가 발표한 부수보다

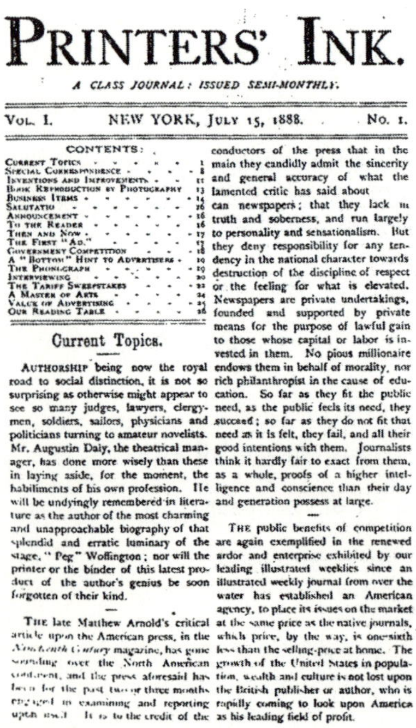

PRINTERS' INK.

A CLASS JOURNAL: ISSUED SEMI-MONTHLY.

VOL. I. NEW YORK, JULY 15, 1888. NO. 1.

CONTENTS:

| | |
|---|---|
| CURRENT TOPICS | 1 |
| SPECIAL CORRESPONDENCE | 8 |
| INVENTIONS AND IMPROVEMENTS | 11 |
| BOOK REPRODUCTION BY PHOTOGRAPHY | 13 |
| BUSINESS ITEMS | 14 |
| SALUTATIO | 16 |
| ANNOUNCEMENT | 16 |
| TO THE READER | 16 |
| THEN AND NOW | 17 |
| THE FIRST "AD." | 17 |
| GOVERNMENT COMPETITION | 18 |
| A "BOTTOM" HINT TO ADVERTISERS | 19 |
| THE PHONOGRAPH | 19 |
| INTERVIEWING | 20 |
| THE TARIFF SWEEPSTAKES | 22 |
| A MASTER OF ARTS | 24 |
| VALUE OF ADVERTISING | 25 |
| OUR READING TABLE | 26 |

Current Topics.

AUTHORSHIP being now the royal road to social distinction, it is not so surprising as otherwise might appear to see so many judges, lawyers, clergymen, soldiers, sailors, physicians and politicians turning to amateur novelists. Mr. Augustin Daly, the theatrical manager, has done more wisely than these in laying aside, for the moment, the habiliments of his own profession. He will be undyingly remembered in literature as the author of the most charming and unapproachable biography of that splendid and erratic luminary of the stage, "Peg" Woffington; nor will the printer or the binder of this latest product of the author's genius be soon forgotten of their kind.

THE late Matthew Arnold's critical article upon the American press, in the *Nineteenth Century* magazine, has gone sounding over the North American continent, and the press aforesaid has been for the past two or three months engaged in examining and reporting upon itself. It is to the credit of the conductors of the press that in the main they candidly admit the sincerity and general accuracy of what the lamented critic has said about can newspapers; that they lack in truth and soberness, and run largely to personality and sensationalism. But they deny responsibility for any tendency in the national character towards destruction of the discipline of respect or the feeling for what is elevated. Newspapers are private undertakings, founded and supported by private means for the purpose of lawful gain to those whose capital or labor is invested in them. No pious millionaire endows them in behalf of morality, nor rich philanthropist in the cause of education. So far as they fit the public need, as the public feels its need, they succeed; so far as they do not fit that need as it is felt, they fail, and all their good intentions with them. Journalists think it hardly fair to exact from them, as a whole, proofs of a higher intelligence and conscience than their day and generation possess at large.

THE public benefits of competition are again exemplified in the renewed ardor and enterprise exhibited by our leading illustrated weeklies since an illustrated weekly journal from over the water has established an American agency, to place its issues on the market at the same price as the native journals, which price, by the way, is one-sixth less than the selling-price at home. The growth of the United States in population, wealth and culture is not lost upon the British publisher or author, who is rapidly coming to look upon America as his leading field of profit.

〈그림 2-15-1〉 Rowell(로웰)이 창간한 Printer's Ink 창간호 1888년 7월 15일 호의 표지. 처음에는 격월간이었다가 월간이 되었다.

이 연감의 부수가 적다는 이유였다. 다만 로웰 회사의 광고 게재 요청은 거절하지 않았는데 지불이 확실한 때문이었다.

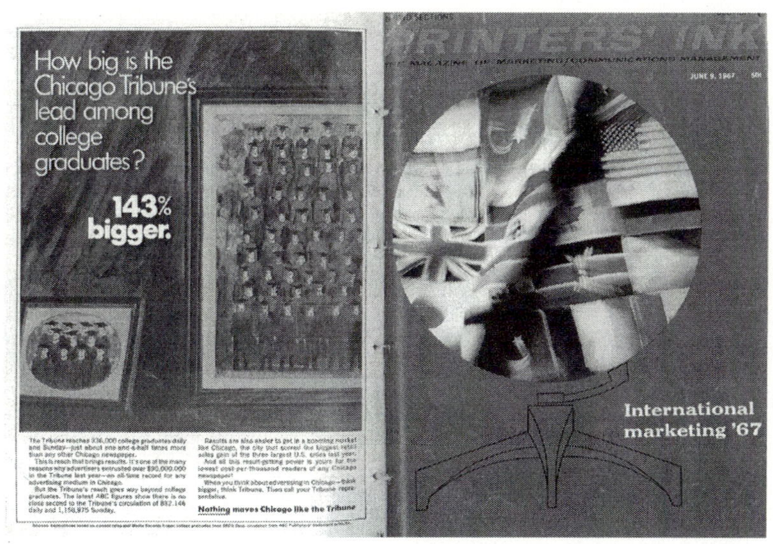

〈그림 2-15-2〉 Printer's Ink 1967. 6. 9. 국제 마케팅 특집 표지와 표 4의 광고

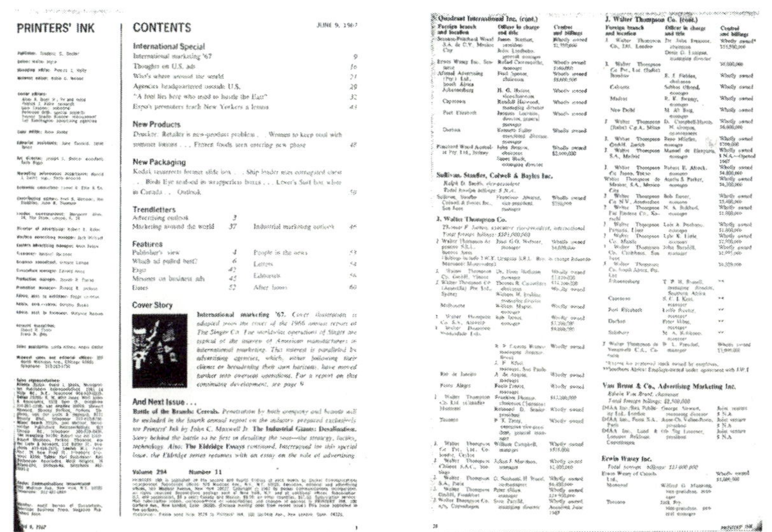

〈그림 2-15-3, 4〉 같은 호의 목차 및 국제 광고회사 소개 기사 페이지

1888년 Rowell이 창간한 미국 최초의 광고전문지 Printer's Ink는 20세기 초에 광고 정화 운동에 앞장섰다. 1911년에는 모범 규례(Model Statute)를 발표했는데 이것은 광고 규례로 서 그 뒤 수년 사이에 37개 주가 이 규례를 본떠서 법령을 제정했다. 미국 최초의 이 광고 전문지는 1960년대 말에 폐간했다.

특기할 일은 JWT가 19세기 마지막 해인 1899년에 영국 런던에 해외 지사를 설립했는 데 미국광고회사로서 최초의 일이었다. 그 결과 JWT는 국제화에 가장 앞선 광고회사가 되었다.

19세기 후반 미국광고비에 대한 추정은 McCann Erickson(맥켄 에릭슨)의 Robert Coen이 발표한 바가 있는데 1865년에는 5,000만 달러, 1880년에 2억 달러, 10년인 1890년에 이르 자 3.9억 달러가 되어 25년 사이에 약 8배가 증가할 만큼 놀라운 광고비 성장이 있었다.[5]

그 당시 어느 나라이든 공통적인 현상이었지만 19세기 중엽 미국에도 광고라고 하면 약 광고를 생각할 만큼 특허 약 광고(Patent Medicine)가 많았다. 약 광고의 과대 과장은 역 시 세계 공통 현상이었고 그 결과 19세기 말 무렵부터 약 광고 게재를 사절하는 신문, 잡 지가 등장하게 되었으며 나아가서는 약 광고에 대한 비난이 강력하게 대두되었다.

1885년에는 망판(網版, Halftone)의 발명으로 사진을 신문, 잡지에 이용할 수 있게 됨과 동시에 광고가 더욱 세련미를 더하게 되었다. 1893년에는 Youth's Campaign 잡지에 처음으 로 4색도 광고가 게재되었다.

1860년대에는 옥외광고 이용이 늘어났고 1891년에는 지금의 옥외광고협회(전신)가 창 립되었다. 이보다 4년 앞서 1887년에는 미국신문협회가 창립되었다. 19세기 말이 되자 주 요 광고주의 수는 약 2,600개사가 되었으며 1899년 KODAK 카메라는 연간 광고비 75만 달러를 쓰는 미국 최대의 광고주로 부상했다.

**자유의 여신상(Status of Liberty), Pulitzer(퓰리처)의 World(월드) 지 캠 페인** 뉴욕 항구 입구에 있는 자유의 섬(Liberty Island)에 우뚝 서서 미국의 상징처럼 되어 있는 자유의 여신상이 1886년에 건립되었다. 아이디어 발상으로부터 거의 20년에 걸쳐 프 랑스와 미국의 공동 노력으로 건립된 이 동상은 지상 93미터에 동상 높이만도 46미터, 동 의 무게가 27톤에 이르는 거대한 조각이다. 미국 역사 유적지로 지정되어 있으며 아울러 유네스코(UNESCO)의 세계 유적지이기도 하다. 동상 건립 대좌(臺座) 건축 기금 10만 달러

<hr>

5) Advertising Age 1973. 11. 2.

모금을 위해 당시 뉴욕에서 발행되던 World 잡지의 발행인이던 Joseph Pulitzer(조셉 퓰리처)는 World 지면을 통해 대대적인 캠페인을 전개했다. 동상은 프랑스 국민이 미국에 기증한 것이다.

자유의 여신상 건축은 사회적인 목적을 위한 모금 캠페인의 한 가지인 대의(大義) 마케팅(Cause Marketing)의 선례를 남겼다. 또한 1886년 10월 18일 준공식에는 미국 제22대 Grover Cleveland(그로버 클리블랜드) 대통령이 참석했다. 이날 뉴욕에는 수십만 인파가 모여 축하 퍼레이드가 있었는데 대통령을 선두로 한 행렬이 뉴욕 증권 거래소 앞에 이르렀을 때에는 축하 테이프 던지기가 있었고 이것이 이른바 티커 테이프(Ticker Tape)의 효시가 되었다. 미국이 세계 제1차 대전에 참전한 뒤 국채 판매를 했을 때에는 자유의 여신상을 이용한 광고 캠페인이 벌어지기도 했다. 이렇게 해서 자유의 여신상은 PR, 광고에도 큰 영향을 미치게 되었다.[6]

〈그림 2-16〉 자유의 여신상 및 여신상을 이용해 제1차 세계대전 기간에 국채 판매를 위해 만든 포스터

---

6) http://en.wikipedia.org/wiki/Statue_of_Liberty

코카콜라는 19세기 말부터 광고를 시작했다. 그러나 약사들의 증언과 사진이 들어간 1892년 광고에서 나타나듯이 "두통과 과로(For Headache & Exhaustion)를 위한 일종의 의약품"과 같은 것이었다. 20세기에 들어서면서 당시 유명한 여배우 Hilda Clark(힐다 클라크)가 최초의 코카콜라 걸(Coca-Cola Girl)로 등장하면서 "맛있고 신선한(Delicious & Refreshing)" 음료가 되었다.

〈그림 2-17〉 1892년과 20세기 초의 코카콜라 광고

# 제3장

# 제1차 세계대전 및 정리기: 1900~1920

# 제1절 정치, 경제, 사회, 문화

20세기 초 20년 기간에 미국은 세계무대에 본격적으로 진출하게 되었는데 그 계기는 유럽 강국의 독무대에 미국이 참여하게 된 데에서 비롯되었다. 이 20년 기간에는 뉴욕 엑스포에서 피격, 사망한 McKinly(맥킨리) 대통령의 뒤를 이은 Theodore Roosevelt(시어도어 루즈벨트), William H. Taft(윌리엄 H. 태프트), Woodrow Wilson(우드로 윌슨)의 세 대통령이 재임했다.

1905년에는 러일전쟁(1904~1905)을 종결지은 포츠머스(Portsmouth) 조약 체결의 중재자가 되어 미국이 국제 분쟁의 조정자로 등장했고 그 공로로 루즈벨트 대통령은 노벨평화상을 받았다. 1914년에서 1918년 사이에 유럽은 제1차 세계대전에 휘말렸는데 미국은 1917년에 연합국 편에서 독일과 싸우게 되었으며 연합국은 승리했다(Urdang, 1996).

미국이 제1차 세계대전에 참전하게 되자 그 영향은 광고와 PR에도 일어났다. 모병, 채권 구매, 물자 절약, 적십자 지원, 군사기밀에 대한 말조심 등에 대한 갖가지 광고가 나타나게 되었다. 그리고 그런 광고 때문에 광고에 대한 인식이 변하게 되었다. 물자가 군수용으로 돌려진 뒤 광고의 필요가 매우 낮아진 상황에서 기업이 어떻게 광고 정책을 세울 것인가에 대한 연구를 하게 되었다. 광고뿐 아니라 전시에 국민 또는 적국에 대한 PR, 선전, 광고에 관한 정부 정책을 다루는 공보 기구(Committee on Public Information)가 생겼고 어떤 활동을 어떻게 할 것인가에 대한 연구와 방법을 터득하게 되었다. 즉 광고와 PR이 어떻게 전쟁 수행에 도움이 되는지 알게 되었다.

20세기 첫 20년 기간은 미국이 거대한 소비시장으로 변하기 시작한 시기였다. 그 원동력이 된 것은 전기의 보급과 풍부한 노동력의 공급이었다. 1900년 미국 인구는 7,621만 명이었는데 20년 뒤에는 1억 600만 명으로 증가했다. 그 주된 이유는 이민자의 증가인데 주로 유럽에서 온 이민자들은 20세기 처음 10년 사이에 900만 명, 그 뒤 10년 사이에는 570만 명에 달했다. 1904년을 기준으로 그 당시 돈 10달러만 있으면 유럽에서 미국까지 여객선(3등 칸)을 타고 이민 올 수 있었던 것도 미국 이민 증가의 한 원인이 되었다. 뒤에 '광고' 항목에서 자세히 언급하겠지만 먹을 것, 마실 것, 입을 것들이 쏟아져 나왔으며 교통망과 유통망의 발전으로 손쉽게 일용품들을 싼값으로 살 수 있는 시대로 바뀌었다. 지금은 고전처럼 되었으나 여전히 살아 있는 각종 브랜드와 광고 슬로건이 앞다투어 탄생했다.

파나마 운하 개통으로 뉴욕과 샌프란시스코 거리가 12,000킬로나 단축되었고, 라이트 형제는 최초로 하늘을 나는 데 성공했다. 보이스카우트 창설, 인디애나폴리스 500 자동차 경기장 개설, 어머니날 제정이 있었고 아울러 흑인 인권 향상 단체인 NAACP가 탄생했다.

1917년까지 미국 도시 거주 인구의 절반 가구에는 전등이 가설되었다. 그리고 1920년까지는 미국 모든 공장의 3분의 1이 전기를 동력으로 가동하게 되었다. 전화의 보급도 놀라워서 1900년에 130만 대이던 것이 1907년에는 5배나 증가하면서 전화 교환수를 'Hello Girl'이라고 부르는 애칭이 등장한 시대가 되었다.

집집이 전기가 켜지고 거리는 전기 조명이 밝혀 주고 공장은 전기의 힘으로 돌아가게 되면서 엘리베이터와 에스컬레이터, 전차가 나타났다. 1910년대에 들어서자 휘발유로 달리는 4기통 자동차 포드 T-모델이 시가지를 누비게 되었고 레이온(rayon) 섬유와 플라스틱이 등장했다. 설탕 1파운드(454그램)는 불과 4센트, 어지간한 식당 저녁값은 20센트, 멋진 여성 구두 한 켤레 값이 1.5달러인 시대였다. 1908년에 전기다리미가 나오면서 가정주부의 손을 엄청나게 덜어 주었다. 이듬해에는 간편한 진공청소기가 나왔다. 접시 닦기, 커피 기계, 토스터, 히터 등 전기 "하인"들이 줄을 이어 나왔다. 또한 축음기(蓄音機, 전축)가 나타났는데 그 제조회사의 처음 이름은 Victor Talking Machine Company였다. 그러나 진정으로 미국인들의 생활을 엄청나게 바꾸어 놓은 것은 자동차의 등장이었다.

〈그림 3-1〉 1910년 GE의 전구. 태양만이 유일한 경쟁자라는 헤드라인이다. Mazda라는 이름은 불을 숭상하는 배화교에서 따온 것이다.

〈그림 3-2〉 라이트(Wright) 형제의 비행기 사진과 그림

〈그림 3-3〉 초기 축음기(전축) 두 가지 모델. 니퍼(Nipper)라는 별명이 붙은 강아지는 Victor 축음기의 상표의 일부이다.

〈그림 3-4〉 1917년에 미국이 세계 제1차 대전에 참전하면서 제작되어 세계적으로 유명해진 모병 포스터. 그 후 이 그림은 여러 가지로 변형되어 이용되고 있다.

포드 자동차의 T-모델은 온 미국 땅을 누비고 다녔다. 1910년대에는 GM 자동차와 쉐보레(Chevrolet) 자동차가 시장에 나타나 포드와 경쟁하게 되었다.

19세기 말에서 20세기 초에 미국에는 이른바 트러스트(Trust)라고 부른 독점재벌이 등장한 시기였다. 1898년 미국에는 2,653개에 달하는 각종 기업이 있었다. 1902년이 되자 이 수는 90%가 줄어 겨우 269개로 통합되었다. 그 대표적인 예가 석유의 록펠러와 철강의 카네기였다. 기간산업 외에도 과자 메이커인 National Biscuit Company(Nabisco), 농기구의 International Harvester, 담배는 American Tobacco Company 등이 인수, 합병에 앞장섰다(Sivulka, 1998). 그러자 독점재벌에 대한 비난이 쏟아졌는데 1904년에는 Ida Tarbell(아이다 타벨)이 쓴『스탠더드 석유회사의 역사(The History of Standard Oil Company)』, 2년 뒤에는 Upton Sinclaire(업튼 싱클레어)의『정글(The Jungle)』이 출판되어 방대한 석유 산업의 독점화 과정과 시카고의 유명한 도살장에 관한 참상이 폭로되었다. 초기 독점재벌 공격에 앞장선 것은 유력한 잡지였으나 1903년 무렵부터 신문도 가세했고 또한 루즈벨트 대통령은 이러한 운동을 환영했다. 그 결과 20세기 초에는 육류검사법(Meat Inspection Act) 및 식품, 의약품 관리법(Food & Drug Act)이 제정되었다. 그 밖에도 연방준비위원회(Federal Reserve Board: FRB), 연방통상위원회(Federal Trade Commission: FTC)가 창설되었다.

기업에 대한 공격과 아울러 불량 광고에 대한 비난도 일어나게 되었는데 그 첫 타깃은 과대, 과장이 다반사처럼 되어 있는 약 광고였다. 그 결과 광고 정화 운동이 자발적으로 일어나게 되었다. 1910년대에 접어들자 각종 광고 관련 단체들이 생기게 되었고 광고대행업은 더욱 전문화되기에 이르렀다. 통신강좌에서 시작한 광고가 대학의 정식 교육과목으로 된 것은 1910년대의 일이었다. 이 시기 마지막 해에는 드디어 여성 참정권이 결정되었다.

〈표 3-1〉 대통령, 1900~1920

| 연도(대) | 이름 |
|---|---|
| 1901(26) | 맥킨리 대통령 피격 사망에 따라 Theodore Roosevelt 부통령이 26대 대통령 취임 |
| 1909(27) | William H. Taft |
| 1913(28) | Woodrow Wilson. 중임하고 1921년 3월에 퇴임 |

〈표 3-2〉 정치, 경제, 사회 관련 주요 사건

| | |
|---|---|
| 1901 | 범미주 엑스포 뉴욕에서 개막<br>맥킨리 대통령 피격 사망. 루즈벨트 부통령이 대통령 승계<br>존 P. 모건(John P. Morgan) 미국제철소(US Steel) 설립<br>표준국 창설<br>텍사스에서 석유 발견<br>영국 필립 모리스 뉴욕에 진출해서 말보로 담배 등 마케팅 개시 |
| 1902 | 펩시콜라 설립 |
| 1903 | 포드(Ford) 자동차회사 설립<br>라이트 형제(Wright Brothers) 최초로 비행 성공<br>상무, 노동성 제정 |
| 1905 | 루즈벨트 대통령, 러일전쟁 종료하는 포츠머스(Portsmouth) 조약 중재. 1906년에 노벨평화상 수상 |
| 1906 | 청정 식품/의약품법 및 육류검사법 제정<br>빅트롤라(Victrola) 축음기 출시 |
| 1907 | 법무성, American Tobacco Company의 담배 독점 분할 |
| 1908 | 포드 자동차 T-모델 출시<br>제너럴 모터스(General Motors) 설립<br>제너럴 일렉트릭(General Electric), 전기다리미와 토스터 특허 등록 |
| 1909 | 미국흑인지위향상협회(National Association for the Advancement of Colored People: NAACP) 창립<br>플라스틱 발명 |
| 1910 | 미국 소년단 창립(Boy Scouts of America)<br>존 워너메이커(John Wanamaker) 필라델피아에 (당시) 세계 최고의 백화점 건립 |
| 1911 | 스탠더드 석유회사 분할<br>강철 회사 분할<br>인디애나폴리스(Indianapolis) 500 자동차 경주 시작 |
| 1913 | 미국중앙은행인 연방준비은행법(Federal Reserve Bank) 제정<br>근로소득세 제도 제정<br>포드 자동차 조립라인 생산 개시 |
| 1914 | 어머니날 제정<br>연방통상위원회(Federal Trade Commission: FTC) 창설<br>세계 제1차 대전 발발<br>파나마 운하 개통으로 뉴욕~샌프란시스코 간 거리 8,000마일(12,870km) 단축<br>헐리웃이 영화 중심지가 됨. |
| 1915 | 택시 등장<br>뉴욕-샌프란시스코 간 대륙 횡단 전화 개통 |
| 1917 | 미국, 세계 제1차 대전 참전. 1918년에 종료 |
| 1920 | 여성 투표권 승인 |

경제 숫자만을 놓고 볼 때 20세기 처음 20년 기간에 미국 경제는 GDP 기준으로 3.7배, 개인 소득 기준으로는 3배가 넘게 성장했다. 21세기 초의 화폐 기준으로는 개인당 GDP가 이미 5,000달러에서 6,000달러대로 진입했다.

**Ford Model-T** 이 시기에 가장 두드러진 사건은 Henry Ford(헨리 포드)가 1908년에 첫 생산을 시작해서 1913년부터 조립 라인에서 대량 생산을 시작한 이른바 포드 T-형 자동차였다. T-형의 가격과 판매대수는 표 3-4에 나와 있다. 1912년에는 10만 대, 1915년에는 50만 대, 1917년에는 100만 대, 1924년에는 드디어 1,000만 대 판매를 돌파했다. T-형의 1일 생산이 9,000대에서 10,000대에 이른 것은 1925년이었는데 1년으로 환산하면 200만 대로서 세계 기록이었다. 판매가 절정에 이른 몇 년 동안은 전년 대비 성장률이 배가한 해도 있었다.

1909년에 4인승 무개차(無蓋車) 가격은 850달러(현재 돈으로 20,513달러)였다. 이해 경쟁사의 자동차 1대 값은 2,000달러에서 3,000달러였다. 그 뒤 대량생산, 생산 기술 발전에 따라 1920년대에는 290달러, 현재 금액으로 환산하면 3,258달러로 떨어졌다. 승승장구의 길을 달리던 Ford가 General Motors(제너럴 모터스, GM)의 도전을 맞아 T-형 생산을 그만둔 것은 1927년이었다.

포드 T-형의 국제 시장 진출은 1911년 영국에서 시작되었으며, 그 뒤 독일, 프랑스, 스페인, 덴마크, 노르웨이, 벨기에 등 유럽 여러 나라 및 멕시코, 아르헨티나, 브라질 등 남미국가들로도 진출했다. 일본 진출은 1920년대 초였고 일본 Ford는 1928년부터 한국에서 대대적인 광고 캠페인을 벌였다. 물론 이 무렵에는 GM도 이미 일본을 거쳐 한국에 진출해서 두 미국 자동차회사의 광고전이 동아, 조선일보 지면에 나타나기도 했다.[7]

Ford는 사원의 1일 노임을 5달러로 했는데 이것은 당시로써는 획기적인 금액으로 평균의 2배 금액이었다. 업계에서는 비난이 쏟아졌다. 포드의 주장은 간단했는데 포드 자동차는 미국의 중산층이 몇 달 동안의 봉급이면 자동차를 소유할 수 있게 해야 된다는 것이었다. T-형 자동차의 성공이 미국 경제에 미친 영향은 대단했다(Sivulka, 1998, Wood 1958).

〈표 3-3〉 GDP(괄호 안의 숫자는 2005년 달러로 환산한 금액)

| 연도 | GDP(억$) | 개인당 GDP($) |
| --- | --- | --- |
| 1900 | 206 | 270(5,557) |
| 1905 | 208 | 343(6,170) |
| 1910 | 334 | 362(5,776) |
| 1915 | 387 | 385(5,657) |
| 1920 | 884 | 830(6,460) |

---

7) 11장 한국과의 관계 참고

〈표 3-4〉 포드 T-형(Model T) 대당 가격($)과 판매 대수의 변화

| 연도 | 대당 가격 | 2000년대 초 환산 가격 | 판매 대수 | 비고 |
|---|---|---|---|---|
| 1908 | – | – | – | 9월 27일에 첫 생산 |
| 1909 | 850 | 20,513 | – | 경쟁사 대당 $2,000~3,000 |
| 1911 | – | – | 69,762 | |
| 1912 | – | – | 170,211 | |
| 1913 | 550 | 12,067 | 202,667 | |
| 1914 | – | – | 308,162 | |
| 1915 | 440 | 9,431 | 501,462 | |
| 1917 | – | – | 100만 대 돌파 | 6월 14일에 100만 대 돌파 |
| 1920년대 | 290 | 3,258 | | |
| 1924 | – | – | 1,000만 대 돌파 | 6월 4일에 1,000만 대 돌파 |
| 1927 | – | – | 1,500만 대 돌파 | 5월 26일에 1,500만 대 돌파 |

자료: http://en.wikipedia.org/wiki/Ford-Model-T

포장 기술의 발전은 소매상과 우편주문 카탈로그에 더 없는 축복이었다. 처음에는 주석으로 된 포장, 다음에는 마분지 포장 그리고 왁스지에 각종 식품을 포장해서 오랫동안 신선도를 유지하고 멀리 보낼 수 있게 되었다. 그 밖에도 나무 상자, 유리병, 깡통, 철제 튜브 등 갖가지 포장 방법이 도입되었다. 도시에는 백화점이 생겼고 시골에는 이른바 체인점이 생겼다. A&P라는 약칭으로 알려진 Great Atlantic and Pacific Tea Company, Woolworth, J. C. Penny 등의 유통업체가 전국적인 점포망을 형성해서 갖가지 상품을 싼값으로 손쉽게 살 수 있는 시대가 되었다.

상공업을 업신여기던 유럽에 비해 미국은 무슨 일이든 해서 부자가 되고 성공하는 것을 우러러보는 문화였다. 미국은 탄생하기 이전부터 흐르는 기업에 대한 불간섭주의 또는 자유방임주의가 지배하는 나라였다. 정치가의 생각도 예외가 아니어서 19세기 말부터 나타나기 시작했던 거대한 독점재벌에 대해 적극적으로 간섭하거나 규제하려고 하지 않았다. 정부는 법과 질서를 지키는 일에만 간섭을 했다.

〈그림 3-5〉 1908년 9월에 첫 생산을 개시하여 1927년 5월까지 1,500만 대 이상을 판매한 Ford 모델 T의 모습

〈그림 3-6〉 A&P, J. C. Penny, Woodworth의 상표

그러나 독점자본의 폐해와 정치의 부패가 여기저기에 나타나면서 그러한 사실들이 폭로되고 널리 보도되자 이 폐해를 고치려는 운동이 일어났는데, 대략 19세기 말엽부터 주로 중산층에 의해 문제가 제기되었다. 그래서 20세기 처음 20년 기간을 "진보 시대(Progressive Era)"라고 부르기도 한다. 공화당 대통령인 루즈벨트와 민주당 대통령인 윌슨 두 사람 모두 진보 운동에 대해 동정적이었다. 그 결과 이미 앞에서도 언급했지만 갖가지 규제가 생기게 되었다. 시카고의 방대한 도살장의 갖가지 부정 때문에 육류검사법(Meat Inspection Act)이 제정된 것이 1906년이었고, 같은 해에 이번에는 식품, 의약품 관리법(Food & Drug Administration: FDA)이 제정되었다. 1911년에는 석유 재벌이 분할되었다. 같은 해에 미국 대법원은 American Tobacco Company 트러스트의 분할을 명령한 결과 American Tobacco, Liggett & Myers, Lorillard, British American Company, R. J. Reynolds의 5개사가 탄생했다. 그리고 치열한 담배 광고전이 전개되었다. 트러스트 분할 이전까지는 유일한 담배회사 American Tobacco Company가 수천 가지의 권련, 시가, 씹는담배 등을 지배하고 있었으며 담배 시장의 90%를 차지하고 있었다.

1913년에는 미국 중앙은행에 해당하는 연방준비위원회(Federal Reserve Board: FRB)가 창설되어 금융에 정부가 관여하게 되었다. 같은 해에 소득세 제도가 생겼다. 1914년에는 연방통상위원회(Federal Trade Commission: FTC)가 창설되었는데 FTC는 미국에서 광고 문제를 다루는 중심 기관이다. 이 시기를 "정리기"로 부른 이유는 바로 이러한 일련의 규제 제정 때문인데 정부의 규제뿐 아니라 광고계에서도 갖가지 단체가 생겨 전문 분야별로 각양각색이던 관례를 정리하는 움직임이 나타났기 때문이다.


## 제2절 언론, 매체

가장 중요한 광고 매체인 신문의 수는 1900년에 2,226개에서 1920년에는 2,042개로 약간 줄었으나 발행 부수는 1,500만 부에서 2,800만 부 가깝게 증가해서 84%나 늘었는데 주로 교육 수준의 향상과 특히 철도의 발달로 유통이 확장된 때문이었다. 1920년에 대한 자료는 조간과 석간의 구분과 주간지 자료가 있는데 약 20%가 조간이고 80%는 석간이어서 1920년대의 라이프스타일의 단면을 짐작할 수 있다. 주간신문도 상당했는데 522개 지가 1,700만 부를 넘게 발행하고 있었다.

〈표 3-5〉 신문 추세

| 연도 | 일간지 | | | 주간지 | 발행부수 |
| --- | --- | --- | --- | --- | --- |
| | 조간 | 석간 | 발행부수 | | |
| 1900 | - | - | 15,102 | - | - |
| 1920 | 437 | 1,605 | 27,791 | 522 | 17.064 |

자료: New York Times Almanac 2002.

**잡지** 제2장에서 이미 언급한 대로 19세기 중반 이후 발달하기 시작한 잡지가 20세기에 들어서면서 상업 매체로서 꽃을 피우게 되었다. 이렇게 잡지가 발전한 데에는 크게 세 가지 이유가 있었다. 첫째가 19세기 미국의 산업혁명과 이에 따른 도시화이다. 둘째는 공교육의 보급에 따른 문맹률 급속 감소였다. 1900년에는 31개 주에서 8세에서 15세의 어린이 교육이 의무화되었고 1918년에는 모든 주에서 의무교육이 실시되었다. 셋째가 전국 규모의 소비시장 등장에 따르는 전국광고의 증가였다. 산업혁명의 성공으로 이미 19세기 말에는 미국이 거대한 소비시장으로 바뀌게 되었다. 이 밖에도 고속 인쇄와 제판 기술의 발달, 철도망의 발전과 유통망의 급속한 확장, 19세기 말엽에 시행된 2종 우편료 제도에 의한 저렴한 우송료 등이 잡지 발전에 큰 도움이 되었다.

이러한 잡지 발전의 좋은 사례가 Ladies Home Journal이었다. 그리고 그 경영자는 미국 잡지 나아가서는 미국광고 발전에 혁혁한 자취를 남긴 Cyrus H. K. Curtis였다. 그는 4페이지 주간지 Tribune & Farmer를 인수해 부인에게 편집을 맡겼다. 장식, 뜨개질과 무늬, 픽션, 로맨스 등의 기사를 다루었고 아울러 표지는 매호마다 다른 일러스트레이션을 사용했다. 이 작은 여성 주간지의 성공은 놀라웠다. 그래서 1883년에는 역시 여성을 대상으로 하는 Ladies Home Journal을 창간했다. 20여 년이 지나자 이 월간 여성지의 판매 부수는 100만 부를 돌파했다. 광고 수입 역시 100만 달러에 이르렀다. 한편 구독료는 당시 다른 여성지가 2달러였던 데에 비해 이 저널은 20센트라는 파격적인 가격이었다.

Curtis가 1897년에 매입해서 키운 Saturday Evening Post는 미국 잡지 역사에 기록을 세울 만큼 놀라운 발전을 했다. 표에서 알 수 있듯이 인수 5년 만에 발행 부수는 2,000부에서 31만 5천 부로 늘었고 10년 뒤에는 약 73만 부, 인수 후 15년이 되자 200만 부 가깝게 폭증했다. 이런 성장은 우선 잡지에 대한 아낌없는 광고를 통한 부수 증가, 그리고 부수가 늘어남에 따라 생기는 광고 수입 증가, 그 수입으로 잡지 기사 향상을 위해 저명한 필자에게 많은 원고료를 지불하는 것이었다. 커티스의 또 다른 잡지는 Country Gentleman이었는데, 1927년이 되자 이 3개 잡지의 광고 수입은 7,440만 달러라는 경이적인 숫자에 이르렀다.

〈표 3-6〉 Saturday Evening Post 발행 부수 및 광고 수입 추세(1897~1922)

| 연도 | 평균 부수(만 부) | 광고 수입(만$) | 비고 |
| --- | --- | --- | --- |
| 1897 | 0.2 | 0.7 | Curtis 인수. 1899년에는 20만 부 |
| 1902 | 31.5 | 36 | |
| 1907 | 72.7 | 127 | |
| 1912 | 192 | 711 | |
| 1917 | 188 | 1,607 | |
| 1922 | 219 | 2,828 | |

자료: Presbrey(1929).

1905년 William R. Hearst(윌리엄 R. 허스트)는 잡지 그룹을 이루고 있었다. Cosmopolitan, Good Housekeeping, Harper's Bazar, Town & Country, Motor, Motor Boating, International Studio 등이 그것이었다.

Hearst의 잡지 가운데 Good Housekeeping(굿 하우스키핑)은 1909년부터 "품질인증(Seal of Approval)" 제도를 도입했다. 이 월간지는 Good Housekeeping Research Institute(굿 하우스키핑 조사 회사)를 설립해서 제품의 주장을 테스트해서 2년 동안 품질을 보증해 주는 제도였다. 인증을 받으면 그림에 보는 도장을 제품 포장에 붙일 수 있는 제도로서 엄격한 검사 결과이므로 대단한 평가를 받았다. 이 잡지의 이러한 노력은 광고 전체에 대해 지대한 공헌이 되었다.

〈그림 3-7〉 Good Housekeeping 1928년 8월 호 표지와 Good Housekeeping의 품질인증(Seal of Approval) 마크

**옥외광고** 도로가 생기고 대륙횡단 철도가 미국 동부와 서부를 연결하는 교통수단이 탄생하자 도로를 따라 옥외광고가 성황을 이루게 되었다. 특히 포드가 선도한 모델 T의 폭발적인 증가는 자동차뿐 아니라 도로 발달에 자극이 된 동시에 도로변 옥외 간판 성장에 자극제가 되었다.

물론 옥외광고는 그전부터 있었다. 옥외광고 단체가 설립된 것은 1891년으로서 이해에 미국/캐나다 옥외 포스터 연맹(Associated Bill Poster's Association of U.S. and Canada)이 창립되었다. 이름에 포스터라는 말이 나오는 이유는 종이 포스터를 인쇄해서 간판에 붙이던 데에서 생긴 것이다. 1900년에는 규격을 3, 8, 10매 크기로 통일했는데 이때 1매의 크기는 42인치에 28인치(107cm에 71cm)였다. 즉 이런 크기 포스터를 3매, 8매, 10매 붙이는 간판으로 크기를 규격화함으로 인하여 옥외광고 발전에 큰 계기가 되었다. 1910년에는 옥외광고의 질을 높이기 위해 등급제를 제정해서 A, B, C로 나누어 광고의 품질이 하락하는 것을 방지토록 했다. 1912년에 이어 1915년에 각각 단체 이름을 바꾸었다가 1925년 포스터 광고 단체와 도장 간판 단체가 합쳐서 미국 옥외광고를 대표하는 현재의 미국옥외광고협회(Outdoor Advertising Association of America: OAAA)가 되었다. 뒤에 좀 더 언급하겠지만 옥외광고에 대한 일반 인식이 바뀌게 된 것은 세계 제1차 대전에 미국이 참전하면서 옥외광고업계가 실시한 애국적인 옥외광고 캠페인 영향이 컸다. 이렇게 해서 20세기에 들어서서 옥외광고는 중요한 광고매체로서 자리를 굳혔다(Fraser, 1991).


## 제3절 광고

20세기 초, 20년 사이에 미국에서 광고는 생산과 유통 다음으로 산업 조직의 중요한 일부가 되었다. 광고비 자료는 언제 어느 나라든 추정이라는 전제가 있기는 하지만 발표된 자료에 의거해서 미국 GDP와 대비해 보면 20세기 초기 20년 기간 미국광고비는 GDP의 약 2.2%에서 거의 3%까지 이르렀음을 알 수 있는데, 광고비가 이렇듯 높은 비율을 차지하는 것은 미국뿐이다. 그 뒤 줄곧 미국의 GDP 대비 광고비는 2% 선을 유지하고 있다. 광고비 자료가 있는 영국과 대비하면 미국광고비가 그 규모나 GDP 대비 비율에서 영국보다 월등히 높은 것으로 나타난다(Nevett, 1982).

1900년에서 1920년에 이르는 기간에 미국광고비는 4.5억 달러에서 24억 달러로 5배 이상 성장했다. 광고의 시작은 영국이 앞섰지만 20세기 초에 이르자 광고비는 금액뿐 아니라 국내총생산에 대비한 광고 비율에서도 미국이 훨씬 앞서게 되었다. 미국은 이미 세계 최대의 광고비 보유국이 되었고 세계 광고의 중심지로 등장하고 있었다.

<표 3 - 7> 미국과 영국 광고비

단위: 미국광고비 및 GDP−억 달러, 영국 광고비−100만 파운드

| 연도 | 미국 | | | 영국 | |
| --- | --- | --- | --- | --- | --- |
| | 광고비 | GDP | GDP 대비(%) | 광고비 | GDP 대비(%) |
| 1900 | 4.5 | 208 | 2.16 | − | − |
| 1902 | 5.75 | − | − | − | − |
| 1904 | 7.5 | − | − | − | − |
| 1906 | 8.00 | − | − | − | − |
| 1908 | 9.25 | − | − | 12.0(1907) | 0.55 (1907) |
| 1910 | 10.0 | 334 | 2.99 | 13.5 | 0.61 |
| 1912 | 10.3 | − | − | 15.0 | 0.62 |
| 1914 | 11.0 | − | − | − | − |
| 1916 | 12.4 | − | − | − | − |
| 1918 | 12.4 | − | − | − | − |
| 1920 | 24.0 | 884 | 2.71 | 31.0 | 자료 없음. |
| 1922 | − | − | − | 33.0 | 0.83 |

자료: 1) 미국: http://purplemotes.net/2008/09/14/us−advertisingexpendituredata
2) 영국: Nevett(1982).

**광고회사** 20세기에 접어들자 광고대리인 시대는 지나가고 광고대행사 시대로 접어들게 되었다. 이제 지면 브로커의 시대는 지나갔다. 광고 계획 수립, 조사, 광고 제작, 매체 선정과 구입 및 캠페인 집행에 이르는 전 과정을 다루는 광고대행 시대로 바뀌었다. 1902년에 Elmo Calkins와 Ralph Holden이 C&H 광고대행사를 창립하고 카피, 디자인, 지면과 옥외광고 공간 구입, 매체 계획 서비스를 제공하는 풀 서비스 광고회사를 시작했다. 같은 해에 뉴욕에서 Alfred Erickson은 광고대행사를 설립했는데 뒤에 McCann과 합병해서 현재의 McCann−Erickson 광고회사가 되었다. 1912년에 J. Walter Thompson(JWT)은 "인구 및 인구 분포(Population and Its Distribution)"라는 조사를 위촉했는데 거의 모든 상점을 지역과 취급 제품으로 구분했다. 그 뒤에도 JWT는 이 자료에 소비자 인구, 대도시의 도소매 상점 구분 등 자료를 추가했다. 우편 주문 광고도 조사를 개발했는데 인식표를 넣은 광고를 게재해서 독자가 자료, 견본, 책자 등을 요청할 수 있도록 해서 매체 효과를 조사했다. 또한 같은 광

고의 버전을 바꾸어서 특정 광고의 효과를 조사하는 이른바 Split—run Test를 했다. 동시에 사원 부인이든가 친지 등을 대상으로 조사를 실시하기도 했다. 물론 가장 중요한 것은 창의적인 광고 제작이었고 광고주를 유치할 때 제작한 광고물의 포트폴리오는 필수적이었다. 1917년에는 광고회사 리스트가 나왔는데 가장 큰 대행사는 1869년 창립인 N. W. Ayer, 2위가 1864년에 창립된 JWT 광고회사였다. 1891년에는 뒷날의 BBDO의 파트너가 된 Bruce Barton이 광고대행사를 창립했다. JWT는 이미 19세기 마지막 해에 영국에 진출했다.

20세기 초에 이미 미국 잡지계를 지배한 Cyrus Cuitis는 1919년에 승인된 광고대행사에 대해서는 15%의 커미션을 인정하겠다고 공표했다. 이보다 앞서 1901년에 커티스는 자기가 경영하는 가장 영향력 있는 여성지 Ladies Home Journal과 일반 대중지 Saturday Evening Post 지가 제정한 광고 게재계약을 제도화했는데 터무니없는 광고 단가 할인, 광고주에 대한 광고료 속이기, 무질서한 단가 조정이 사라졌고 광고대행사에 대해서는 10%의 커미션과 광고료 즉시 지불 커미션 5%, 합계 15%를 승인했다. 1914년에는 신문잡지부수 공사기구인 ABC가 창립되었다. 1910년대에 대학에서 광고를 정식 수업 과목으로 다룬 일도 광고대행업을 정당한 사업으로 인식하게 하는 데에 도움이 되었다.


**크리에이티브** 20세기가 되자 상표와 슬로건 시대가 되었다. 1900년에 KODAK의 Brownie(브라우니) 카메라값은 1달러였다. 1904년에는 R. T. French(프렌치)가 황금색 겨자(Mustard)를 만들어 전국적인 히트 제품이 되었다. 다음 해에 Gillette(질레트) 면도기는 안전면도기 포장에 자기 서명을 넣었다. 딕시 컵(Dixie Cup)으로 알려진 1회용 종이컵이 등장한 것은 1908년이었다. Bakelite(베이클라이트)라는 새로운 플라스틱 재료가 나타나서 유리나 나무로 만든 각종 제품을 대체하게 되었다. 가운데가 뚫린 둥근 캔디 Life Saver(라이프 세이버)는 1912년에 시장에 나왔다. 청색 리본(Blue Ribbon) 디자인이 붙은 마요네즈 병, 과자 두 개 사이에 크림을 넣은 오레오 비스킷(Oreo Biscuit) 역시 이해에 인기 제품이 되었다. 1914년에 Wrigley 껌은 더블민트(doublemint), 스피어민트(spearmint), 주시푸르트(juicyfruit)의 3종 껌을 내놓았다. Wrigley 껌은 이로부터 20년 뒤 한국 시장에서도 선을 보였다. 같은 해 Norton Salt(노튼 소금)는 높은 습도의 날씨에도 잘 녹지 않는 소금을 상징하는 우산 쓴 소녀 그림을 패키지로 채용했다.


**새로운 브랜드와 슬로건** 이 밖에도 새로 시장에 나온 제품과 브랜드는 더 있다. 새로운 브랜드와 더불어 슬로건이 등장해서 브랜드는 이름을 알릴 뿐 아니라 제품의 우수성과 제품에 대한 책임을 진다는 것을 나타내게 되었다.

2장에서 잠깐 언급한 National Biscuit Company의 줄인 이름 Nabisco의 상표와 슬로건은 "Uneeda Biscuit Boy"이었는데 비스킷 팩을 메고 가는 소년의 그림으로 "Uneeda", 즉 "You Need A"를 줄여서 슬로건처럼 만들었다. KODAK 카메라 광고는 전문 사진사만이 찍는 것으로 알던 사진을 누구나 손쉽게 찍을 수 있다는 것은 알리기 위해 "셔터만 누르세요. 나머지는 저희에게 맡기세요(You press the button ― we do the rest)"를 슬로건처럼 되풀이했다. 물에 뜨는 비누 Ivory는 "이 비누는 물에서 뜹니다(It floats)"로 시작해서 뒤에는 "99.44/100% 순수한 비누"를 주장했다. Ivory 비누는 이 두 슬로건 같은 카피로 유명해졌다.

Norton Salt 회사의 "When it rains, it pours"는 운도 있고 동시에 제품의 특성을 잘 드러냈는데 비가 와도 소금이 습기에 녹지 않고 부으면 통에서 잘 나온다는 것이다. Campbell Soup(캠벨 수프)는 귀여운 어린이를 내세웠다. 그리고 Campbell Soup Kids로 이름 지었다. Quaker Oats(퀘이커 오츠)도 역시 중세 신사의 모델을 내세웠다. 1920년대에 들어선 뒤 유명한 빅터 축음기(처음에는 "Victor Talking Machine")의 슬로건은 개(니퍼, Nipper)가 귀를 기울이고 있고 "그 주인의 목소리(His Master's Voice)"로 되어 있다. 이 그림 역시 1920년대 빅터 축음기와 함께 한국 신문 광고에 등장했다. 이 그림은 원래 화가가 그린 것을 사서 상표처럼 이용하게 된 것이었다.


**REASON WHY, SALESMANSHIP IN PRINT** 광고대행사 Lord & Thomas(후에 Foote, Cone & Belding: FCB)가 고용한 수석 카피라이터인 John E. Kennedy는 광고란 직설적으로 자세히 설명해야 할 비즈니스 뉴스로 생각했다. 그의 주장에 의하면 "광고란 인쇄된 판매기술(Salesmanship in Print)"이었다. 케네디가 떠난 뒤 Lord & Thomas는 Claude Hopkins를 채용했다. Hopkins 역시 Reason Why 광고로 큰 성공을 거두었고 뒤에 이 주장은 광고이론이 되었다. Hopkins가 쓴 여러 광고 가운데서 Schulitz 맥주 캠페인은 유명해졌고 이 맥주를 으뜸 자리로 올려놓는 데 혁혁한 공을 세웠다.

<표 3-8> 새로운 슬로건

| 제품 | 슬로건 |
| --- | --- |
| RCA 축음기 | 주인의 목소리(His Master's Voice) |
| Morton 소금 | 비가 와도 녹지 않는 소금(When it rains, it pours) |
| 미국 화훼협회 | 꽃으로 말하세요(Say it with flowers). |
| Schulitz 맥주 | 밀워키를 유명케 한 맥주(The beer that made Milwaukee famous) |
| 맥스웰 하우스 커피 | 마지막 한 방울까지 맛있는(Good to the last drop) |
| 코카콜라 | 맛있고 신선한(Delicious and refreshing) |
| 스타인웨이 피아노 | 불후의 악기(Instrument for Immortals) |
| 캐멀 담배 | 캐멀을 위해선 10리 길도 멀지 않아(I'd walk a mile for a Camel). |
| 그레이하운드 버스 | 운전은 저희에게 맡기세요(Leave the driving to us). |
| 선키스트 | 오렌지를 마셔요(Drink an Orange. 오렌지는 과일 채로만 먹던 시대에 나온 슬로건). |
| 1차 대전 시기 | 아빠, 대전 때 무얼 했어요(Daddy, what did you do in the Great War)? |
| | 조국이 당신을 부릅니다(Your country needs you). |

　이 무렵 카피라이터들은 견본 무료 제공, 경품 제공, 쿠폰 이용, 풍부한 일러스트레이션의 사용, 설득적 카피 등으로 우편 주문 광고를 개척했다. 이 두 사람 외에도 Albert Lasker(앨버트 라스커), 최초의 여성 카피라이터가 된 JWT의 Helen Resor(헬렌 레서) 등이 뛰어난 카피라이터로 이름을 날렸다. 이유는 설명하되 딱딱한 이론 주장이 아니라 정서적 방법으로 접근한 광고는 대단한 반응을 일으켰다. 그녀가 쓴 Woodbury(우드버리) 화장비누의 "만지고 싶어지는 피부(A skin you love to touch)" 광고는 비누의 효용을 설명했을 뿐 아니라 부드러움, 성적 어필과 로맨스까지 호소한 광고였다. 다만 이 광고도 역시 기본은 Reason-why였다.

　그런 가운데 논리적인 광고 카피에 대한 이의가 제기되었는데 이른바 "분위기 광고(atmospheric advertising)"의 제창이었다. 이런 주장에 영향을 미친 것은 Freud(프로이트), Jung(융) 특히 Walter D. Scott(월터 D. 스콧) 등과 같은 심리학자들이었다. 즉 정서적인 호소가 광고의 효과를 높인다는 이론이었다. 그 대표적인 광고가 1915년 1월 2일 자 Saturday Evening Post에 딱 한 번 게재된 캐딜락 자동차 광고, "선두자의 수난(Penalty of Leadership)"이었다. 카피라이터는 Theodore F. McManus였다.

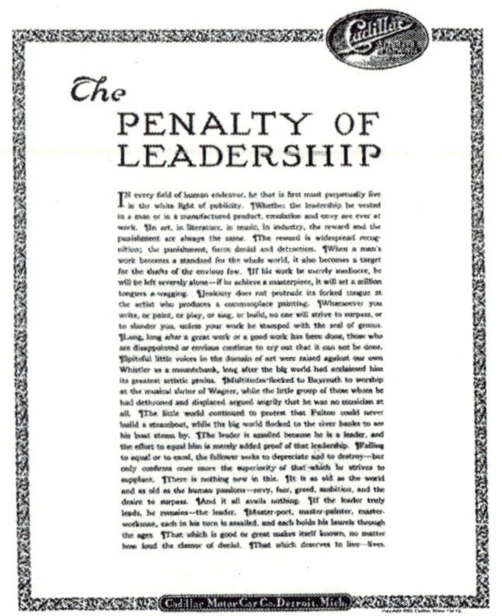


〈그림 3-8〉 Hopkins가 20세기 초에 쓴 Schulitz 맥주 광고는 남보다 앞서 나쁜 맥주(Poor Beer)와 깨끗한 맥주(Pure Beer)를 직설적으로 대비해서 우위를 차지하게 만든 대표적인 Reason-Why 광고

〈그림 3-9〉 Theodore McManus가 써서 1915년에 한 번밖에 게재되지 않은 불후의 명작 캐딜락 광고, "선두자의 수난(Penalty of Leadership)"

1920년에는 New York Art Director's Club(뉴욕 아트디렉터즈 클럽)이 창설되었으며 처음으로 아트 디렉터라는 말이 탄생했다. 이 클럽의 탄생으로 광고에 있어서 예술적 표현의 중요성이 정착되었다.

**담배 광고** 미국광고를 이야기할 때에 담배 광고를 빼놓을 수는 없다. 독점금지법에 따라 1911년 담배 시장을 독점하다시피 하던 America Tobacco Company는 American Tobacco, R. J. Reynolds, British American Tobacco, Liggett & Meyers, Lorrilard라는 5개의 회사로 분리되었다. 경쟁이 생기자 담배 광고는 더욱 늘어나게 되었다. 그리고 1920년대에는 Camel, Lucky Strike, Chesterfield 3대 브랜드가 미국 담배 시장을 지배하게 되었다.

1910년대 초에는 종이에 말아 피우는 엽연초가 많았고 Bull Durham(불 더햄)의 엽연초가 시장을 지배하고 있었다. 담배 판매가 늘어난 것은 사실상 1차 세계 대전에 영향이 컸는데 수백만 명의 군인이 유럽으로 출전하게 되자 식사, 과자, 커피 등이 들어 있는 식량 주머니에 위문품으로 담배를 넣어 주었다. 정부의 이러한 조치와 함께 담배 상점협회, "프랑스 출병 병사 담배 기금(Our Boys in France Tobacco Fund)" 따위 단체가 앞장서서 담배 보내기 모금 운동을 전개했다. (전투식량에 담배를 넣어 주는 제도는 한국전쟁 때도 계속되었다.) 전쟁이 끝나자 군인들은 전장에서 배운 흡연 습관을 그대로 가지고 귀국했으며 엄청난 젊은 흡연 인구가 탄생했다. 이들은 잎담배보다 피기 편리한 권련(卷煙, 지금의 담배)을 선호하게 되었다. 담배의 해독이 제기된 것은 아직 훨씬 뒤의 일이었고 군인들에게 담배를 보낸다는 것은 애국하는 일로 여기던 시절이었다.

Camel 담배가 처음 시장에 나온 것은 1913년이었으나 곧 미국 전국으로 판매망을 넓혔다. 1915년에는 190만 달러라는 놀라운 금액의 광고비를 투입했다. 1917년이 되자 미국 담배 시장의 3분의 1을 차지하게 되었다. 1920년대 말이 되자 후발자인 R. J. Reynolds 회사의 Camel은 미국에서 가장 인기 있는 담배가 되었다. 담배 원조인 American Tobacco가 가만히 있을 리가 없었다. 1916년에 Lucky Strike 담배 캠페인이 시작되었다. 모든 담배는 일단 굽게 되는데 이 굽는다는 뜻의 "Toast(토스트)"를 광고에 사용한 것은 Lucky Strike이었으며 "It's Toasted"란 슬로건으로 광고했다. 빵을 토스터에 구워 먹는 데에 비유한 것으로 대성공을 거두었다. Liggett & Meyers 담배회사의 Chesterfield 담배가 등장한 것은 1912년이었고 역시 성공해서 1920년대에는 이 세 담배가 미국 시장을 지배하게 되었다.

〈그림 3-10〉 Bull Durham 잎담배 광고. 1915년

〈그림 3-11〉 크리스마스 무렵의 Pall Mall(팔멀) 담배 광고. 1910년대

〈그림 3-12〉 천사 모습의 경례하는 군인. 이 신년 축하 광고는 담배 판매점 단체가 게재한 것이다.

## 제4절 그 밖의 일

19세기 말에서 20세기 초에는 각종 광고 관련 단체가 설립되어 광고 산업의 정리기가 되었다.

**각종 광고단체 설립** 1887년에 현재의 미국 신문협회(Newspaper Association of America)가 창립되었으며, 1891년에는 역시 지금의 미국옥외광고협회(Outdoor Advertising Association of America)가 창립되었다. 범 광고 산업단체로서 광고 산업의 이익을 대표하는 미국광고연맹(Advertising Federation of America, 지금은 American Advertising Federation)은 1905에 창립되었고, 1910년에는 미국광고주협회(Association of National Advertisers), 1914년에는 신문 잡지 부수 공사 기구인 ABC 협회(Audit Bureau of Circulations: ABC), 1917년에는 광고대행사 단체인 미국광고업협회(American Association of Advertising Agencies: AAAA 혹은 4A), 그리고 같은 해에 미국 DM 협회(Direct Marketing Association), 2년 뒤에는 미국잡지협회(Magazine Publishers of America)가 창립되었다. 라디오의 등장은 다음 시기여서 방송협회는 아직 창

설되지 않았다.

이렇게 해서 1920년까지는 광고주와 신문, 잡지, 옥외광고, DM 등 매체, 광고대행사, 광고 산업의 이익을 대변하는 단체, 인쇄매체 과학화의 기본 자료 제공 기구인 ABC 협회가 모두 갖추어졌다. 특히 ABC 협회는 미국이 세계를 선도하도록 하는 기구가 되었다.

**전쟁과 광고**[8]  1917년 4월에 미국은 드디어 제1차 세계 대전에 참전했다. 윌슨 대통령의 지지자였고 대통령 선거 캠페인에 적극 참여한 George Creel이 공보위원회(Committee on Public Information) 위원장이 되었고 전쟁 승리를 위해 모든 선전, 광고를 총지휘하게 되었다. 전쟁은 1918년에 끝났는데 전쟁 기간 중 공보위원회 산하의 광고부(Advertising Division)는 150만 달러에 해당하는 광고지면을 무료로 기증받았다. 시카고의 사업가 제안으로 신문, 잡지 및 옥외광고회사는 500만 달러에 해당하는 지면, 공간을 무료로 제공했다. 이 외에도 800여 개 신문, 잡지사가 전쟁 기간에 줄곧 159,275달러 상당의 지면을 매달 무료로 전쟁 승리를 위한 선전과 광고를 위해 제공했다.

참전이 결정되자 징병 문제가 대두되었고 광고의 도움이 필요할 것이라는 의견이 제시되었다. 그러나 장군들은 "명령은 명령이오"라고 주장하며 광고를 통한 설득의 필요를 반대했다가 마지막 순간에야 광고 전문가들의 의견을 들었다. 광고 허가가 떨어지자마자 전국의 모든 신문과 옥외광고에는 미리 준비했던 광고 캠페인이 시작되었다. 1,300만 명의 청년 등록은 아무 사고 없이 하루 사이에 끝났는데 그 공로의 일부는 모병 광고 캠페인에 있었다고 했다. 매체와 각종 단체의 자발적인 캠페인 외에 기업들도 앞장서서 자사 광고 가운데 전쟁 승리를 위한 메시지를 담아서 광고했다. 제1차 세계대전은 처음으로 광고, 선전이 전쟁 승리에 큰 공헌을 한다는 것을 증명해 주었으며 미국 국민 모두가 그 가치를 깨닫는 계기가 되었다.

제1차 세계대전에 미국이 참전한 시기에 나온 유명한 포스터가 있다. 이 포스터의 본래 아이디어는 1914년에 제작한 영국의 모병 포스터인데 1917년 J. M. Flagg(플래그)의 작품이다. 미국의 이 포스터는 현재까지도 여러 가지의 변형을 주어 이용되고 있다.

---

〈그림 3-13〉 육군, 해군, 해병대 모병. "JOIN ARMY, NAVY, MARINES"

〈그림 3-14〉 1918년 "세상에서 가장 위대한 어머니(Greatest Mother in the World)"라는 헤드라인의 적십자 모금 광고

〈그림 3-15〉 물자 절약, 채소밭 만들어 가꾸기를 호소한 이 광고 모델은 미국 깃발로 된 옷을 입고 있다.

〈그림 3-16〉 8월 25일 적십자의 날 회비 납부를 상기시킨 광고

〈그림 3-17〉 플래그의 1917년 모병 포스터(위 그림 오른쪽). 영국에서 제작한 1914년 모병 포스터(위 그림 왼쪽)를 본뜬 것으로 여러 가지로 변형되어 이용되고 있는 유명한 포스터이다(아래 그림).

**광고 교육** 통신강좌로부터 시작된 광고 교육이 20세기 초에 접어들자 여러 대학에서 정식 교과목이 되었다. 1903년에는 독일에서 심리학을 공부하고 돌아와 Northwestern 대학에서 강의를 하던 Walter D. Scott이 『광고 심리: 이론과 실무(Psychology in Advertising: Theory and Practice)』라는 책을 냈고 1908년에는 다시 『광고 심리(Psychology in Advertising)』를 써서 출판했다. 이 책은 당시 대단한 반향을 일으켰다.

대학에서 정식으로 "광고"라는 제목으로 강의를 시작한 곳은 뉴욕대학이었는데 1905년이었다. 1908년에는 Northwestern대학, 미주리대학, 1910년까지는 다시 4개 대학에서 광고 강의가 시작되었다. 이렇게 해서 1900~1909년 기간에는 5개, 1910~1919년 사이에는 11개 대학에서 광고 과목 교육이 있었다(Ross, 2006).

**광고 자율 규제** 광고에 대한 비판과 비난이 일어난 것은 오래전의 일이었다. 그러나 그것이 자율운동으로 표면화된 것은 19세기 말 Cyrus H. K. Curtis의 Ladies Home Journal 잡지였다. 1892년에 Curtis는 이 여성지가 더 이상 약 광고를 게재하지 않겠다고 선언했다. 그리고 커티스는 하버드대학 법과를 나온 사원을 채용해서 특히 여성 대상 의약품에 대한 철저한 조사 결과를 잡지에 연재했다. 20세기 초가 되자 Collier's도 광고 자율 규제에 가세했다.

1906년에는 드디어 식품의약청(Food and Drug Adminstration: FDA)이 창설되었다. 그리고 1914년에는 연방통상위원회(Federal Trade Commission: FTC)가 창립되었다.

1903년에는 신문체인 사업체인 Scripps-McRae(스크립스 맥레이)가 산하의 모든 신문에서 의심쩍은 광고를 찾아내서 게재를 거절했다. 다른 신문들도 이에 가세했다. 1905년에 창설된 미국광고클럽연합(The Associated Advertising Clubs of America)도 역시 광고 정화에 나섰는데 이 연합은 미국광고연맹이 되었다. 처음부터 광고 정화에 앞장섰던 Curtis는 1910년에는 드디어 "커티스 광고 강령(Curtis Advertising Code)"을 발표했다. 1911년 11월에는 광고 전문지인 Printer's Ink가 모범 법규를 발표했고 수년 내에 37개 주는 이것을 법으로 채택했다.

1914년 세계광고클럽연맹 신문부는 "신문관례기준(Standards of Newspaper Practice)"을 제정했는데 이 역시 광고 정화에 일조를 했다. 1914년에는 연방통상위원회(Federal Trade Commission: FTC)가 창립되었고 광고 관련 문제는 이 위원회가 주로 다루게 되었다.

**소비자는 왕이다(Consumer is King)** 1910년대 초에 Curtis 출판사는 유통 관련 조사를 처음으로 시작했다. 따지고 보면 그 이유는 더 많은 광고를 얻으려는 데에 있었다. 즉 신문 보급망과 백화점이나 소매점 위치를 대비해서 광고주가 신문에 광고를 내도록 권유하는 조사 자료로 이용하도록 한 것이었다. "상업 조사(Commercial Research)"라고 불렀는데 1911년에 농산품에 대한 전반적인 조사를 한 뒤 1912년에는 백화점에 대한 조사, 1913년에는 유통 조직 전체에 대한 조사가 실시되었다. 아마도 미국 최초의 유통조사였을 것이다. 이때 여러 보고서 가운데 나타난 말이 "소비자는 왕이다(Consumer is king)"라는 표현이었다. 소비자의 선택은 법이요 소비자의 기분에 따라 제조업자, 도매상, 소매상이 웃고 울며 소비자의 신임을 얻어 시장을 차지하고 잃으면 시장을 잃게 된다는 주장이었다. 이 말은 이미 광고의 격언이 된 지 오래다(Wood, 1958).

# 제4장

# 노호하는(Roaring) 20년대: 1920~1930

# 제1절 정치, 경제, 사회, 문화

1914년에 시작되어 주로 유럽이 전쟁터가 되어 독일과 5년을 싸운 세계 제1차 대전은 1918년에 끝났다. 1917년 미국은 이 전쟁에 연합국의 일원으로 참전했고 승전국이 되었다. 미국은 세계무대에 올라섰고 세계 문제를 다룰 나라가 되었다. 전쟁 부채는 깔끔히 정리되었다. 1921년에 단기간의 불황이 지나자 미국 경제는 다시 일어섰다. 공장이 돌기 시작했고, 주식은 활황을 누리고 공업 생산은 거의 배가했다. 전시 산업에서 평화 산업으로 전환한 미국 경제는 노호하는 황금시대의 번영을 누리게 되었다. 미국은 이제 "Needs(필요)"를 찾는 사회에서 "Wants(욕구)"를 찾는 사회로 변하고 있었다.

이 10년 기간에는 하딩(Warren G. Harding, 29대, 1921년 취임), 쿨리지(Calvin Coolidge, 30대, 1923년 취임), 후버(Herbert Hoover, 31대, 1929년 취임)의 세 대통령이 취임했다. 그러나 이 10년은 1929년 10월 29일(화요일) 경제대공황으로 비참한 결말로 끝났다(경제대공황 이후는 다음 제5장에서 다루기로 한다).

**경제** 국내 총생산은 884억 달러(1920년)에서 1,036억 달러(1929년)로 증가했고 개인 기준으로는 2005년 기준으로 환산해서 약 6,200달러에서 8,000달러에 이른 것이었다.[9]

1920년대 10년은 미국 역사에서 "노호하는(Roaring)" 10년이라 부르고 있다. 암흑의 화

---

9) measuringworth.org./datasets/usgdp/result/php

요일("Black Tuesday")이라고 부른 뉴욕 증권시장의 폭락으로 시작된 미국, 나아가서는 세계 경제대공황(The Great Depression)이 있을 때까지 미국은 발전을 계속했다.

<표 4-1> GDP(괄호 안의 숫자는 2005년 달러로 환산 수치)

| 연도 | 국가(억$) | 개인당($) |
| --- | --- | --- |
| 1920 | 884.0 | 830(6,460) |
| 1925 | 782(7,311) | 782(7,311) |
| 1929 | 850(8,016) | 850(8,016) |
| 1930 | 740(7,247) | 740(7,247) |

**금주법** 이 10년 기간에는 여러 가지 일들이 있었다. 이미 20세기 초부터 찬반의 논의가 있던 금주법(禁酒法)이 제18차 수정 헌법안으로 제정되어 1920년 1월부터 시행에 들어갔다. 광고와 직접 관련되는 것은 아니었으나 미국 사회 전반에 지대한 영향을 미친 사건인데 영어로는 Prohibition 또는 The Noble Experiment라 부르는 이 제18차 헌법 수정안이 국회를 통과한 것은 시행보다 꼭 1년 전이었다. 금주법의 영향으로 시카고에는 유명한 갱알 카포네와 밀주 판매를 둘러싼 조직폭력배들이 난리를 피웠다. 주로 보수 종교계의 주장으로 제정된 이 법으로 미국 정부는 약 5억 달러에 이르는 막대한 세금 수입 손실을 입었다. 위법 행위는 끊어지지 않았고 일부의 반대도 있었던 이 법은 1933년에 21차 수정헌법으로 폐기되었다.

**여성 참정권과 사회 변화** 여성 참정권, 즉 여성이 투표할 권리가 제정된 것도 1920년이었다. 1848년에 시작되어 70여 년간 싸워 온 여성 참정권은 1920년에 제19차 수정헌법이 국회를 통과함으로써 비로소 입법화되었다. 1872년에는 16명의 여성이 대통령 선거에 투표를 시도하다가 구속되기도 한 일이 있었고 1878년 상원에 법안이 상정된 이후 40년간을 매년 상정해 온 끝에 드디어 통과된 참정권이었다. 1910년에서 1920년 사이에는 퍼레이드, 연설회, 체포, 단식 투쟁, 체포 등이 계속되었다.

여성 참정권은 여성 해방의 물결을 일으키는 요인이 되었다. 1925년에 이르자 직업을 가진 여성의 수는 25%가 되었다. 빅토리아 영국 여왕 시대(Victorians)로 알려진 고풍은 이제 사라지고 새로운 풍조가 일기 시작했다. 겸손을 존중하던 사회적 기준은 이완되고 있었다. 이 풍조는 광고에도 반영되었다. 과거에는 언급조차 하지 못하던 구강 청량제, 칫솔이나 치약, 무좀 치료제, 데오도란트(방취제, deodorant), 설사약, 여성 생리대 등에 관한 광고가 공공연하게 게재되기에 이르렀다. 해방된 여성은 남성과 동일한 자유를 요구하게 되었다. 몸을 동여매던 코르셋을 던지고 치마는 무릎 위까지 올려 입고 눈썹을 그리고 입술에 립스틱을 바르며 술도 마시고 담배도 피우는 여성으로 바뀌어 가고 있었다. 물론 이러한 변화는 주로 도시에서 일어났다. 왈츠와 폭스트롯 대신 재즈 음악이 유행했다.

역설적이기는 하나 1920년대 중반에 Chesterfield, Lucky Strike 등 담배가 이 해방된 여성을 대상으로 대대적인 광고전을 펴서 새로운 시장을 개척할 수 있었던 것도 이런 사회현상의 덕분이었다.

1923년에는 미국 최초의 대륙 횡단 비행이 성공했고 4년 뒤에는 드디어 뉴욕에서 파리까지 대서양 횡단 비행에 성공했다. 항공시대가 개막되었는데 항공기는 하늘 나는 광고 매체로 등장하게 되었다. 유성 영화시대의 개막, TV 방송 시험 공개, 월트 디즈니의 미키 마우스 등장 등도 20년대 말의 일이었다. 주 6일 근무제도가 사라지고 주 5일 근무로 바뀐 것도 이 시기의 일이었다.

〈그림 4-1〉 1927년에 게재된 구멍이 생기지 않는 스타킹 광고는 그 당시 기준으로는 음란물에 가까운 표현이었다.

〈표 4-2〉 1920년대 주요 정치, 경제, 사회사건

| 1920 | 윌슨 대통령 및 세계 주요 지도자들이 스위스 제네바에 모여 국제연맹(League of Nations) 창설<br>금주령 시행, 여성 참정권 시행(1921년 의회 통과) |
|---|---|
| 1923 | Calvin Coolidge(캘빈 쿨리지) 30대 대통령 취임<br>최초의 미국 횡단 비행 |
| 1925 | 3대 담배 브랜드 치열한 판매전, 연간 판매량 American Tobacco Co.의 Lucky Strike 130억 개비, R. J. Reynolds의 Camel 340억 개비, Ligget & Myers의 Chesterfield 200억 개비<br>찰리 채플린의 영화 The Gold Rush 개봉 |
| 1927 | 최초의 유성(有聲. Talkie) 영화 "Jazz Singer" 출현<br>TV 방송 시범 최초로 공개<br>린드버그(Lindbergh) 최초로 대서양 횡단(뉴욕~파리) 비행<br>월트 디즈니(Walt Disney) 최초로 미키 마우스(Mickey Mouse) 만화 제작<br>Palmolive(팔몰리브) 비누가 세계적인 비누로 부상<br>Pepsodent(펩소덴트) 치약 52개국에서 17개 언어로 광고. 미국 최대의 치약이 됨. |
| 1928 | 자동차 광고 마케팅 전략(Marketing Strategy) 개념 도입으로 GM이 1928년부터 1위에 오름. |
| 1929 | Herbert Hoover(허버트 후버) 31대 대통령 취임<br>경제대공황 발생(10월 29일 화요일, Black Tuesday)<br>헤밍웨이의 소설 Farewell to Arms(무기여 안녕) 출판 |

**GM 등장** 20세기 초에서 시작된 소비 사회는 이제 번영을 누리게 되었다. 인구의 51% 는 도시에 거주하고 있었다. 자동차 산업은 철강, 유리, 페인트, 고무, 석유 등 미국 산업 모든 분야에 영향을 미쳤다. 1920년대 중반이 되자 포드와 경쟁하는 GM이 본격적으로 등장했다. 1920년대 말에 한국 신문에도 광고를 게재한 Chevrolet는 포드에 대항해서 당시로써는 첨단적인 마케팅 전략(Marketing Strategy) 개념에 의해 다양한 소비자 욕구를 충족시키는 자동차를 시장에 내놓아서 성공했다. 포드는 모델 A를 들고 나왔다. 그리고 센세이션을 일으킨 "Somewhere West of Laramie(라라미의 서쪽 어느 곳)"이란 광고로 대성공을 거둔 Jordan Motor Car Company(조던 자동차 회사)도 1920년대 초에 등장했다. 이 10년 기간에 미국 자동차 대수는 거의 3,000만 대에 이르러 모든 가구가 한 대의 자동차를 가지게 되었다. 도시 경계를 벗어난 교외가 발전하게 되었다.

**가전제품과 유통** 1920년에는 미국 가정의 3분의 1만이 전기를 가지고 있었으나 이 비율은 20년대 말이 되자 3분의 2로 증가했다. 전기화가 확장되자 전기료는 싸지고 각종 가전제품이 나왔다. 전구가 그을음 나는 석유램프를 대치하고 냉장고는 아이스박스를 대치했으며 전기 선풍기, 진공청소기, 토스터, 접시 닦기 등이 나왔다.

변화는 유통에도 일어났다. 잡화, 일반 상품, 의류와 액세서리, 의약품 등 대형 유통망이 탄생했다. 대량 판매, 저가 판매, 빠른 회전 등이 장사의 핵심이 되었다. J. C. Penny(페니) 체인점은 1920년대에 300개에서 1,000개로 확장했다. 이 밖에도 A&P, Montgomery Ward(몽고메리 워드), Rexall Drug(렉설 드러그), Sears Roebuck & Co.(시어즈 로벅) 등 대형 백화점이 체인화되었다. 셀프서비스로 물건을 사는 편의점이 생기자 제품 포장의 크기, 색상, 모양, 제품 정보 제공, 선반에서 위치 등 갖가지 연구를 하게 되었다. 무엇보다 이런 편의점의 외양, 시설 등을 통일하는 데에 신경을 쓰게 되었다. 한편 우편 주문 제도가 발달하게 되었다. 1920년대 말이 되자 주로 고가 제품인 자동차로부터 할부, 후불 제도가 생겼다. "Enjoy now, pay later(지금 즐기시고 지불은 나중에)"라는 말이 보편화되었다.

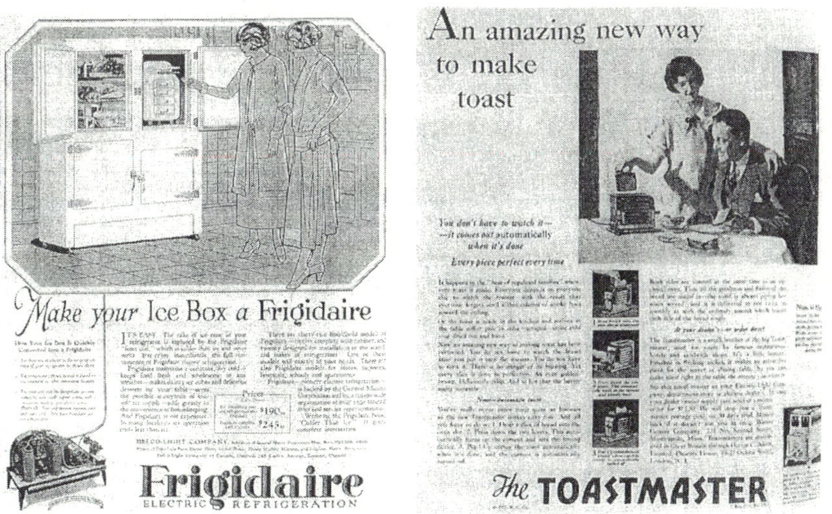


〈그림 4-2〉 1925년 Frigidaire(프리지데어)　〈그림 4-3〉 Toastmaster의 광고
냉장고의 광고

이 시기는 담배 광고 전성시대였다. 무수한 담배가 시장에서 경쟁하던 1910년대에서 1920년대 초에서 중반 이후가 되자 Camel, Chesterfields, Lucky Strike의 세 브랜드가 미국 담배 시장을 지배하게 되었다. 일해서 돈 버는 여성 인구가 늘어나고 여권이 확장되자 흡연이 금지된 것이나 다름없던 미국 여성 흡연이 공공연한 현상으로 바뀌었다.


## 제2절 언론, 매체

이 시기에는 새로운 매체 세 가지가 등장했다. 라이트 형제가 하늘을 나는 데 성공한 비행기는 곧 광고 매체가 되어 공중 살포뿐 아니라 스카이 라이팅의 묘기를 발휘하기도 했다. 다만 제약 요건이 많아 늘 대중을 상대로 하는 매스 미디어의 역할을 하는 데에는 한계가 있었다.

무성영화가 유성영화로 바뀐 것은 극장 영화가 새로운 광고 매체로 등장하는 데에 좋은 자극제가 되었다. 손쉽게 들고 다닐 수도 없으며 설명이 필요한 제품을 보여 주는 데에는 안성맞춤인 매체가 영화 광고였다. 이러한 이점이 있음에도 불구하고 장소의 제한이라는 단점이 있는 매체로서 일반 대중매체로서는 부족했다.

**라디오 등장** 1920년대 미국 사회에 일어난 변화 가운데 들어야 할 것은 라디오의 출현과 보급이었다. 미국은 이 "뉴미디어"를 상업화함으로써 서유럽과는 다른 제도를 만들었고 이것이 선례가 되어 2차 세계 대전 이후 일본이나 한국에도 상업방송을 도입하는 데 영향을 미쳤다.

조간신문을 보고야 그날의 첫 뉴스를 알던 시대에서 라디오 스위치만 켜면 생생한 목소리의 뉴스를 들을 수 있게 되었다. 대통령이나 저명한 정치가의 목소리나 비싼 입장료를 내고 현장에 가야만 들을 수 있던 필하모닉 오케스트라 연주, 유명한 대중가요를 안방에 앉아 들을 수 있게 되었다. 일일 연속극의 등장은 매일 같은 시간에 더 없는 오락이 되었다. 같은 한 대의 라디오이나 여러 가지 청취자로 세분화된 매체가 되었다.

이렇듯 놀라운 새 매체가 나타나기는 했으나 초기 라디오 광고에 대한 반대는 각 방면에서 일어났다. 심지어 미국광고 전문 잡지인 Printer's Ink(프린터즈 잉크)조차 "라디오를 광고 매체로 하려는 기도(企圖)는 …… 많은 사람들에게 불쾌감을 주리라고 우리는 생각한다. 가정은 공공장소가 아니다. 따라서 초청받지 않는 한 광고가 침입해서는 안 된다"라고 썼다.[10]

때로는 정부가 라디오 광고를 금지하려는 움직임도 있었다. 1925년에는 신문 협회가 라디오에 광고를 방송하는 데에 반대한다는 공식 서한을 보내기도 했다.

〈그림 4-4〉 1920년대 워크라이트(WorkRite)라는 라디오 세트 앞에서 청취 중인 한 가족

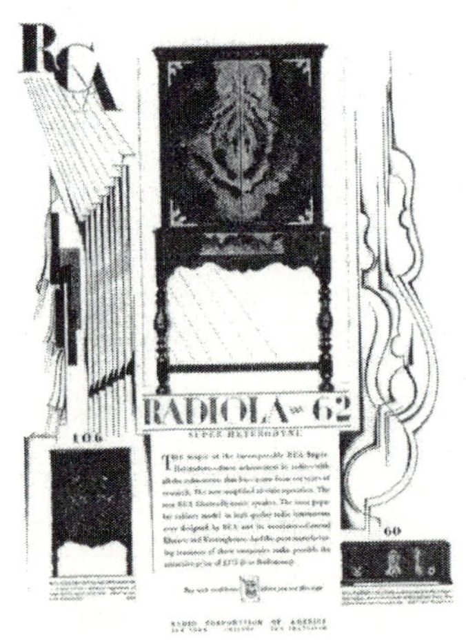


〈그림 4-5〉 RCA, General Electric, Westinghouse 3사가 공동으로 개발한 라디오 RADIOLA

---

10) Printer's Ink 1922. 4. 27.

이러한 반대와 회의적인 시각이 있었음에도 불구하고 라디오 방송은 시작되었다. 방송 초기부터 대두된 것이 재정 문제였다. 여러 가지 안이 논의되었고 그 가운데 하나는 라디오 세트 판매에 세금 수입으로 운영하는 방안도 있었다.

그러나 결국 새로운 매체인 라디오를 광고 수입으로 경영하는 모델이 세계 최초로 미국에서 자리 잡았다. 다른 선진공업국에서도 라디오 방송은 시작했으나 오직 미국만이 이러한 제도를 도입했다. 민간 상업 광고방송 제도가 시작되었다. 이 제도는 1945년 8월 세계 제2차 대전 종료 이후 일본, 그리고 한국에서 민간 상업방송이 제도화되는 모델이 되었다.

아래의 <표 4-3> 라디오의 발달에서 알 수 있듯이 미국에서 라디오 방송 초기에는 우여곡절이 있었다. 피츠버그 시에서는 1920년 11월 2일에 당시 대통령 선거 결과에 대한 방송이 시작되었다. 그 뒤 라디오 방송은 매일 정기적으로 있었고 갖가지 소식을 전했다.

1922년 7월에 AT&T는 기업이나 기업 단체에 대해 100달러에 10분의 방송시간을 제공한다는 발표를 했고 8월 28일에는 첫 광고를 방송했다. 다만 스폰서의 이름만이 방송되었다. 다시 사방에서 비난의 소리가 나왔다. 그러나 AT&T사의 WEAF 방송은 밀고 나갔다. 스폰서가 된 광고주들은 아무런 상업 메시지를 전달할 수 없으니 자기 회사 이름을 붙인 프로그램을 제공하게 되었다. 그 결과 Gold Dust(골드 더스트 세제), Twins(트윈스), A&P Gypsies(집시즈) 따위 프로그램 이름이 나타났다.

1920년에 겨우 30개이던 라디오 방송국은 1923년에 576개로 폭증했다. 1922년에 200만 대이던 라디오 대수는 1930년에 1,500만 대로 증가했는데 그해 미국 가구 수는 2,798만이었으니 54%의 가구에 라디오가 있었다. 이 무렵의 라디오는 지금과 달리 가구였다. 1920년대에 라디오를 듣는다는 것은 지금과 비교할 수가 없을 만큼 대단한 일이었다. 수백 킬로, 아니 수천 킬로미터나 떨어져 있는 곳 사람, 행사, 소리를 듣는다는 것은 그야말로 잊을 수 없는 감동이었다.

1920년에서 1930년까지 불과 10년도 안 되는 사이에 라디오는 신문과 잡지 못지않은 매체로서 굳건한 자리를 잡았다. 쉬운 일은 아니었으며 수많은 문제가 있었다. 뉴스, 음악, 코미디, 콘서트, 쇼, 연속극 등 라디오 프로그램은 다양해지고 있었다. 다만 프로그램은 제품과 매치가 되어야 했으며 스폰서를 밝혀 주는 갖가지 소리를 고려해야 되었다. 방송 판매 시간 단위를 결정해야 했다. 판매 소구에 대한 검토도 필요했다.

말할 것도 없이 방송 광고도 있었다. 프로그램 못지않게 광고도 다양해졌다. 초기의 스폰서 이름만을 방송하던 것은 곧 방송국과 광고주 모두가 폐기해 버렸다. 방송 시간, 프로그램 성격, 예상 청취 계층, 제품 성격 등에 알맞은 성우, 음악, 표현 등 프로그램에 지지 않을 만큼 광고에 대한 연구가 이루어졌으며 그러한 광고를 만들었다. 인쇄 매체와는 달리 라디오는 광고주가 관여할 수 있는 매체였다.

1926년에는 RCA가 WEAF 방송국을 매입해서 NBC 네트워크를 만들었고 다음 해에는 CBS와 ABC 네트워크가 창립되어서 현재의 미국 3대 네트워크 방송이 탄생했다. 같은 해에 연방 라디오위원회가 설립되어 방송 광련 업무를 담당하는 정부 기구가 되었다. 이 시기 마지막 해인 1929년에는 최대의 히트 쇼 Amos "N" Andy Show(아모스 앤 앤디 쇼)가 방송되었다.

보잘것없던 초기 라디오 광고 수입은 1927년에 약 400만 달러, 1928년에는 1,050만 달러, 그리고 1930년에는 드디어 4,000만 달러로 경이적인 증가를 나타냈다. 라디오 전성기는 세계 제2차 대전 후 TV가 등장함으로써 끝났다.

〈표 4-3〉 라디오의 발달

| | |
|---|---|
| 1920. 11. 2. | 피츠버그시에 최초의 민방 KDKA 개국, 방송 개시, 광고 없음. |
| 1922. 7. 25. | 미국전신전화회사(American Telephone and Telegraph Co.: AT&T) 뉴욕에 WEAF 방송국 개국. 뉴욕 필하모닉 오케스트라 연주 중계 |
| 1922. 8. 28. | 첫 광고 방송. 제공 표시만 하는 광고이며 그 이외의 광고 메시지는 금지 |
| 1922 | 라디오 대수 200만 대. 1930년에 1,500만 가구(미국 전체 가구 수는 2,798만) |
| 1923 | 음악, 버라이어티 쇼 등장 |
| 1925 | 미국신문협회 공식으로 라디오에 광고하는 것을 반대하는 경고문 채택 |
| 1926 | RCA가 WEAF 방송국 매입, NBC 네트워크 창립 |
| 1927 | CBS 네트워크방송 창립, ABC 네트워크방송 창립, 연방 라디오위원회 설립, 방송광고 규제기구가 됨. |
| 1929 | 최초의 대 히트 쇼 "Amos 'N' Andy Show" 등장 |

자료: Wood(1958).

미국에서 라디오 광고 발전에는 광고회사의 공헌이 컸다. 뒤에 Foote, Cone & Belding(풋 콘 & 벨딩, FCB)이 된 Lord & Thomas(로드 & 토마스)는 Lucky Strike Show를 대행했는데 이 광고회사는 쇼 방송 시간에 들어갈 멋진 슬로건을 제작했을 뿐 아니라 알맞은 광고를 제작했고 끝맺는 노래도 작곡해야 했다. 1920년대 최대의 라디오 쇼로 알려진 Amos 'N' Andy Show는 사실상 이 광고회사가 만든 것이었다. Lord & Thomas 외에도 J. Walter Thompson(J. 월터 톰슨) 그리고 그 밖의 광고회사들도 라디오 프로그램과 스폰서의 관계를 조종하는 데에 이바지했다. 스폰서가 있는 민간 상업방송 발전에는 이렇듯 나타나지 않는 광고회사의 참여가 절대적이었다.

**TRUE STORY(트루 스토리) 잡지**[11] 1920년대 미국광고를 논할 때 빠뜨릴 수 없는 잡지는 True Story이다. 제목이 말하듯이 진짜(또는 진짜라고 주장하는) 내용의 이야기 잡지로서 1919년에 창간했다. 이미 1923년에 30만 부의 구독자를 가질 만큼 성공한 여성 대상 잡지였다. 시대의 추세를 선도하는 여성지로서 자기가 겪은 일화 같은 이야기, 삼각 관계, 비참한 모험, 낭만적인 유혹 따위를 다루었고 사진을 크게 이용했다. 주 독자층은 직장을 가지고 돈을 버는 여성으로서 활동적이고 자동차, 가구, 화장품, 아침 식사용 식품 등을 사는, 말하자면, 광고주들에게는 매력적인 대상이었다. 그림의 1921년 11월 호 표지를 보면 당시로써는 매우 섹시한 포즈를 취한 여성의 사진 오른쪽에는 "막달렌인가 마돈나인가?"라는 센세이션을 자아낼 카피가 있고 잡지 제호 밑에는 "픽션보다 낯선 사실"이라는 잡지 슬로건이 있다. 잡지 형식, 내용이 그렇다 보니 광고도 자연히 이런 취향을 따르게 되었다.

뉴욕 광고 중심가인 매디슨 애비뉴(Madison Avenue)가 이것을 놓칠 리가 없었다. 그래서 생긴 것이 "사실 이야기 형식(True Story Formula)"이었다. 짧은 문장, 드라마 같은 공포와 속삭임이 있으며 다가가서 이야기하는 듯한 형태의 광고가 나올 만큼 이 잡지의 영향은 대단했다. 이런 잡지 편집 방향에 알맞게 만든 S.O.S.라는 브랜드명의 세척 패드 광고는 "당신 나를 말괄량이라고 생각하지요. 그런데 나도 살림할 줄 알아요(You think I'm a flapper but I can keep house)"라는 헤드라인을 사용하고 있다. 부엌과 집안 살림 전문가 여성의 사진이 곁들어져서 사실 이야기라는 형식으로 되어 있다. 헤드라인은 인용문으로 되어 있고 "I can keep house"의 "can"은 이탤릭체로 해서 강조하고 있다.

〈그림 4-6〉 True Story 1921년 11월 호 표지

---

11) Sivulka(1998) 및 en.wikipedia.org/wiki/True_Story_(Magazine) 참조.

〈그림 4-7〉 S.O.S.의 1927년 청소 패드 광고는 일러스트레이션과 헤드라인의 화합, 따옴표와 이탤릭 글자체의 이용, 당시 정평 있던 전문가의 증언 같은 세심한 데까지 신경을 쓴 "True Story Formula"의 광고이다.

**옥외 매체** 자동차의 증가에 따른 여행의 자유, 교외의 발전, 도로 확장 등에 따라 교통량이 증가하자 옥외광고가 활발해졌다. 동시에 광고주가 원하는 지역, 도시, 시장에 알맞은 옥외광고의 배치, 옥외광고의 과학화에 따라 적정량의 광고를 할 수 있게 되었다. 미네소타 주의 미니애폴리스 시 도로에 작은 간판을 30미터 거리로 6개씩 배치한 버마 쉐이브(솔이 필요 없는 면도 크림) 성공 사례가 알려지자 낱개 광고가 아니라 시리즈로 게재한 옥외광고의 효율에 대한 인식이 높아졌다. 즉 말하자면 시리즈 옥외광고가 증가했다. 물론 그 배경에는 광고에 대한 과학적인 조사의 증가가 밑받침이 되었다. 아울러 제품의 특성을 드러내는 독특한 형태의 옥외광고도 등장했다.

〈그림 4-8〉 일정 거리를 두고 세운 시리즈 옥외광고

〈그림 4-9〉 도로변의 독특한 형태의 간판

## 제3절 광고

1920년대 광고는 광고비의 성장 외에도 방송매체인 라디오의 등장, 광고회사의 전문화, 카피라이터의 진출, 광고 심리에 대한 조사와 연구, 여성 참정권과 사회 진출에 따르는 변화, 아트 데코(Art Deco)의 영향과 대담한 광고 표현 등이 두드러진 10년이었다.

**광고비** 미국광고비에 대한 조사를 해 온 원래 McCann Erickson(맥캔 에릭슨)의 Robert Coen의 자료를 인용한 purplemotes.net(퍼플모트)에 의하면 1920년대 10년간의 미국광고비 추세는 <표 4-4> 광고비와 같다. 1921년에는 일시 경기 불황으로 광고비가 급감해서 19억 달러 선이었으나 다음 해부터 다시 20억 달러 선을 넘어 줄곧 성장해서 1929년에는 30억 달러에 가깝게 증가했다. 라디오 광고비 자료는 1927년부터 나오는데 400만 달러에서 1930년에는 4,000만 달러로 급성장했다. 다만 전체 광고비에서 차지하는 비중은 아직 크지 않았다. 간단히 볼 때 1920년대는 미국광고비가 20억 달러 대에서 30억 달러 대로 증가하는 시기였다.

〈표 4-4〉 광고비(1920~1929년)

| 연도 | 광고비(억$) | 연도 | 광고비(억$) |
|---|---|---|---|
| 1920 | 24.8억 | 1925 | 26.0 |
| 1921 | 19.3 | 1926 | 27.0 |
| 1922 | 22.0 | 1927 | 27.2(라디오 $400만)* |
| 1923 | 24.0 | 1928 | 27.6(라디오 $1,050만)* |
| 1924 | 24.8 | 1929 | 28.5(라디오 4,000만, 1930) |

자료: purplemotes.net. Coen Structured Advertising Expenditure Dataset.

**광고회사** 광고회사의 전문화가 현저히 나타난 것이 이 시기의 특징 가운데 하나이다. 특히 JWT의 활약은 대단했는데 행동심리학자를 고용해서 광고계획에서부터 소비자의 행동을 예측하는 과학적인 접근방법을 제시했다. 1920년에 톰슨은 John B. Watson(존 B. 왓슨)을 고용했는데 그가 초기에 제창한 주장 가운데 하나는 담배의 경우 소비자는 브랜드 차별을 하지 못한다는 것이었다. 이 주장은 눈가림 테스트(Blind Test)에서 나타난 결과였다. 따라서 특히 담배 광고의 경우는 논리적인 주장은 먹히지 않는다는 결론이었다. 그는 인간을 움직이는 사랑, 공포, 분노 따위를 찾아내서 팔려는 제품과 연결시켜 광고를 할 때 소비자를 움직일 수 있다는 주장을 했다. 왓슨의 이런 제창은 1950년대에 다시 논의의 대상으로 부상했다.

조사에 선두자격인 JWT는 1923년에 "오하이오 주 신시내티의 잡지 보급 연구(A Study of Magazine Circulation in Cincinnati, Ohio)"라는 조사를 실시했다. 그 결과 광고주는 처음으로 자사 광고가 어떤 예상 고객에게 도달하고 있는가를 알게 되었다. 이러한 선각자의 노력은 1930년대에도 계속되었다(Wood, 1958).

JWT는 식품, 가정용품, 화장실 용품, 비누 따위의 주로 여성이 구매하는 제품 담당자를 여성으로 기용했는데 이것이 JWT의 여성 카피그룹(Women's Copy Group)이었다. 이러한 노력의 결과 JWT의 취급액은 1920년 1,220만 달러에서 1930년에는 3,170만 달러로 증가했다. 미국 최대의 광고회사로 부상해서 1970년대 초까지 수위 자리를 지켰다. 그리고 이미 1919년에 해외로 진출했다(신인섭·신기혁, 2004).

1873년에 시카고에서 창립한 Lord & Thomas, 1942년에 Foote, Cone & Belding(FCB, 2006년에 DraftFCB로 명칭 변경)도 이 무렵 뛰어난 광고로 이름이 났다. 이 회사의 카피라이터인 Albert J. Lasker(알버트 J. 라스커)는 American Tobacco Co.의 Lucky Strike 담배를 미국 최대의 담배로 키우는 데 혁혁한 공헌을 했다. Lasker는 "과학적인 광고(Scientific Advertising)"라는 책을 남겼다.

1891년에 창립된 George Batten(조지 배튼)과 1919년에 창립한 Barton & Durstine Co.(바튼 & 더스틴)이 합병하여 현재의 BBDO가 창립된 것은 1928년이었다.

Williams & Cunningham(윌리엄스 & 커닝햄)은 입 냄새 제거제인 Listerine(리스테린)을 할리토시스(Halitosis)라는 의약품 이름으로 한 광고를 통해 경이적인 성장을 하는 데 지대한 공헌을 했다.

1923년에는 필라델피아의 N. W. Ayer(에이어)의 카피라이터이던 Raymond Rubicam(레이몬드 루비컴)과 영업 담당이던 John O. Young(존 O. 영)은 불과 몇 푼의 자본을 가지고 Young & Rubicam(Y&R, 영 앤 루비컴)을 창립했다. 1925년에 카페인이 없는 커피 대용품 Postum(포스텀) 광고를 맡게 되었다. 고생 끝에 그 광고 계획과 집행의 우수성을 인정받아 하버드 상(Harvard Award)을 받았다. 이것이 계기가 되어 Y&R은 보든 우유, 존슨 & 존슨 등 정평 있는 제품 광고를 맡았고 성공하게 되었다. 설립자 가운데 한 사람인 Rubicam은 광고의 고전이라고 일컫는 Steinway(스타인웨이) 피아노의 "불후의 악기(Instrument of Immortals)" 광고를 쓴 사람이었다. 그는 광고회사의 생명은 뛰어난 크리에이티브에 있다는 것을 주장해 온 사람이었다. Y&R은 1930년대 초에 JWT 다음가는 광고회사로 성장했다.

**크리에이티브** 1920년대에는 미국광고사에서 걸작으로 꼽히는 광고들이 등장했다. 1910년대 말에 오하이오 주 신시내티의 의사는 겨드랑 냄새 제거제인 방취제를 발명했다. 처음에 이 의사의 딸은 아버지가 발명한 제품인 Odorono(오더오노, Odor=싫은 냄새. O=오, 제발, No=거만)를 여성에게 팔았다. 그러다가 JWT의 카피라이터인 James Young이 유명하고 "대담한" 카피를 썼다. "여성의 팔의 곡선 속에(Within the Curve of a Women's Arm)"라는 헤드라인에는 서브 헤드로 "흔히 피하고 있는 화제에 대한 솔직한 토론(A frank discussion of a subject too often avoied)"이 있었다. Odorono 제품 판매는 1년 사이에 112%나 늘었다. 그러나 이 광고가 게재된 Ladies Home Journal 독자 약 200명은 이 광고를 보고 화가 나서 구독을 취소했다. 1920년대 보수와 진보의 대립은 이렇게 나타나기도 했다.

흔히 가글이라 부르는 구강청량제는 1920년대 미국에서는 "Breadth Deodorant(호흡 방취제)"라 했다. 즉 입 안에서 나는 냄새를 방지한다는 약이었다. 1920년대에 광고를 시작한 이 약, Listerine(리스테린)은 J. M. Lambert의 발명 제품이었다. 입에서 냄새가 난다는 사사로운 이야기를 공개적으로 한다는 것은 금기시되던 1920년대인지라 Lambert 회사는 광고에서 의약 용어 같은 느낌을 풍기는 힘든 낱말 "Halitosis"라는 말을 사용했다. 뜻은 구강방취제였다. Listerine 광고비는 1922년에 10만 달러이던 것이 불과 6년 뒤에는 500만 달러로 폭증했다. 세후 순이익은 같은 기간에 400만 달러에 달했다. 여러 광고가 있지만 그 가운데 가장 성공한 것은 "신부 들러리는 여러 차례 했지만 신부는 되지 못한(Often a bridesmaid but never a bride)"이라는 헤드라인의 광고였다. 그 원인은 입에서 나는 냄새 때문이었다는 내용의 광고였다. 이 광고가 성공하자 여성의 라이프스타일에도 영향을 미쳐 아침에 샤워를 하듯이 가글로 입을 닦는 것이 습관으로 되었다.

〈그림 4-10〉 1919년 "여성의 팔의 곡선 속에(Within the Curve of a Woman's Arm)"라는 헤드라인의 Odorono(오도오노, 일종의 방취제) 광고

〈그림 4-11〉 1925년 Listerine 광고. "신부 들러리는 여러 차례 했지만 신부는 되지 못한(Often a bridesmaid but never a bride)"이라는 명 헤드라인 광고

**담배 광고전** 1920년대 가장 치열했고 가장 성공한 광고는 담배 광고였다. 그리고 그 광고전은 American Tobacco Co.의 Lucky Strike, R. J. Reynolds의 Camel 그리고 Liggett & Meyers 의 Chersterfield 3파전이있다. 담배 판매에 결정적인 영향을 준 것은 제1차 세계대전 때 수백만 병의 미국 젊은이들이 유럽에서 싸울 때 전투식량에 담배를 넣어 준 일이었다. 민간 단체들은 아낌없이 군인들에게 담배를 보냈다. 전쟁이 끝나고 전장에서 돌아온 청년들이 흡연 습관을 가지고 돌아온 것은 당연했다.

다만 1920년대 미국에서 흡연은 아직 "바람직스럽지 않은 습관"으로 여기고 있었다. 포드 자동차 설립자 헨리 포드는 1914년 자사 팸플릿에서 흡연자는 사원으로 고용할 수 없다고 했다. 그 외에도 흡연자는 범죄자, 신경병 환자, 마약 환자와 동일시하는 경향도 있었다. 그러던 것이 전쟁이 영향으로 이런 인식에 변화가 생겼다. 말아 피우던 담배가 권련(卷煙)으로 바뀌어서 위생적이고 피우기 쉽게 된 것도 한 원인으로 작용했다.

1925년에는 이 3대 브랜드가 미국 담배 시장 82%를 지배하게 되었는데 연간 판매는 다음과 같았다(Wood, 1958).

〈표 4-5〉 담배의 연간 판매량

| 브랜드 | (억 개비) | 담배회사 |
| --- | --- | --- |
| Camel | 340 | R. J. Reynolds |
| Lucky Strike | 130 | American Tobacco Co. |
| Chesterfield | 200 이상 | Liggett & Meyers |

**담배 피우는 여성과 광고** 여성 흡연은 금기처럼 되어 있었으며 말썽 많은 문제였다. 많은 대학에서는 여성이 캠퍼스 안에서 담배를 피울 수 없게 되어 있었다. 기차 식당 칸이나 선박 식당에서도 여성에게는 금연이었다. 어떤 열차에서는 여성이 남성과 함께 담배를 피우는 데에 대해 항의하는 경우도 있었다. 다만 이런 심한 사회적 규제가 완화된 것은 1920년대 중반에 들어선 뒤로서 여성 흡연 칸을 따로 만들거나 남녀 공동 흡연 식당을 제공하기도 했다.

1920년대 미국 사회 변화, 특히 남녀평등과 자유를 부르짖는 여성을 노린 것은 담배회사였고 담배 광고였다. Lucky Strike는 유명한 배우, 성악가, 저명인사를 내세운 증언식 광고를 했다. 매우 효과가 있었던 이 제품의 증언식 광고는 뒤에 말썽이 생겼는데 광고에는 증언을 한 것처럼 되어 있으나 사실이 아니었기 때문이다. 이런 일은 단지 럭키 스트라이

크 담배만이 아니라 JWT에서 광고를 담당했던 럭스 비누의 경우도 그랬다. 여하튼 그 효과
는 컸다. 세 브랜드가 모두 여성을 타깃으로 한 광고를 했지만 그 가운데서 1926년 Chesterfield
의 광고인 "내 쪽으로도 (담배 연기를) 좀 보내 줘요(Blow some my way)"라고 번역할 수
있는 광고는 대단한 반향을 불러일으켰고 헤아리기 힘들만 한 영향을 여성에게 미쳤다.
구름 사이로 달이 떠오르는 해변에서 담배를 피워 물고 있는 남성을 부러운 듯이 쳐다보
고 있는 여성이 "내 쪽으로도 좀 보내 줘요"라고 한 말이 나와 있는 광경은 젊은 여성들
에게 담배 피우고 싶은 마음을 자아냈을 것은 틀림없다.

〈그림 4-12〉 1926년 Chesterfileds의 유명한 광고. "내 쪽으로
도 좀 보내 줘요(Blow some my way)"

〈그림 4-13〉 새로 해방된 여성을 대
상으로 한 Lucky Strike 1925년 광고.
단 사탕이나 과자 대신("Instead of a
sweet") 럭키 스트라이크를 권하는 카피
와 "구웠습니다(It's toasted)"라는 카피
가 들어 있다.

〈그림 4-14〉 1927년의 럭스 비누의 증언식
광고에는 저명한 여성들의 사진이 있다. JWT
가 만든 이 증언 광고는 사진에 나타난 명사(여
성)들이 증언한 것처럼 되어 있으나 사실과는
달랐다.

〈그림 4-15〉 1910년대에서부터 계속 사용해 온 "캐멀 담배를 위해서라면 1마일이라도 마다하지 않겠다(I'd walk a mile for—Camel)"라는 1921년의 옥외광고

〈그림 4-16〉 1920년대 여성을 대상으로 한 Camel 담배 광고

특히 Lucky Strike의 여성 대상 광고는 미국 제과협회에서 심한 항의를 받았는데 단 과자나 사탕 대신에 담배를 피우라는 카피가 거슬렸다. 그래서 제과협회는 <"캔디를 먹어도" 편하게 날씬해질 수 있습니다>는 광고를 내기까지 했다. 동시에 Lucky Strike의 이른바 증언식 광고에 대해서는 광고업계에서조차 비난의 소리가 나왔다. 그러나 Lucky Strike는 개의치 않았고 경제대공황이 한창이던 1930년에도 여전히 잘 팔려 American Tobacco Co.의 매출은 1929년 대비 100%나 상승했다(Marchand, 1984).

**자동차 광고** 자동차 보급이 늘어나고 미국인 생활의 일부처럼 되자 자동차는 단순히 수송 도구가 아니라 낭만, 사랑, 흥분을 자아내는 도구처럼 바뀌어 가고 있었다. 여기에 뛰어든 것이 여러 중소 자동차 회사 가운데 Jordan Motor Company였다. 불과 수만 대밖에

팔지 못하고 1930년대 초에 문을 닫았지만 이 회사가 남긴 불후의 광고가 있다. "라라미 서쪽 어딘가(Somewhere West of Laramie)"라는 헤드라인의 광고로서 이 광고가 게재된 뒤 1년 사이에 플레이보이(Playboy)라는 이 고급 자동차는 2,000대나 팔렸다. 또한 그 당시 자동차의 기능 설명 중심의 자동차 광고 스타일에도 영향을 끼쳤다(Wood, 1958).

크라이슬러(Chrysler) 자동차 회사의 공식 창립은 1925년이나 그는 이미 1923년 말에 Saturday Evening Post 지에 광고를 게재해서 자동차를 팔고 있었다. 크라이슬러 매출은 1927년에 미국 4위, 1928년에는 3위의 위치에 올라 있었다. 그런데 흥미롭게도 크라이슬러 자동차 매출은 Post 지에 게재한 광고와 정비례했는데 1925년에는 48페이지, 1926년에는 76페이지의 광고를 게재했다. 그런데 뒤에 달라지기는 했지만 처음에 크라이슬러 자신은 광고란 낭비라고 생각하는 사람이었다. Jordan과 크라이슬러의 성공적인 광고가 빛을 잃게 된 것은 1927년 말에 또 다른 경이적인 광고 캠페인이 나타난 뒤였다.

포드 T 모델을 끝으로 포드 자동차는 끝이 났는가 싶던 1927년 말에 미국광고사상 가장 방대한 캠페인이 시작되었다. 2,000개 신문에 150만 달러를 투자한 포드 A 모델 소개 캠페인이 시작되었다. 첫날 광고는 새 포드가 나온다는 헨리 포드의 사진과 서명이 들어간 발표였다. 둘째 날 광고는 모델 A를 설명했고 셋째 날 광고는 세부 설명을 했다. 넷째 날에는 비로소 모델 A의 사진과 가격이 발표되었다. 미국을 비롯해 세계 여러 나라에서 모델 A의 전시가 있었는데 뉴욕에는 몰리는 인파 때문에 경찰을 증원해야 되었고 영국에서는 특별 열차가 관람객을 실어 날랐으며 관람료까지 받았다(포드 모델 A 첫 광고와 전시 이벤트는 1928년 초에 서울에서도 있었다. 참조 제11장 한국과의 관계). 광고와 전시가 시작된 수주 뒤에는 80만 대 모델 A 주문이 들어왔다(Wood, 1958).

후발이기는 했으나 GM은 자동차 판매에서 새로운 시도를 시작했다. 뒤에 "마케팅 전략(Marketing Strategy)"으로 알려졌는데 간단히 말해서 분명히 규정한 소비자 집단을 대상으로 제품을 개발한다는 생각이었다. 그리고 자동차의 바깥 모양이 중요하다는 것을 깨닫고 자동차 디자인 전문가를 고용해서 자동차 내부를 디럭스하게 만들었고 색도 여러 가지 손님의 요구에 맞게 만들었다. GM은 이러한 노력을 통해 선발주자였던 포드를 앞서게 되었다.

THE NEW FORD CAR

*An announcement of unusual importance to every automobile owner*

by HENRY FORD



〈그림 4-17〉 "라라미 서쪽 어디엔가(Somewhere West of Laramie)"라는 헤드라인의 Jordan 자동차 회사 광고. 1923년 6월 22일 Saturday Evening Post 지에 처음 게재되고 그 밖의 잡지에도 게재되었으며 미국 100대 광고 책에 수록되어 있다.

〈그림 4-18〉 1928년 포드 모델 A의 첫 발표 광고. "새로운 포드 자동차(The New Ford Car)"라는 헤드라인으로 시작된 모델 A 발표 4개 시리즈 중 첫 번째이며 전면 광고이다.

〈그림 4-19〉 포드 모델 A의 두 페이지 시리즈 광고. GM의 새로운 스타일 Chevrolet 자동차에 대항하기 위해 생산된 것이다.

〈그림 4-20〉 GM의 스타일과 색을 내세운 1928년 Chevrolet
자동차 광고

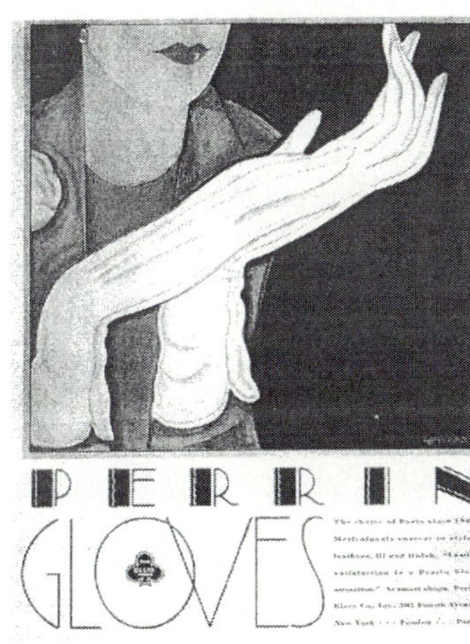


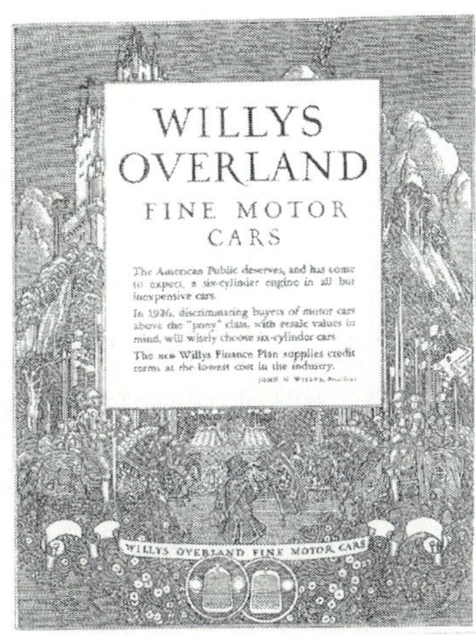


〈그림 4-21〉 아르 데코(Art Deco)의
영향을 나타낸 장갑 광고

〈그림 4-22〉 1926년의 윌리스(Willys)
자동차 광고를 보면 제품 자체보다 그 제
품의 이미지를 보이는 일러스트레이션의
강조로서 아르 데코(Art Deco)의 영향을
보여 주는 자동차 광고

**광고의 새 풍조, Art Deco** 1925년 파리에서 개최된 아르 데코레이션 박람회 영향은 곧 미국에도 파급되었다. "아트 모던(Art Modern)"이라는 운동은 일용품에도 영향을 미쳐서 가구, 은제 식사 기구, 보석류, 시계, 램프 심지어 담배 라이터 디자인에도 새로운 바람이 불었다. 광고에 아르 데코의 영향이 나타났음은 말할 필요도 없었다. 자동차 광고에서 자동차 자체보다는 자동차의 디자인이나 제조 기술 등을 상징하는 일러스트레이션이 더욱 강조되는 광고가 나타나게 되었다. 이 풍조가 한 시대를 휩쓴 것은 사실이지만 역시 유행이란 왔다가 가는 것이어서 1930년에 끝나고 말았다.


## 제5절 그 밖의 일

코카콜라가 본격적인 광고를 시작한 것은 1920년대 말 무렵이었다. Pepsodent 치약은 세계적인 브랜드로 성장하고 있었다. 1920년대 광고 전성기에 폭발적으로 늘어난 광고는 증언광고였다. 증언광고는 모든 제품 부문에서 나타났다. 그리고 그런 광고가 사실인가에 대한 의문도 제고되었다. 그 결과 연방통상위원회(Federal Trade Commission: FTC)는 증언한 사람의 이름이나 사진이 나오게 될 경우 돈을 주고 증언을 샀다는 것을 광고에 밝혀야 한다는 규정을 제정했다. 유명한 소비자 단체인 Better Business Bureau(베터 비즈니스 뷰러, BBB)는 증언광고의 기준을 제정하라는 요구를 제기했다.

1941년에는 A. C. Nielsen(닐슨) 조사회사가 라디오 네트워크 청취율 조사를 시작했다. 이 조사는 1936년에 MIT의 두 교수로부터 구매한 Audimeter(오디미터)를 연구 개발한 데에서 생긴 결과였다(1950년에는 Nielsen이 TV 시청률 조사를 시작했다. 라디오 청취율 조사는 1964년에 중지했다, Nielsen 1964).

노호하는 20년대는 서두에 언급한 대로 1929년 10월 29일(화) 뉴욕 주식시장의 폭락으로 끝나고 고통스러운 1930년대가 시작되었다. 이날은 암흑의 화요일(Black Tuesday)로 알려지게 되었다. 간단한 사례를 들자면 U.S. Steel의 주식은 1929년 최고 주가 $297가 1932년에는 $22로 폭락했고 같은 기간에 American Telephone & Telegraph(AT&T) 주식은 $310에서 $72로 뚝 떨어졌다. 광고에도 고통스러운 시대가 다가왔다.

# 제5장

# 경제 대공황에서 제2차 세계대전 종료: 1930~1945

1930년에서 1945년의 15년 기간에 미국은 경제대공황과 세계 제2차 대전을 겪었다. 전쟁은 유럽과 아시아 두 전쟁터에서 있었다. 대공황이 발생하기 한 해 전인 1928년에는 31대 후버(Herbert Hoover) 대통령이 취임했고 그 뒤 1932년에는 루즈벨트(Franklin D. Roosevelt)가 32대 대통령이 되어 그가 실시한 대담한 뉴딜(New Deal)정책으로 대공황에서 벗어났다. 루즈벨트 재임 기간에 세계 제2차 대전이 발발하여 그는 3대에 걸쳐 중임을 했다. 그러나 2차 대전 종료 직전에 사망해서 트루먼(Harry S. Truman)이 대통령직을 계승했다. 미국은 제2차 세계대전에서 승리함으로써 글로벌 파워의 자리에 올라서게 되었다.

2차 대전이 끝나기 전인 1944년 7월에는 전쟁이 끝난 후의 세계 경제에 대한 구상이 미국 동부 뉴햄프셔 주 Bretton Woods(브레튼 우즈) 마을에서 있었는데 이 회의에서 국제통화기금(International Monetary Fund: IMF)과 국제부흥개발은행(International Bank for Reconstruction and Development: IBRD), 즉 세계은행(World Bank) 설립을 결정했다. 아울러 관세 및 무역에 관한 일반 협정(General Agreement on Tariffs and Trade: GATT)이 시작된 것은 1948년이었고 이것은 1986~1994년 기간에 우루과이 라운드(Uruguay Round)가 되고 드디어 1995년에는 세계무역기구(World Trade Organization: WTO)로 발전했다.


## 제1절 정치, 경제, 사회

1929년 10월 29일 뉴욕 증권가의 주식시장이 폭락했다. 그리고 그 영향은 4~5년간 계속되었다. 미국뿐 아니라 전 세계가 그 영향을 받았다. 영어로는 Great Depression, 경제대공황이라 부르고 있다. 이날은 화요일이었으므로 Black Tuesday, 즉 암흑의 화요일로 불리기도 한다.

경제대공황으로 1920년대 주식 투자에서 벌어 놓은 돈은 거의 모두 사라졌다. 1929년에서 1933년 사이에 주가는 870억 달러에서 180억 달러로 급감했다. 80%의 주가가 날아간 셈이었다. 그야말로 참담한 상황이 벌어졌다. 미국 상무부의 경제 공황기 자료에는 이런 상황을 드러내는 수치가 나와 있다.

〈표 5－1〉 경제공황기 자료

| 항목/연도 | 1929 | 1931 | 1933 | 1937 | 1938 | 1940 |
|---|---|---|---|---|---|---|
| 실질 GNP($10억) 1) | 101.4 | 84.3 | 68.3 | 103.9 | 103.7 | 113.0 |
| 소비자 물가 지수 2) | 122.5 | 108.7 | 92.4 | 102.7 | 99.4 | 100.2 |
| 공업생산 지수 2) | 109 | 75 | 69 | 112 | 89 | 126 |
| 수출($10억) | 5.24 | 2.42 | 1.67 | 3.35 | 3.18 | 4.02 |
| 실업(%) | 3.1 | 16.1 | 25.2 | 13.8 | 16.5 | 13.9 |

주: 1) 1929년의 달러 기준, 2) 1935~39=100
자료: 미국 상무부 National Income and Product Accounts.

1929년에서 1933년 사이에 국민총생산은 33%가 줄었고, 공업생산은 37% 감소, 수출은 68% 감소했다. 증가한 것은 실업률인데 310만 명의 실업자가 2,520만 명으로 증가해서 8배 넘게 폭증했다. 1931년이 되자 5,000개 은행이 파산했다. 그리고 9백만 명의 은행 저축 예금이 사라졌다. 연간 2,000달러가 있어야 한 가족이 살림을 꾸려 나갈 수 있는데 겨우 1,000달러로 살아야 할 형편에 놓인 가구가 40%에 이르렀고 그 가운데 상당수는 이 금액의 절반으로 살아가야 했다(Sivulka, 2004).

〈그림 5-1-1〉 경제대공황을 보도한 New York Times 기사. 노동청 앞에서 구직 신청을 하려고 서 있는 실직자의 긴 행렬. 1933년 Washington Post 기사와 사진

〈그림 5-1-2〉 경제대공황을 상징하는 신문명 미상의 "Black Tuesday"라는 헤드라인 기사

**루즈벨트 대통령의 뉴딜(New Deal)** 1928년에 취임한 후버 대통령은 대공황 수습을 하지 못했고 그 임무는 1932년에 취임함 루즈벨트 대통령에게 넘어갔다. 그는 대담한 행동 계획을 발표하면서 "잊힌 사람들"을 위한 "뉴딜(New Deal)"을 제안했다. 흔히 1933년 6월 16일의 법이라고 알려진 국가산업복구법(National Industrial Recovery Act)이 제정되었다. 이 법은 대통령에게 산업을 통제하고 산업 복구를 위해 카르텔과 독점까지도 허용할 권한을 부여했으며 이에 따라 여러 가지 공공사업이 결정되었다. 파격적인 조치들의 일환으로 다음에 보는 여러 정부 부처가 새로 생겼다.

국가복구처(National Recovery Administration)

사업추진관리처(Works Progress Administration)

연방예금보험공사(Federal Deposit Insurance Corporation)

연방 주택청(Federal Housing Authority)

주택자금대여공사(Homeowners Loan Corporation)

연방긴급구호처(Federal Emergency Relief Administration)

공공사업관리처(Public Works Administration)

전국노동위원회(National Labor Board)

증권거래위원회(Securities and Exchange Commission)

그 가운데 공공사업관리처는 실업자 1,100만 명의 3분의 1에게 수십억 달러에 이르는 일자리를 제공했다. 댐, 교량, 도로 운동장, 공항 등 수많은 공사를 시작했다. 이 여러 부처의 이름에서 짐작할 수 있듯이 일자리 창출과 아울러 긴급 구호, 모기지를 지불할 수 없게 된 주택 보유자에 대한 지원, 예금 보호책, 월가에 대한 규제와 감독 강화 등의 조치가 취해졌다. 전국산업복구법이 제정되어 정부 감독하에 기업이 독점금지법의 제재를 받지 않도록 하는 정책을 시행했다. 다만 최저 노임, 아동 노동 금지, 최장 노동 시간 설정, 가격 결정 등 노사협약을 체결하도록 했다. 노동자의 불만을 해소하기 위해서 전국노동위원회를 설립했다. 뉴딜 복구계획의 촉진을 위해 제작한 푸른 독수리 포스터는 가는 곳마다 눈에 뜨이게 되었다(Sivulka, 2004).

뉴딜의 효과가 나타나기 시작한 것은 1930년대 후반이었다. 뉴딜 정책의 결과로 1933년 683억 달러이던 국민총생산이 1937년에는 1,039억 달러로 증가했다. 주가는 상승했고, 공업생산은 거의 갑절 가깝게 증가했으며, 기업 이익률도 올라갔고 농촌 전기화가 급속하게 증가했다. 뉴딜이 시작된 1933년 루즈벨트 대통령은 그의 유명한 "난롯가 이야기(Fireside Chats)" 라디오 방송을 통해 "뉴딜" 프로그램을 국민에게 설명했다.

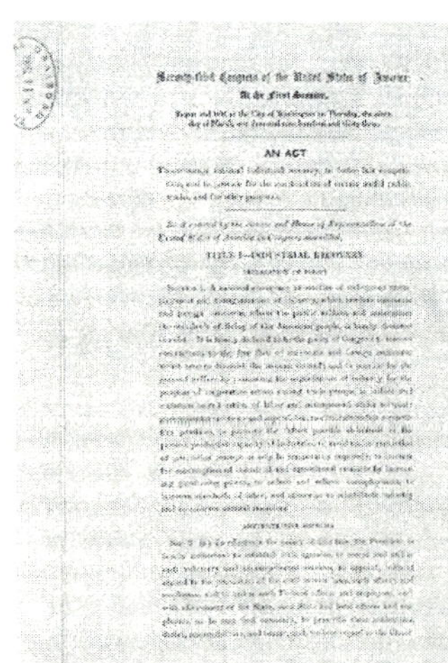

〈그림 5-2-1〉 1933년 6월 16일에 제정된 국가산업복구법 법안 표지

〈그림 5-2-2〉 국가복구처(National Recovery Adminstration) 회원 포스터. 푸른색의 독수리 그림이 있고 "우리는 맡은 일은 합니다(We do our part)"란 카피가 있다.

공황은 슈퍼마켓 등장을 촉진하게 되었다. 1930년에 뉴욕에 King Cullen Grocery(킹 컬른 그로서리)라는 식품 슈퍼마켓이 처음으로 개업했다. 이 상점은 재래 식품점 보다 10배나 크고 넓은 주차장을 갖추고 셀프서비스이 며 가격이 싼 것이 특징이었다. 이런 슈퍼마켓은 전국 에 수백 개로 늘었다. 1936년 마가렛 미쉘(Margaret Mitchell)의 『바람과 함께 사라지다(Gone with the wind)』 는 출판 1개월 만에 100만 부 판매하는 기록을 세웠다. 그리고 이 소설은 영화화되어 대 히트가 되었다.

1939년에서 1940년까지 뉴욕에서 있었던 "뉴욕 세계 박람회(New York World Fair)의 테마는 "내일의 세계 (World of Tomorrow)"였다. 60개 국가에서 수많은 기업이

〈그림 5-3〉 뉴욕 세계박람회 기념우표

이 박람회에 참가했다. 2년에 걸쳐 4~10월 전시를 했으며 약 4,500만 명이 참관한 세계 최대의 박람회였다. 이 박람회 개막식에서 루즈벨트 대통령이 연설을 했는데 사상 최초로 대통령의 연설이 TV로 방송되었다. 다만 이때 TV 대수는 불과 몇 백 대였다. 이 박람회는 테마 그대로 최신 기술 발전을 전시해서 미래의 세계를 보여 주었다. GM은 "Futurama"를 보였는데 움직이는 벤치에 앉아 터널을 지나가면서 1960년대의 자동차와 고속도로를 경 험할 수 있게 했다.

미국이 경제대공황에서 벗어난 뒤 1941년 12월 7일 일본의 진주만 기습공격으로 태평 양전쟁이 시작되었다.


**태평양전쟁** 호놀룰루 현지 시간으로 1941년 12월 8일, 일요일 새벽에 일본의 미국 태 평양함대 기습에서 시작된 태평양전쟁은 일본이 선전포고도 없이 시작한 전쟁이었다. 1,200만 명의 군인이 징집되었으며, 주요 물자의 가격은 통제되고 휘발유와 일부 식품은 배급 체제로 바뀌었다. 주택 건설과 새 자동차 제조는 중단되었다. TV 방송은 2차 대전 이후로 연기되었다. 방대한 군비 예산 조달을 위해 국채가 발행되었다. 군대로 간 남자들 이 하던 일자리는 여성들이 보충했다. 소비가 아니라 절약이 미덕으로 바뀌었다. 전쟁 수 행을 위해 동원된 여성을 상징하는 Rosie The Riveter(리벳공 로지) 포스터는 유명해졌다.

〈그림 5-4〉 진주만에서 일본 공군 기습으로 불타는 미 해군 군함　〈그림 5-5〉 1941년 12월 9일 New York Times 1면의 대일 선전 포고에 관한 기사

〈그림 5-6〉 1942년에 제작된 Rosie the Riveter라는 애칭이 붙어 유명해진 2차 대전 포스터는 전쟁 수행에 공헌한 여성을 상징하고 있다.

일본은 1945년 8월 15일 히로시마(廣島)와 나가사키(長崎) 시에 원자폭탄이 투하된 뒤에 드디어 무조건 항복했고 세계 제2차 대전은 끝났다.

한편, 1931년에는 그 당시 미국에서 가장 높은 엠파이어스테이트빌딩(Empire State Building)이 완공되어 위용을 과시했다. 1936년 베를린 올림픽에서는 미국 흑인 Jesse Owens(제시 오웬즈)가 육상에서 금메달 넷을 따는 기록을 세웠다. 이 일은 아리안 민족의 우수성을 제창하던 히틀러에게는 무언의 타격을 준 일이 되었다. 다만 Owens 선수는 미국에 돌아와서 여전히 버스 뒷좌석에 앉아야 한다는 흑백 인종차별의 벽을 넘을 수는 없었다. 1930년대 후반에는 드디어 총천연색 영화가 등장했다. "바람과 함께 사라지다(Gone with the wind)"는 1939년 최고의 기록을 세웠다.

# 제2절 언론, 매체

1936년과 1937년에는 미국 사진보도 잡지의 대표 주자격인 두 잡지가 등장했다. 1936년 11월에 창간호를 낸 LIFE(라이프) 잡지와 이듬해 2월에 창간한 LOOK(룩) 잡지였다. 따지자면 라이프 지는 이미 1883년에 창간된 잡지였으나 사진 위주의 잡지가 된 것은 타임지 창립자인 Henry Luce(헨리 루스)가 매입한 뒤였다. 부수가 최고였을 때 라이프 지는 1,350만 부를 발행했다. 하지만 2000년에 폐간했다. 룩 잡지는 1971년에 폐간했는데 부수가 최고였던 해는 1969년으로 775만 부가 팔렸다. 이 두 사진 위주의 잡지는 광고 매체로서도 대단한 위치에 있었다. 1923년에 창간한 타임(TIME)지의 경쟁지인 뉴스위크(Newsweek)가 창간된 것은 1933년이었다.

**TV 등장** 1927년에는 AT&T가 텔레비전을 일반에게 공개했다. 그 뒤 RCA는 수년의 연구 끝에 1939년 뉴욕 박람회 때 최초로 본격적인 TV를 일반에게 공개 전시했다. 2년 뒤에는 뉴욕에서 시험방송이 있었는데 TV 대수는 겨우 400대였다. 그러나 연방통신위원회(Federal Communication Commission: FCC)는 TV 방송국 허가를 보류하고 2년 내에 업계 기술 운용에 관한 합의 도출을 요구했다.

1941년 7월 1일 뉴욕의 WNBT TV 방송국이 야구 중계방송을 했고 이때 최초의 광고방송이 있었는데 Bulova(불로버) 시계로서 광고료는 $9였다. 다만 이해 태평양전쟁의 발발로 민간을 위한 TV 제조는 보류되었고 1945년 2차 대전이 끝난 뒤에야 TV시대가 개막했다.

**성숙한 라디오** 라디오 1대 가격이 $15로 떨어지자 1935년에는 미국 가정의 절반 이상인 55.2%가 라디오를 보유하게 되었고 2년 뒤에는 4분의 3이 라디오를 보유하게 되었다. 라디오는 미국의 다른 어떤 매체보다 높은 보급률을 가진 매체가 되었다. 라디오를 공영으로 할 것인가 또는 민간상업방송으로 할 것인가에 대한 초기 논쟁은 1934년 커뮤니케이션 법(Communications Act)의 제정으로 당시로써는 독특한 민간상업방송 제도가 미국에서 정착하게 되었다. 아울러 1936년에는 MIT 공대의 두 교수가 오디미터(Audimeter)라는 정교한 기계를 발명했는데 A. C. Nielsen이 특허권을 매입해 라디오 청취율 조사를 시작했다.

방송국은 앞을 다투어 가며 더 좋은 프로그램을 만드는 데 열중하게 되었다. 그런데 시작이 민간상업방송이므로 광고주와 광고주의 광고대행사가 더욱 프로그램 제작에 관심을 가지게 되었다. 그 결과 두 가지 추세가 나타났다. 대중소비제품 회사의 광고회사는 되도록 많은 청취자가 듣는 프로그램을 만들게 되었고 클래식 음악이나 이른바 고급문화에 속한 프로그램은 방송국 자체에서 제작하게 되었다. 스폰서가 있는 프로그램에는 거의 스폰서 회사나 브랜드 이름이 붙어 있었다. 1932년에는 비누 장사하는 회사가 흔히 스폰서가 되었다 해서 Soap Opera(솝 오페라)라는 프로그램, 말하자면 일일연속극이 히트를 쳤다.

초기에 스폰서 이름만을 언급하던 라디오 광고는 차차 스폰서의 제품에 대한 광고를 하는 것으로 바뀌어 갔다. 1930년대에는 광고 노래 이른바 CM SONG이 성행했다. 잘 만든 광고 노래는 쉽게, 오래 기억되기 때문이었다. 이렇게 해서 1930~1940년대는 라디오의 전성시대가 되었다. 라디오가 갑자기 쇠퇴하게 된 것은 TV의 팽창과 맥을 같이했다. 1938년이 되자 라디오 광고비는 1억 6,700만 달러로 1억 5,800만 달러인 잡지광고비를 제치고 신문 다음으로 광고비가 많은 매체가 되었다.

〈표 5-2〉 매체별 광고비(1935~1940년)

광고비: $100만

| 매체 | 1935 | 1938 | 1940 |
|---|---|---|---|
| 신문 | 761 | 782 | 815 |
| 잡지 | 130 | 158 | 186 |
| 라디오 | 113 | 167 | 215 |
| 농업지 | 10 | 14 | 19 |
| DM | 282 | 324 | 334 |
| 업계지 | 51 | 61 | 76 |
| 옥외 | 31 | 43 | 45 |
| 기타 | 342 | 381 | 420 |
| 합계 | 1,720 | 1,930 | 2,110 |

자료: Estimated Annual U.S. Advertising Expenditures, McCann Erickson의 Robert Coen.

## 제3절 광고

말할 것도 없이 대공황은 광고에도 심한 타격을 입혔다. 1929년 광고비는 28.5억 달러였으나 1933년에는 13.2억 달러로서 54%나 폭락했다. 미국광고비가 1929년의 수준으로 돌아온 것은 2차 대전이 끝나던 1945년이었다. 물론 이 기간에는 2차 대전이 있었으나 공황이 광고에 미친 영향이 컸다. 공황이 일어나자 광고회사는 구조 조정, 감봉, 감원, 유급 휴가 폐지 등을 시행했고 광고주는 더욱 많은 무료 서비스 제공을 요구하게 되었다. 또한 커미션 비율 감소, 광고계획 기간의 단축 등도 드러나게 되었다. 당연한 일로서 광고의 초점은 가격이었다. 제1차 세계대전 때와는 달리 2차 세계대전 기간에는 많은 소비재가 부족했으나 광고비는 오히려 상승했는데 태평양전쟁이 시작된 1941년에서 전쟁이 끝난 1945년 사이에 22.5억 달러에서 28.4억 달러로 증가했다. 그 한 가지 이유는 기업과 광고회사가 전쟁이 끝난 뒤 다시 제품들이 늘어날 때를 생각해서 상당한 기업광고를 유지한 때문이었다.

〈표 5 - 3〉 광고비(1929~1932년)

광고비: 억$

| 연도 | 광고비 | 연도 | 광고비 | 연도 | 광고비 |
|---|---|---|---|---|---|
| 1929 | 28.5 | 1935 | 17.2 | 1940 | 21.1 |
| 1930 | 24.5 | 1936 | 19.3 | 1941 | 22.5 |
| 1931 | 21.0 | 1937 | 21.0 | 1942 | 21.6 |
| 1932 | 16.2 | 1938 | 19.3 | 1943 | 24.9 |
| 1933 | 13.2 | 1939 | 20.1 | 1944 | 27.0 |
| 1934 | 16.5 | | | 1945 | 28.4 |

자료: 대부분 미국광고회사 McCann-Erickson의 Robert Coen의 자료와 purplemotes.net/2008/09/14us-advertising-expenditures-data

**광고회사** 1930년에는 현재 굴지의 광고회사인 McCann Erickson이 설립되었는데 1902년에 창립된 에릭슨(Erickson)과 1912년에 창립된 H. K. McCann(맥캔)의 합병으로 생겼다. 1935년에는 시카고에서 Leo Burnett이 Erwin Wasey(어윈 웨이지) 광고회사를 떠나서 자기 이름을 딴 레오 버넷을 창립했는데 뒤에 말보로(Marlboro)를 세계적인 담배로 올라서게 하는 데 결정적인 역할을 했으며 미국 10대 광고회사 가운데 하나로 성장했다. 버넷은 2002년에 프랑스의 Publicis(푸블리시스)가 매입했다. 1940년에는 Ted Bates가 창립됐으며 Lord & Thomas의 후신인 Foote, Cone & Belding(FCB)도 창립했다. 이 두 회사 역시 뒤에 굴지의 광고회사가 되었다.

1923년 창립 이후 재빠른 성장을 한 Young & Rubicam(Y&R)은 1932년 시카고 노스웨스턴 대학(Northwestern University) 교수인 George Gallup(조지 갤럽) 교수를 조사 책임자로 고용했다. 갤럽이 조사한 결과에 따르면 독자는 긴 문장보다 짧은 토막으로 된 것을 선호하며 이탤릭체, 고딕체와 서브 헤드라인이 있는 광고 카피를 좋아한다는 것이었다. 또 다른 조사 결과는 만화가 인기가 있다는 것이었다. 갤럽의 이런 연구와 조사 결과가 널리 알려져 만화나 풍선에 카피가 들어 있는 광고가 널리 사용되기에 이르렀다. 갤럽은 Y&R을 떠나 독립했는데 광고조사와 여론조사에 집중했다.

1939년에 JWT는 전국을 대표하는 5,000가구 표본 소비자 패널을 설립해서 매월 구입하는 제품 리스트 및 그 밖에 JWT가 요구하는 정보를 적는 일기식 조사를 실시했다.

JWT, BBDO 등 큰 광고회사에서 경험을 쌓은 Getchell(게첼)이 광고회사를 설립한 것은 대공황기인 1931년이었다. 크라이슬러(Chrysler) 자동차회사 제품 가운데 가장 낮은 등급의 자동차로서 알려진 Plymouth(프리무스) 자동차 광고를 맡은 Getchell은 비교 광고 기법을 사용했는데 그 무렵 경제대공황이라는 상황을 고려해서 광고회사들은 비교 광고를 자제하고 있었다. 그런데 그의 Plymouth 광고는 경쟁업체 제품을 지칭하지 않았으므로 엄격히 따지자면 비교 광고는 아니었다. 다만 대문자로 "셋 다"라고 한 것은 포드, GM 그리고 자사인 크라이슬러를 지칭한 것이 뻔했다. 그림에서 보듯이 크라이슬러 사장이 프리무스 자동차 보닛 앞에서 "셋 다 보세요!(Look at ALL THREE!)"라고 말한 것을 헤드라인으로 했다. Getchell은 사진 보도형의 그림 중심으로 센세이션을 일으키고 충격적인 헤드라인과 카피를 사용했다. 이러한 노력의 결과 Plymouth의 저가 자동차 시장 점유율은 1932년의 16%에서 이듬해에 24%로 상승했다.

1930년에 창간한 광고전문지 Advertising Age(애드버타이징 에이지, Ad Age)가 조사한 바에 따르면 1939년에서 1948년 기간에 광고대행사의 수는 1,628에서 5,986으로 약 370%나 증가했다. 따라서 광고비에서도 언급한 대로 2차 대전이 있기는 했어도 미국의 광고 산업은 전쟁의 영향을 별로 받지 않았다고 할 수 있다.[12]

**크리에이티브** 1930년대에는 많은 유럽 미술가가 미국으로 이사했다. 그리고 그 영향이 우선 Vogue(보그), Vanity Fair(배니티 페어), House & Garden(하우스 & 가든), Harper's Bazzar(하퍼스 바자) 잡지 등의 디자인에 큰 영향을 나타냈다. 아울러 경제공황의 영향으로 판매 부진에 시달리던 기업은 값싸고 매력적인 제품을 만들어 시들어 가는 시장을 되살리려고 했다. 그 결과 나타나 것이 "이상적인 형태", 즉 손쉽게 대량생산이 가능하며 포장, 수송, 사용이 손쉽고 미적 감각을 지닌 제품을 고안하게 되었다. 이러한 추세가 광고

---

12) Advertising Age, 2005. 3. 28, 38쪽.

에 영향을 미친 것은 당연했다. 그리고 그래픽이 강하고 카피가 적은 광고들이 나타나게 되었다. 한편 앞에서도 언급한 대로 갤럽의 조사 결과에서 나타난 영향으로 만화형 광고, 풍선 모양에 광고 카피를 넣은 영어로 블러브(Blurb)라는 광고가 흔해졌다. 또한 유선형이 등장해서 기관차나 자동차 디자인 등 여러 분야에 영향을 미쳤고 당연히 그런 변화가 광고에도 나타나게 되었다. 또한 "유선형선의 10년"이라 부른 추세가 나타난 것도 이 1920~30년대였다.

Y&R이 제작해서 유명해진 광고 가운데는 Four Roses(포 로즈) 위스키 광고가 있었다. 1930년대에 유명해진 이 광고는 얼음 덩어리 안에 제품 이름인 네 송이의 장미꽃을 넣어 무더운 여름에 시원한 음료임을 강조했다.

〈그림 5-7〉 "셋 다 보세요!(Look at ALL THREE!)"라는 헤드라인의 Plymouth 자동차 광고

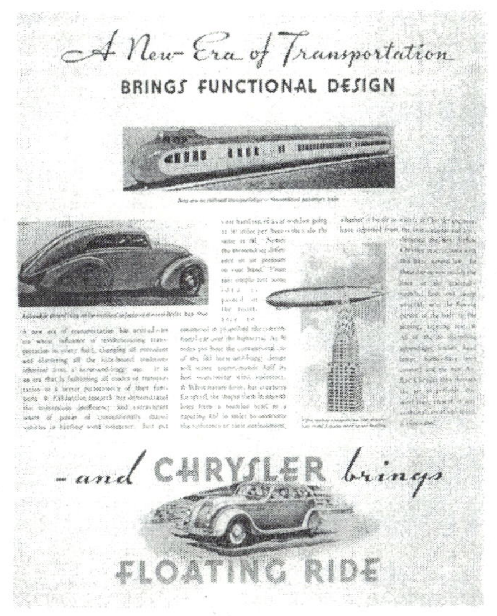


〈그림 5-8〉 1934년의 크라이슬러 자동차 광고에는 유선형 열차, 자동차 및 크라이슬러 빌딩 위를 나는 날씬한 비행선 등이 등장했다.

〈그림 5-9〉 1940년대 콜게이트 치약의 만화형 광고

〈그림 5-10〉 카피보다는 강한 그래픽이 강조된 미국 컨테이너 회사 광고

〈그림 5-11〉 네 장미(Four Roses) 위스키 광고. 얼음 덩어리 안에 장미 네 송이가 있고 헤드라인은 "시원하게 만드는 아이디어(Cooling Idea)"라고 했다.

**슬로건과 징글** 유명한 슬로건도 탄생했다. 그 가운데는 현재도 사용되고 있는 De Beers(드비어스) 다이아몬드의 "다이아몬드는 영원히(A diamond is forever)"가 있다. 그 밖에도 한국에서는 1960년대 말에 "오직 그것뿐"으로 번역된 코카콜라의 "It's the Real Thing"도 이 시기에 나왔다. 특히 2차 대전 기간에는 "무심코 한 말, 수많은 생명을 앗아 갑니다(Careless talk costs lives)", "벽에도 듣는 귀가 있습니다(Walls have ears)", "그 여행 꼭 필요한가요?(Is your journey really necessary?)" 등이 유명해졌다.

소리의 매체인 라디오가 전성시대를 맞게 됨과 아울러 영어로는 징글, 한국에서는 일본말을 그대로 쓰는 CM송이 유행하게 되었다. 두 징글의 가사를 보면 다음과 같다.

〈표 5-4〉 팝스트(Pabst) 맥주 CM송 가사

| 바텐더: 무얼 드시겠습니까? | What'll you have? |
|---|---|
| 첫 목소리: 팝스트 블루리본 | Pabst Blue Ribbon. |
| 바텐더: 무얼 드시겠습니까? | What'll you have? |
| 둘째 목소리: 팝스트 블루리본 | Pabst Blue Ribbon. |
| 바텐더: 무얼 드시겠습니까? | What'll you have? |
| 셋째 목소리: 팝스트 블루리본 | Pabst Blue Ribbon. |
| 합창: 팝스트 블루리본 맥주! | Chorus: Pabst Blue Ribbon Beer! |

| 타이드가 들어오니 때는 나가네 | Tide's in, dirt's out. |
| --- | --- |
| 타이드가 들어오니 때는 나가네 | Tide's in, dirt's out. |
| 타이드는 딴 어느 비누보다 옷을 | Tide gets clothes cleaner |
| 더욱 깨끗하게 해 줍니다. | than any other soap. |
| 타-이-드! | T-I-D-E |

1938년에는 타운센드(Townsend) 형제가 제창한 27개 항목(Point) 광고 테스트가 광고 효과 조사의 한 기법으로 대두했다.


# 제4절 그 밖의 일


**Neil McElroy(닐 맥켈로이)와 브랜드 매니지먼트(Brand Management)** 이 시기에 가장 특기할 사항은 뒷날에 미국뿐 아니라 세계 마케팅과 광고에 커다란 영향을 미친 브랜드 개념의 제창이었다. 그 시작은 Procter & Gamble의 Neil McElroy가 쓴 1931년 5월 13일 자로 된 3페이지짜리 사내 메모였다. 이 무렵 P&G의 사규에서 메모는 1페이지를 넘어서는 안 된다는 것이었다. 하버드대학을 나와 이 회사에 온 지 5년밖에 되지 않았으며 Camay(카메이) 비누 시판 개시 담당이던 McElroy는 1930년에 영국에서 P&G의 자회사 책임을 맡았다. 귀국한 그는 회사의 관리 시스템을 바꾸어야 되겠다고 결심하고 쓴 것이 3페이지 메모였고 그가 제창한 것이 브랜드 관리 제도였다. 여기서부터 브랜드 관리라는 개념이 시작되었다. 그는 1948년에 드디어 이 회사 사장이 되었다. Advertising Age는 이 일을 1930~2000년 사이 미국광고계에서 일어난 가장 큰 사건으로 다루고 있다.

1931년에는 세계 최고의 건물인 엠파이어스테이트빌딩이 그 위용을 드러냈다. 1934년에는 역시 뉴욕에 있는 증권거래소가 창설되었다. 그리고 1938년에는 휘러-리 법(Wheeler-Lea Act)이 제정되었는데 불공정한(Unfair) 상행위와 관례를 금지하도록 강화된 법이었다.

〈그림 5-12〉 브랜드 관리를 제창한 P&G의 Neil McElroy 사진

**민간의 규제 요구** 대공황의 부산물은 광고에 대한 비판 대두였다. 두 측면에서 이런 비판이 일어났는데 하나는 민간 차원이고 또 다른 것은 정부 차원이었다.

기업과 기업이 만든 제품이 비판의 대상에 오른 것은 전대미문의 공황을 겪는 국민, 즉 소비자 입장에서는 어쩌면 당연했을는지 모른다. 1931년에는 Ballyhoo(밸리후, 엉터리·소동·소란이란 뜻) 잡지에 광고에 대한 풍자가 나타나기 시작했다. 이 잡지는 창간호인 1931년 8월 호 15만 부, 9월 호는 27만 5천 부, 10월 호는 65만 부, 그리고 창간 5개월에 100만 부를 돌파함으로써 대공황기에 가장 성공한 잡지가 되었다. 광고를 비꼬는 이런 잡지가 성공한다는 것은 광고를 농담거리로 만들어 광고 산업 전체에 위협이 될 수도 있었다(Marchand, 1985). 1920년대 후반에서 1930년대 초에는 몇 권의 책이 발간되었는데 그 가운데서 Frederick Schlink(프레드릭 슈링크)와 Arthur Kallett(아더 칼렛)이 공저해서 1933년에 출판된 『1억의 기니피그(Guinea Pig)』는 베스트셀러가 되었다. 이 책은 상점 선반에 진열된 위험한 식품, 의약품, 화장품 등에 대해 독자에게 경고를 주었고 또한 잘못된 포장 표기나 불결한 식품에서 생긴 사망, 신체장애 등 사례를 들었다. 대중의 반응에 고무되어 뉴욕의 "소비자 클럽(Consumers' Club)"을 전국적인 제품조사 기구인 소비자조사회사(Consumers Research Inc.)로 확대했고 전문가를 채용했으며 몇 개 연구소를 설립했다. 또한 월간 뉴스레터를 발간했다. 이 운동을 시작한 사람은 경제학자인 Stuart Chase(스튜어트 체이스)와 전에 전국 표준국 엔지니어였던 Schlink였다.

유사한 소비자 단체인 소비자 연맹(Consumer Union)은 1936년부터 소비자 보고(Consumers Reports)를 발행하면서 시리얼에서 신차에 이르는 광범위한 제품에 대한 조언을 제공했다. 거짓 광고를 공격하고 각종 제품을 제조하는 공장의 노동 조건을 보고했는데 편견의 소지를 없애고 오해를 받지 않기 위해 일체의 광고를 게재하지 않았다. 그 결과 이 잡지는 소비자들에게 가장 인기 있는 간행물이 되었다.


**정부의 규제** 정부 측에서도 광고에 대한 비판과 규제가 대두했다. 어떤 의미에서는 광고가 경제대공황의 희생양이 된 듯했다.

1934년에는 식품, 의약품 관리국(Food & Drug Administration: FDA)에 화장품 광고와 라벨 표기 관리 권한을 부여했다. 4년 뒤에는 의약품 제조와 판매에 대한 새로운 권한을 부여하는 법령이 제정되었다. 연방통상위원회(FTC)는 1938년에 "상거래의 허위 행위"를 불법으로 규정하고 일부 비누, 치약, 효모 등 광고캠페인의 주장을 철회하도록 지시를 내렸다(Sivulka, 2004).

1941년 6월에서 이듬해 6월까지 1년 사이에 연방통상위원회는 362,827개 인쇄매체 광고를 조사한바 엄격한 기준을 적용하면 그 가운데 18,221개 광고(약 5%) 허위 또는 오도의 우려가 있는 것으로 보았다. 같은 기간에 100만 450개 라디오 광고 가운데서 17,925(1.8%)개의 규정 위반 광고를 찾았다(Clark, 1944).

1934년에는 커뮤니케이션 법(The Communications Act)이 제정되었는데 방송과 관련된 여러 문제를 다루는 정부 기관인 연방통신위원회(Federal Communications Commission: FCC)가 창설되었다. 이 위원회는 현재도 역시 방송 관련 업무를 다루는 연방 정부 기관이다.

**하버드대학 Neil H. Borden(닐 H. 보든) 교수의 책** 철학적인 입장에서 광고에 대해 비판한 학자도 있었다. 이러저러한 비판이 있었으나 1942년에 Neil H. Borden 교수가 쓴 "광고의 경제적인 효과(The Economic Effects of Advertising)"가 출판된 뒤 광고의 존재나 원천적인 찬반의 논쟁은 끝이 났다. 광고에 대한 부분적인 비판은 그 뒤에도 계속되고 있다. Borden이 그의 책에 쓴 글 가운데 일부를 옮기면 다음과 같다.

> "소비자의 복지에 대한 광고의 뛰어난 공헌은 역동적이고 확장하는 경제를 촉진하는 데에서 온다. 사회적인 견지에서 광고의 주 임무는 신제품 개발을 격려하는 것이다. 기업가가 자기 투자를 타당화할 새롭고 차별화된 상품을 만들고 이익을 얻을 만한 수요를 창출하려는 데에 한 수단이 광고인 것이다. ……역동적인 경제에서 ……광고는…… 기업가가 소비자들이 원하게 될 신제품과 차별화된 신제품을 찾으려고 꾸준히 노력하는 비즈니스 제도의 불가결한 일부분이다."(Borden, 1942)

1936년 미국광고주협회와 광고업협회가 공동으로 광고조사재단(Advertising Research Foundation)을 설립했다. 이 비영리재단은 미국에서 마케팅커뮤니케이션 관련 문제에 대한 가장 권위 있는 조사기관이 되었다. 이보다 앞서 Daniel Starch(대니얼 스타치)는 1923년에 자기 이름으로 된 조사 회사를 설립했는데 인쇄매체 광고 효과와 관련된 조사 회사로서 사명이 변경되었으나 여전히 스타치 보고(Starch Report)라는 그의 이름을 사용한 조사를 실시하고 있다. 같은 해에 지금은 세계 최대의 시장조사회사가 된 A. C. Nielsen이 창립되었는데 1933년에 식품과 의약품에 대한 소비지표 조사를 시작했다. 이 회사는 뒤에 라디오 청취율 조사 및 TV 시청률 조사의 개척자가 되었다.

**War Advertising Council(전쟁 광고 협의회)**[13] 태평양전쟁의 발발은 뒤에 미

국 공익광고기구로 발전한 War Advertising Council 설립의 계기가 되었다. 1941년 11월 14일 버지니아 주 배스카운티(Bath County) Hot Springs에서 개최된 미국광고주협회와 미국광고업협회 합동 회의에서 JWT의 자문 James W. Young이 한 연설의 결과 생긴 것이 War Advertising Council이었다. 그의 이 연설은 "무슨 행동을 해야 될 것인가(What action can be taken)"라는 제목이었으며 광고의 공공이익을 위한 새로운 역할을 역설한 것이었다. 기업, 유력 매체, 광고업계가 모두 일치단결해서 광고를 통해 전쟁 승리라는 목적을 달성한다는 것이었다. 식품, 휘발유, 전기, 옷가지 등 갖가지 물자 절약, 그리고 말조심, 전시 국채 매입 등을 위한 수많은 광고를 했다. 1942년 9월까지 재무부가 받은 무료 광고를 환산하면 6,500만 달러에 이르고 약 1,100만 달러의 광고지원으로 180억 달러의 전시 채권을 판매했다. 1943년 중반까지 공익광고는 인쇄매체에 10억 달러, 라디오에 10억 달러에 이르는 것으로 추정된다.

War Advertising Council의 공익광고 캠페인 외에 민간 기업이 자진해서 자체 광고에 전쟁 승리를 위한 내용을 광고에 삽입한 것은 셀 수 없을 만큼 많았다. 전쟁 승리를 위해 1,800만 명의 여성 노동자가 동원되었는데 그 공헌을 그린 유명한 "We Can Do It" 포스터도 이 협의회 노력의 일단이었다.

공익광고의 이러한 공헌에 대해 대통령을 위시한 정부 고위 인사들은 아낌없는 격찬과 감사 표시를 했다. 1차 세계 대전 때보다 2차 대전 때에 더 광고가 훌륭한 무기 구실을 한다는 것이 극명하게 증명되었다.

War Advertising Council이 1941년부터 1944년 기간에 무료로 각종 매체에 게재, 방송한 광고를 유료광고로 간주하고 환산하면 첫해에 4,000만 달러에서 시작해서 1943~44년 사이에는 3억 5천만 달러에 이르러 약 9배나 증가했다. 이 공익광고비는 미국광고비 전체에 대비하면 첫해에는 1.79%이었으나 1944년에는 14.18%로 폭증했으므로 얼마나 공익광고가 전체 광고 가운데에서 차지하는 비중이 컸는가를 시사해 주고 있다.

---

13) James P. Wood(1958) 및 Advertising Council(2002) 참조.

〈표 5-6〉 공익광고비

금액: 100만 달러

| 공익광고 | | | |
|---|---|---|---|
| 연도 | 공익광고비1) | 미국광고비2) | 구성비(%) |
| 1941/2 | 40 | 2,250('41) | 1.78 |
| 1942/3 | 200 | 2,160('42) | 9.26 |
| 1943/4 | 353 | 2,490('43) | 14.18 |

1) 우에죠 노리오(2005). 공공광고 연구(公共廣告研究). 일경광고연구소(日經廣告研究所). 494쪽의 도표에서 재구성.
2) McCann Erickson 로버트 코은(Robert Coen). 구성비 계산은 저자가 함.

2차 대전 종료 후에는 War Advertising Council은 이름을 Advertising Council(공익광고협의회)로 바꾸고 자연 보호, 헌혈, 적십자 운동, 마약 추방 등 갖가지 사회적인 문제를 다루게 되었다. 미국의 공익광고 제도는 그 뒤 여러 나라로 퍼져 나갔는데 그 가운데는 일본, 대만 그리고 운영 형태는 다르나 한국에도 영향을 미쳤다.

〈그림 5-13〉 미국공익광고협의회 마크

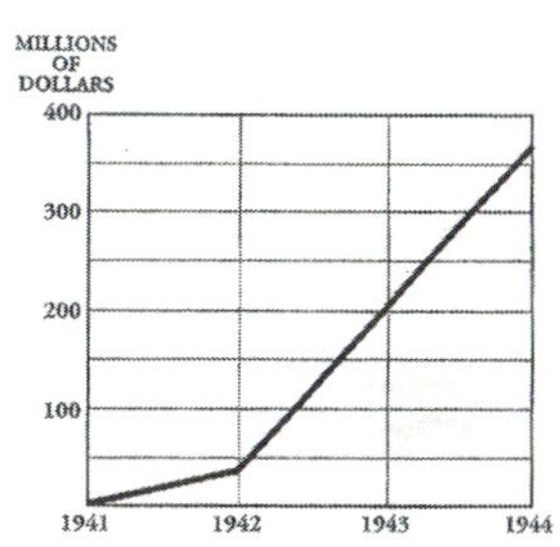


〈그림 5-14〉 금액으로 환산한 공익광고비 도표(1941~1944)

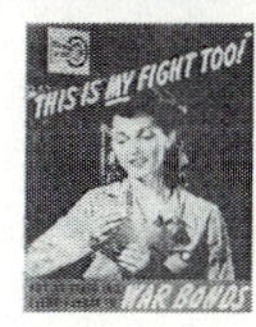

〈그림 5-15-1과 5-15-2〉 전시 국채 구매, 각종 물자 절약을 호소한 공익광고

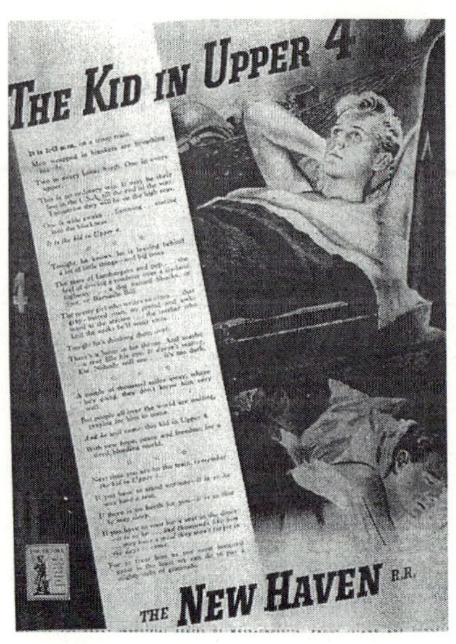

〈그림 5-16〉 1942년 New Haven(뉴 헤이븐) 철도의 애국주의를 이용한 광고. 전선으로 가는 군인을 테마로 다루었으며, 매우 뛰어난 광고로 평가받고 있다.

**Advertising Age의 창간** 1930년 1월 11일 Advertising Age(Ad Age)가 시카고에서 창간됐다. 이 주간 마케팅 커뮤니케이션 전문 잡지는 2차 대전 이후 미국 기업과 미국광고회사의 글로벌화에 따라 미국, 나아가서는 세계적인 광고전문지가 되었다.

1938년에는 뉴욕에서 International Advertising Association(IAA, 국제광고협회)이 창립되었다. 이 단체는 설립을 위한 가장 중요한 임무로 '광고가 선택의 자유를 보장하는 것'이었으며, 선택의 자유 가운데 가장 큰 기둥인 광고의 자유를 가장 중요시하고 있다. 아울러 광고 관련 정보의 국제 교류를 통한 국제광고의 증진을 목적으로 설립된 이 유일한 국제광고 기구는 그 뒤 각국에 지부를 설립해서 70여 국가에 개인 및 기업 회원을 둔 국제기구로 발전했다. 2년마다 국가를 바꾸어 가며 세계총회를 개최하고 있다. 많은 일을 했는데 그 가운데는 세계 각국 광고비를 조사함으로써 세계 광고 시장의 규모를 알게 되었다. 이 조사는 그 뒤 1980년대에 들어서서 민간 광고회사 그룹 소속 매체 전문회사가 하게 되었다.

〈그림 5-17〉 Advertising Age 1930년 1월 11
일 창간호 1면

〈그림 5-18〉 국제광고협회 마크의 변천

 

1930년대에 광고계에 일어난 흥미 있는 일이 있다. 해방 이후 미군 진주와 함께 한국에서도 유명해진 Lucky Strike 담배회사인 American Tobacco 회사는 1937년에 몇 명의 상원의원이 이 담배를 추천하는 증언식 광고를 하기로 했다. 출연료는 $1,000이었는데 일부 의원은 이 돈을 자선 사업에 희사했다.

1930년에서 세계 제2차 대전이 끝난 1945년까지 사이에 일어난 주요 광고 관련 사건을 간추린 것이 다음 표이다.

〈표 5-7〉 광고 관련 주요 연표(1930~1945년)

| (1929년 10월 29일(화) 뉴욕 주식시장 폭락, 경제대공황 시작, Black Tuesday) | |
| --- | --- |
| 1930~40년 | 라디오 전성시대. 1937년에는 미국 가정 3/4 라디오 보유 |
| 1930 | 시카고에서 광고전문지 Advertising Age 창간 |
| 1931 | P&G의 Neil McElroy "브랜드 관리"를 주장 |
| 1932 | Franklin D. Roosevelt 대통령 취임<br>라디오에 낮 방송 일일 연속극(Soap Opera) 등장<br>George Gallup 노스웨스턴대학교수에서 Young & Rubicam 조사 책임자로 옮김. |
| 1933 | 루즈벨트 대통령 뉴딜 정책 개시, 국가산업복구법(National Industrial Recovery Act) 발효(산업을 복구, 수백만 명 일자리 창출)<br>"난롯가 이야기(Fireside Chats)" 라디오 방송을 통해 뉴딜 설명<br>뉴스위크(Newsweek) 창간<br>낮 방송(라디오)에 Soap Opera 연속극 개시 |

| 1934 | 청정 식품, 의약품 및 화장품법(The Pure Food, Drug and Cosmetics Act) 제정<br>연방통신위원회(FCC) 창설 |
| --- | --- |
| 1935 | Leo Burnett 광고회사 시카고에 창립 |
| 1936 | 마가렛 미첼(Margaret Mitchell)의 『바람과 함께 사라지다(Gone with the Wind)』 출판(1개월 만에 100만 부 판매, 영화화됨)<br>Consumer Reports 잡지 창간 |
| 1936 | 광고조사재단(ARF) 창립 |
| 1937 | 포토저널리즘 잡지 LOOK 창간 |
| 1938 | 연방통상위원회(FTC)에 "상거래의 허위 행동" 규제 권한이 부여됨.<br>Townsend 형제의 27개 항목으로 된 카피 테스팅 방법 공개<br>국제광고협회(IAA) 뉴욕에 창립 |
| 1939 | J. Walter Thompson 전국 5,000가구 소비자 패널 조사 개시 |
| 1939~40년 | 뉴욕 세계 박람회 개최 |
| 1940 | Ted Bates, FCB(Lord & Thomas 후신) 창립 |
| 1941 | 뉴욕 WNBT TV 야구 경기 방송 중 최초로 Bulova 시계 광고 방송<br>다만 진주만 공격으로 TV 방송은 연기됨. |
| 1941. 12. 7. | 일본의 진주만 공격에 따라 미국이 일본에 대해 선전 포고<br>미국광고주협회와 미국광고업협회 합동 회의에서 JWT의 고문 James W. Young이 한 연설에서 광고의 사회적 공헌 역설. 1942년에 전쟁광고협의회(War Advertising Council) 설립(1942년)으로 이어짐.<br>2차 대전 종료 후에는 공익광고협의회(Advertising Council)로 바뀜. 전쟁 기간 중 공익광고의 기여에 대해 대통령을 위시한 정부 고위 인사들이 격찬을 함. |
| 1942 | 하버드대학교수 Neil H. Bordon의 『광고의 경제적인 효과(The Economic Effects of Advertising)』 출판 후에는 광고의 효과에 대한 논쟁 종료 |
| 1940~1945 | 세계 제2차 대전 시기: 1,200만 명 군인 징집; 가격, 원자재 통제; 주요 물자 배급, 주택 건설 및 새 자동차 판매 금지; 방대한 군사 예산을 위한 국채 발행 등 각종 비상조치 실시; 전쟁 수행을 위해 여성 노동 참가 리벳공 로지(Rosie The Riveter) 포스터 유명해짐; 전쟁 기간 중 여러 기업의 기업 PR 광고 증가함. |
| 1945. 4. 12. | 트루먼(Harry S. Truman) 33대 대통령 취임(루즈벨트 대통령 임기 기간 중 사망 후) |
| 1945. 8. 15. | 일본의 무조건 항복으로 태평양전쟁 끝남. |

# 제6장

# 제2차 세계대전 이후 번영기, 사회적 통합기: 1945. 11.~1960

# 제1절 정치, 경제

1945년 8월 15일 일본의 무조건 항복으로 세계 제2차 대전은 끝났다. 승전국 미국은 세계 슈퍼 파워로 등장했다. 수백만 명의 군인들이 전쟁터에서 돌아왔다. 군수산업은 재빠르게 평화산업으로 전환했고 우려했던 불황은 없었으며 미국은 "황금의 1950년대"를 맞았다. 미국 인구는 1950년에 1억 5천만에서 1960년에는 1억 8천만 가깝게 증가했다.

1945년 4월 일본의 무조건 항복이 있기 전에 사망한 루즈벨트 대통령의 뒤를 이은 트루먼 대통령은 재임(再任)되었다. 트루먼 대통령 다음으로, 2차 대전의 영웅이며 아이크(Ike)라는 애칭으로 불리는 아이젠하워 장군이 1953년에 제34대 대통령이 되었다. 1962년에 다음 시기를 이은 사람은 40대 기수 케네디 대통령이었다.

국제무대에는 1945년에 유엔이 창립되었고 뉴욕에 본부를 두었다. 1947년에는 유럽 재건을 위한 마셜 플랜(Marshall Plan)으로 폐허화된 독일과 유럽 여러 나라의 재건이 시작되었다. 한편 소련은 4개국이 공동 관할하고 있는 베를린으로 가는 육로 수송을 봉쇄했으나 서방국가의 유명한 베를린 공수작전으로 소련의 기도는 실패했다.

이보다 앞서 이미 1946년에 영국 처칠 수상이 유명한 연설에서 말한 "철의 장막(Iron Curtain)"이 등장했다.[14] 즉 소련이 2차 대전 때 점령한 여러 동유럽 나라들에 공산정권을

---

14) 윈스턴 처칠 영국 수상이 1946년 3월 5일 미국 미주리 주 플톤에 있는 웨스트민스터 대학에서 명예 학위를 수여받을 때 한 연설문 가운데 "철의 장막(Iron Curtain)"이란 말이 처음 사용되었다. 이때 트루먼 미국 대통령도 참석했다. 이 말은 그 뒤 전 세계로 퍼져 나갔고 공산권을 지칭하는 표현이 되었다.

수립해서 자기 세력권으로 만들고 있었다. 새로운 냉전 시대가 개막되었고 그 첫 시작이 한국전쟁이었다. 1949년에는 북대서양조약기구(North Atlantic Treaty Organization: NATO)가 창설되었다. 한편 이해에 중국에는 모택동의 공산정권이 수립되었고 소련이 원자탄 실험을 했다. 그 뒤의 역사가 증명하는 대로 '철의 장막'이 사라진 것은 1989년 독일 베를린 장벽이 무너진 뒤였다. 1957년에는 우주경쟁에서 소련이 앞선 듯 Sputnik(스푸트니크)를 발사했다. 미국은 이듬해 Explorer(익스플로러)를 발사했으며 바야흐로 우주시대가 열렸다. 그리고 그해에 미국은 항공우주국(National Aeronautics and Space Administration: NASA)을 창립했다.

〈그림 6-1〉 발사대의 소련 Sputnik(왼쪽)과 발사된 미국의 Explorer

한편 미국 내에서는 이른바 McCarthy(맥카시) 선풍이 일어나 공산주의자로 의심되는 사람들 색출이 시작되었다. 다만 이 일은 정치적인 문제가 되고 McCarthy 선풍은 사라졌다.

1955년에는 남 캘리포니아에 디즈니랜드가 개관했는데 즉시 대성공을 거두었다. 디즈니의 마스코트가 광고계에도 영향을 미쳤다. 1958년에는 드디어 미국과 유럽 간 최초의 민간 제트 항공이 취항함으로써 바야흐로 제트 항공 시대가 열렸다.

**인구** 2차 세계대전이 끝난 뒤 일어난 세계적인 현상이었지만 미국에서 이른바 "베이비 붐(Baby Boom, 1946~1964년 기간 출생아)"이 일어났다. 억제되었던 출산은 회복되고 2차 대전 종결 이후 1950년대에는 인구가 계속 증가했다. 아기를 가진 새 가정은 새집을 필요로 하고 새집에는 가구가 필요했고 부엌에는 냉장고를 위시해서 갖가지 부엌용품들이 필요하게 되었다.

한편 경제 발전은 공업화를 촉진했고 그 때문에 도시로의 인구 이동이 심해졌다. 1940년의 센서스 자료에 의하면 그 무렵 거의 25%의 미국인은 농촌에 살고 있었다. 1964년에는 이 숫자가 7%로 줄었다. 한편 젊은 인구의 서부로의 대이동이 일어났다. 그 결과 1940년에서 1964년 사이에 태평양 연안의 인구는 140%나 증가했고 캘리포니아는 미국에서 가장 인구가 많은 주가 되었다.

**경제** 2차 대전 기간 중 방대한 전시 군비 투자의 영향으로 전후 미국은 경제 성장 시기를 맞이하게 되었다. 전시 산업 체제에서 평화 시 체제로 전환은 재빠르게 이루어졌다. 1930년대의 경제대공황과 2차 대전 기간의 소비 억제에서 풀려난 국민은 놀라운 소비 욕구를 보였다. 제품은 만들기가 무섭게 팔렸다. 아마도 이 15년 기간은 2차 대전 종전에서 1950년대 초까지와 그 이후의 두 시기로 나뉠 것인데 첫 시기는 없어서 못 사던 것을 사들이는 시기였다. 즉 돈이 없거나 살 물건이 없어서 사지 못했던 것을 사들이는 기간이었다. 그다음 시기는 이미 기본 수요를 충족시킨 사람들에게 신제품을 만들어 판매하는 새로운 방법을 찾는 시기였다. 이 기간에 가장 많은 광고를 한 업종은 자동차와 담배였다.

2차 대전 기간과 그 이후에 미국은 원자 시대, 제트 시대, 그리고 스페이스시대로 접어들고 있었다. 과학의 발전과 발명을 위한 노력과 함께 2차 대전 중에 개발된 군용 제품 아이디어의 민용 전환 등으로 새로운 제품들이 나왔다. 의료계에서는 페니실린, 코티손, 안티헤스타민 등 기적의 신약이 나왔다. 또한 나일론, 다크론, 플렉시글라스, 실리콘, 테프론 등 새로운 원자재가 발명되었다. 트랜지스터가 나온 것도 전쟁 기간이었다. 원자력을 이용해 발전소를 만들고 잠수함을 제조했다. 제트 항공기 여행 시대가 개막되었으며 전자 제품의 소형화 등이 이루어졌다. 낙하산을 만들던 나일론은 해어지지 않는 양말이 되었고 여성 스타킹이 되었다. 태평양전쟁 때 군인들이 벌레에 물리지 않도록 하기 위해 만든 "버그 봄(Bug Bomb)" 에어로졸은 각종 스프레이 제품을 만드는 데 응용되었다. 플라스틱은 안 쓰이는 곳이 없을 만큼 보편화되었다. 전쟁 기간에 발명된 계산기, 전기 타자기, 초기 컴퓨터 등을 민간에서 사용하게 되었다. 전쟁 기간에 유명해진 제품 가운데는 스팸(Spam) 햄, 지포 라이터 등도 있었다.

국민 소득은 1945년에서 1960년 사이에 그 당시 돈으로 1,594달러에서 2배 가까운

2,912달러로 84%나 늘었다(1948년 맥도널드가 개업할 때 햄버거 값은 15센트, 프렌치프라이는 10센트, 휘발유 값은 1갤런 = 4리터에 25센트였다).

〈표 6-1〉 개인당 GDP

| 연도 | 금액(US $) |
|---|---|
| 1945 | 1,594 |
| 1950 | 1,936 |
| 1955 | 2,509 |
| 1960 | 2,912 |

자료: www.measuringworth.org/usgdp

그 밖에 경제와 관련된 사건을 보면 1946년에는 30톤 중량의 Electronic Numerical Integrated and Calculator(ENIAC)라는 최초의 전자 디지털 컴퓨터가 등장했다. 1948년에는 벨연구소(Bell Laboratory)에서 전자산업 혁명을 일으킨 트랜지스터를 처음으로 전시했는데 트랜지스터는 라디오 생산 기술에 혁신을 일으켰다. 1951년에는 레밍턴 랜드(Remington Rand)가 최초로 Universal Automatic Computer(UNIVAC) 컴퓨터를 만들었다.

**자동차 시대** 1930년대 대공황에서 회복된 뒤 얼마 안 가서 일어난 2차 대전 때문에 민간용 자동차 생산은 중단되었다. 미국인들은 자동차를 살 수가 없었다. 전쟁이 끝나자 회복된 경기와 평화산업으로의 전환으로 자동차 생산이 재개되었고, 1949년에는 이미 500만 대의 자동차가 팔렸으며 그 이후에도 이 추세는 계속되었다. 1950년대 자동차는 크롬으로 장식된 후부 장식판(Tail Fin)이 잘 드러나고 있었다. 이러한 추세를 잘 보여 주는 것이 그림에 보는 캐딜락 자동차 광고이다. 또한 이 시기는 1920년대 GM이 계획했던 "계획된 노후화(Planned Obsolescence)"가 "역동적 노후화(Dynamic Obsolescence)"로 표현을 바꾸어 실행된 시기이기도 했다. 즉 새로운 모델의 자동차를 매년 시장에 내놓음으로써 새 차로 바꾸게 하는 전략인 것이다. 그 결과 1934년에 자동차 평균 교환 기간 5년은 1950년대에는 2년으로 단축되었다.

특히 GM은 디자인 책임자를 두어 매년 색다른 스타일의 자동차를 생산하는 데에 열중했다. 소비자는 차의 기능이 달라진 때문이 아니라 새로운 색이나 스타일 때문에 차를 바꾼 것이었다. GM의 이러한 전략은 타사에도 영향을 미쳐서 크롬을 사용한 늘씬한 후부 모양의 자동차들이 나타났다. 그런데 이러한 유행에도 한계가 있었다. 1957년 포드가 내놓은 Edsel(에드셀) 모델은 어느 모로 보나 뛰어난 성능과 멋진 최신형 스타일이었다. 더구나 3,000만 달러라는 어마어마한 광고비를 투자했으나 소비자들은 외면했다. 그리고 포드 자동차 마케팅의 가장 창피한 실패작으로 남았다.

1950년대 중반에는 자동차 광고가 포장 제품이나 담배보다 더 많은 광고비를 쓰는 업종으로 부상했다.[15] 1950년대 초에는 미국 가정의 자동차 보유율이 59%에 이르렀다. 그리고 포드 자동차는 앞장서서 가구당 2대의 자동차를 권유하는 광고를 게재하게 되었다. 고속도로의 확장에 따라 도시에 직장을 가진 사람들은 교외에서 출퇴근을 할 수 있게 되었고 가정주부는 차를 타고 쇼핑을 다닐 수 있게 되었다. 자동차의 보급으로 도시 교외는 엄청난 발전을 하게 되었다.

1956년에는 40,000마일 길이의 주와 주를 연결하는 고속도로(Interstate Highway) 건설이 시작되었다. 1950년대 후반에는 일제 자동차가 미국에서 선을 보였다. 그러나 일제 자동차가 중요해진 것은 훨씬 뒤인 1973년 제1차 석유위기가 일어난 다음의 일이었다. 도로의 확장과 자동차의 발전은 호텔업에 자극이 되었는데, 1951년에 Holiday Inn(홀리데이 인)이 간편한 전국 호텔망을 짓기 시작한 것은 이런 이유가 있었다.

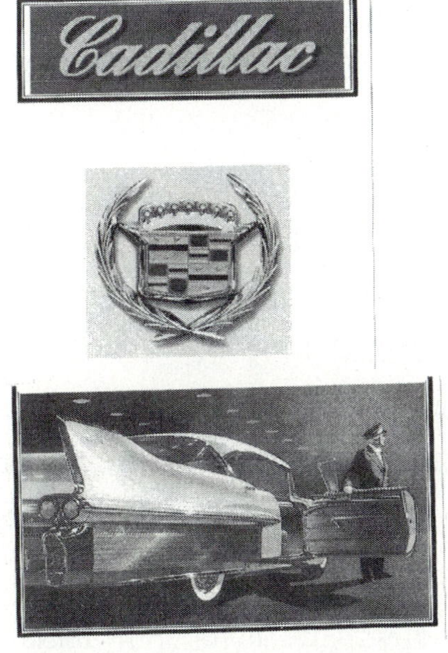

〈그림 6-2〉 1959년 캐딜락 자동차의 상표와 로고, 광고

---

15) Encyclopedia of Advertising. New York: Fritzroy Dearborn 2003.

**주택 붐: Levittown(레빗타운)** 2차 대전 기간에 주택 건설은 중단되었는데 이유는 전쟁에 필요한 자재 때문이었다. 전쟁이 끝나고 돌아온 군인들이 결혼을 하고 아기를 가지게 되자 주택 수요가 늘어날 것은 당연했다. 1949년이 되자 뉴욕에 Levittown이란 거대한 주택 단지가 탄생했는데 그 아이디어는 포드 자동차의 조립 라인에서 얻은 것이었다. 즉 자동차가 아니라 집을 조립해서 대량생산한다는 것이었다. 전쟁 중 퀀셋(Quonset, 일종의 가건물)을 조립하는 것에서도 힌트를 얻었다. 집값도 쌌지만 전도금은 매우 적었다. 게다가 정부의 저리 주택 구입 자금 대여 지원이 있었다. 주택 붐이 일어나고 교외가 엄청난 발전을 하게 되었다. Levittown은 판매 촉진책으로 집을 팔 때 TV와 냉장고를 아예 구비해 주었다. 자동차가 생기고 집이 있으면 으레 가구와 함께 가장 중요한 부엌 용구들이 필요하게 되었다. 세탁기는 물론 자동 접시 닦기, 야외 바비큐, 그리고 각종 세제들이 나타났다. 1960년이 되자 다섯 가구 중 셋은 자기 집을 가지게 되었다.

자동차 보급과 교외 주택가 확산과 함께 슈퍼마켓과 쇼핑몰이 번성하게 되었다. 1956년에 처음으로 개점한 미네소타 주 미니애폴리스(Minneapolis) 시 부근 슈퍼마켓은 그 뒤 급속하게 전국으로 퍼져 나갔고 이른바 트레이딩 스탬프 붐을 일으켰다. 1970년대에 들어서서 시들기는 했으나 한때는 고객 유치를 위한 이 스탬프는 대단한 인기 상술이었다.

가구나 부엌 용구에도 계획된 노후화가 일어났다. 웨스팅하우스 냉장고는 50가지 색에서 선택할 수 있다는 것을 광고했다. 색상뿐 아니라 매년 조금씩 다른 용도들이 추가되었고 그것이 잡지 기사나 광고로 알려지게 되었다. 소위 업그레이드가 가구나 부엌용 기구에도 일어났다. 신제품과 새로운 브랜드의 등장도 이어졌다. 폴라로이드 카메라의 출시에 따라 찍은 사진을 즉석에서 볼 수 있게 되었고 맥도널드 형제가 시작한 패스트푸드는 즉석 식사 시대를 열었다. Nestle(네슬레)는 Quick(퀵) 초콜릿 드링크를 내놓았다. 프랑스의 Bic(빅)은 오래가고 잘 쓰이는 볼 포인트 펜의 발명으로 필기구에 작은 혁명이 일어났다. 그림에도 있지만 TV의 보급에 따라 인기 프로그램을 즐기면서 간편히 먹을 수 있도록 준비된 소위 말하는 TV dinner(TV 디너: 데우기만 하면 한 끼 식사로 먹을 수 있게 조리한 후 포장해서 파는 식품)가 Swanson(스완슨) 식품회사에 의해 등장하여 폭발적인 인기를 누리게 되었다. 살충제인 Raid(레이드)는 실내의 벌레를 일소했다. 아울러 훌라후프는 센세이션을 일으켜 미국뿐 아니라 세계적인 현상으로 확대되었다. 50년대 말에는 Barbie(바비) 인형이 역시 온 세계에서 인기상품이 되었다. 1950년대에는 미국과 유럽 간에 최초의 제트 항공기 취항이 있었고 국제 항공 여행 시대가 열리게 되었다. 말할 것도 없이 이 여러 신제품 가운데 일부는 유명 브랜드로 성장했고 어떤 것은 큰 광고주가 되었다.

〈표 6-2〉 신제품과 새로운 브랜드 이름

| 연도 | 제품 |
|---|---|
| 1948 | 폴라로이드(Polaroid) 카메라, 맥도날드(McDonald) 형제 Fast Food 식당 개점, 네슬레의 Quick 초콜릿 드링크 |
| 1951 | 홀리데이 인(Holiday Inn) 간편한 호텔망 전국에 생김, 프랑스인 빅(Bic)의 볼 포인트 펜 발명으로 값싼 펜 등장 |
| 1952 | Swanson 식품회사에서 TV Dinner 시판 |
| 1956 | 살충제 Raid 등장 |
| 1958 | 훌라후프 대유행 |
| 1959 | Barbie 인형 센세이션을 일으킴. |

구매를 촉진하는 또 다른 방법이 등장하는데 그것은 다름 아닌 크레디트 카드로 1950년에 Diner's Club(다이너스클럽) 카드가 등장했고 8년 뒤에는 American Express(아메리칸 익스프레스) 카드가 나왔다. 현금 없이도 원하는 물건을 살 수 있는 길이 열린 것이다.

〈그림 6-3〉 1950년 및 1958년에 등장한 다이너스클럽과 아메리칸 익스프레스 크레디트 카드

**사회, 문화 - 민권운동(Civil Rights)** 2차 세계 대전 기간에 흑인도 전쟁에 참가하게 되어 백인과 동등하게 군인이 되어 자유와 평등의 이상을 가진 미국을 지키는 일에 참여하게 되었다. 다만 전투보다는 주로 각종 후방 지원 업무에 배치되었다. 100만 명에 이르는 흑인이 군대에서 복무했으며 수천 명의 흑인 여성은 간호사로 전쟁터에서 복무했다. 그 결과 책임을 다했다는 자부심과 함께 권리를 요구할 수 있게 되었다. 흑인의 참전이 미친 사회적 영향은 컸다.

1947년에는 흑인 Jackie Robinson(재키 로빈슨)이 브루클린 다저스에 입단했다. 1948년 7월 26일 트루먼 대통령은 행정명령 9981호로 군대에서 흑백통합을 명령했다. 다시 6년 뒤인 1954년에는 대법원이 학교에서 인종차별을 금지하는 결정을 내렸다.

1940~50년대에는 흑인이 경영하는 광고회사가 창립되었는데 다만 흑인 대상 제품을 흑인 대상 매체를 통해 흑인에게 판매하는 데 그쳤다. 그 가운데는 1956년에 창립된 흑인 시장 전문 광고회사인 Vance Cullers(밴스 컬러스)도 있었다. 이러한 변화가 있었음에도 불구하고 광고에는 여전히 백인 주도의 인종 차별 표현이 계속되었다. 한편 1950년대 중반부터 BBDO와 Young & Rubicam(영 & 루비컴) 같은 광고회사는 흑인을 사원으로 고용하기 시작했다.

**엘비스 프레슬리(Elvis Presley), 비트닉(Beatnik) 그리고 히피(Hippie)**
1950년대 중반에 이르자 미국 문화에 새로운 풍조가 일기 시작했다. 맘보와 차차차 춤이 나타나면서 기성세대가 이런 춤을 추게 되었다. 한편 젊은 세대는 로큰롤(rock'n'roll)에 빠져들었다. 그리고 세대 간의 간격이 더욱 확장되어 갔다.

〈그림 6-4〉 엘비스 프레슬리 레코드 앨범 표지 및 사진

이런 미국 문화에 큰 영향을 미친 것은 엘비스 프레슬리(1935~1977)였다. 1956년 그는 데뷔작인 "러브 미 텐더(Love me tender)"를 통해 두각을 나타내기 시작하면서 그의 몸동작과 궁둥이를 흔드는 춤동작, 옷차림, 섹시한 외모 등 그가 보여 주는 하나하나가 젊은 층에게는 유행을 넘어 미국 대중문화의 한 장르를 이루는 시대로 바뀌었다. 프레슬리는 미국의 아이콘이 되었다. 나아가서 그의 음악은 세계적인 선풍을 일으켰다. 그의 로큰롤은 청년문화의 시금석이 되었고 1960년대 후반에 일어난 반항적인 청년문화의 시금석이 되기도 했다. 청년문화의 주인공들은 비트라는 단어와 소련의 스푸트니크(Sputnik)란 단어의 합성어인 비트닉(Beatnik) 세대가 되었고 1960년대에 등장한 히피로 이어졌다. 이러한 청년문화가 광고 크리에이티브에 영향을 미친 것은 당연했다.

1948년에는 민간 항공 여행이 시작되었는데 노스웨스트 항공사(Northwest Airlines, 2008년에 Delta(델타) 항공이 매입)는 비행기가 30분 이상 늦으면 항공료의 5%를 할인해 준다는 약속을 했다.


## 제2절 언론

2차 세계대전으로 억제되었던 TV의 등장이 이 시기 매체 변화의 가장 큰 특징이었다. 그러나 신문은 변함없이 제1매체의 지위를 지키고 있었다.

**신문** 1946년에서 15년 기간에 신문 제호의 수는 큰 변동이 없었다. 조간과 석간을 합친 신문의 수는 1946년에서 1960년 기간에는 거의 변화가 없었다. 이 시기 마지막 해에는 조간이 312개, 석간이 1,459개이고 발행 부수도 조간이 2,400만 부, 석간이 약 3,500만 부로서 석간이 압도적이었다. 주간지는 이 15년 기간에 497개에서 563개로 늘었고 그 발행 부수도 약 4,400만 부에서 4,770만 부로 증가했다. 발행 부수는 조간이 17%, 석간은 15%, 주간지는 9% 성장을 기록했다. 제3절의 광고비 표에도 나타나듯이 신문은 여전히 제1광고매체의 자리를 지키고 있었다.

〈표 6-3〉 신문 추세

| 연도 | 제호 수 | | | | 부수(만 부) | | | |
|---|---|---|---|---|---|---|---|---|
| | 조간 | 석간 | 계1) | 주간 | 조간 | 석간 | 계 | 주간 |
| 1946 | 334 | 1,429 | 1,763 | 497 | 2,055 | 3,038 | 5,903 | 4,367 |
| 1950 | 322 | 1,450 | 1,772 | 549 | 2,127 | 3,256 | 5,383 | 4,658 |
| 1955 | 316 | 1,454 | 1,760 | 541 | 2,218 | 3,396 | 5,615 | 4,645 |
| 1960 | 312 | 1,459 | 1,763 | 563 | 2,403 | 3,485 | 5,888 | 4,770 |
| 46/60 대비(%) | −6.6 | +2.1 | 0.0 | +13.3 | +16.9 | +14.7 | +15.6 | +9.2 |

자료: Editor & Publisher 자료를 인용한 미국신문협회 '82 Facts About Newspapers.
1) 전일(All day) 신문이 있어서 합계가 맞지 않음. 전일신문은 조석간 중 한 곳에 포함.

**TV 등장** 전쟁 물자 조달로 인해 2차 대전 기간에는 TV 산업이 별로 발전하지 못했음에도 불구하고 전후 1960년까지의 가장 큰 변화는 TV의 출현이었다. 1946년에 겨우 1만 대로 시작한 TV 세트는 1960년에는 거의 모든 미국 가정에 보급될 만큼 폭발적인 성장을 나타냈다. 그리고 TV는 원자탄에 비유될 만큼 막강한 매체로 등장했다. 그 영향으로 라디오는 급격히 사양길로 들어섰고 영화 역시 같은 길을 걷게 되었다. 미국에서 TV 광고비가 발표된 1949년에 라디오 광고비는 5억 7,100만 달러인 데 비해 TV 광고비는 겨우 5,800만 달러였다. 하지만 1954년에는 입장이 바뀌어 TV 광고비는 8억 900만 달러, 라디오는 5억 5,900만 달러가 되었다. 이제 간단히 텔레비전 발전과 관련된 사건들을 살펴본다.

〈표 6-4〉 텔레비전 발전의 간단한 연표

| 1939 | RCA사가 뉴욕 세계박람회에서 TV 방송 전시 |
|---|---|
| 1941 | NBC와 CBS 상업 TV 방송 경쟁적으로 개시. 뉴욕의 NBC 계열 WNBT에 Bulova 시계 광고 첫 방송, 세계 제2차 대전으로 TV 생산 중단 |
| 1946 | TV 10,000대 |
| 1948 | 미국 중서부와 동부 지역에서 정규 방송 개시, 42개 시에 754개 방송국 |
| 1951 | 마이크로웨이브 전송 개시로 전국 생방송 중계 가능해짐. 서부 지역 방송 개시 |
| 1956 | 비디오테이프 녹화에 의해 사전 녹화된 광고 방송 가능해짐. |
| 1959 | TV 퀴즈 쇼 사전 모의로 사회적 물의 일어나고 방송국이 편성권을 가지게 됨. |
| 1960 | TV 96% 가구에 보급됨. |

(1966: 컬러 방송 개시)

초기 소형 텔레비전 1대당 가격은 200달러, 콘솔 형은 2,500달러로서 이 금액은 연간 가구 소득이 3,000달러 선이던 시기라 거액이었다. 이미 1920년대에 라디오 방송의 경험이 있었으므로 라디오의 경우처럼 텔레비전도 초기에 방송국이 한 일은 전송과 제작시설 제공뿐이고 프로그램과 광고 제작은 모두 광고회사가 맡아서 했다. 그런데 사건이 벌어졌다. 50년대 말에 가장 인기 있던 프로그램 종류는 퀴즈 게임이었다. 1959년에 최고 인기 있던 텔레비전 퀴즈쇼에서 문제를 사전에 누설했다는 일대 스캔들이 폭로된 후 방송국이 프로그램을 제작하고 편성하도록 바뀌었다. 그 뒤에는 방송국이 제작, 편성한 프로그램의 광고 시간을 광고주가 돈을 내고 사는 현재 시스템으로 바뀌었다.

텔레비전은 사람들의 생활양식에도 변화를 일으켰는데 프로그램을 보면서 식사를 하는 이른바 TV 디너가 등장했으며 특히 Swanson의 TV 디너는 널리 알려진 식사가 되었다. 아직 프로그램을 녹화했다가 뒤에 보는 기술이 없던 시기라 인기 있는 프로그램이 저녁 식사 시간과 겹칠 경우는 식사를 하면서 텔레비전을 보는 경우가 생겼고, 이 시장을 노리고 탄생한 것이 TV 디너였다.

〈그림 6-5〉 각양각색으로 된 1950년대 TV. (왼쪽 위로부터) 제너럴 일렉트릭(GE)의 21인치 및 24인치(1955); RCA 1950년대 말 무렵의 TV 두 종류. (오른쪽 위로부터 아래로) 1950년대 말의 TV, 라디오, 전축 겸용. 리모컨 부착한 애드미럴(Admiral)사 TV; 모토로라 (1953); 제너럴일렉트릭(GE)의 휴대용 TV 2대(오른쪽 TV에는 시계가 있다)

〈그림 6-6〉 TV를 즐기며 식사한다고 TV Dinners라고 이름 붙여진 Swanson 의 즉석 식사 1952년의 광고

1953에는 여성 나체 사진 게재로 유명해진 Playboy 잡지가 창간되었다. FM 라디오 방송은 아직 시기 상조였다.


## 제3절 광고

경기 호황에 따라 미국광고비는 1945~1960년의 15년 기간에 28.4억 달러에서 119.6억 달러로 늘어나 421%나 증가했다. 미국광고비가 처음으로 100억 달러 선에 이른 것은 1957년이었다. 광고계에 일어난 가장 큰 변화는 아무래도 소리, 그림 그리고 액션의 매체인 TV의 등장과 급속한 확장이었다. 다음 표에서 나타나듯이 이 새로운 매체의 광고비는 1950년에 1억 7,100만 달러, 51년에는 3억 3,200만 달러로 거의 배가했다. 그리고 1954년에는 라디오를 앞질렀으며 1960년에는 16억 2,900만 달러가 되어 4개 전통 매체 중 제2의 자리를 굳혔다.

〈표 6-5〉 매체별 광고비

금액: 100만$

| 연도 | 신문 | 잡지 | 농업지 | TV | 라디오 | DM | 비즈니스잡지 | 옥외 | 기타 | 합계 |
|---|---|---|---|---|---|---|---|---|---|---|
| 1945 | 919 | 344 | 32 | ―― | 424 | 290 | 204 | 72 | 555 | 2,840 |
| 1950 | 2,070 | 478 | 58 | 171 | 605 | 803 | 251 | 142 | 1,122 | 5,700 |
| 1955 | 3,077 | 691 | 72 | 1,035 | 545 | 1,299 | 446 | 192 | 1,793 | 9,150 |
| 1960 | 3,681 | 909 | 66 | 1,627 | 693 | 1,830 | 609 | 203 | 2,342 | 11,960 |

자료: McCann Erickson의 Robert Coen.

**10대 광고주** 1955년의 10대 광고주는 현재도 큰 변화 없이 미국 굴지의 광고주로 남아 있다. 회사 이름도 거의 변하지 않았는데 영국계 Lever Brothers는 화란의 Uni와 합작한 결과 Unilever로 사명이 바뀌었다. 그리고 General Foods와 National Dairy Products는 Kraft Foods가 되었다. 10위이던 Distillers Corp.에는 매입, 매각의 변화가 있었다. 순위에도 상당한 변화가 일어났으나 1955년의 1위, 4위, 6위, 9위는 지금도 여전히 10대 광고주 리스트에 올라 있다.

| 순위 및 광고주(약칭) | 2010년의 이름(현재 순위) |
|---|---|
| 1. General Motors Corp.(GM) | General Motors Company(4) |
| 2. Procter & Gamble Co.(P&G) | Procter & Gamble Co.(1) |
| 3. General Foods Corp. | Kraft Foods(25) |
| 4. Ford Motor Co. | Ford Motor Co.(11) |
| 5. Chrysler Corp. | Chrysler(36) |
| 6. Colgate－Palmolive Co. | Colgate－Palmolive(97) |
| 7. General Electric Co. | General Electric Co.(9) |
| 8. Lever Brothers Co. | Unilever(6) |
| 9. National Dairy Products Corp. | Kraft Foods(25) |
| 10. Distillers Corp.－Seagram's Ltd. | 2000년에 Vivendi와 합병했는데 주류 부분은 2001년에 Diageo 및 Permod Ricard에 매각 |

자료: Advertising Age 2010. 3. 29.

**광고회사** 이 시기에 3개 주요 광고회사가 창립되었다. 1946년에는 SSC&B가 창립되었는데 이 회사는 뒤에 Lintas와 합병해 SSC&B Lintas가 되었다.

1948년에는 David Ogilvy가 설립한 Ogilvy & Mather, 그리고 1949년에는 DDB가 창립되었는데 이 두 회사는 지금도 세계 굴지의 광고회사이다. 세 사람의 DDB 창립자 중 한 사람으로 회장이며 크리에이티브 담당인 William Bernbach와 David Ogilvy는 서로 다른 크리에이티브 철학을 가지고 있었다. 1963년 첫 출판된 David Ogilvy의 『어느 광고인의 고백(Confessions of An Advertising Man)』은 여러 나라 말로 번역되어 모르는 광고인이 없을 만큼 유명해졌다. 그가 남긴 몇몇 광고는 불후의 명작으로 되어 있다.

Grey 광고회사에서 부사장 겸 크리에이티브 디렉터이던 William Bernbach(애칭은 Bill)와 같은 회사 영업 국장이었던 Ned Doyle(네드 도일), 그리고 작은 광고회사 사주이던 Maxwell Dane(맥스웰 데인) 세 사람은 자기들의 이름 머리글자를 딴 DDB를 1949년에 창설했다. 10년 뒤 독일 폭스바겐 자동차의 광고를 맡게 된다. 그리고 20세기에 가장 이름 높은 "Think Small(작게 생각하세요)" 캠페인을 전개했다. 그것은 미국에 크리에이티브 혁명을 불러일으켰다. DDB는 또한 광고회사에서 카피라이터와 아트 디렉터를 하나의 크리에이티브 팀으로 묶는 제도를 시작한 것으로 알려져 있다. DDB 광고주 가운데는 Avis(에이비스), Alka Seltzer(알카셀처), 미국 민주당 전국대회 등이 들어 있었다. 광고계에서 수많은 저명 크리에이터를 낳은 곳이 DDB이다.

Ted Bates 광고회사의 Rosser Reeves는 1950년대 초에 "독특한 판매 제안"이라고 직역할 수 있는 Unique Selling Proposition을 제창했다. 머리글자를 따서 USP라고 이름 지은 이 이론에 따라 대성공을 거둔 약이 진통제인 Anacin(애너신)이었다. Anacin 광고는 광고계 동료들한테서는 창의성 없고 거친 카피의 반복이라는 비난을 받았으나 매출은 대성공을 거두었다.

Rosser Reeves는 1952년 아이젠하워 대통령 후보의 선거 캠페인을 맡아서 당선으로 이끄는 데 이바지했다. Man from Abilene(애빌린 사람), Man of Peace(평화론자), Eisenhower Answers America(아이젠하워가 미국에 대답한다) 등의 캠페인이었는데 처음으로 TV를 이용한 선거(정치)광고 캠페인이었고, 아이젠하워는 34대 미국 대통령이 되었다.

아직도 경제대공황의 자취가 남아 있던 1935년, 시카고에서 창립한 Leo Burnett(레오 버넷)은 후에 말보로 담배를 세계에서 가장 많이 팔리는 담배가 되도록 만드는 기초를 닦은 광고회사가 되었다. Burnett이 말보로 광고 대행을 맡은 것은 1954년이었는데, 그 무렵 말보로는 여성을 대상으로 하는 별 볼 일 없는 담배였다. 여성을 대상으로 하던 말보로 담배는 그 뒤 버넷의 건의로 1955년에 Marlboro Man(말보로 맨)을 등장시켰으며, 거칠고 강인한 남자의 담배로 방향을 바꾸면서 미군 하사관 군복 소매에 있는 계급장 모양의 정열적인 빨간색 패키지로 디자인을 바꾸었다. 그 후 다시 손등에 문신을 가진 남성 모델을 광고에 사용했는데 놀라운 판매 효과가 나타났다. 1955년 판매량은 50억 달러, 1957년 판매량은 이보다 4배나 늘어난 200억 달러가 되었다. 경쟁업체도 말보로 광고를 흉내 내게 되었다. 1962년에는 Marlboro Country(말보로 컨트리) 캠페인이 도입되어 미국 전통을 상징하는 카우보이로 바꾸었다. 1963년에는 배경 음악을 Magnificent Seven(매그니피슨트 세븐) 사운드 트랙을 사용하여 웅장한 화면에 알맞도록 했다.

1971년에는 드디어 방송매체에서 담배 광고를 금지하게 되었고 그 뒤 말보로 담배 광고도 맥이 빠지게 되었다.

1954년 센서스 결과에 의하면 미국에는 5,000여 개 광고회사가 있었고 1956년에 연간 2,500만 달러 이상의 취급액을 가진 광고회사는 34개 사였다. 그리고 연간 취급액이 1,000만 달러를 넘는 회사의 수는 77개 사였다.[16)

한편 미국광고회사는 국제 시장에 진출하기 시작했는데 가장 앞선 회사는 J. Walter Thompson(JWT)이었다. 이 회사의 해외 진출을 연도별로 보면 1945년 2차 대전 종료 이전

---

16) Advertising Age 1957. 2. 25

까지 이미 유럽과 중남미 11개국, 그 뒤 9개국에 진출했다(신인섭·신기혁, 2004). 코카콜라 광고를 대행하는 McCann Erickson은 그 뒤를 이어 국제시장에 많이 진출한 미국광고회사가 되었다.

1945년에는 Advertising Age가 처음으로 광고회사 보고서(Agency Report)를 발행하기 시작했다. 이해에 포함된 회사는 JWT, Young & Rubicum, N.W. Ayer, Foote, Cone & Belding(FCB), McCann－Erickson의 5개 회사뿐이었다. N.W. Ayer는 2002년에 Thaler(테일러) 그룹에 흡수되었으며, FCB는 지금 Draft FCB로 회사명이 변경되었다. 이 5개 대행사 가운데 하나만이 다른 그룹으로 흡수되었을 뿐 4개사는 여전히 큰 광고회사로 남아 있다. 1944년의 미국 10대 광고회사 리스트는 다음의 〈표 6－7〉과 같은데 10개 회사 가운데 5개사는 소유 변동 또는 폐사 등으로 변화가 있었으나 상위 회사는 여전히 변함이 없다. 다만 명칭에는 Worldwide라는 말이 붙어서 1980년대 이후의 세계화 추세를 반영하고 있다.

**Marion Harper(매리언 하퍼) McCann Erickson 사장 취임** 1948년에 30대 초반의 나이로 McCann Erickson 사장이 된 Harper는 광고회사 경영에 새로운 모델을 제시했다. 그 무렵까지 대개 무료로 광고주에게 서비스하던 PR, 조사, 판촉 등을 수익 모델제도로 변경했다. 더 나아가서 경쟁 제품이나 경쟁 광고주의 광고 대행을 금하고 있는 미국에서 이 문제를 해결하기 위해 1960년대에 지주회사 제도를 시작했다. 즉 다른 광고회사를 매입해서 뒤에 Inter－public Group of Companies(인터퍼블릭 그룹, IPG)라고 부르게 된 지주회사를 만든 것인데 미국 최초의 일이었다.

〈표 6－7〉 10대 광고회사(1944)

| 순위 | 광고회사 | 현재(순위) |
|---|---|---|
| 1. | J. Walter Thompson(JWT) | 변동 없음(9) |
| 2. | Young & Rubicum(Y&R) | 변동 없음(8) |
| 3. | N. W. Ayer & Son | Kaplan Thaler Group(106) |
| 4. | Foote, Cone & Belding(FCB) | Draft FCB(3) |
| 5. | McCann－Erickson | McCann－Erickson Worldwide(2) |
| 6. | Batten, Barton, Durstine & Osborn(BBDO) | BBDO Worldwide(1) |
| 7. | Ruthrauff & Ryan | McCann－Erickson Worldwide(2) |
| 8. | Dancer－Ritzgerald－Sample | Saatchi & Saatchi(14) |
| 9. | BIOW Co. | 1956년에 폐업 |
| 10. | D'Arcy Advertising Co. | D'Arcy Masius Benton & Bowles로 바뀌었다가 2002년에 폐업 |

자료: Advertising Age 2010. 3. 29.

**CREATIVE의 4가지 흐름** 미국광고 역사에 길이 남는 작품과 그런 광고를 낳게 한 광고의 거장과 그들의 광고 이론 그리고 이제는 세계적으로 손꼽는 광고회사로 자란 기업들이 나타난 것이 이 시기였다.

1) Unique Selling Proposition(USP) 앞서 언급했듯이 Ted Bates는 Rosser Reeves가 주창한 USP 이론으로 대성공을 거두었다. 하드 셀과 반복으로 판매에 성공을 거둔 제품의 대표적인 광고가 진통제 Anacin이었다. Reeves의 이 이론은 1961년에 『Reality in Advertising』이란 책으로 출판되었다. Anacin 제품 광고는 광고계 동료들의 빈축을 사기도 했는데, 머리를 치고 찌르는 듯한 아픔을 번갯불과 함께 그린 이 광고는 광고의 생명인 창의성이란 찾을 수가 없다는 비판이었다. 이에 대해 Reeves의 답변은 간단했다. "예술적이며 재주 있다는 사람들이 (중략) 갖가지 주관적인 판단을 가지고 와서 말하겠지요.

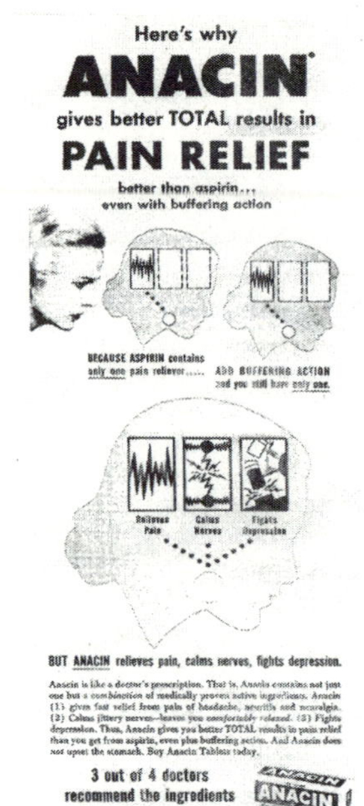



〈그림 6-7〉 1957년의 Anacin 인쇄매체 광고는 두통을 그린 강력한 일러스트레이션으로 유명하다.

(중략) 제게는 다른 기준이 있습니다. 거대한 제약회사가 8,640만 달러의 광고비를 쓸 때에는 그 광고로 돈을 벌기 때문에 쓰는 것입니다. 그런 돈을 TV 광고 하나에 씁니다. 그 광고 제작비는 $8,200달러나 됩니다. 그 광고로 벌어들인 돈은 "바람과 함께 사라지다" 영화 수입보다 더 많습니다."(Higgins, 1965)

2) INHERENT DRAMA 광고인으로서 Leo Burnett의 철학은 "Inherent Drama", 즉 "고유의 드라마"라는 말로 표현되고 있다. 모든 제품이나 서비스에는 그것만이 가진 고유의 특징이 있으며 그 때문에 사람들이 그 물건을 계속해서 사고 또 기업의 입장에서는 그런 물건을 만들게 된다는 생각이다. 광고가 할 일은 그 고유의 드라마를 찾아내고 가꾸어서 알려야 한다는 생각이었다. Leo Burnett 광고회사가 성공시킨 광고는 여럿 있다. 말할 것도 없이 가장 성공한 광고는 Marlboro 담배이다. Marlboro Man이나 Marlboro Country는 TV에서 담배 광고가 사라진 지 40년이 되었으나 여전히 기억에 남아 있을 만큼 유명하다.

또한 "Red on Red(붉은 바탕에 붉은색)"라고 알려진 쇠고기 광고는 버넷의 "고유의 드라마" 대표자으로 알려져 있다. 1945년에 이 광고가 나올 때까지 미국에서 쇠고기 광고는 모두 잘 익은 고기를 보여 주는 것이었다. 그런데 버넷은 붉은 날고기를 붉은 바탕 위에 놓은 광고를 했다. 결과는 대성공이었고 오랫동안 변화를 주어 가며 이 Red-on-Red 캠페인은 계속되었다. 쇠고기 고유의 드라마를 찾아낸 것이었다. 그리고 버넷이 시카고에 본사를 두고 있는 것을 빗대어 "시카고학파(Chicago School)"라는 이름이 생겼다.

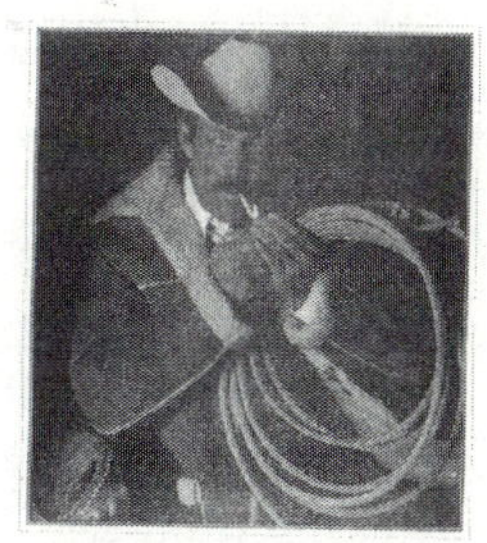

〈그림 6-8〉 1950년대에서 1970년대 말보로 광고의 변천(Marlboro Man)

〈그림 6-9〉 Red-on-Red라고 부른 쇠고기 광고

3) "NEVER STOP TESTING(결코 테스트를 중단하지 마라)" Ogilvy의 광고관은 "모두 테스트하라(Test everything)"이다. 그는 말하기를 "광고 용어 중 가장 중요한 단어는 테스트"라고 했다. 그는 제품, 광고 내용, 매체, 헤드라인과 일러스트레이션, 광고의 크기, 빈도, 광고비 수준 등 광고와 관련된 모든 것을 빠짐없이 사전에 테스트해야 된다고 주장했다. "Never stop testing, and your advertising will never stop improving(테스트를 계속하는 한 귀하의 광고는 계속 향상될 것이다)." 뒤집어 말하면 테스트 없이 제품을 만들어 광고하면 실패한다는 것인데 그는 신제품 25개 가운데 24개는 테스트 마켓에서 실패한다는 것을 지적했다. 다시 말하면 실패할 제품을 시장에 내놓고 엄청난 돈과 시간을 낭비하고 창피를 겪는 것보다 차라리 조용히 철수하는 것이 낫다는 주장이다(Ogilvy, 1963).

〈그림 6-10〉 긴 헤드라인(17개 낱말)과 긴 카피이지만 가장 유명한 광고로 꼽힌 Rolls-Royce(롤스로이스) 자동차 광고. 카피에는 19가지 제품 특징과 가격이 포함되어 있다.

4) "The Most Important thing is to be fresh and original(가장 중요한 일은 생생하고 독창적이어야 한다는 것이다)" 20세기 미국이 낳은 가장 뛰어난 광고 크리에이터로 꼽히는 사람은 DDB 창설자의 한 사람인 William Bernbach이다. DDB 작품 가운데 백미는 역시 독일 폭스바겐 자동차 광고 가운데 잘 알려진 'Think Small(작게 생각하라)' 캠페인이다. Advertising Age가 1976년 미국 독립 200주년 기념 특집에서 조사한 결과 가장 많이 표를 받은 광고가 이 광고였다. 아마 직역하면 "작게 생각하라"일 것이고, 의역을 해 보면 "작은 것이 꿈"이라고나 할 수 있을 것이다. 큰 것이 꿈이라고 생각하고 그런 자동차를 지위의 상징처럼 생각하던 미국에서 작은 차로 도전장을 던졌고 무엇보다 수입차 가운데서 최고의 판매 기록을 남겼다. Think Small 광고는 같은 헤드라인

〈그림 6-11〉 "Think Small" 헤드라인의 Volkswagen 광고

으로 두 가지 광고가 있다. Bug(벌레) 또는 비틀(Beetle), 즉 딱정벌레라는 애칭이 붙은 폭스바겐 광고에 대해서는 우리말로도 책이 나와 있다(박현주, 1998).

DDB는 디자이너와 카피라이터를 하나의 크리에이티브 팀으로 만든 최초의 광고회사로서 알려져 있을 만큼 크리에이티브에 중점을 두었으며, 폭스바겐 자동차 외에도 수많은 걸작을 남겼다. 번벅의 인터뷰 가운데서 일부를 보면 다음과 같은 대목이 있다.

"지시나 요구 혹은 조사결과 등 숫자적인 근거에 따라 모든 일을 할 때 발생하는 불리한 점은 한동안 시간이 지나고 나면 모두 똑같은 방법으로 일을 하고 있다는 것입니다. 나가서 조사해 본 결과 똑같은 것을 찾게 되고, 많은 사람들이 그렇게 하듯이 당신도 무슨 말을 해야 할까를 찾고 나자 일은 끝났다고 한다면 다른 모든 사람들이 하는 것과 똑같은 말을 하게 됩니다. 이렇게 되면 충격은 완전히 사라집니다."(Higgins, 1965)

〈그림 6-12〉 David Ogilvy(위 왼쪽), Rosser Reeves(위 오른쪽),
Leo Burnett(아래 왼쪽), William(Bill) Bernbach(아래 오른쪽)

이 인용문에서 나타나듯이 DDB가 요구한 것은 조사는 하되 그 결과에 나타나는 숫자적인 것을 가지고 무엇을 어떻게 말할 것인가에 대해 규정을 두어서는 안 된다는 주장이었다. 크리에이티브 전성시대는 다음 시기에 꽃피게 된다.

## 제4절 그 밖의 일들

**대통령 선거전: TV 광고의 등장** 1952년 대통령 선거전은 공화당의 아이젠하워와 민주당의 스티븐슨(Adlai Stevenson)의 대결이었다. 한 사람은 2차 세계대전의 영웅이었고, 다른 사람은 일리노이 주지사로 지성적이며 웅변가인 정치가였다. 결과는 공화당 아이젠하워의 압도적인 승리였다. 애칭 아이크(Ike)로도 널리 알려진 아이젠하워의 광고 캠페인을 맡은 사람은 USP 이론의 제창자인 Rosser Reeves였다. 미국 대통령 선거사상 처음으로 TV를 이용한 이 선거전에 아이젠하워 후보는 "I Like Ike"란 슬로건을 내세운 캠페인을 전개했다.

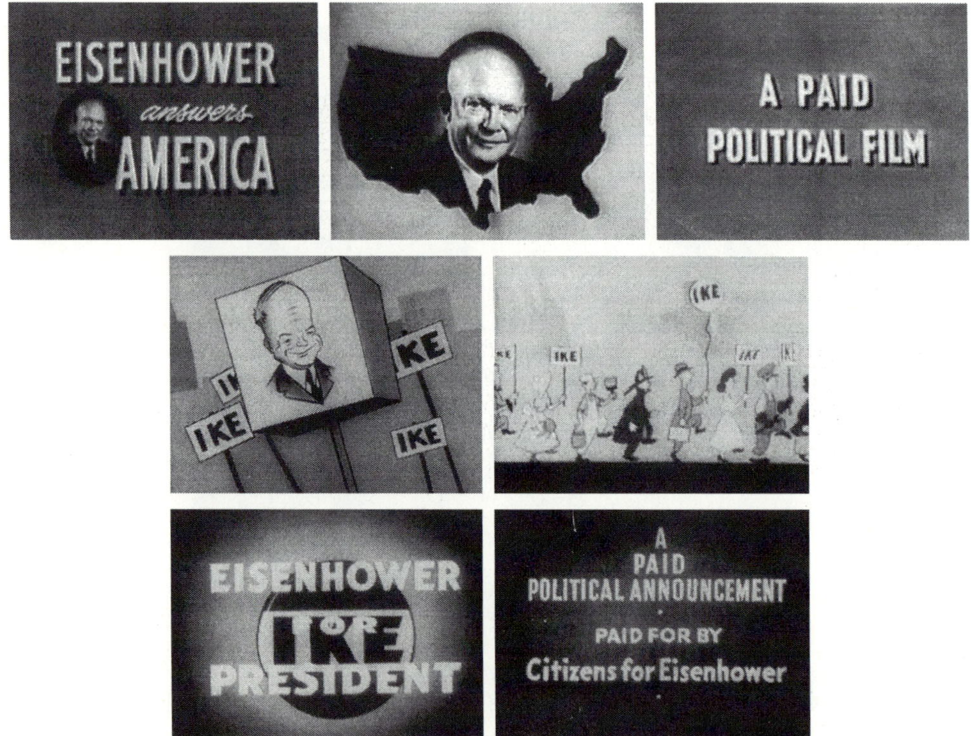


〈그림 6-13-1 및 6-13-2〉 아이젠하워 대통령 후보의 TV 광고 캠페인에서는 그의 애칭인 Ike를 내세운 애니메이션 광고도 이용되었다.

**Ernest Ditchter(어네스트 디히터)의 동기 조사** 동기 조사의 아버지라 불리는
Ditchter는 오스트리아 비엔나 대학에서 박사 학위를 받고 1935년에 미국으로 이민 왔다.
1946년에는 뉴욕에 Institute of Motivation Research(동기 조사 연구소)를 창립했다. 그는
Freud(프로이트)의 정신분석학 개념과 방법을 비즈니스에 응용했는데 특히 시장에서 소비
자 행동 연구에 집중했다. 그의 아이디어는 20세기 미국광고 현업에 지대한 영향을 끼쳤
으며, 그는 광고에서 이미지와 설득의 중요성을 강조하고 Focus Group Interview(포커스그
룹인터뷰, FGI)라는 말을 도입한 사람이라고 알려져 있다. 그의 주요 이론은 사회적 수용,
스타일, 사치, 성공 따위를 드러내는 "개성(personality)"을 창출해야 된다는 것이다. 그는
이론과 연구를 통해 사람들이 어떤 제품을 기피하는 이유도 발견했다. 그 결과 게으른 살
림꾼을 상징하는 인스턴트커피는 "100% 순수한 커피(Pure Coffee)"이며 "자랑스럽게 따라
줄 수 있는(You can serve it with pride)" 커피로 바꿈으로써 네스카페를 성공시켰다. 차(茶)
역시 피곤하고 아프고 가련해졌을 때를 연상시키는 음료로 되어 있었는데, 건강하게 뛰놀
게 만드는 음료로 탈바꿈하게 되어 성공하게 되었다. 그의 연구에서 케이크는 여성의 산
아(産兒)를 연상하는 의미가 있다는 것이 밝혀지자 케이크 믹스만으로 케이크를 굽는 게
으른 주부라는 잠재적 죄의식을 제거하기 위해 "신선한 달걀을 넣으세요(You add fresh
eggs)" 혹은 "신선한 달걀과 우유를 넣으세요(You add fresh eggs and milk)"로 광고 카피를
바꾸도록 했다.

Clairol(클래롤) 머리 염색약은 그의 이론을 광고에 적용해서 6년 새에 400%의 매출 성
장을 기록한 헤드라인을 낳게 했고 아울러 염색하는 성인 여성 인구를 50%까지 끌어 올
리는 혁혁한 공을 남겼다. "Does she or doesn't she?(그녀는 했을까, 안 했을까?)"가 그 광고
헤드라인이었다. 1956년에 처음 게재된 이 광고에 대해서는 광고를 제작한 FCB 사내에서
조차 찬반의 논의가 있었다. 1950년대에 미국에서 머리 염색을 한다는 것은 연예계나 사
교계 여성 등에 국한된 것으로 알려져 있었으며 겨우 7%만이 염색을 하고 있었다. "너무
도 자연스러워 그녀의 단골 미용사만이 (염색했음을) 알고 있는"이라는 카피의 이 광고는
너무도 유명해져 그 뒤에 미국광고를 논할 때에 단골 메뉴처럼 되었다. 라이프스타일 마
케팅이란 말이 대두한 것도 1940년대 말의 일이었다.

<그림 6-14> Ernest Ditchter의 사진과 "Does she or doesn't she?" 광고

**광고대행 15% 커미션** 주로 신문 광고지면의 판매를 대행하는 광고대행인(Advertising Agent)이 19세기 말부터 점진적으로 광고주를 위해 일하는 광고대행사(Advertising Agency)로 전환하면서 광고 대행사의 매체 대행 수수료가 15%로 정착한 것은 대략 1920년 무렵이었다. 그 뒤 30여 년 동안은 별다른 이의 없이 이 15% 커미션 제도가 계속되었다. 그러다가 1955년에 미국 법무성은 셔만 반트러스트법(Sherman Anti-trust Act)에 의거해 이 제도에 대해 이의를 제기했다. 그 요점은 모든 광고대행사가 모든 매체사로부터 15%라는 꼭 같은 커미션 인정을 받는다는 것이 담합에 해당한다는 것이었다. 다시 말해서 광고대행사뿐 아니라 광고주나 그 밖의 어떤 기업이라도 같은 조건으로 거래할 때에는 이 15%를 인정해야 된다는 것이었다. 소송 대상은 5개 주요 매체협회와 미국광고업협회였는데 산하 회원사의 이익을 위해 광고대행사 측과 매체 측 단체가 담합을 한다는 것으로서 형사 사건은 아니었고 합의에 의한 해결로 결말이 났다.

이렇게 되자 1956년에는 미국광고주협회도 "수수료(Fee) 지불에 의한 대행사 보상(Fee Method of Agency Compensation)"이라는 대행사 보상 매뉴얼을 발표했다. 미국광고주협회 조사 대상은 광고주, 매체 기타 사업가 등 약 7,000명 가까운 방대한 숫자였다. 이러한 사건이 있었음에도 불구하고 매체와 대행사 그리고 광고주도(담합에 의하지 않은) 15% 커미션제도의 간편성과 타당성을 인정해 이 제도는 그 뒤 또 다른 30년 가까이 유지되었다. 그러다가 커미션이 아니라 수수료(Fee) 제도에 의한 대행사 보상제도가 다시 제기된 것은 1980년대에

접어들어 큰 광고회사들의 M&A가 성행하면서 광고대행업의 수입
과 15% 커미션 제도의 타당성에 대한 논의가 일어난 뒤였다.

1950년에는 A. C. Nilsen 조사회사가 세계 최초로 기계식 TV 시
청률 조사를 개시해서 방송국별, 프로그램별, 시간대별 TV 시청률
자료가 밝혀졌다. 이 TV 시청률 조사는 그 뒤 세계 각국으로 퍼져
나갔다. 다만 아직 피플미터(People Meter)에 의한 개인시청률 조사
는 아니었으며, 피플미터 조사는 1980년대 후반에 도입되었다. 1954
년에는 TV 광고의 폭증에 따라 TV 광고국(TV Bureau of Advertising)
이 설립되어 TV 광고와 관련된 각종 데이터를 연구, 조사, 발표하
기에 이르렀다.

Vance Packard(밴스 패커드)가 써서 1957년에 출판한 『Hidden
Persuader(숨은 설득자)』는 대히트로 100만 부가 팔렸는데 소비자
심리를 이용한 광고의 설득에 대한 예리한 폭로로 광고 산업 전체

〈그림 6-15〉 Hidden Persuader 책 표지

가 한때 심한 고통을 겪기도 했다. 이러한 설득적인 광고가 나타나게 된 것은 이미 언급
한 Ditchter의 동기 조사가 그 배경이 되기도 했다.


**20세기 미국 최고의 슬로건** Advertising Age는 20세기 마지막 해인 1999년 12월에
The Advertising Century 특집을 발행했다. 그 가운데는 20세기 100대 캠페인, 100대 광고인,
10대 슬로건, 10대 징글(우리가 말하는 CM SONG) 등이 나와 있다. 10대 슬로건 가운데는
한국에서도 낯익은 나이키의 "Just do it", 광고를 공부한 사람이면 한두 번은 들어 본 "We
try harder"나 "Good to the Last Drop" 따위도 들어 있다. 그런데 1위는 De Beers(드비어스)
다이아몬드 회사의 "A Diamond is Forever(다이아몬드는 영원히)"가 선정되어 있다. 이 슬
로건을 만든 것은 그 무렵 De Beers의 광고를 대행하던 N. W. Ayer의 카피라이터였다.
1948년의 일이었는데 어떤 카피라이터가 신혼여행 중인 한 쌍의 젊은이 사진 밑에 긁적
거린 글이 이 슬로건이었다고 하며, 그로부터 1년 내에 이 슬로건은 퍼져 나갔고 공식적
으로 사용되기에 이르렀다는 말이 있다. 이 슬로건은 그 뒤 세계 여러 나라로 확산되었고
다이아몬드 판매에 지대한 공헌을 한 것으로 알려졌다.[17]

---

17) Advertising Age(1999). "The Advertising Century." De Beers의 다이아몬드의 간단 역사와 광고에 관한 자료는 많이 있는데 간략하면서도 자세히 적은
기록은 Edward J. Epstein(에드워드 J. 엡스타인)의 글, "Have You Ever Tried to Sell a Diamond?" (www.edwardjayepstein.com/diamond.htm)에 있다.

〈그림 6-16〉 De Beers의 슬로건 "A Diamond is Forever"
가 들어 있는 광고

이 시기에는 광고 및 PR과 관련하여 두 단체가 창립되었는데 1947년 미국PR협회(Public Relations Society of America: PRSA) 그리고 1958년 미국광고학회(American Academy of Advertising: AAA)가 창립되었다.

1945년에서 1960년까지 15년 기간의 광고와 관련된 주요 사건을 보면 다음 표와 같다.

〈표 6-8〉 주요 광고 관련 사건 연표(1945~1960)

| 1945 | 일본 무조건 항복. 2차 대전 종료 |
| | 루즈벨트 대통령 사망. 트루먼 대통령 취임 |
| | 수백만 명의 미군 해외에서 귀환 |
| 1946 | 어네스트 디히터의 동기 조사 대두 |
| 1947 | 미국PR협회(PRSA) 창립 |
| | 뉴욕에 조립식 대형 주택 단지 레비타운(Levittown) 등장 |
| 1948 | 벨연구소(Bell Laboratory) 전자산업 혁명을 일으킨 작은 트랜지스터 전시 |
| | 데이비드 오길비가 Ogilvy & Mather 광고회사 뉴욕에 창립 |
| | 폴라로이드 카메라 출시 |
| | 맥도날드 형제 첫 Fast Food 식당 개점(햄버거 $0.15, 프라이드 포테이토 $0.10) |
| | 네슬레의 Quick 초콜릿 드링크 출시 |
| | 매리언 하퍼 매캔에릭슨 사장 취임 및 뒤에 새로운 수익 모델 창출 |
| | "A diamond is forever" 슬로건 등장 |
| 1949 | DDB 광고회사 뉴욕에 창립 |
| 1950 | A. C. 닐슨 TV 시청률 조사 개시 |
| | 다이너스클럽 크레디트 카드 등장. 1958년에는 아메리칸 익스프레스 카드 등장. |
| | '50년대로서 리브즈(Rosser Reeves)의 USP 제창 |
| 1951 | 홀리데이 인(Holiday Inn) 간편한 호텔망 전국에 생김 |
| | 프랑스에서 Bic의 볼 포인트 펜 발명으로 값싼 펜 등장 |

| 1952 | 테드 베이츠 광고회사의 로서 리브즈, 아이젠하워 대통령 후보 TV 광고 캠페인대행. 미국 최초의 대통령 선거 TV 광고전 |
|---|---|
| 1953 | Playboy 창간 |
| 1954 | Marlboro Man 등장<br>1954년 센서스 결과 미국에 5,000여 개 광고회사가 있음. |
| 1955 | 법무부가 미국광고업협회 회원 광고대행사의 일률적인 15% 커미션 제도가 독점금지법 위반으로 제소, 화의하고 시정함. 이듬해에는 미국광고주협회 커미션제도에 대한 대대적인 조사를 했으나 15% 커미션 제도 유지하게 됨. |
| 1956 | 엘비스 프레슬리 전 세계적인 센세이션 일으킴. Beat 세대·Beatnik 등장. 1960년대는 Hippie 등장(광고 표현에도 영향을 미침)<br>1956년에 연간 \$2,500만 이상 취급한 광고회사 34; 연간 \$1,000만 이상 취급한 광고회사 77개사(자료: Advertising Age, 1957. 2. 25.)<br>40,000마일 길이의 주간(洲間) 고속도로 기공 |
| 1957 | 포드 자동차의 에드셀(Edsel) 대참패<br>밴스 패커드의 책 『Hidden Persuader(숨은 설득자)』 히트로 광고에 대한 부정적 영향 퍼짐. |
| 1958 | GM 자동차 회사 계획된 퇴화(Planned Obsolescence) 판매 정책 시행<br>미국광고학회 창립 |
| 1959 | TV 퀴즈 쇼 사전 모의로 사회적 물의 일어남. |
| '50년대 | 민권운동(Civil Rights) 대두. 1954년에는 대법원이 학교의 인종 차별 금지. 마틴 루터 킹 목사 비폭력 운동을 주도함. 다만 광고에는 여전히 백인 주도의 인종 차별 표현 계속됨. 1956년에 빈스 컬러즈(Vince Cullers) 최초로 흑인 광고회사 창립. '50년대 중반 기성층은 맘보, 차차차, 10대는 로큰롤 유행. 세대 간격 확장 |

### 〈표 6-9〉 TV 등장

| 1939 | RCA 뉴욕 세계박람회에서 TV 방송 전시 |
|---|---|
| 1941 | NBC와 CBS 상업 TV 방송 경쟁적으로 개시. WNBT에 불로버 시계 광고방송. 다만 2차 대전으로 TV 생산 중단 |
| 1948 | 미국 일부 지역에서 정규 방송 개시 |
| 1951 | 전국 방송 개시. 이 시기 TV의 영향으로 라디오와 영화 산업 거의 붕괴<br>1960년에는 TV 보급 거의 100%에 이름. 초기 소형 TV 1대당 가격 \$200, 콘솔형은 \$2,500. 라디오의 경우처럼 TV도 초기에는 방송국이 한 일은 전송과 제작시설 소유뿐이고 제작은 모두 광고회사가 맡아서 함. 1950년 TV 광고 \$1억로 전년 대비 4배 폭증(1966년 컬러 방송 개시) |

# 제7장

## 크리에이티브 전성기, 석유위기, 국제화 시대: 1960~1975

# 제1절 개관

미국 역사상 처음으로 이루어진 대통령 후보의 TV 생방송 토론에서 이긴 케네디(John F. Kennedy)는 1961년에 43세에 미국 역사상 최연소 대통령으로 취임했다. 그는 2년 뒤 암살당했고 존슨(Lyndon B. Johnson) 부통령이 뒤를 이었다. 케네디와의 선거전에서는 패했으나 불사조 같은 닉슨(Richard Nixon)은 1969년에 드디어 대통령이 되었으나 1973년의 이른바 워터게이트 도청 사건으로 불명예스러운 사임을 했고 포드(Gerald Ford) 부통령이 뒤를 이었다.

1962년에는 6일간의 쿠바 미사일 위기로 세계가 핵전쟁의 공포에 휩싸이는 듯했으나 소련의 후퇴로 막을 내렸다. 월남전은 드디어 1975년 미국의 패배로 끝났고 월남은 일단 공산화되었다.

1963년 8월 28일 워싱턴에 있는 링컨 기념관 앞에서 킹 목사(Martin L. King)가 주도한 대대적인 민권 시위가 있었는데 이 시위에서 유명한 킹 목사의 "I have a dream(나에게는 꿈이 있습니다)" 연설이 있었다. 그리고 1965년에는 흑인투표권법이 통과되어 링컨 대통령의 노예 해방 선언 이후 100여 년 동안 사문서화되다시피 한 흑인의 투표권이 드디어 실현되었다. 그러나 1968년에는 민권운동의 선구자 킹 목사가 암살당했다. 또한 같은 해에 케네디 대통령의 동생 로버트 케네디 역시 암살당하는 비극적인 일들이 일어났다.

1969년에는 드디어 인간이 달나라에 착륙했다. 1973년 겨울에는 전 세계 경제에 광란의 소용돌이를 일으킨 제1차 석유위기가 일어났다. 2차 세계대전 이후 1960년대까지 줄곧 성

장을 구가하던 미국 경제는 침체의 늪에 빠졌고 그 밖의 선진공업국도 심한 타격을 겪게
되었다. 원유 1배럴 값이 한 자리이던 시대는 영원히 사라지게 되었다.

1960년대 미국 인구의 50%는 2차 대전 이후에 태어난 이른바 베이비부머(Baby boomer)
세대였고 대학생의 수는 배가했다. 젊고, 교육 수준이 높은 신세대가 출현했으며 이런 변
화로 크게는 미국 사회 전체, 좁게는 광고 표현에도 영향을 미치게 되었다. 1970년 미국
인구는 2억 명을 초과했다. 60년대 후반에 일어난 반전(월남전)운동, 반체제운동은 이러한
미국 사회 구성 인구의 변화와 관련되어 있었다.

〈그림 7-1〉 연설하는 킹 목사　　〈그림 7-2〉 인간 최초의 달 착륙

〈그림 7-3〉 1973/4년의 석유위기 때 주유소 광경

# 제2절 정치, 경제, 사회, 문화

**정치** 1960년대는 미국 역사상 최연소인 대통령 케네디의 취임과 함께 젊음을 상징하는 그가 제창한 "New Frontier(신 개척정신)"로 미국은 못 할 일이 없어 보였다. 케네디의 정치 강령은 인종과 사회적 불평등의 종말을 요구하고 있었다. 1961년에 시작된 평화봉사단(Peace Corps)에는 이상주의에 불타는 무수한 젊은이들이 모여들었다. 2차 대전 이후 태어난 "베이비부머" 세대는 이제 성년이 되어 미국 인구의 절반을 넘는 25세 이하 인구의 주류를 형성하게 되었다. 새로운 비즈니스 방식, 모든 사물에 창의적인 접근 태도, 사회 문제에 대한 새로운 의식이 싹트고 있었다. 그러나 1963년 케네디 대통령 암살은 이 개척정신에 찬물을 끼얹는 듯했다.

옛 식민지였던 월남에서 쫓겨난 프랑스의 뒤를 이어 미국과 소련의 냉전의 대결장이 된 월남 전쟁에 미군이 참여한 것은 1965년이었다. 막강한 미국의 힘에도 불구하고 1975년 드디어 미국이 물러감으로써 월남 전쟁은 끝났다. 그러나 이 전쟁은 미국사회를 분열시켰으며 5만 명의 전사자와 $1,370억이란 천문학적인 전쟁 비용을 지출했다(Sivulka, 1998). 물론 전쟁으로 인한 간접 경비는 이보다 몇 배에 이르렀을 것이다. 미국 연간 인플레이션 비율은 두 자리로 올랐고 실업률은 7%를 넘었다. 식품 가격도 상승했다.

게다가 1973년 겨울에는 석유위기가 세계를 뒤덮었다. 가정용 난방 연료비는 2~3배나 증가했고 주유소에는 기름 사러 온 자동차가 줄을 이루었다. 연료절약을 위해 정부가 나서 고속도로의 제한 속도 시속 70마일을 55마일로 감속하라는 운동을 벌이게 되었다.

세계 제2차 대전이 끝난 뒤 누려왔던 호경기는 사라졌다. 다만 국민 1인당 GDP는 이 15년 기간에 2,912달러에서 7,583달러로 증가해 약 2.6배 성장했다. 물론 인플레이션이 포함된 수치였다.

1960년대 중반에 절정에 이른 반전운동 그리고 기존 체제, 나아가서는 물질주의 자본주의 체제까지도 반대하는 반체제운동이 미국 젊은 세대를 휩쓸었다. 이 운동의 상징은 장발, 긴 수염, 찢긴 청바지, 미니스커트, 여성의 노브라, 유니섹스 차림으로 나타났으며 인종, 성, 연령, 전통, 권위 등 모든 기존 질서와 가치 기준에 대한 반대로 나타났다.

1968년 대통령에 당선된 리처드 닉슨은 미국을 뭉치게 하는 일(To bring

〈그림 7-4〉 1968년 반전 포스터. 소녀처럼 보이는 여성들의 옷차림이나 광고 카피가 60년대 후반의 사회를 반영하고 있다. 카피는 "No라고 하는 젊은이에게 여성은 Yes라고 한다." 즉 징집에 반대하라는 뜻이다. 포스터 밑 부분에는 이 포스터 판매 수입은 징집 저항 운동에 쓰인다는 말이 있다.

American Together)이 정부의 첫 일이라고 말했다. 그러나 이러한 주장에도 불구하고 민주당 전국 위원회 건물 침입 사건으로 시작된 워터게이트(Watergate) 사건은 2년여의 조사 끝에 드디어 책임이 현직 대통령으로 비화해 닉슨은 미국 역사상 처음으로 탄핵에 직면하고 사임하는 창피를 겪었다. 비등하는 반 전쟁, 반 기성제도 운동에 이 사건이 미쳤을 영향은 짐작하고도 남음이 있다(Sivulka, 1998).

**인플레이션의 고뇌** 1973년 겨울 1차 석유위기가 일어나자 세계 경제는 곤두박질했다. 미국도 예외는 아니어서 국내총생산은 1974~1975년 연속해서 전년 대비 마이너스 성장을 했다. 한편 인플레이션은 1972년에 3.2%였는데 1973년에는 6.2%, 1974년에는 두 자리인 11.0%로 뛰었다. 2차 석유위기가 닥친 1979년 이후 다시 3년 동안 두 자리 인플레율이 계속되었다. 다시 말해 1973년 이후 1982년까지 10년간 높은 인플레에 시달렸다.

이 시기에는 환경보호와 소비자운동이 일어나 정부 기구로 직업 안전 및 건강 관리국(Occupational Safety and Health Administration)과 소비자 제품 안전위원회(Consumer Product Safety Commission), 핵 규제위원회(Nuclear Regulatory Commission)가 창설되었다.

**Beatles, 흑백 인종 차별 철폐** 1964년에는 영국 비틀즈가 미국에 왔다. 롤링스톤즈(Rolling Stones)도 미국으로 진출했다. 젊음의 상징 비틀즈 음악은 변화하는 미국 젊은이 사회에 불길처럼 퍼져 나갔다. 매스컴은 1967년에는 샌프란시스코의 하이트-애슈베리(Haight-Ashbury) 지역을 히피 지역이라 선언하였고 수천 명이 "Summer of Love" 운동에 참가했다. 대학 캠퍼스는 반전, 그리고 모든 기존 질서에 반대하는 반체제 운동의 온상으로 바뀌어 갔다.

흑백 인종차별 문제가 절정에 달한 것도 이 시기였다. 마틴 루터 킹 목사가 이끄는 비폭력 운동은 흑백 인종을 차별하는 식당, 버스, 학교 등 곳곳에서 연좌, 항의 데모로 나타났다. 폭력을 주장하던 말콤 X는 분리주의를 제창했고 심지어 독립된 흑인 국가를 부르짖기까지 했다. 흑인 인권 운동이 열매를 맺은 것은 1965년으로 이해에 흑인 투표권 법령이 제정되었다. "Negro", "Blacks"란 낱말이 사라지게 되었고 그 대신 아프리카에서 온 미국인이란 뜻의 "아프리칸-아메리칸(African-American)"이란 말이 생겼다. 한마디로 하자면 미국 사회가 바뀌어 가고 있었다.

**패스트푸드(Fast Food), 월마트(Wal-Mart)** 켄터키프라이드치킨(KFC, 1930), 맥도널드(McDonald's, 1940), 버거킹(Burger King, 1954) 등 미국을 대표하는 이른바 패스트 푸드 체인이 전국적인 네트워크를 갖추게 된 것은 1960년대의 일이었다.

1990년에 미국 최대의 소매점 체인이 되고 그 이후 세계최대의 소매점 체인으로 등장한 월마트가 처음 창설된 것은 1962년 미국 아칸소(Arkansas)주였다. 월마트의 "우리는 더 싸게 팝니다(We sell for less)", "만족을 보장합니다(Satisfaction Guaranteed)"라는 슬로건이 세계 소매업계를 제패했다.

1960년대에는 이 밖에도 Target, K-Mart 등 대형 소매점 체인이 속속 등장해서 소매시장을 지배하게 되었다. 1973년에 공개되어 이제는 세계 어디를 가든 물건값을 계산할 때 표준으로 되어 있는 바코드 스캐너(Bar-code scanner)의 효시가 월마트이기도 하지만 월마트는 무자비한 시장 진출과 해외시장에서 최저가 구매만을 추구함으로써 값싼 저개발국 노동을 착취한다는 비난을 받기도 했다.

1960년대에는 카메라와 접시 닦기, 진공청소기, 그 밖의 각종 가전제품 가격이 하락했으며 사치품이던 컬러 TV는 보급이 확장되었다.


**신제품** 1960년 미시간주에 등장해서 신선하고 따뜻한 피자를 배달하기 시작한 회사는 도미노 피자(Domino's Pizza)였다. 1962년에는 Royal Crown 음료회사에서 다이어트 콜라를 내놓자 코카콜라와 펩시콜라도 뒤질세라 Tab(탭), Patio Cola(파티오 콜라)를 각각 내놓게 되었다. 체중 과다에 대한 관심은 체중 감시기라고 번역할 수 있는 잡지 Weight Watchers (웨이트 워쳐스) 창간으로 나타났다. 스포츠 음료로 자리 잡은 게토레이가 등장한 것은 1964년이었는데 같은 해에 포드 자동차는 스포티하고 스타일이 멋진 Mustang(머스탱)을 시장에 내놓았다. 지금은 표준 메뉴로 된 맥도널드의 빅맥은 1968년에, 4년 뒤에는 나이키가 스포츠 신발로 시장에 선을 보였다. 1974년에는 노란색의 Post-It(포스트-이트) 메모지가 나타났다(Sivulka, 1998).

Barbie 인형이 폭발적인 인기 상품이 되고 영화에서는 조로(Zoro), 배트맨(Batman), 그리고 제임스 본드(James Bond)의 007시리즈 영화가 인기를 휩쓸기도 했다. 미국의 사회와 문화 그리고 TV의 확산 보급에 따라 광고에도 현저한 변화가 일어나게 되는 것은 당연했다.

담배회사의 다각경영이 시작되었는데 필립 모리스(Philip Morris) 담배회사는 밀러 맥주 회사를 1969년에 매입했다. 이보다 앞서 1963년에는 R. J. 레이놀즈(R. J. Reynolds) 담배회사가 Hawaiian Punch(하와이안 펀치) 음료 회사를 샀다.


## 제3절 언론 매체

**TV 전성시대** 1960년대에서 70년대 중반에 이르는 이 시기는 한마디로 TV의 시대였다. 이미 앞 장에서 언급한 1959년의 퀴즈 스캔들 이후 광고주와 광고회사가 좌지우지하던 TV 프로그램 제작, 편성권이 방송국으로 돌아온 것이 1960년대였다. 그 결과 프로그램 제작비는 상승했고 이것이 한 가지 원인이 되어 60초 기준이던 방송광고 시간이 30초 기준으로 줄어들게 되었다. TV는 이미 1960년대에 전국 매체가 되었다. 그리고 60년대 후반에는 TV가 컬러화되었다. 이제 TV는 글과 그림, 소리, 동작 게다가 색도까지 갖춘 더 이상 바랄 것이 없는 매체로 등장했다.

<표 7 - 1> 컬러TV 가구 및 침투율

| 연도 | 컬러TV 보유가구(만) | 침투율(%) |
|---|---|---|
| 1964 | 161 | 3.1 |
| 1966 | 522 | 9.6 |
| 1968 | 1,370 | 24.2 |
| 1970 | 2,340 | 39.2 |
| 1972 | 3,350 | 52.8 |
| 1973 | 3,940 | 60.1 |

자료: Advertising Age 1973. 11. 21.


**신문** 이 시기 일간 신문에는 미국 사회 변화를 반영하는 미묘한 변화가 일어나고 있었다. 즉 조간신문의 증가와 석간신문의 퇴조였는데 그 주된 원인은 맞벌이 부부의 증가였다. 아침에 남편과 같이 출근했다가 저녁 퇴근 시간에 집에 돌아오는 주부의 증가는 집에서 석간을 읽는 시간이 거의 없어짐을 의미했다. 그 결과 집안 살림꾼이자 주된 구매자인 주부를 대상으로 하는 광고가 신문에서 줄어들게 되었다. 이런 추세가 신문 발행 추이에 나타났는데 1960년에서 1975년까지 15년 사이에 조간신문의 수는 312개에서 339개로 증가했고 발행 부수도 6.1%나 증가했다. 반면 석간은 1,459에서 1,436개로 줄었고 부수는 겨우 0.9% 증가에 그쳤다. 주간지는 7.1% 증가했다.

〈표 7-2〉 신문 추세

| 연도 | 제호 수 | | | 발행 부수(만 부) | | |
|---|---|---|---|---|---|---|
| | 조간 | 석간 | 주간 | 조간 | 석간 | 주간 |
| 1960 | 312 | 1,459 | 563 | 2,403 | 3,485 | 4,770 |
| 1965 | 320 | 1,444 | 562 | 2,411 | 3,625 | 4,860 |
| 1970 | 334 | 1,429 | 586 | 2,593 | 3,617 | 4,922 |
| 1975 | 339 | 1,436 | 639 | 2,549 | 3,517 | 5,110 |
| 대비(%) | +5.4 | −1.6 | +13.5 | +6.1 | +0.9 | +7.1 |

자료: Editor & Publisher 자료를 인용한 미국신문협회 '82 Facts About Newspapers.

**잡지의 후퇴** 다른 나라들과는 달리 이 시기까지 미국에는 아직 전국 일간 신문은 거의 없고 뉴욕타임스, 워싱턴포스트, 로스앤젤레스타임스 등 신문의 이름이 드러내듯이 모두 지방 신문이었다. 오히려 수백만 부를 발행하는 잡지가 전국 매체로 되어 있기 때문에 TV 보급의 확산과 함께 TV가 전국 매체가 되어 잡지 광고 수입에 심한 타격을 일으켰다. 1821년에 창간된 Saturday Evening Post는 1969년, 1937년 창간된 LOOK은 1971년, 그리고 1972년에는 드디어 LIFE(1935년 창간)가 폐간했고 이런 대중 잡지 대신에 전문화, 특화된 잡지들이 등장했다.

포토저널리즘이라는 말이 생길 만큼 사진이 중요한 잡지이던 LIFE는 전성기에 1,350만 부를 발행하는 주간지로서 트루먼 미국 대통령, 처칠 영국 수상, 맥아더 장군 등의 회고록이 게재될 만큼 유명했다. LIFE는 그 뒤에도 1978년 이후 월간으로 2000년까지 발행을 계속했다. LOOK은 전성기이던 1966년 연간 광고 수입은 8,000만 달러에 이르렀고 1969년에는 부수가 775만 부에 이르는 격주간지였다.[18]


**담배 방송광고 금지** 1964년에는 미국 보건장관(Surgeon General)이 "흡연과 건강에 관한 장관 자문위원회의 보고서(Surgeon General's Advisory Committee Report on Smoking and Health)"를 발표했다. 이 보고서는 담배와 암 및 기타 질환이 관련되어 있다는 7,000개 과학 논문에 기초한 것이었다. 그 결과 담뱃갑에는 경고문을 넣게 되었다. 초기 경고문은 "경고: 흡연은 당신의 건강에 해로울 수 있습니다(smoking can be hazardous to your health)"라는 문구였다. 이 문구는 뒤에 나라 따라 더욱 강한 표현으로 되었다. 담배회사는 서로 앞을 다퉈 가며 부드러운(light) 담배를 시장에 내놓았다. 그렇다고 부드러운 담배에 해독

---

18) LOOK와 LIFE 지에 관한 자료는 http://www.wikipedia.org/를 참고하면 상세한 내용을 알 수 있다.

이 덜한 것은 아니었다.

이미 1960년대 초부터 담배가 건강에 미치는 해독 때문에 방송광고가 금지될 것이라는 이야기가 있었으나 실제 담배 광고 방송이 금지된 것은 1971년이었다. 합법적으로 생산된 제품을 합법적인 방법으로 판매하는 수단으로 TV에 광고하는 것을 금지하는 것은 표현의 자유를 보장한 미국 헌법 수정 제1호에 위배된다는 주장도 있었으나 결국은 방송매체에서 담배 광고는 금지되었다. 그 결과 방송은 연간 약 2억 2,000만 달러의 광고 수입을 잃게 되었다. 미국에서 시작된 담배 방송광고 금지는 그 뒤 곧 세계 각국으로 퍼져 나갔다. 하지만 나라에 따라 금지 규정의 실시 시기, 범위, 구체적인 방법 등은 달랐다. 방송매체 광고가 불가능하게 되자 담배회사는 인쇄매체와 스포츠 행사 스폰서, 예를 들어 Virginia Slims Tennis Tournament, Winston Cup 자동차 경주와 같이 브랜드 이름이 들어간 이벤트를 주최했다. 그런데 Reader's Digest, Good Housekeeping, New Yorker 등의 잡지는 담배광고 게재를 거절했다.

담배회사의 경영 다변화 노력은 이러한 담배에 대한 규제에서 비롯되었다. 담배 광고에 대해서는 그 뒤에도 각종 규제가 있었다. 1964년만 해도 미국 100대 광고주 가운데 7개사는 담배회사였다. 그러나 그로부터 40여 년이 지나 2006년이 되자 미국 100대 광고주 리스트에서 담배회사는 사라졌다.

1960년대에서 70년대에 걸쳐 비교 광고가 생기고 증가하게 되었다. 어린이 대상 광고에 대한 불만이 일어났다. 또 시정광고가 대두했다.

1971년부터 미국 TV 광고에서 기준처럼 되어 있던 60초 단위가 30초 단위로 줄어들게 되었다. 한편 1975년에는 TIME 지 계열인 Home Box Office(HBO) 채널이 마닐라에서 개최된 조 프레이저(Joe Frazer)와 무하마드 알리(Muhammad Ali)의 권투 시합을 위성으로 케이블에 연결해서 방송함으로써 새로운 TV 방송 영역을 열게 하였다. 1969년 미국은 TV를 통해 닐 암스트롱(Neil Armstrong) 우주 비행사의 달나라 착륙 광경을 생생하게 중계했다.

1952년 아이젠하워 장군이 출마한 대통령 선거전에서 시작된 TV를 통한 선거전은 1960년대에 더욱 치열해져서 1960년 케네디-닉슨 선거전에서는 약 1,000만 달러이던 선거광고비가 1968년에는 2,800만 달러로 폭증했다.[19]

〈그림 7-5〉 LIFE 지 1944. 6. 19. 호에는 아이젠하워 장군이 표지에 실렸다.

# 제4절 광고

1960년대 10년은 TV 광고의 황금시대일 뿐 아니라 미국광고사상 크리에이티브의 전성시대였다. 다만 이 황금시대는 1970년대의 불황 때문에 10년으로 끝났다. 1965년에 제정된 도로미화법(Highway Beautification Act)은 1920년에서 1965년에 이르는 옥외광고 전성시대의 종말이었다. 이 법에 따라 연방정부가 재정을 제공한 모든 도로변 200미터 이내에서 옥외광고는 금지되었다. TV는 1970년부터 과거의 1~2분 광고 시간 대신 30초로 바뀌었고 이로써 창의성을 위해 가장 이상적인 광고 길이라는 1분짜리 광고가 사라졌다. 1970년대의 불황이 닥쳐오자 광고주의 관심은 크리에이티브보다는 판매로 돌아갔다.

1960년에서 1975년에 이르는 15년 기간에 미국광고비는 계속 성장했다. 1960년에 약 120억 달러이던 것이 1975년에는 279억 달러가 되어 2.3배로 증가했다. 특히 TV 광고비는 1960년에 16억 달러로 총광고비의 13.6%를 차지하던 것이 53억 달러로 폭증해 3.2배 증가했으며 전체 광고비의 18.9%를 차지하게 되었다.

〈표 7-3〉 1960~1975년 광고비 추이

| 연도 | 광고비 | TV 광고비 | (구성비: %) |
|---|---|---|---|
| 1960 | 11,960 | 1,627 | (13.6) |
| 1963 | 13,100 | 2,032 | |
| 1965 | 15,250 | 2,515 | (16.5) |
| 1968 | 18,090 | 3,231 | |
| 1970 | 19,550 | 3,596 | (18.4) |
| 1975 | 27,900 | 5,263 | (18.9) |

자료: Robert Coen, McCann-Erickson.

**광고회사 – Marion Harper의 등장** 1960년대 초 약관 31세의 나이에 대형 광고회사 McCann Erickson 사장에 취임한 Marion Harper는 광고 산업에 새바람을 일으켰다. 경쟁사의 광고를 대행할 수 없게 되어 있는 미국에서 새로운 비즈니스 모델을 창출한 것이다. 그것은 다름 아닌 지주회사 인터퍼블릭 그룹 회사(Inter-Public Group of Companies: IPG)의 창립이었는데 이 그룹에는 독립된 몇 개의 광고회사가 포함되어 있다. 이 모델은

---

19) www.high-techproductions.com/historyoftelevision.htm

마치 제너럴 모터스(GM)가 Buick(뷰익)이나 Oldsmobile(올즈모빌) 등과 같은 계열 회사를 통해 서로 경쟁하는 모델을 만들어 파는 것이나 다름없었다. 이 비즈니스 모델은 그 뒤 광고대행업계에 지대한 영향을 미쳤다. 그 밖에 Harper는 그 무렵까지 모두 무료로 제공되어 온 조사, 판촉, 홍보 등을 유료 서비스로 전환했으며 또한 사내에서 따로 검토해 오던 광고물을 모두 통합해서 검토하는 크리에이티브 리뷰 위원회(Creative Review Board)를 창설해서 광고 품질 향상을 기하도록 했다. 그는 Advertising Age 창간 75주년 기념호(2005년)에서 뽑은 지난 75년 동안의 광고계 뉴스에서 4번으로 선정되었다.[20]

**광고회사의 국제 진출** 1960년대 후반에 접어들자 미국의 큰 광고회사들의 해외 시장 진출이 가속화되었다. 말할 것도 없이 그 원인은 미국 기업들의 해외 시장 진출과 다국적화에 있었다. Advertising Age가 발표하는 자료에서 집계한 다음 표에서 미국 10대 광고회사의 해외 진출상황을 볼 수 있다.

〈표 7-4〉 미국 10대 광고회사의 해외 진출

| 구분 | 1968년 취급액 | | | 1979년 취급액 | | |
|---|---|---|---|---|---|---|
| 광고회사 | 미국 내 | 해외 | 합계 | 미국 내 | 해외 | 합계 |
| JWT | 400.1 | 237.9 | 638.0 | 788.0 | 905.0 | 1,693.0 |
| Young & Rubicum | 357.4 | 115.2 | 472.6 | 1,157.5 | 763.6 | 1,921.1 |
| McCann-Erickson | 259.0 | 219.5 | 478.5 | 463.2 | 1,207.1 | 1,670.3 |
| Ogilvy & Mather | 138.0 | 67.0 | 205.0 | 712.1 | 680.5 | 1,392.6 |
| Ted Bates | 201.1 | 132.9 | 334.0 | 682.7 | 550.3 | 1,233.0 |
| FCB | 209.3 | 62.1 | 271.4 | 639.9 | 278.2 | 918.1 |
| BBDO | 302.7 | 16.8 | 319.5 | 625.6 | 359.9 | 985.5 |
| Leo Burnett | 255.2 | 9.9 | 265.1 | 639.8 | 31.8 | 950.6 |
| Grey | 171.0 | - | 207.0 | - | - | - |
| DDB | 224.0 | 30.1 | 154.1 | - | - | - |
| 합계 | 2,517.8 | 927.4 | 3,445.2 | 6,313.7 | 6,325.7 | 12,639.4 |
| 구성비(%) | 73.1 | 26.9 | 100.0 | 49.9 | 50.1 | 100.0 |

자료: 신인섭, 신기혁(2004).

이 표를 보면 알 수 있듯이 미국 10대 광고회사는 이미 1960년대 말 무렵에 전체 취급액 가운데 약 27%는 해외에서 대행하고 있었다. 1979년에 이 비율은 50.1%가 되어 미국 국내보다 해외가 많게 되었다. 물론 회사 따라 격차가 심한데 상위 3개사인 JWT, Y&R,

---

McCann Erickson의 경우 1968년에 해외 부문 비율은 각각 37.3%, 24.4%, 45.9%였다. 11년 뒤인 1979년에는 이 비율이 각각 53.4%, 39.7%, 72.3%로 껑충 뛰어올랐다. McCann Erickson의 경우는 해외 취급액 비율이 미국 내보다 높은데 그 이유 가운데 하나는 이 광고회사 광고주 가운데는 코카콜라와 같은 국제적인 광고주가 있기 때문일 것이다. 세계적인 광고회사들의 이름 뒤에 ○○○ International이란 명칭이 첨부된 것이 이 시기 이후의 일이었다(1980년대 후반에서 1990년대에는 다시 ○○○ Worldwide로 바뀌었다).

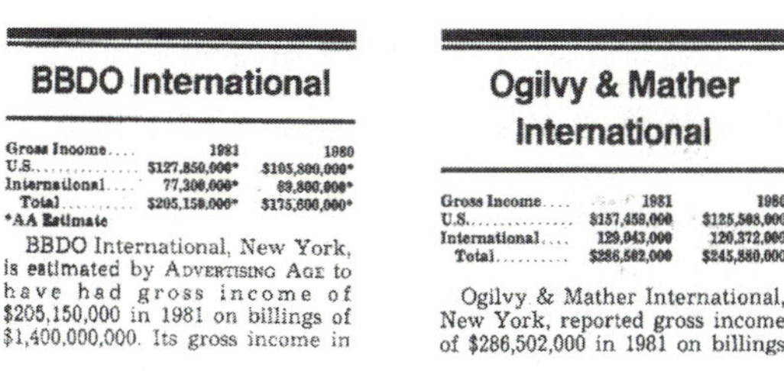


〈그림 7-6〉 International이란 호칭이 들어간 1980년대 초의 광고회사

1972년 굴지의 광고회사인 Y&R 국제담당 사장인 Ed Ney(에드 네이)는 회사가 제공하는 서비스는 "온전한 달걀(Whole Egg)"이라는 말을 했다. 자기 회사의 서비스를 달걀의 영양가에 비유한 이 말의 뜻은 Y&R은 비단 광고뿐 아니라 마케팅과 관련되는 PR이나 건강관리, 디렉트 마케팅 등 갖가지 서비스를 제공한다는 것으로 자기 광고회사가 통합 마케팅 서비스를 제공한다는 주장이었다. 이런 주장은 Y&R뿐 아니라 다른 대형 광고회사들도 주장하게 되었다. 이 때문에 1970년대에서 1980년대에 걸쳐 PR, DM, 건강관리, 브랜딩 등 마케팅커뮤니케이션의 모든 분야에 걸친 360도 서비스를 제공하는 조직으로 나가기 위한 광고대행사 업계의 M&A 붐이 일어나게 되었다. 이런 주장이 나온 뒤에 대형 광고회사가 PR 회사, 조사회사 그 밖의 마케팅 서비스 회사들을 사들이기 시작했다.

**광고회사의 주식 상장** 전통적으로 개인 경영 기업이던 광고업이 60년대에 들어서자 주식 시장 상장을 시작하게 되었다. 1963년에는 FCB, 1964년에는 DDB, 1969년에는 JWT, 1971년에는 Interpublic Group of Companies가 상장 회사가 되었다. 이 일은 1980년대에 들어선 뒤 광고회사 M&A가 생기게 되는 원인이 되었다고 볼 수 있다.

 **크리에이티브 혁명** 1960년대 미국광고의 크리에이티브 혁명이 일어나게 된 원인은 크게 다음과 같은 세 가지로 나누어 볼 수 있는데 이것은 미국 사회 전체에 변화를 일으키게 되었고 따라서 광고도 그런 변화의 영향을 받지 않을 수가 없었다.

 첫째, 세계 공통적인 현상이었지만 미국에는 2차 대전 종료 후의 이른바 전후 베이비 붐 세대가 성인이 되어 사회에 진출했다. 이들은 젊고 돈을 가진 젊은 세대를 형성했다. 이 세대는 젊고 늘씬하고 활동적인 것을 좋아하는 세대였다. 둘째, 이 세대는 청교도적인 직업의식과는 거리가 먼 세대이며 기존의 제도와 가치에 대해 도전했고 그 가운데 성 문제에서도 개방을 요구하는 세대였다. 셋째, 1960년대에 미국에서는 TV 보급이 거의 100%에 가까워졌다. 그 결과 이들은 태어나서부터 TV와 같이 자라온 세대이며 "읽는(Literary) 문화" 대신 "보는(Visual) 문화"에서 자라났다.

 구체적으로는 히피 세대이며 장발, 미니스커트, 마리화나, 청바지 세대로서 1969년에는 40만 명이 Woodstock(우드스톡)에 모여 록 음악, 섹스, 마약을 즐겼다. 유니섹스 머리털, 노브라(No Bra), 청바지가 표준 의상으로 등장했으며 그 결과 표현에서 Peter Max(피터 맥스)의 활기 있는 스타일이 등장하고 새로운 아르 누보(Art Nouveau)가 대두해서 유행했다.

 급변하는 사회를 수용하고 따라가며 선도하는 광고, 즉 새롭고 발랄한 크리에이티브가 출현했다. DDB가 선도한 이런 광고는 자기를 낮추고 때로는 깔보기도 하며 유머를 즐기고 불경이나 아이러니를 서슴지 않는 따위의 광고를 나타나게 하였다.


 **DDB의 광고** 20세기 미국광고 가운데서 가장 뛰어난 것으로 뽑힌 광고는 "Think Small", 즉 작은 것이 꿈이라고 의역할 수 있는 독일 폭스바겐 광고였다.[21] 미국 경제가 호황을 누리고 있어서 크고 멋진 자동차가 이상처럼 되어 있던 시절에 폭스바겐은 "작은 것이 꿈"이라는 역설적인 주장을 했다. 또한 "레몬(Lemon)"이란 헤드라인의 광고가 있는데 레몬이란 불량품이란 뜻이 있다. 물론 이 광고의 참뜻은 작은 불량이라도 대수롭게 넘기지 않는 자동차임을 이야기한 내용이다.

 대개 어느 기업이나 광고든 자사가 No. 1임을 자랑하는 것이 통례인데 DDB의 광고주인 Avis(에이비스) 렌터카 회사는 "No. 2 선언"이란 별명이 붙은 광고로 유명하다. "에이비스는 렌터카 업계에서 겨우 2위입니다. 그런데 왜 우리 차로 가십니까?(Avis is only No. 2 in rent

---

21) Advertising Age 1976. 4. 19. 호. 미국독립 200주년 기념 특집에는 이 광고전문지가 실시한 "내가 본 최고의 광고"에서 97명 가운데 00명이 고른 광고기 폭스바겐 캠페인이었디.

a cars. So why go with us?)"라는 대담한 광고를 했다. DDB는 이 외에도 Chivas Regal(시바스
리갈) 스카치위스키의 유명한 시리즈 광고를 만들었다. 폭스바겐 광고의 성공 덕분에 유나
이티드(United) 항공사, 소니(Sony), 모빌 석유(Mobil Oil) 등 여러 굴지의 광고주를 얻었다.

〈그림 7-7〉 폭스바겐의 Lemon 광고

〈그림 7-8〉 No. 2 선언이라는 별명이 붙은 Avis 렌터카 광고

〈그림 7-9〉 Chivas Regal 광고. "주인이 보면 벌써 반병이 비었고 손님이 보면 아직 도 반병이 남았고"라는 헤드라인(오른쪽). 그 리고 "Chivas 병에 남아 있는 주량에 따라 인심이 오갑니까"라는 뜻의 잡지 광고(1973)

『**어느 광고인의 고백**(Confessions of an Advertising Man)』 1948년에 광고회사를 차린 David Ogilvy(데이비드 오길비)는 이제 고전이 된 Rolls Royce(롤스로이스) 자동차와 Hathaway (해더웨이) 셔츠 광고 등을 만들었다. 1963년에 그는 『어느 광고인의 고백』을 출판했는데 이 책은 100만 부가 팔리고 14개 국 언어로 번역되었다. Ogilvy는 뒤에 『Ogilvy on Advertising(오길비의 광고)』라는 책을 썼다. 그가 창립한 Ogilvy & Mather는 지금도 세계 10대 광고회사 가운데 하나로 꼽힐 만큼 큰 회사 가 되었다.

〈그림 7-10〉 Ogilvy의 사진이 들어간 『Confessions of an Advertising Man』 책 표지

**Leo Burnett(레오 버넷)** 1929년의 경제대공황의 상처가 아직 가시지 않은 1935년 시카고에서 광고대행사를 시작한 레 오 버넷은 구수한 냄새를 풍기는 느낌이 있는데 그가 주창한 것은 "고유의 드라마(Inherent

Drama)"였다. 버넷이 말한 다음 글을 보면 그의 광고 철학을 알 수 있다(Higgins, 1965).

"나는 뉴욕에서 하이 윌리엄즈의 (사진)스튜디오에 있었는데 붉은 바탕에 붉은 고기를 놓
으면 어떻게 될까 하고 생각했습니다. (고기 그림이) 사라질까 또는 극적일까? 그리고 2페
이지 블리드로 하면 어떨까? 아직 TV가 나오기 전이었습니다. 자, 해 보자 했습니다. 그래
서 둥근 스테이크를 큰 붉은색 보드에 놓았습니다. 그리고 촬영했습니다. 뒤에 그 인화한
사진이 왔습니다. 훌륭해서 놀랐습니다. 곧 2페이지 블리드 크기로 가다듬어서 다음 협회
위원회 회의 때에 가지고 갔습니다. 그랬더니, 보세요, 모두 손뼉을 쳤어요. 그 광고로 하
자고요. 이것이 바로 고유의 드라마입니다. 아무런 트릭도 쓰지 않은 드라마입니다. 물론
배경은 트릭이라 하겠지요. 또한 붉은 고기를 붉은 배경에 놓은 것도 트릭이라면 트릭이
겠지요. 그러나 이것은 자연스러운 일이었습니다. 이것이 순수한 고유한 형태의 드라마입
니다. 우리는 괴상하거나 재주를 피우거나 지나치게 유머러스한 그런 것이 아닌 자연스러
운 것을 찾으려 합니다."

Leo Burnett이 만든 여러 광고가 있으나 그 가운데서 말보로 담배의 광고는 유명하다.
말보로는 1964년에 진짜 카우보이를 모델로 사용했다. 거칠고 강인한 말보로 맨은 이 담
배의 상징이며 1972년에는 세계 최대의 담배가 되었다. 1974년에는 미국 내에서 Winston
담배를 앞섰다. 코카콜라가 미국을 상징하는 청량음료라면 말보로는 미국을 상징하는 담
배처럼 되었고 세계 도처에서 팔리고 있다. 1971년부터 미국에서 시작된 방송광고 금지,
그 이후에 계속 생기고 있는 각종 규제가 있음에도 불구하고 여전히 말보로와 카우보이
는 살아 있다고나 할까.

1960년대 미국광고에 크리에이티브 혁명을 일으킨 주역으로 Ogilvy, Bernbach, Burnett을
들고 있는데 이 세 광고의 거장은 광고에 접근하는 방법에 있어서는 현저한 차이가 있었
다. Ogilvy는 고전적이며 전통적이었고 버넷은 텁텁하고 구수하면서도 믿음을 주는 타입
이었으며 Bernbach은 유머와 재치가 흘러넘쳤다. 다만 세 사람, 세 광고회사의 크리에이티
브에는 공통점이 있었다. 즉 과거에 광고가 흥미와 관심 끌기에 주력한 반면 1960년대에
들어와서는 광고의 중심이 제품 자체로 바뀌었다는 것이다.

처음으로 여성이 사장으로 취임한 광고회사 Wells, Rich & Greene(웰즈, 리치 & 그린)이
남긴 걸작 가운데 하나는 Benson & Hedges(벤슨 & 헤지스) 담배 광고가 있는데 이 콘셉트
는 "긴 담배의 불편"이었다. 즉 담배 길이가 100mm라는 것을 역으로 유머러스하게 이용
해 전개한 캠페인으로 1966년에 시작했다. 그리고 1968년에는 CLIO(클리오) 광고상에서
TV 부문 최고상을 수상했다. 1970년대에 들어서서 캠페인은 "미국이 제일 좋아하는 한

〈그림 7-11-1 및 7-11-2〉 Benson & Hedges 담배 TV 광고 및 잡지 광고(1974)

모금의 시간(America's Favorite Cigarette Break)"으로 바뀌었는데 여전히 긴 담배의 불편이란 콘셉트는 살린 것이었다. 영어의 브레이크(Break)는 꺾어지거나 부서지고 깨진다는 뜻과 함께 휴식이라는 뜻도 있어서 쉴 때 담배 한 모금 핀다는 의미도 포함되어 있다.

**여성, 소수민족, 흑인 진출** 2차 대전이 끝난 뒤 수많은 흑인들이 미국 남부에서 북부로 이주했다. 또한 중남미와 아시아에서 온 이민도 부쩍 증가했다. 미국 사회에 가장 큰 영향을 미친 사건은 민권운동이었다. 그리고 반전, 반체제, 기존 제도 반대, 인종과 남녀 차별 반대 등 사회변화가 휩쓸던 1960년대 후반이 되자 여성과 흑인, 소수 민족의 광고 분야 진출이 두드러지게 나타났다. 1962년에는 최초의 여성 AE(Account Executive)가 탄생했다. 이전에도 더러 있기는 했으나 흑인들의 광고대행업 참여가 부쩍 늘어나기 시작했다. 1966년에는 Wells, Rich & Greene 광고회사를 창립한 Mary Wells Lawrence(매리 웰스 로렌스)가 최초의 광고회사 여성 사장으로 취임했다. 여성이 자기 광고회사를 설립하는 사례는 1970년대 후반에 더욱 증가했다. 흑인, 중남미 사람, 아시아인들이 광고계에 진출했고, 광고 속에서 대개 하층 일에만 종사하는 소수민족 장면은 사라졌다.

1966년에는 전국여성기구(National Organization for Women: NOW)가 창설되었고 여자는 밖에서 일하지 않고 아내이자 엄마이자 주부일 때 가장 삶의 목적을 잘 이룰 수 있다는 전통적 의식에 도전하기 시작했다. 그래서 여성도 남성과 똑같이 모든 일을 할 수 있다는 주장을 했다. 같은 봉급, 고용 기회, 교육, 신용 거래, 피임 권리, 차별대우 철폐 등을 요구하고 나섰다. 광고에서도 여성은 정숙한 가정주부여야 한다는 표현이 사라졌다. 1963년에는 미국에서 손꼽는 기업이며 대광고주인 Lever Brothers(레버 브라더즈, 현재는 유니레버, Unilever)가 자사 제품 광고에 소수민족과 흑인을 활용하는 방법을 찾아 주기를 요청했다. 이러한 소수민족에 대한 차별 철폐를 다룬 광고의 좋은 사례가 유대인들이 즐겨 먹는 라이 빵 광고였다.

간단히 말해서 이제 광고주는 문화적인 측면에 대해 더욱 민감해졌고 그 결과 틀에 박힌 고정관념을 버리고 변해 가는 사회에 대처해 나가게 되었다.

〈그림 7-12〉 1960년대 라이 빵 광고에서 모델은 백인 어린이도 있고 동양인도 등장했다. 헤드라인을 직역하면 "꼭 유대인일 필요는 없습니다"(왼쪽), "진짜 Levy's(레위) 빵을 좋아하려시면"(오른쪽)이다.

〈그림 7-13〉 대조적인 두 광고. 1962년의 Evans(에반스) 모피의 이 광고는 남성에 의지하는 여성을 태엽이 꽂힌 여성 사진을 통해 보여 주고 있다. 한편 1973년 Revlon(레브론)의 찰리 향수 광고는 해방된 여성을 상징적으로 보여 주고 있다.

1963년에 시작해서 줄곧 계속된 펩시 세대(Pepsi Generation) 캠페인은 당시로써는 아직 새롭던 콘셉트인 소비자들의 태도, 즉 라이프스타일에 기초한 캠페인이었다. 타깃으로 한 대상은 2차 대전 이후에 탄생한 베이비 붐 세대였다. 이 캠페인은 당시 코카콜라가 6, 펩시콜라가 1이라는 심한 시장 점유율 격차를 지역에 따라서는 거의 맞먹게 할 만큼 판매에 이바지했다. 1970년에는 코카콜라가 '세계가 함께 노래했으면(I'd like to teach the world to sing)'이라는 광고 노래를 만들었는데 이 광고는 세계적인 히트가 되었다. 전 세계적으로 반응이 좋아지자 코카콜라는 이 노래를 부른 그룹에게 부탁해서 원래 TV 광고 노래의 배리에이션(variation)을 제작했다. 그 결과 이 곡은 미국 내 톱 10 리스트에 올랐을 뿐 아니라 월남전 기간에 평화를 바라는 송가(頌歌)가 되기도 했으며, 코카콜라는 이 곡 판매 수입을 유네스코에 기증했다. 이 광고는 당시로써는 상상하기 어려운 25만 달러의 제작비를 투자했다.

〈그림 7-14〉 코카콜라 광고 "I'd like to teach the world to sing"

**단 한 번 방송된 Daisy(데이지)의 위력** TV를 미국대통령 선거에 처음 이용한 것은 2차 대전의 영웅 아이젠하워가 출마한 1952년이었다. 60년대에 들어서자 선거광고에 TV를 이용하는 것은 당연한 것으로 받아들였다. 1963년 케네디 대통령이 암살당한 뒤, 그를 이은 존슨 대통령은 차기 1964년 선거에서 공화당의 배리 골드워터(Barry Goldwater)와 대전하게 되었다. 그런데 선거운동 기간 중 골드워터는 한창 진행 중이던 미국의 월남전에 대해 원자탄 사용도 고려할 수 있다는 언급을 했다. 이때 골드워터의 발언을 반박하기 위해 제작된 광고로서 단 한 번만 방송된 것이 "데이지"라는 이름의 광고였다. 내용은 간단했다. 뜰에서 데이지 꽃잎을 하나씩 뜯고 있는 여자 어린이가 잎사귀를 뜯으며 하나 둘 셋 세고 있는데 아홉을 세니까 음산한 남자가 미사일 발사 카운트다운을 하는 소리와 함께 버섯구름이 떠오르며 원자탄 폭파가 일어나는 화면이었다. 불길이 휩쓰는데 존슨의 말이 나왔다. "선택은 두 가지입니다. 모든 하나님의 아들딸이 평화롭게 사느냐 또는 어둠으로 가느냐입니다. 우리는 서로 사랑해야 합니다. 그렇지 않으면 죽습니다." 이 말이 끝나면서 "11월 3일 존슨 대통령에게 투표하세요. 집에서 계시기에는 문제가 너무 심각합니다."라는 다른 남자의 목소리 나왔다. 이 광고는 꼭 한 번 방송되었으나 반향은 대단했다. 존슨 캠프에는 비난이 쏟아졌는데 핵전쟁의 공포를 광고에 이용했고 또한 경쟁 상대인 골드워터가 핵전쟁을 일으킬 것이라는 시사를 했다는 것이었다. 하지만 이 선거전에서 존슨은 이겼고 골드워터는 낙선했다. 광고의 충격은 컸다. 선거에서 당락을 떠나서 이 광고가 정치와 광고에 대해 새로운 이정표를 만든 것은 사실이었다.

1960년대에서 70년대 중반 무렵에는 유명한 슬로건들이 탄생했다. 체신부는 우편 수입 증대를 위해 편지를 더 쓰라는 캠페인을 벌였고 공익광고기구는 음주 운전 방지를 위한 광고를 냈다. 1등이 아니고 2등이라는 선언을 한 Avis 렌터카의 '더 열심히 노력합니다'라는 말, '멋이 풍기는 곳으로 오세요'라고 옮길 만한 말보로 담배, 여성을 대상으로 한 버지니아 슬림(Virginia Slim) 담배의 '오래 기다리셨죠(You've come a long way)' 정도로 번역할 수 있는 슬로건 등이 있었다.

| 광고주 | 슬로건 |
| --- | --- |
| 미국 체신청<br>(US Postal Office) | 누군가, 어디선가 당신의 편지를 기다리고 있습니다.<br>Someone, somewhere, wants a letter from you. |
| 미국공익광고기구<br>(Advertising Council) | 술 마신 뒤 운전하라고 하지 마세요.<br>Don't ask a man to drink and drive. |
| 에이비스 렌터카<br>(Avis Rent A Car) | 그래서 저희는 더 열심히 일합니다.<br>We try harder. |
| 말보로 담배<br>(Marlboro) | 멋이 풍기는 곳으로 오세요.<br>Come to where the flavor is. |
| 버지니아 슬림<br>(Virginia Slim) | 오래 기다리셨죠, 여러분.<br>You've come a long way, baby. |

제품 판매를 위해 멋진 슬로건이 나왔는가 하면 핵폭탄 금지하라(Ban the bomb), 흑백 차별 철폐를 의미하는 검은 색도 아름답다(Black is beautiful), 싸우지 말고 사랑합시다(Make love, not war) 등의 정치성을 띤 슬로건도 나타났다.

〈그림 7-15〉 핵전쟁을 상징화했던 "데이지" TV 광고

1960년대의 크리에이티브 혁명을 반영하는 광고물 가운데 하나는 반문화(反文化, Counterculture)를 상징하는 콘서트 포스터를 들 수 있을 것인데 이 포스터를 제작한 아티스트는 Victor Moscoso(빅터 모스코소)였다.

## 제5절 그 밖의 일

1960년에는 Clio 상으로 부르는 미국 라디오/TV 광고제(American Television & Radio Commercial Festival)가 뉴욕에서

〈그림 7-16〉 여성용임을 강조하는 Virginia Slims 담배의 광고

창설되었다. 처음에는 전파매체 광고만을 대상으로 하던 이 광고상은 뒤에 인쇄매체뿐 아니라 모든 매체를 포함하고 동시에 감독, 촬영, 기술 부문까지도 포함하는 광고상이 되었다. 아울러 이 광고상 제정은 세계 여러 나라에서 비슷한 광고상을 창설하는 데 자극제가 되었다.

1961년에는 평화봉사단이 발족했으며 세계 도처에 젊은 미국인들이 나가서 현지에서 현지인들과 같이 봉사활동을 하는 새로운 미국 상징처럼 되었다. 흥미 있는 것은 평화봉사단 포스터에 1차 세계대전 때 모병을 위해 만든 유명한 엉클 샘(Uncle Sam) 그림을 이용한 것이다.

1962년에는 케네디 대통령이 제창한 소비자 보호 법안이 제정되어 소비자의 선택권, 안전을 보장받을 권리 그리고 제품이나 서비스 내용을 알 권리를 보장받도록 했다. 이 법은 그 뒤에 주로 연방통상위원회(Federal Trade Commission: FTC)가 관장하도록 했는데 뒤에 세계 여러 나라로 확산되었다.

1965년에는 하버드 대학 법과를 나온 유명한 소비자 보호 운동가인 Ralph Nader(랄프 네이더)가 쓴 책 "Unsafe at Any Speed(어떤 속도에서는 불안하다)"가 출판되어 자동차 업계에 큰 영향을 주었다.


**Super Bowl(슈퍼볼)** 1967년에 시작된 미식축구 결승 경기인 Super Bowl은 그 뒤 미국에서 시청률이 가장 높고 1억 이상의 미국인이 시청하는 프로그램이 되었다. 30초 광고료는 첫해에 42,000달러에서 1973년에는 10만 달러, 1985년에는 50만 달러, 1995년에는 드디어 100만 달러를 넘어섰다. 2000년에는 210만 달러라는 천문학적인 가격으로 뛰어올랐다. Super Bowl이 열리는 날은 이제 미국에서 사실상의 공휴일처럼 되었고 추수감사절 다음으로 식품이 많이 팔리는 행사이기도 하다. 광고 측면에서 보면 우선 미국에서 이렇듯 많은 사람이 시청하는 프로그램은 없다. 따라서 운동 경기 못지않게 Super Bowl 스폰서 광고에 관한 관심과 이야기가 매스컴에 보도되고 있다. 그 계기가 된 것은 단 한 번 Super Bowl 경기에 방송된 애플 컴퓨터의 "1984" TV 광고였다. 비싼 광고료 때문에 Super Bowl 스폰서가 된다는 것은 기업이 크다는 것을 과시하는 부수입이기도 했다.

1967년 IAA는 1950년대에 착수한 세계광고비 조사 자료를 처음으로 미 달러로 환산해서 발표했다. 수집한 자료를 본격적으로 연구, 분석한 것은 Starch-INRA-Hooper 시장조사였다. 그 결과 세계 여러 나라의 광고비, 매체별 구성, GNP 대비 비율 등 여러 가지 자료를 대비할 수가 있게 되었다. 한국의 광고비 자료가 처음으로 해외에 소개된 것은 IAA 의 1968년도 이 자료를 통해서였다.

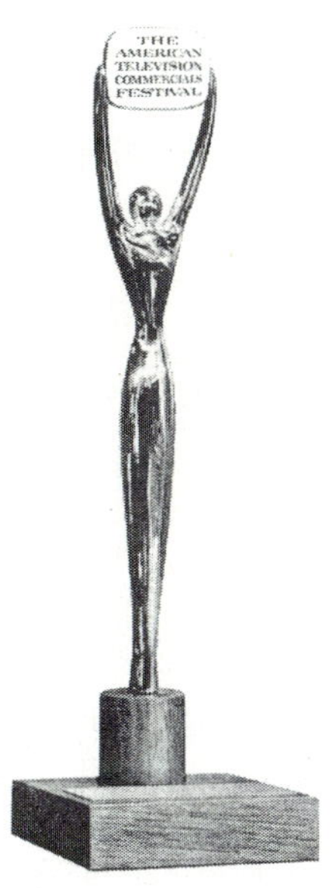

<그림 7-17> CLIO 트로피

<그림 7-18> 평화봉사단 마크 및 Uncle Sam 그림을 이용한 평화봉사단 모집 포스터

<그림 7-19> Ralph Nader와 그가 쓴 책 『Unsafe at Any Speed』

<그림 7-20> Superbowl 트로피

<그림 7-21> 1968년 당시 국제광고협회(IAA) 마크가 들어간 1968년 세계광고비 자료 표지

**광고자율 운동 – NARB 설립** 1971년에는 전국광고심의위원회(National Advertising Review Board: NARB)가 창립되었는데, 이 기구는 1912년에 미국과 캐나다에서 기업의 부당한 행위를 알림으로써 소비자 권익 보호 운동을 해 온 Better Business Bureau(베터 비즈니스 뷰러, BBB)와도 협의했으며 여러 광고 관련 단체의 지원하에 창립되었다. 물론 창립의 기본 정신은 광고의 진실성을 높이는 것이다. 그러기 위해서 소비자의 불만 검토 및 잘못된 전국 광고에 대한 심의를 통한 시정의 역할을 하는 단체이다. 구속력을 가진 단체는 아니나 그 결정이 미치는 영향은 대단히 큰 전국적인 광고자율조직이다. 1972년 12월 20일에는 광고평가 정책을 제정해서 발표했는데 그 내용 가운데 어떤 문제가 제기되었고 어떻게 처리되었는가를 설명했다(1991년에 한국에서 광고자율기구가 탄생했을 때 영문 명칭이 Korea Advertising Review Board이었음은 매우 흥미 있는 일이다. 한편 NARB는 2012년에 Advertising Self-Regulatory Council로 개명했다).

**포지셔닝 시대(Positioning Era)의 선풍** 1973년 Al Ries(알 리스)와 Jack Trout(잭 트라우트)가 쓴 "Positioning Era(포지셔닝 시대)"라는 논문이 Advertising Age에 3회에 걸쳐 연재(1972. 4. 24., 5. 1., 5. 8.)되었는데 이 논문은 뒤에 책으로 출판되었다. 이 책은 광고계에 선풍을 일으켰고 우리말로도 번역되었다. 그 뒤 포지셔닝 이론은 광고계의 한 정설이 되었다. 이 이론의 서두에는 다음과 같은 글이 있다.[22]

> 포지셔닝 시대. 제1부: 태풍은 모여든다. 오늘날 광고는 새로운 시대에 들어서고 있다는 것이 분명해졌다. 즉 크리에이티비티(Creativity)란 이제 성공의 열쇠는 아니다. 1960년대의 재미있고 우습던 광고는 1970년대의 가혹한 현실에 굴하고 만 것이다. 지난날에 효과를 보였던 그런 종류의 광고는 오늘날 시장에서는 반응을 일으키지 못하게 되었다. 너무 많은 제품과 너무나 많은 회사와 또 그리고 너무나 많은 마케팅의 '소음'이 있다.

뉴욕의 작은 광고회사를 경영하던 이 두 사람의 주장은 사실상 이미 1950년대에도 있던 아이디어였다. 다만 이들은 이런 아이디어를 가다듬어 한 이론으로 체계화한 것이었다. 이 논문에서는 미국의 1950년대를 제품시대, 1960년대는 이미지 시대, 1970년대를 포지셔닝 시대라고 불렀다. 포지셔닝 접근 광고에서는 광고에 대한 전략이 우선 소비자의 마음에 대한 검토에서 시작된다. 다음은 자기 제품에 기억에 남을 이름을 만들어 듣기 싫

---

22) 3회에 걸쳐 연재된 포지셔닝 시대는 1974년에 신인섭이 번역해서 한국광고연구협의회(현 한국광고협회)가 발행했다. 『포지셔닝 시대』(1974년 한국이 번역판) 3쪽.

을 정도까지 반복한다. 이 점에서는 Rosser Reeves가 1950년대에 제창한 USP 이론과 비슷하다. 유머, 무드, 심미 따위는 제품에 대한 관심을 딴 데로 돌리게 된다는 주장이다. 광고 제작자나 광고주는 이런 포지셔닝의 접근 방법은 ‘현실적인’, ‘딱딱한’ 또는 ‘소비자 지향적’이라고 불렀다.

포지셔닝 지향적인 광고로서 대성공을 거둔 제품이 Perdue(퍼듀) 닭고기였다. 미국 동부에 있는 조그마한 닭 농장에서 양계사업을 하던 Perdue가 광고를 시작한 것은 1971년이었다. 뉴욕의 작은 광고회사 Scali, McCabe, Sloves(스캘리, 매캐비, 슬로브즈)가 주장한 아이디어는 두 가지였다. 첫째로 사장 자신이 TV 광고 모델로 출연한다는 것이고 둘째는 광고 헤드라인을 “억센 사람이라야 부드러운 닭고기를 만들 수 있습니다”로 한다는 것이었다. 물론 브랜드명은 사장의 이름인 Perdue였다. 1970년대는 회사의 사장이 광고 모델로 나서는 것에 대해서 대부분 부정적으로 생각하던 시기였다. 그러나 Perdue의 광고는 성공했고 Advertising Age는 대성공을 거둔 이 광고를 그해 최고의 광고로 선정했다. 21세기에 접어들어 뉴욕타임스(잡지 섹션)는 “1971년에서 1990년대 중반까지 Perdue는 가장 무소부재(無所不在)적인 TV 인사”가 되었으며 2만 명의 사원, 연간 매출 28억 달러를 기록한 회사이자 한낱 닭고기를 명품 브랜드로 만들었다고 칭찬했다.[23]

1970년대 미국의 경제 불황 그리고 포지셔닝 이론의 주장은 1960년대 크리에이티브 전성시대에 찬물을 끼얹었으며 즐겁고 유머러스하던 광고에서 논리적이고 효과를 계량화할 수 있는 과학의 광고로 선회했다.

---

23) http://en.wikipedia.org/wiki/Frank_Perdue 참조.

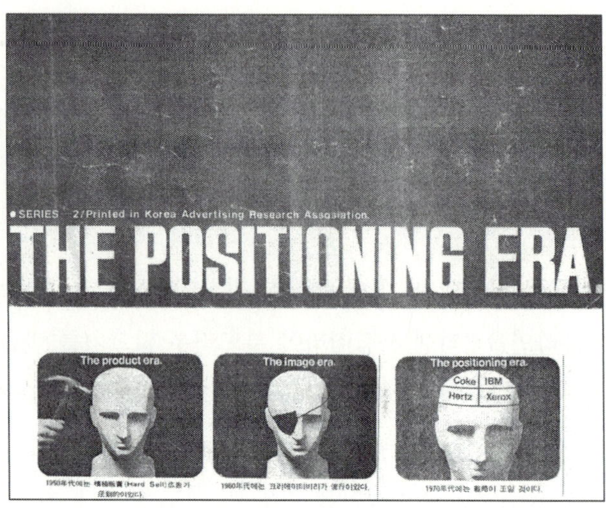


〈그림 7-22〉 전국광고심의위원회의 광고
평가 정책 발표(Advertising Evaluation
Policy Statement)

〈그림 7-23〉 포지셔닝 한국어 번역판(번역: *신인섭*, 한국광고연구
협의회(현재 한국광고협회) 발행) 표지 및 이 책의 내용 일부

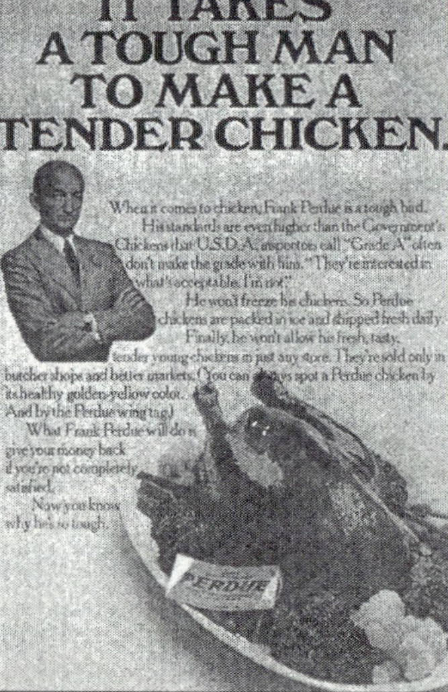

〈그림 7-24-1〉 Frank Perdue의 사진.
Perdue 사장은 1970년대 초부터 170여
개 TV 광고에 출연해서 미국 산업 역사상
가장 많이 기업 대변인 역할을 했다.

〈그림 7-24-2〉 Perdue 닭고기 인
쇄광고와 TV 광고

〈그림 7-25〉 닉슨 대통령
선거전 광고를 다룬 Joe
McGinness(조 맥기니스)의
『The Selling of the President
1968』의 표지

**비교 광고(Comparative Advertising)** 미국에서도 1960년대까지는 비교 광고를 좋게 보지 않았다. 경쟁업체의 이름이나 브랜드명을 들어가며 자기 제품이나 서비스가 더 좋다는 것을 내세우는 비교 광고는 스포츠맨답지 못하며 품위 없고 심지어는 위험하다고 생각해 온 것이 미국 기업과 매체의 공통된 견해였다. 그러나 NBC 방송은 1964년 미국 3대 네트워크 방송 가운데 제일 먼저 비교 광고 금지 규정을 폐기했다. ABC와 CBS 방송은 훨씬 뒤늦게 규정을 고쳐서 비교 광고를 허용했다. 그 이면에는 FTC의 요구가 있었으며 비교 광고에 반대하던 정부의 태도가 찬성으로 돌아선 데에는 이유가 있었다. 소비자에 대한 직접 판매에서는 경쟁 회사의 제품이나 서비스를 자사 것과 공공연한 비교 대비가 이루어지고 있으므로 과학적인 근거에 기초한 진실한 광고는 제품 품질 향상에 도움이 되고 소비자에게도 도움이 된다고 판단하게 된 때문이었다. 그 결과 1972년에는 ABC와 CBS 방송도 비교 광고를 허용하게 되었고 아울러 전국방송협회도 뒤따랐으며 광고업 협회도 비교 광고를 찬성하게 되었다.

**시정광고(Corrective Advertising)** 1972년 Warner Lambert(워너램버트) 회사는 구강 청정제 Listerine(리스테린)의 광고로 인하여 FTC로부터 1,000만 달러의 시정광고 게재 명령을 받았다. 이 광고에서 문제가 된 것은 이 약이 감기나 목의 통증을 고치고 예방한다는 주장과 이 약을 복용하면 복용하지 않은 사람보다 감기에 덜 걸린다는 것이었다. 수개월에 걸친 청문회 끝에 FTC는 다음과 같은 문구를 광고에 삽입하도록 규정했다(Jennings, 2005).

"이전의 광고와는 달리 Listerine은 감기나 목의 통증을 예방하거나 또는 증상을 완화하는 데 도움이 되지 않습니다."

Warner-Lambert 회사는 수년 뒤에 재심을 요구했으나 기각되었다. 비슷한 사례는 Anacin 광고에도 있었는데 이 약이 긴장을 풀어 준다는 광고의 내용 때문이었다. 이 경우에도 FTC 결정에 따라 2,500만 달러의 시정광고를 게재하도록 했다. 이렇게 해서 1970년대에는 새로운 광고 규제가 생기게 되었다.

**어린이 대상 TV 방송** 1968년에 보스턴 지역에서 일종의 풀뿌리 운동이 일어났는데 그 이름은 어린이 TV 프로그램 대책(Action for Children's Television: ACT)이었고 창립 목적은 어린이 대상 TV 프로그램의 질적 향상이었다. 이 단체가 절정에 이르렀을 때에는 자원

봉사 회원이 2만 명에 이르기도 했다. 처음 대상이 된 곳은 보스턴의 한 TV 방송국이었다. 시작은 보스턴 TV 방송국의 어린이 프로그램에 완구 광고 진행자가 지나치게 제품 홍보를 한다는 것이었다. 또한 어린이 프로그램에 광고시간이 지나치게 많다는 비판, 광고 방송의 3분의 1이 비타민 광고라는 등의 지적과 시정 요청을 했다. 이 단체는 1992년에 해체되었는데 ACT의 노력으로 1990년 어린이 TV법이 제정되어 더 이상 힘든 투쟁을 하지 않아도 되었기 때문이었다.

번영을 누리며 유례없는 크리에이티브의 혁명을 구가하던 1960년대가 사라지게 되었다. 1970년대 중반에는 워터게이트 사건으로 불명예스럽게 물러난 닉슨 대통령의 사임으로 정치에 대한 국민의 신뢰는 땅에 떨어졌다. 1973년 겨울에 시작된 제1차 석유위기는 기업에 대한 신뢰를 추락시켰다. 디스코와 레저 옷차림이 휩쓰는 문화로 바뀌었다. 광고에 다시 활기가 되돌아오는 것은 다음 10년의 세월이 흐른 뒤였다.

〈표 7-6〉 주요 광고 관련 사건 연표(1960~1975)

| | |
|---|---|
| 1960년대 | "크리에이티브 혁명" 시대. 광고의 거장 오길비, 번벅, 버넷 등 부상<br>패스트 푸드(Fast Foods) 체인 등장<br>초대형 소매점 체인 등장<br>TV 방송 편성 및 프로그램 제작 권한이 광고회사로부터 방송국으로 이전됨. |
| 1960년대 초 | 흑인, 소수민족, 여성, 광고계 등장 증가함. |
| 1960년대~1970년대 초 | 3대 네트워크 TV 방송국 비교 광고에 대한 규제 해지 |
| 1960년대 후반 | 반체제, 반문화운동 절정에 이름. |
| 1960 | Clio 광고상 창립<br>거의 모든 가구에 TV 보급됨.<br>매캔에릭슨 사장 매리온 하퍼 2세(Marion Harper, Jr.) 새로운 광고회사 경영 모델 창립<br>월마트 최초의 상점 개점 |
| 1963 | 케네디 대통령 암살당함. 존슨 대통령 승계<br>레버 브라더즈(현재 유니레버, Unilever) 광고회사에 흑인과 소수민족을 광고에 사용하는 문제 검토 요구<br>에이비스 렌터카 No. 2 선언 및 'We try harder' 캠페인 개시<br>오길비의 『어느 광고인의 고백(Confessions of an Advertising Man)』 출판<br>펩시 제네레이션(Pepsi Generation) 캠페인 등장과 콜라 판매전 |
| 1964 | 영국 비틀즈(Beatles) 미국 방문<br>민주당 존슨 대통령 후보의 "데이지(Daisy)" TV 광고 화제가 됨.<br>보건장관 흡연과 건강에 대한 보고서 공표 |
| 1965 | 랄프 네이더(Ralph Nader)의 소비자 보호운동 힘을 얻게 되고 『Unsafe at Any Speed』 책 출판<br>도로미화법 제정. 옥외광고에 미친 영향 커짐.<br>그레이(Grey) 광고회사 주식 상장 후 다른 회사 상장 이어짐. |

| 1966 | 여성(매리 웰즈 로런스, Mary Wells Lawrance)이 경영주인 광고회사 창립. Benson & Hedges의 "긴 담배의 불편" 캠페인으로 유명해짐. |
| --- | --- |
| 1967 | Super Bowl 개시 |
| 1968 | IAA 달러 기준한 세계 광고비 발표(1967)로 각국 광고비 대비 가능해짐.<br>마틴 루터 킹 목사 및 로버트 케네디 암살당함. |
| 1969 | 닐 암스트롱 달 착륙<br>Saturday Evening Post 폐간. 화보지 Look 폐간(1971). 화보지 Life 폐간(1972) |
| 1970년대 초 | TV 광고의 길이 기준이 60초에서 30초로 줄어듦.<br>FTC 시정광고 명령함. |
| 1970 | 코카콜라의 광고 노래 "I like to teach the world to sing" 유명해짐. |
| 1971 | 전국광고심의위원회(National Advertising Review Board: NARB) 설립<br>담배의 방송광고 금지 |
| 1972 | Young & Rubicum "온전한 달걀(Whole Egg)"이라는 통합광고 이론 제창<br>워너 램버트사의 리스테린(Listerine) 광고에 대해 FTC 최초로 시정광고 명령<br>ABC와 CBS 방송국 비교 광고 허용. 2년 후에 미국광고업협회 뒤 이음. |
| 1973 | 1차 석유위기로 세계 경제 대혼란 생김.<br>애드버타이징 에이지에 「Positioning Era」 논문 연재로 포지셔닝 이론 대두 |
| 1974 | 유니버설 프로덕트 코드(Universal Product Code) 발표<br>워터게이트 사건으로 닉슨 대통령 사임. 포드 대통령 승계 |
| 1975 | TIME 사의 HBO TV — 마닐라에서 주최한 권투경기를 처음으로 위성 중계를 통한 케이블 TV 방송 |

제8장

# 글로벌 시대: 1975~1990

# 제1절 정치, 경제, 사회, 문화

이 시기 세계에 일어난 가장 큰 사건은 1989년 베를린 장벽의 붕괴였다. 그 결과 1917년 볼셰비키 혁명으로 탄생한 소련 공산주의는 무너졌다. 그리고 동유럽의 여러 위성국가들은 다시 자유를 찾게 되었다. 정치와 경제의 자유는 1990년대 이후 러시아를 포함한 여러 전 공산권 국가에서 폭발적인 언론의 증가와 거의 사라졌던 광고의 부활로 나타나게 되었다.

미국은 1973년 겨울부터 시작해서 세계 경제를 공황으로 몰아넣은 제1차 석유위기, 다음 해에는 닉슨 대통령의 워터게이트 사건으로 인한 정치에 대한 불신 등이 겹치면서 1970년대 말에는 다시 제2차 석유위기를 겪었다. 미국은 높은 인플레에 시달리게 되었다.

1977년에는 지미 카터가 제39대 대통령이 되었다. 그러나 인권 대통령으로 알려진 카터는 재선되지 못했고 1981년에는 "미국에 다시 아침이 옵니다(It's morning again in America)"라는 캠페인 슬로건을 들고 나선 영화배우 출신 정치가 로널드 레이건(Ronald Reagan)이 대통령으로 당선되었다. 레이건 대통령은 이해에 정신병자에 의해 저격을 당했으나 다행히 회복했다. 그는 "레이거노믹스(Reaganomics)"라 부른 경제 부양책을 도입해서 침체했던 미국 경제를 다시 살려냈다. 13.5%라는 1980년의 인플레는 3년 뒤에 3%로 떨어졌다. 1982년의 10.8%이던 실업률은 레이건 정권 마지막 해인 1989년에 5.4%로 떨어졌다. 작은 정부, 더 많은 자유 시장 위임과 자율이라는 레이건의 정치 철학은 여러 가지 변화를 일으켰다.

　　1980년대 약 10년 사이에 800만 명이 넘는 이민자들이 미국에 들어왔는데 그 결과 1990
년에는 미국 인구는 2억 5천만에 다다랐다. 국민 1인당 소득은 1975년에서 1990년에 이르
는 기간에 3배 가깝게 성장해서 7,400달러에서 20,000달러를 넘어섰다.[24]

　　레이건의 재선 임기가 끝난 1989년에는 부통령이던 조지 W. 부시(George W. Bush 1세)
가 대통령이 되었다. 부시의 재임기간 중이었던 1990년에는 이라크 후세인 대통령의 쿠웨
이트 침공으로 인한 유엔의 참전 결의에 따라 미국을 위시한 서방 세력과 사우디아라비
아, 이집트가 참가한 연합군의 개입으로 이라크는 전쟁에서 패배하고 유엔의 감시하에 놓
이게 되었다.

〈그림 8-1〉 소니의 베타맥스와 JVC의 VHS

〈그림 8-2〉 Theodore Levitt(테오도
르 레빗) 교수

---

24) Statistical Abstract of the United States(1990).

1970년대 VTR 방식을 둘러싼 일본 소니의 베타맥스와 JVC의 VHS 싸움은 전 세계로 퍼져 나갔으나 결국 VHS의 승리로 결말이 났다. 세계 전자산업을 선도한 일본의 VTR 제품은 미국에서 TV 시청 행태에도 영향을 미쳤다. VTR 싸움에서는 졌으나 소니는 걸어 다니며 듣고 즐기는 오디오 워크맨(Walkman)을 개발하여 세계적인 센세이션이 되었다.

세계 커뮤니케이션 산업에 일대 변화를 일으킨 빌 게이츠가 마이크로소프트사를 창립한 것은 1975년이었다.

1977년에는 UPC 스캐너가 대두해 세계적인 표준으로 퍼져 나갔으며 소매 시장에 일대혁신을 일으켰다. 또한 1958년에 Bank of America가 시작한 크레디트 카드인 BankAmericard는 그해에 이름을 VISA로 바꾸었고 경쟁 업체인 MasterCharge는 MasterCard로 이름을 바꾸었다.

1983년에는 카페인 없는 청량음료의 출시로 시장 경쟁이 불붙어 카페인 광고전이 일어났다. 그해 하버드 대학의 Theodore Levitt 교수가 제창한 "Globalization(세계화)"은 그 뒤 세계적인 화제가 되었다. Levitt이 만든 말은 아니었으나 "글로벌(global)"이란 말은 기업뿐 아니라 일반인의 입에도 오르내리게 되었다. 전 세계적인 TV의 확산에 따라 같은 메시지를 온 세계에 보낼 수 있다는 것도 곁들어져 시작된 이 주장은 광고계에서도 활발한 찬반 논쟁이 되었다.

레이건의 탈규제 정책으로 1984년에는 AT&T(미국 전화 전신회사, American Telephone & Telegraph)에서 분리되어 시작된 MCI와 Sprint로 인하여 전신, 전화 서비스 광고전이 벌어졌다. 기업 합병, 인수는 계속되었는데 1980년대에는 필립모리스 담배회사가 Kraft(크래프트) 식품을 인수했고 코닥(KODAK)은 스털링 제약회사, Grand Metropolitan(그랜드 메트로폴리탄)은 Pillsberry(필즈베리)를 인수했다. 또한 이 무렵 최대라고 불리던 NABISCO 제과회사의 250억 달러 인수가 있었다. 대기업의 인수 바람은 그 뒤 광고회사의 M&A 바람으로 영향을 미치게 되었다. 1980년의 미국 100대 광고주 가운데 3분의 2는 인수 합병으로 사라지고 3분의 1만이 독립된 회사로 남게 되었다(Advertising Age, 2003).

1987년 10월 19일 월요일 홍콩에서 시작된 Black Monday(블랙먼데이, 증시주가급락)는 전 세계로 퍼져 나갔다. 홍콩 증시는 45.5%, 오스트레일리아는 41.8%, 영국 26.4%, 미국 22.6%라는 충격적인 결과를 가져왔다. 곧 수습은 되었지만 아직까지도 정확한 이유가 밝혀지지 않은 사건이었다. 이 시기의 마지막 해인 1989년에 일본 최대의 자동차 메이커인 도요타의 고급 자동차 렉서스(Lexus)는 미국 GM의 캐딜락, 독일의 벤츠, BMW를 누르고 가장 많이 팔리는 고급 차의 지위를 차지했다.

## 제2절 언론 매체

1980년대의 굵직한 언론계 뉴스는 레이건의 탈규제 정책에서 생긴 GE의 1986년 RCA 인수였는데 RCA는 NBC 방송의 소유주였다. 1989년에는 TIME 지와 Warner Communications (워너 커뮤니케이션)이 합병해서 TIME-WARNER를 창립했다. 그 결과 잡지, 영화, TV 프로그램 제작회사, 케이블 TV 방송국 네트워크, 책 출판, 레코드 제작 등 방대한 매체 제국이 탄생했다.

1970년대에 들어서서 AM과 FM 라디오는 각각 전문 분야로 자리를 잡게 되었는데 FM은 주로 음악, AM은 토크쇼와 스포츠를 다루는 방송으로 자리 잡았다. 1970년대에 Warner 케이블에서 처음으로 인터액티브(Interactive) 시험 방송을 실시해서 쌍방향 방송의 가능성을 보여 주었다. 1975년에는 HBO 케이블이 처음으로 위성을 통한 정규 프로그램을 케이블 TV에 방송함으로써 케이블 방송에 새로운 시대를 여는 계기를 마련했다. 1976년에는 애플 컴퓨터(Apple Computer)가 창립되었고 개인 컴퓨터 시대의 도래를 예고했다. 1970년대 마지막 해에는 스포츠 전문 채널인 ESPN이 창설되어 가장 성공적인 기본 채널이 되었다.

1980년에는 CNN(Cable News Network, 케이블 뉴스 네트워크)이 창립됨으로써 뉴스 방송의 국제화 시대를 열었다. 10년 뒤인 1990년 유엔 안전보장이사회 결의에 따라 이라크 공격이 시작될 때 수도 바그다드를 공습한 연합군 폭격을 보도함으로써 CNN이 가진 뉴스보도의 힘을 세계가 인정하게 되었다. 이 사실은 80년대 초반에 제기된 글로벌 마케팅에도 영향을 미쳤다. 즉 TV 보급의 확산으로 동일한 광고 메시지를 온 세계를 향해 발송할 가능성이 있음을 보여 준 것이었다.

1980년대 초는 미국에 케이블 TV 붐이 일어난 시기였다. CNN을 비롯해 USA Network (1980), Bravo(1980), Cinema(1980) 등에 이어 1981년에는 음악 방송인 MTV가 개국했고 다음 해에는 기상 채널인 Weather Channel과 Lifetime, 뒤이어 Disney가 개국했다. 1969년에 겨우 6% 보급이던 케이블 TV 가입자는 1980년에는 21%에 도달했다. CNN에 커다란 축복은 개국한 해에 미국 최대의 광고주인 Procter & Gamble(P&G)이 처음으로 케이블 TV인 CNN에 광고를 시작한 일이었다. 이것은 케이블 TV가 정규 광고매체로 자리 잡은 것을 상징하는 일이었다.

1981년에 시작한 MTV의 덕을 단단히 본 사람이 다름 아닌 마이클 잭슨이었고 그가 세계적인 명성을 누리게 된 계기가 마련되었다. 신디케이트 TV 방식이 시작된 것도 1981년이었다. 1986년에는 호주 출신으로 신문제왕이란 호칭이 붙은 Rupert Murdoch(루퍼트 머독)이 미국에서 제4의 채널인 Fox(폭스) 뉴스를 설립했다. 이로써 ABC, CBS, NBC의 3개사가 점유하던 세계 최대의 미국 TV 광고시장은 4파전이 되었다. 머독은 21세기에 접어들어 월스트리트 저널을 샀다. FOX TV의 등장, 케이블 TV의 급속한 확산 결과 3대 네트워크 TV가 지배하던 미국 TV 시장에 세분화가 시작되었다. 1970년대까지만 해도 90%에 이르던 3대 네트워크의 시청률 점유율은 70%대로 떨어졌다. 반면 독립 및 케이블 TV의 점유율은 40%대를 바라보게 되었다.[25]

1982년에는 미국 Gannett(가넷) 회사가 미국 역사상 처음으로 전국 일간신문인 USA Today를 창간했다. 물론 Wall Street Journal도 전국지이기는 하나 경제 전문지이다. 창간 무렵 겨우 20만 부이던 USA Today는 2010년에 182만 부를 발행하는 미국 유일의 전국 일간지로 성장했다.

〈그림 8-3-1과 8-3-2〉 USA Today, MTV, CNN, FOX 및 TIME Warner의 마크

---

25) Advertising Age 2005. 3. 28.

케이블 TV의 출현과 함께 1980년대 홈 쇼핑 채널의 등장으로 미국의 유통업계에는 일대 변화가 일어났고 중간 상점을 거치지 않고 소비자가 직접 선택해서 구입하는 다이렉트 마케팅의 길이 열렸다.

VTR 보급과 리모컨의 출현은 이른바 재핑(Zapping)과 지핑(Zipping)을 가능케 했는데, 즉 광고를 빼버리거나 건너뛰기를 할 수 있게 되었다. 1980년대 중반부터는 15초 광고가 탄생해서 광고 제작에도 영향을 미치게 되었다.

1983년에는 시카고에서 휴대전화 서비스가 시작되었는데 2005년에는 50%, 2009년에 이르자 82%로 보급률이 증가했다.


**신문** 이 시기 신문에는 큰 변화가 없었다. 이미 이 전 시기에 일기 시작한 석간의 퇴조는 계속되었으나 조간과 석간을 합한 발행 부수는 1975년에 6,066만 부에서 2.7% 성장한 6,232만 부로 증가했다. 다만 그 내역을 보면 조간은 339개에서 559개로 늘고 부수는 2,549만 부에서 62%나 증가해 4,131만 부가 되었으나 석간은 1,436개에서 1,084개로 줄고 부수도 3,517만 부에서 40%나 감소해서 2,102만 부로 격감했다. 주간지는 630개에서 863개로 증가했으며 부수도 5,110만 부에서 약 23%가 늘어난 6,263만 부로 증가했다. 신문에 격변이 일어난 것은 다음 시기로서 발행 부수가 격감하는 추세가 나타나게 되었다.

<표 8-1> 신문 추세

| 연도 | 제호의 수 | | | 부수(만 부) | | | |
|---|---|---|---|---|---|---|---|
| | 조간 | 석간 | 주간 | 조간 | 석간 | 조석합계 | 주간 |
| 1975 | 339 | 1,436 | 630 | 2,549 | 3,517 | 6,066 | 5,110 |
| 1980 | 387 | 1,388 | 735 | 2,941 | 3,279 | 6,220 | 5,467 |
| 1985 | 482 | 1,220 | 798 | 3,636 | 2,640 | 6,277 | 5,883 |
| 1990 | 559 | 1,084 | 863 | 4,131 | 2,102 | 6,232 | 6,263 |
| '75/90 대비(%) | +64.9 | −24.5 | +37.0 | +62.1 | −40.2 | +2.7 | +22.6 |

자료: 미국신문협회 '93 Facts About Newspapers.


1980년대는 광고주가 매체와 시청자를 지배하던 시대에서 시청자, 즉 소비자가 매체를 지배하는 시대로 바뀌어 갔다.

## 제3절 광고

　1975년에서 1990년에 이르는 15년 기간 광고계에 일어난 변화는 광고회사와 관련된 일이 주를 이루었다. 구체적으로는 광고회사에 대한 보상제도가 반세기 이상 유지되어 온 전통적인 15% 커미션이 수수료(Fee) 제도로 전환하기 시작했다. 또한 전파매체 채널 폭증에 따라 매체 업무가 복잡해지자 매체 전문 회사인 미디어 에이전시(Media Agency)가 등장했다. 그리고 1990년대에 들어가서는 광고회사 일부이던 매체담당 부서가 독립된 매체회사로 분리되어 나가는 현상이 나타났다.

　광고 크리에이티브 측면에서는 1960년대의 이미지와 크리에이티브 전성시대가 사라지고 1970년대 초에 등장한 "포지셔닝"의 영향이 지배하는 시대로 바뀌어 가고 있었다. 또한 컴퓨터의 등장으로 광고의 모든 분야를 샅샅이 계량화함에 따라 광고가 매출에 이바지하는 공헌도가 더욱 중요해졌다. 그리고 미국 기업의 해외 진출 확장에 따라 광고회사의 국제화는 더욱 촉진되고 있었다.

　1975년에 279억 달러이던 미국광고비는 1986년에는 처음으로 1,000억 달러를 넘고 이 시기 마지막 해인 1990년에는 1,296억 달러가 되어 4.6배나 성장했다.

〈표 8-2〉 광고비(1975~1989)

| 연도 | 매체별 구성비(%) | | | | | | 광고비(억$) |
|---|---|---|---|---|---|---|---|
| | 신문 | 잡지 | 라디오 | TV | DM | 기타 | |
| 1975 | 29.5 | 5.5 | 7.1 | 18.9 | 14.8 | 24.2 | 279.0 |
| 1980 | 27.6 | 6.1 | 6.9 | 21.3 | 14.2 | 23.9 | 537.5 |
| 1985 | 26.6 | 5.6 | 6.8 | 21.9 | 16.4 | 22.7 | 949.0 |
| 1989 | 26.1 | 5.6 | 6.7 | 21.7 | 17.7 | 22.2 | 1,239.3 |

주: 1) 자료: 매캔에릭슨의 로버트 코은(Robert Coen). 1986년에는 미국광고비가 1,000억 달러를 넘어서 1,021억 달러가 됨.
　　2) 구성비 계산은 필자가 함.

　케이블 TV 광고비가 발표되기 시작한 것은 1980년이었는데 이해 800만 달러에서 1985년에는 1억 3천만 달러로 늘었고 1989년에는 약 12억 달러에 이르러 전체 광고비의 1% 선이 되었다.

　1975년에는 밀러(Miller) 맥주회사의 저칼로리 맥주 Lite(라이트)의 시판을 계기로 맥주 시장에 큰 변화가 일어났다. 이제 고전처럼 된 밀러 맥주의 Tastes great, less filling(배부르지 않고 멋진 맛)이란 광고 헤드라인은 이 무렵에 탄생했다.

**〈표 8-3〉 10대 광고주(1980)**

| 순위 | 회사(업종) | 광고비(100만 달러) |
|:---:|:---:|:---:|
| 1 | 제네럴 모터즈(General Motors, 자동차) | 762.5 |
| 2 | 프록터 & 갬블(Procter & Gamble, 화학) | 649.6 |
| 3 | 시어즈 로벅(Sears Roebuck, 소매) | 467.6 |
| 4 | 제네럴 후즈(General Foods, 식품) | 401.0 |
| 5 | 필립 모리스(Philip Morris, 담배) | 364.6 |
| 6 | K-마트(K-Mart, 소매) | 319.3 |
| 7 | R. J. 레이놀즈(R. J. Reynolds, 담배) | 298.5 |
| 8 | 모빌 석유(Mobil Oil, 석유) | 274.3 |
| 9 | 미국전신·전화회사(AT&T, 전신·전화) | 259.2 |
| 10 | 나비스코(Nabisco, 식품/과자) | 192.1 |

자료: Advertising Age 1982. 9. 9.에서 구성.

1980년의 미국 10대 광고주는 표와 같은데 업종별로는 소매, 식품, 담배가 각각 2개사이고 자동차, 화학(세제, 지류재품), 전신·전화, 석유가 하나씩으로 되어 있다. 이미 10년 전에 전파매체 광고가 금지되기는 했으나 두 담배회사가 여전히 10대 광고주 리스트에 올라 있다. 광고비는 6~7억 달러가 2개사, 4억 달러 2개사, 3억 달러 역시 2개사이고, 2억 달러 수준이 4개사이다.

**광고회사** 1980년대를 "거래의 10년(Decade of the Deal)"이라 부르고 있을 만큼 이 10년 사이에는 기업도 그러려니와 특히 광고회사의 인수, 합병 거래가 많이 이루어졌다. 그 밑바탕에는 레이거노믹스라고 부른 레이건 대통령의 작은 정부, 탈규제, 자유 경제정책이 깔려 있었다. 그리고 기업의 인수, 합병을 손쉽게 해준 것이 이른바 "차입금에 의한 기업매입"으로 영어로는 Leveraged Buyout(LBO)이라고 했다.

**M&A 선풍** 광고회사의 M&A에 불을 지른 것은 영국 Saatchi & Saatchi(사치 & 사치) 광고회사의 광적인 미국광고회사 매입이었다. 1982년부터 시작된 매입이 절정에 이른 것은 1986년에 Ted Bates를 액면가보다 훨씬 비싼 가격으로 사들인 일이었다. 이 덕을 톡톡히 본 사람은 당시 Ted Bates 사장이던 Bob Jacoby(밥 제이코비)로서 1억 1천만 달러라는 당시로써는 천문학적인 돈을 받고 회사를 팔았다.

DDB와 BBDO가 Saatchi & Saatchi의 매입 선풍과 매입 제의를 보고 DDB는 Needham, Harper & Steers를 합병하고 뒤이어 BBDO의 참여로 3사가 Omnicom(옴니콤) 그룹을 지주회

사로 만들었는데 Saatchi & Saatchi의 Bates 매입이 있었던 1주일 뒤의 일이었다. 미국광고계에서는 이 사건을 빅뱅(Big Bang)이라 부르고 있다.

한편 Saatchi & Saatchi 재경 담당 책임자로 있던 Martin Sorrell(마틴 소렐)의 WPP 회사는 1987년에 JWT를 5억 6,600만 달러에 매입하고 2년 뒤인 1989년에는 Ogilvy & Mather를 8억 6,400만 달러에 사들였다. 이 두 거대한 미국광고회사매입은 적대적인 인수였다. 이러한 M&A 바람이 미국광고대행업계에 일어난 결과 1980년대 초 미국 15대 광고회사 가운데 Leo Burnett, Young & Rubicam, Grey 등 소수의 회사만이 1980년대 말까지 독립대행사로 남게 되었다(Advertising Age, 2003). (하지만 이들도 결국은 후에 대행사 그룹으로 흡수되었다.)

간단히 말해서 현재 세계 마케팅커뮤니케이션 산업을 지배하고 있는 4대 글로벌 광고회사 그룹이 형성된 것이 1980년대였다. 이런 선풍적이 사건은 광고대행업계에 대한 인식에 부정적인 영향을 미쳤는데 그것은 큰돈을 벌어들이는 광고대행사 수입의 기본이 되고 있던 15% 커미션 제도는 재검토해야 된다는 인식의 확산이었다. 1920년대 이래 반세기 이상 내려오던 광고회사에 대한 15% 커미션 제도가 1980년대에 들어와서 수수료(Fee) 제도로 전환이 촉진된 것에는 이러한 M&A가 단초를 제공한 것이다.


**15%에서 수수료(Fee)로 전환** 이미 '제6장 제5절 그 밖의 일'에서 간단히 설명한 대로 1955년에 미국 법무성은 광고회사에 대한 모든 매체의 균일적인 15% 커미션 인정 제도에 대해 독점금지법 위반을 제기했다. 그러나 이 문제는 매체 단체와 광고회사 단체 등 관련 업계의 합의에 의해 법적인 문제는 해결되었다. 그러나 1970년대에 컴퓨터의 보급과 MBA 소지자들의 광고계 대거 진출에 따르는 광고대행사 서비스 관련 원가 계산이 밝혀짐에 따라 15% 커미션 제도는 1980년대에 이르러 광고계의 중요한 이슈로 제기되었다. 1969년에는 미국광고주협회가 광고회사 보상에 대한 매뉴얼을 발행했다. 그리고 1970년대 초부터 "광고회사 보상 추세(Trends in Agency Compensation)"라는 연구서를 3년마다 발행했다. 1983년까지는 전통적인 15% 커미션 제도를 이용하는 광고주가 52%로 다수였으나 1986년에는 43%, 1989년에는 다시 35%로 줄어서 이제 대행사 보상은 커미션이 아니라 수수료 제도가 다수로 되었다. 그 결과 한 가지 나타난 추세가 광고회사의 취급액 대비 수입의 비율이 1980년대에는 대략 14% 수준이던 것이 1990년대에 들어서자 12% 선으로 줄어들었다(신인섭, 1999).

광고회사가 하는 모든 일에 대한 숫자적인 분석 결과 광고회사의 기능과 능력을 모두 계량화할 수 있는 과학적 기준에 따라 평가한다는 추세가 나타나게 되었다. 쉽게 말해서 광고의 궁극적인 목적은 판매 증진에 있으므로 광고가 얼마나 판매에 기여했는가가 광고회사에 대한 판단의 기준이 된다는 생각을 낳게 되었다. 말할 것도 없이 판매에 관련되는 것은 광고만이 아니다. 한편 유력 광고회사들은 이 시기에 자사만이 가진 광고 전략을 제시하는 계획을 발표하게 되었는데 예컨대 Ogilvy & Mateher는 승리하는 전략, JWT는 T-Plan, FCB는 Grid(그리드) 모델 등을 내세우게 되었다. 처음에는 매체의 다량 구매에 따르는 효과적인 매체 구매가 주목적이던 미디어 에이전시는 케이블 TV 등 증가하는 다양한 매체 때문에 더욱 전문화된 서비스를 제공하게 되었다.

**미국 기업과 광고회사의 국제화** 1976년에는 유력한 광고회사인 JWT가 처음으로 취급액 10억 달러를 돌파해서 미국 최대의 광고회사로 부상했다. 1980년대에 접어들자 미국광고회사의 명칭은 주로 ○○○ International에서 ○○○ Worldwide로 바뀌게 될 만큼 국제화가 촉진되었다. 말할 것도 없이 광고회사의 국제화는 고객이 광고주의 해외 진출에 따르는 것인데 1980년대 초 미국 다국적 기업의 매출액과 이익을 나타낸 표를 보면 쉽게 알 수 있다.

〈표 8-4〉 미국 다국적 기업의 매출과 이익(1981)

금액: 100만 달러

| 기업 | 총매출 | 해외매출 | 해외매출 비율(%) | 총이익 | 해외이익 | 해외이익 비율(%) |
|---|---|---|---|---|---|---|
| IBM | 29,070 | 13,982 | 48.1 | 3,308 | 1,228 | 37.1 |
| Chase Manhattan 은행 | 10,651 | 6,927 | 65.0 | 412 | 247 | 60.0 |
| GE | 27,854 | 5,824 | 20.9 | 1,652 | 296 | 17.9 |
| KODAK | 10,337 | 3,929 | 38.0 | 2.060 | 448 | 21.7 |
| 제록스 | 8,691 | 3,870 | 44.5 | 598 | 252 | 2,2 |
| P&G | 11,469 | 3,750 | 32.8 | 668 | 130 | 19.5 |
| Coca-Cola | 5,889 | 2,650 | 45.0 | 918 | 580 | 632 |
| Kimberly Clark | 2,886 | 1,054 | 36.5 | 294 | 95 | 32.4 |
| 합계 | 106,847 | 41,986 | - | 9,910 | 3,276 | - |
| 해외 구성비 | - | 39.3% | - | - | 33.0% | - |

자료: Forbes 1982. 7. 5.에서 구성.

    회사에 따라 다르기는 하나 이 표에서 나타나듯이 이미 1980년대 초에 미국 굴지의 대기업들의 해외 매출과 이익 비율은 제너럴 일렉트릭처럼 매출 20.9%에 이익 17.9%인 기업이 있는가 하면 Chase-Manhattan(체이스맨하탄) 은행은 총 해외 매출액이 65.0%, 이익이 60.0%라는 높은 비중인 기업도 있다. 10개 기업의 평균은 매출의 39%, 이익의 33%가 해외에서 생기고 있다. 이 가운데서 매출 대비 광고비 비율이 높은 기업은 청량음료인 코카콜라, 세제와 지류 제품과 개인 용품 제조회사인 P&G 같은 기업으로서 대개 총매출 대비 8%에서 10%를 넘게 광고비를 투자하고 있다. 1990년대에서 2000년대에는 미국 기업의 해외 진출은 더욱 늘어나게 된다. 따라서 미국광고회사의 해외 취급액이 증가하는 것은 당연한데 1980년의 미국 10대 광고회사 자료에 나타난다.

〈표 8-5〉 미국 10대 광고회사(1980)

금액: 100만 달러

| 순위 | 광고회사 | 세계 | 수입 | | |
|---|---|---|---|---|---|
| | | 총취급액 | 미국 내 | 해외 | 합계 |
| 1 | Young & Rubicum | 2,273.0 | 200.0 | 140.8 | 340.8 |
| 2 | JWT | 2,120.7 | 135,3 | 184.7 | 320.0 |
| 3 | McCann-Erickson | 1,792.1 | 64.6 | 204.1 | 268.7 |
| 4 | Ogilvy & Mather | 1,661.9 | 125.5 | 120.4 | 245.9 |
| 5 | Ted Bates | 1,404.1 | 108.1 | 102.5 | 210.6 |
| 6 | BBDO International | 1,305.0 | 105.8 | 69.8 | 175.6 |
| 7 | Leo Burnett | 1,154.5 | 108.2 | 62.9 | 171.1 |
| 8 | SSC&B | 1,203.0 | 38.1** | 128.6 | 166.7 |
| 9 | FCB | 1.118.9 | 109.1 | 55.4* | 164.5 |
| 10 | DDB | 1,004.0 | 98.1 | 52.6* | 150.7 |
| 합계 | | 15,037.2 | 1,092.8 | 1,121.8 | 2,214.6 |
| 구성비 | | − | 49.3% | 50.7% | 100.0% |

자료: Advertising Age 1982. 3. 24.
* 표는 자료에는 나와 있지 않으나 합계에서 미국 내 수입을 빼서 필자가 계산했다.
** 표는 자료에는 나와 있지 않으나 합계에서 해외 수입을 빼서 필자가 계산했다.
순위는 1980년 수입 합계의 순위이며, 합계와 구성비는 필자가 계산했다.

미국의 경우 한국이나 일본과는 달리 광고회사의 규모 판단 기준은 취급액보다는 수입에 기준하고 있다. 그 이유는 광고회사의 취급액(또는 대행액)의 85%가 매체에 지불되고 실지 광고회사 수입은 1980년대 이전까지는 대개 15%였다. 1980년 10대 광고회사의 경우를 보면 쉽게 말해서 미국 내와 해외의 구성비가 반반임을 알 수 있다. 회사에 따라 격차는 있으나 1980년에는 이미 미국 10대 광고회사의 국제화는 엄연한 사실로 나타나고 있다. 그 가운데서도 가장 오랜 역사를 가지고 또한 누구보다 먼저 국제화에 앞장선 JWT의 사례는 다음과 같다.

〈표 8-6〉 J. 월터 톰슨의 취급액(1919∼1985)

금액: 100만 달러, 구성비: %

| 연도 | 미국 내 | 해외(구성비) | 합계 | 비고 |
|---|---|---|---|---|
| 1919 | 8.4 | 0.04(0.5) | 8.44 | 최초의 해외 광고 대행액: 4만 달러 |
| 1920 | 12.2 | 0.19(1.5) | 12.39 | |
| 1930 | 31.7 | 6.3(16.6) | 38.0 | 세계 경제대공황(1929) |
| 1940 | 30.8 | 9.6(23.8) | 40.4 | 2차 세계 대전(1939)<br>태평양전쟁(1941) |
| 1950 | 107.5 | 24.5(18.6) | 132.0 | 2차 세계 대전 종료(1945) |
| 1960 | 260.0 | 120.0(31.6) | 380.0 | |
| 1975 | 431.9 | 465.6(51.9) | 897.5 | |
| 1980 | 1,016.0 | 1,246.0(55.0) | 2,262.0 | |
| 1985 | 1,675.5 | 1,333.7(44.3) | 3,009.2 | |

자료: J. Walter Thompson 자료.

해외 진출에 있어서 가장 앞선 JWT의 사례를 보면 이미 1919년에 처음으로 해외 취급액이 나타난다. 그리고 1975년부터는 해외 취급액이 미국 내 취급액보다 많아진다. 1985년에는 미국 내 취급액이 더 많아지지만 여전히 44.3%가 해외이다. JWT의 해외 지사 설립 상황을 보면 1945년 이전에 이미 11개 국가에 진출했는데 주로 유럽, 중남미, 아프리카(남아공) 그리고 아시아에서는 유일하게 인도에 지사를 차렸다.

1970년대 후반부터 광고회사에 MBA 출신이 대거 진출했다. 컴퓨터의 보급과 함께 MBA 출신들의 대행사 진출 결과 광고회사는 크리에이티브를 포함하는 모든 업무를 계량화하는 추세로 바뀌었는데 당연히 찬반의 의견이 대두했다.

**크리에이티브** 앞에서도 언급한 대로 1970년대는 크리에이티브 전성기이던 1960년대와는 달리 이성적이고 숫자를 따지는 시대로 바뀌었다. 크리에이티브가 다시 살아난 것은 80년대에 들어선 이후였다.

1970년대에 광고계를 휩쓴 포지셔닝 이론은 코카콜라와 펩시콜라의 콜라 전쟁 틈바구니에 있던 7-Up(세븐업)에도 영향을 미쳤고 "Uncola(콜라가 아니다)"라는 자리매김을 잡았다. 그리고 이 캠페인은 상당한 판매 효과를 나타냈다. 달리 보면 콜라가 아닌 대안을 제시한 것이다. 제록스의 1975년 작품 "이것은 기적이오(It's a Miracle)"는 자칫 실수하기 쉬운 종교가 관련되는 작은 사건을 배경으로 해서 일련의 유머러스한 상황을 통해 제품의 특성을 잘 드러냈다. 즉 도저히 생각할 수 없을 만큼 빨리 문서를 깨끗이 복사할 수 있다는 기계의 특성을 보여 주었다.

1970년대 말부터 시작해서 장수하는 스웨덴의 Absolut 보드카 광고 캠페인은 화젯거리가 되었다. 그 결과 Absolut는 프리미엄 보드카 자리에 오르게 되었다. Ally & Gargano(앨리 & 가르가노)라는 작은 광고회사가 제작한 Federal Express(FedEx)의 TV 광고는 1981년에 명광고로 뽑혔다. 국제 속달 우편회사이므로 빨리, 정확히 물건을 전달해야 될 것은 당연한데 이런 아이디어를 빠른 말로 바꾸어 놓았다. 보통 말하는 속도의 2.5배 빨리 광고 카피를 읽어 나가기 때문에 영어 원어민조차 귀를 기울여 들어야 할 만큼 말의 속도가 빠르다. 마지막 화면에 나오는 카피는 "오늘 밤중에 절대적으로 어김없이 거기에 도착해야 한다면"이라고 옮길 수 있을 것이다.

1980년대 초에 시작된 나이키 캠페인은 나이키라는 신발 메이커를 일약 세계적인 브랜드로 올려놓은 광고였다. 나이키 회사에 내려오는 이야기에 따르면 광고 역사상 가장 유명하고 잘 알려진 슬로건의 하나가 탄생한 것은 1988년 나이키의 광고회사인 Wieden & Kennedy(와이든 & 케네디)와 나이키 사원들이 만난 자리에서 나왔다. 나이키의 '하면 된다(can−do)'는 정신에 대해 부러운 듯이 이야기하면서 "나이키의 여러분, 그냥 하세요(Just do it)"라 했다고 한다. 그리고 다음에 일어난 일은 역사가 되었다. "Just do it"이란 그냥 하세요, 하면 됩니다, 못할 것 없습니다 등 여러 가지 뜻을 함축하는 말이다. Wieden이 한 이 말에서 나이키의 무서운 캠페인이 시작되었다. 1988년에서 1998년에 이르는 10년 사이에 나이키 운동화는 18% 점유율에서 43%로 뛰었고 8억 7,700만 달러의 매출은 92억 달러로 껑충 뛰었다.

1984년에는 몇 가지 기억에 남을 캠페인들이 나타났다. 햄버거 메이커인 Wendy's(웬디스)의 광고 가운데 사용된 "Where's the beef?(고기는 어디에 있는 거야?)"라는 할머니의 대사는 당시 미국 사람이라면 모르는 사람이 없을 만큼 퍼졌다.

단 한 번의 TV 광고로 방송 다음 날 20만 명의 관람객이 광고한 상품을 보기 위해 상점에 모여들고 3개월 내에 72,000명이 제품을 구매했다는 기록을 세운 것이 애플의 매킨토시 광고였다. George Orwell(조지 오웰)의 소설 『1984』에서 아이디어를 따온 이 광고는 미국 TV 방송에서 가장 많은 시청자가 보는 슈퍼볼 경기에 40만 달러의 광고료를 내고 1회만 방영했는데 광고비보다 더 많은 50만 달러의 제작비를 투입한 작품이었다.

1984년에 시작한 펩시콜라의 The Choice of New Generation(새로운 세대의 선택) 캠페인은 마이클 잭슨이 등장한 작품으로 새로운 흑인 세대를 그린 작품이었다. 1986년에는 점토와 애니메이션의 합성어인 클레이메이션(Claymation)이라는 새로운 기술 형식으로 제작된 캘리포니아 건포도 광고가 크게 히트를 치면서 클레이메이션은 새로운 광고 기법의 하나로 성공적인 자리매김을 했다. 80년대 마지막 해에는 Energizer(에너자이저) 배터리 광고에 등장하는 바니(토끼, Bunny)가 센세이션을 일으켰다.

〈그림 8-4-1과 8-4-2〉 7-Up의 "콜라가 아니다"라는 광고

〈그림 8-5〉 스웨덴의 ABSOLUT 보드카 광고

〈그림 8-6〉 Federal Express의 빠른 말(Fast Talk)을 사용한 광고

〈그림 8-7〉 세계적인 브랜드가 된 나이키의 상표와 슬로건

〈그림 8-8〉 Wendy's의 "고기는 어디 있어?(Where is the beer?)"

〈그림 8-9〉 단 한 번의 TV 광고로 히트를 친 매킨토시 광고 "1984"

〈그림 8-10〉 펩시콜라의 "신세대의 선택(The Choice of a New Generation)"에는 가수 마이클 잭슨이 등장했다.

〈그림 8-11〉 점토로 만든 인형 광고로서 Clay(점토)와 animation(애니메이션)의 mation을 따서 만든 Claymation(클레이메이션)이라는 말을 만든 건포도 광고

〈그림 8-12〉 Energizer(에너자이저) 배터리의 수명이 길다는 것을 가장 귀엽게 드러낸 토끼의 행진 광고

〈그림 8-13〉 사회적인 이슈를 대담하게 광고에 도입함으로써 광고와 PR을 융합해서 성공한 이탈리아의 베네톤 광고

〈그림 8-14-1과 8-14-2〉 "울고 있는 인디언(Crying Indian)"이란 이름이 붙은 '미국을 아름답게' 캠페인은 자연보호가 사회적인 이슈가 되도록 만들었다.

〈그림 8-15〉 제록스의 "이것은 기적이오(It's a miracle)" 광고

　사회적인 이슈를 소재로 삼아 광고 캠페인을 전개해 온 이탈리아의 Benetton(베네톤) 회사는 인종차별 문제를 시리즈 광고로 다루었다. 70년대 초에는 미국을 아름답게(Keep America Beautiful)라는 공익광고의 일환으로 제작, 방영된 "Crying Indian(울고 있는 인디언)"이라는 이름이 붙은 TV 광고는 미국을 아름답게 한다는 뜻을 넘어 환경파괴에 대한 경각심을 일으킨 사회적 함축성까지 포함한 광고였다.

　1979년부터 1983년까지 60회에 걸쳐 동일한 테마를 같은 형식으로 오직 한 신문인 월스트리트 저널에만 한 달에 한 번씩 게재해서 미국 산업계뿐 아니라 각계각층에까지 큰 반향을 일으킨 캠페인이 있었다. United Technologies(유나이티드 테크놀로지)의 기업 광고였다. 다룬 내용은 여성 문제로부터 미국의 애국심에 이르기까지 다양했다. 광고 크기는 전면, 흑백 광고였고 레이아웃은 단순했다. 그리고 이른바 종합일간지가 아니고 경제 일간지라는 제한이 있었으나 광고에 따라서는 엄청난 일반 독자의 반향이 있었다. 광고 리프린트(Reprinting) 요청이 들어오면 기꺼이 보내 주었다.

　1979년 2월에 시작해서 1983년 5월까지 캠페인은 계속되었다. 가장 반응이 컸던 광고는 1980년 2월에 게재한 "Let's Get Rid of 'The Girl'(아가씨란 말을 없앱시다)"이었는데 20,454통의 편지가 왔고 13만 548매의 리프린트를 발송했다. 반응은 더 있었는데 뉴욕타임스를 포함한 여러 유력 언론사가 기사로 다루었고 오하이오 주의 어느 여자대학 학장은 1979년 모든 졸업증서에 이 메시지의 사본을 동봉하기까지 했다. 이보다는 적었으나 링컨 대통령을 다룬 광고 역시 큰 반응이 있었다. 이 광고 캠페인이 계기가 되어 1,100개 미국 신문에 기사가 실렸고, Dear Abby라는 유명한 칼럼에도 실렸다. 특히 이 광고가 반향이 컸던 것은 미국에서 바뀌어 가는 여성관을 반영한 때문이었다(신해진, 1989).

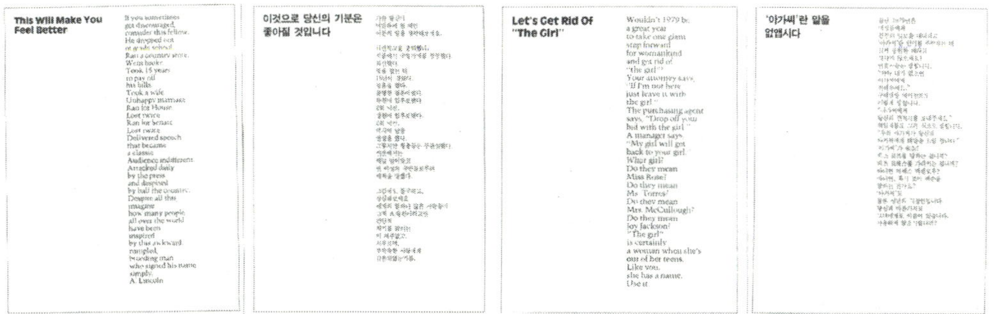

〈그림 8-16-1과 8-16-2〉 United Technologies의 기업 광고. 1979년 5월(그리고 다시 1985년 9월)에 게 재된 "Let's get rid of The Girl" 및 1980년 2월에 링컨 대통령을 다룬 "This Will Make You Feel Better" 광고

## 제4절 그 밖의 일

1976년에는 미국광고 역사상 기록될 만한 사건이 일어났는데 다름 아니라 상업 메시지, 즉 광고도 표현의 자유 보장에 관한 미국 헌법 수정 제1조의 보호를 받는다는 대법원의 판결이 나왔다. 사건은 대수롭지 않은 데에서 시작되었다. 버지니아 주법 가운데는 처방 약의 가격을 광고하는 것은 위법이며 위반할 경우 "직업윤리에 어긋나는 행동"으로 처벌 된다는 것이었다. 지방 재판소가 알아본바 약값은 같은 주 안에서도 지역 따라 차이가 심 했다. 개개인의 소비자와 소비자 단체는 이 법에 대해 도전했고 지방법원에 제소해서 결 국 대법원의 승소 판결이 났다. 즉 약사들의 약 가격 광고를 금지하는 버지니아의 법이 흔히 인권선언이라고 알려진 수정헌법 1조에 위배된다는 것이었다. 이듬해에 대법원은 주(洲) 변호사협회의 광고 금지 규정이 역시 헌법에 위배된다고 발표했으며 이에 따라 각 주의 변호사협회는 지침을 발표하기에 이르렀다. 1982년에 이르자 연방통상위원회(FTC) 는 치과의사를 포함한 의사의 광고를 허용하는 결정을 내렸다.

1976년 Advertising Age는 미국 건국 200주년 특집을 발행했는데 이때 제럴드 포드 대통 령은 축하 메시지를 보냈다(머리말 참조). 그 가운데는 다음과 같은 말이 있다.

"미국의 국가적 유산의 일부로 우리가 향유하고 있는 자유 기업 제도는 광고 매체의 여러

> 구성 요소를 통해 효과적이고 유능하게 선포되어 있습니다. (중략) 미국이 셋째 세기의 초석을 쌓고 있는 지금 나는 우리나라의 200주년을 기념하는 특집을 발행하는 데 대해 Advertising Age 발행인, 편집자와 직원들에게 경하의 말씀을 드리게 된 것을 기쁘게 생각합니다.”

아마도 1976년 미국 건국 200주년 특집을 발행한 언론 매체는 많았을 것이며 그 가운데는 각종 전문분야의 매체들도 있었을 것이다. 그런데 광고, 마케팅 커뮤니케이션 전문 주간지에 축하 메시지를 보낼 만큼 미국이라는 나라는 광고에 대한 인식이 깊음을 반영하고 있다.[26]

80년대에 접어들자 세계적으로 에이즈(AIDS)가 확산되어 국제적인 문제로 대두하게 되었다. 이렇게 되자 그때까지 콘돔 광고를 게재하지 않던 잡지, 예컨대 Parents, Vogue 등도 콘돔 광고를 게재하게 되었다. 80년대에는 또한 인포머셜(Informacial) 광고가 전파매체에 등장했다. 1988년에는 이런 광고가 3.5억 달러였으나 1992년이 되자 7.5억 달러로 증가하고 1998년에는 45억 달러에 이르는 새로운 형태의 광고가 되었다(Advertising Age, 2003). 80년대 초에는 스티븐 스필버그의 영화 ET에 처음으로 제품간접광고(Product Placement: PPL)가 시도되었는데 당시 광고주는 Hershey’s(허쉬) 초콜릿이었으며 이 최초의 PPL 결과는 놀라웠다. 3주 만에 판매가 3배나 상승했고 연간 기준으로는 70%나 판매가 증가해서 이런 형태의 광고는 완전히 자리를 잡게 되었다. 규제 완화의 일환으로 FTC가 금지해 온 프로그램형 라디오 광고에 대한 규제도 해제되었다.

1982년 Johnson & Johnson(존슨 & 존슨) 회사의 타이레놀에 독극물을 투입한 사건이 일어나서 독약이 들어간 타이레놀을 먹고 8명이 죽은 사건이 시카고에서 발생했다. 이때 존슨 & 존슨은 즉각 전 제품 회수 조치를 취했고 대대적인 전국 광고를 통해 사실을 있는 그대로 알려 주었다. 엄청난 재정적 손실을 감수하면서도 기업이 가진 사회적 책임을 다한 것이었다. 사태는 일단 수습되었고 이 회사는 사건 처리에서 사람의 생명과 사회적 책임을 다했다는 여론 때문에 회사의 이미지는 오히려 올라갔고 곧 손실도 회복할 수 있었다. 그 결과 타이레놀 독극물 투입 사건의 처리는 PR 역사에 있어 대성공을 거둔 사례로 남게 되었다.[27]

1984에는 스포츠 마케팅의 중요성이 극명하게 나타난 해였다. 미식축구리그의 슈퍼볼

---

26) Advertising Age 1976. 4. 19.

27) http://en.wikipedia.org/wiki/Chicago＿Tylenol＿murders

이 1967년에 처음 시작된 이래 20년이 가까워지자 시청률은 40%를 훨씬 넘고 시청자의 수는 8천만 명에 가까워졌다. 이렇게 되자 슈퍼볼 광고의 중요성이 대두되었다. 나이키는 시카고 Bulls(불스) 팀의 마이클 조던(Michael Jordan)을 전속 모델로 기용했는데 1984년에 5년 계약에 250만 달러라는 거금을 모델료로 지불했다. 이 사건이 계기가 되어 스포츠 마케팅의 새로운 분야가 제기되었다.

<표 8-7> 슈퍼볼과 광고

기준: 30초

| 연도 | 광고료($1,000) | 시청률(%) | 시청자(1,000) |
|---|---|---|---|
| 1967 | 42 | 23.0 | 없음. |
| 1970 | 78.2 | 39.4 | 44,270 |
| 1980 | 275 | 46.3 | 76,240 |
| 1990 | 700 | 39.0 | 73,852 |
| 1995 | 1,000 | 41.3 | 83,420 |
| 2000 | 2,100 | 43.3 | 88,465 |
| 2005 | 2,400 | − | − |

자료: Google: Historical Super Bowl Nielsen TV Ratings, 1967~2009.

레이건 대통령의 레이거노믹스의 일부는 연방통신위원회(FCC)의 규제 완화였는데 1984년에는 광고 방송 시간에 대한 규제가 풀렸다.

1985년은 코카콜라가 큰 창피를 겪은 해였다. 경쟁 제품을 물리치기 위해 새로 만들어 시중에 내놓은 New Coke가 전통적인 코카콜라 소비자의 심한 반항에 부딪혀 불과 수개월 만에 시중에서 철수하는 궁지에 몰렸다. 사건은 1970년대 중반으로 거슬러 올라간다. 경쟁업체인 펩시콜라는 맛에 대한 블라인드(Blind) 테스트 결과 의외로 펩시의 맛을 선호하는 소비자가 많음을 발견했다. 펩시는 이 조사 자료를 이용해 그 뒤에 대대적인 펩시 챌린지(Pepsi Challenge) 캠페인을 전개했다. 펩시의 이 캠페인은 코카콜라에 타격을 입혔다. 한편 코카콜라는 극비리에 캔자스 프로젝트(Project Kansas)에 착수했고 19만 명을 대상으로 400만 달러를 투입해 맛 테스트를 실시했다. 이 말이 새어나가 경쟁업체인 펩시가 알게 되자 코카콜라는 맛을 펩시처럼 만들고 있다는 공격을 하게 되었다. 소문이 나가자 언론의 날카로운 질문에 대해 새로운 코카콜라를 판매할 것이라고 발표하게 되는데 콜라 시장의 39%나 되는 코카콜라 애호가들로부터 거센 항의를 제기 받게 되었고, 이렇게 되자 코카콜라는 옛 맛으로(Coca-Cola Classic) 되돌아갔다.

　1987년에 조사회사 A. C. Nielsen은 종래의 가구 대상 TV 시청률 조사보다 앞선 피플미터 방식의 시청률 조사를 시작했다. 그 결과 개인 시청률이 나오게 되어 광고주나 광고회사는 원하는 대상에 알맞은 방송 프로그램을 사는 데 필요한 자료를 얻게 되었다.

**변하는 성(性, Gender) 개념, 여성의 힘** 1990년대 미국광고계에서 여성이 차지하는 위치를 조사한 자료 가운데 하나는 JWT 전략기획실에서 나타났다. 이 조사의 결과 앞으로 광고에서 여성을 다룰 때에는 여성이 단순히 자존심을 가진 더 나은 주부로서가 아니라 새로운 힘을 가진 사람으로 자리매김하도록 표현해야 된다는 것이었다. 기획 실장이었던 피터 김(Peter Kim)의 보고 가운데는 "여성 위생 용품이나 화장품 외에는 성(性)이란 아이디어는 사라질 것이다."라는 말을 했다. 이러한 추세는 여러 군데에서 나타났다. 1970년대에서 1980년대에 디자인 청바지 선풍을 일으킨 Jordache(조다쉬)의 광고는 일부 비난의 소리도 있었으나 힘을 지닌 여성으로의 변화 그리고 차차 희미해 가는 성의 차별을 잘 드러내는 광고였다. FCB가 1991년에 제작한 여성 Levi's 청바지 광고 캠페인은 Matisse(마티세) 그림을 연상시키는 것이었는데 가장 스마트하고 예술적이며 아울러 가장 민감한 광고였다(Sivulka, 1998).

〈그림 8-17-1과 8-17-2〉 Levi's의 여성용 청바지 광고. 변하는 여성을 동양과 서양의 섹시한 젊은이 사진을 사용했다.

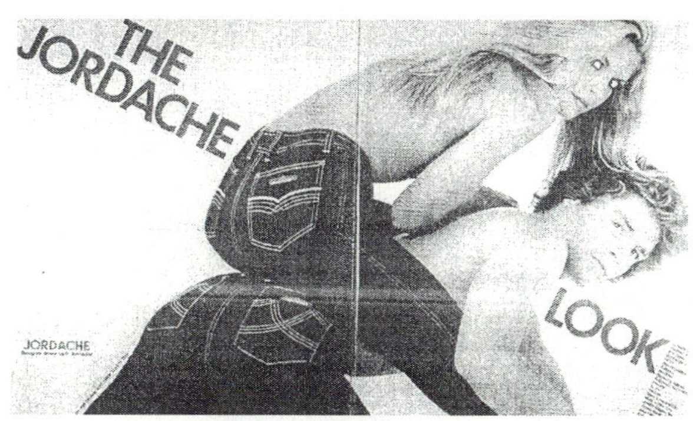


〈그림 8-18〉 Jordache의 센세이션 광고에는 변하는 여성의 위
치도 반영되고 있다.

세계 굴지의 식품회사인 미국의 General Mills(제너럴 밀즈)가 1921년에 처음으로 등장시
켜 1945년에는 미국에서 루즈벨트 대통령 영부인 다음으로 가장 인기 있는 여성으로 등
장한 가상의 인물 Betty Crocker(베티 크로커)는 이 회사의 문화적인 아이콘이요, 브랜드이
며 상표이기도 하다. 사물을 잘 이해하고 남들의 일을 보살필 줄 아는 미국의 주부의 상
(像)처럼 가꾸어 놓은 그녀도 시대에 따라 변화해 왔다. 초상화로 그린 이 가상의 여인의
그림을 보면 1920년대 후반에서 1996년까지 변해 온 9개 그림이 있다. 미묘하기는 하나
시대 따라 변해 온 미국 여성의 상을 볼 수 있다.

**광고세** 1987년에는 미국에서 광고세 문제가 제기되었다. 플로리다 주에서 광고세 시
행을 결정한 것이 시작이었다. Advertising Age는 앞장서서 광고세에 반대했고 기업과 광고
회사, 신문, 잡지 발행사도 반대 운동에 참여해서 이 법은 플로리다 주에서 법 제정 6개월
후인 1987년 12월 10일에 철폐되었다. 세수 증가란 어느 정치가에게도 구미가 당기는 일
이며 그래서 플로리다 주도 광고세를 제정했다. 그런데 미국광고주협회, 광고회사협회,
광고연맹은 공동으로 조사기관에 의뢰해서 광고세가 미칠 영향을 연구한 결과 46,000명
의 일자리가 없어질 것이라는 전망이 나왔다. 광고세 법 제정이 논의 중이라는 것이 알려
지자 미국 최대의 광고주인 P&G와 Clorox(클로락스) 회사는 플로리다 주 지역의 방송광고
를 중단했다. 이렇게 해서 플로리다 주의 광고세는 단명으로 끝났다.[28]

---

28) New York Times 1987. 12. 10.

〈그림 8-19〉 Betty Crocker(베티 크로커)의 1996년 초상화, 그리고 그 변천 및 상표

〈표 8-8〉 주요 광고 관련 사건 연표(1975~1990)

| 1975 | 빌 게이츠(Bill Gates), 마이크로소프트 회사 창립 |
|---|---|
| 1976 | 대법원은 광고에 대해서도 미국 헌법 수정 제1조가 해당된다고 판결<br>Apple Computer 창립 |
| 1977 | 지미 카터 대통령 취임<br>Star Wars 영화, 머천다이징 사업 시대 개막<br>대법원은 주변호사협회의 변호사 광고 금지가 위헌이라고 판결 |
| 1979 | TBWA가 만든 Absolut 보드카 광고 화제가 됨. |
| 1980년대 | LBO(Leveraged Buyout) 마케팅에 경종 울림. |
| 1980 | 케이블 TV 설립 붐 일어남.<br>CNN 창립 |
| 1981 | 레이건 대통령 취임. 레이거노믹스 정책 실시<br>MTV 창립<br>신디케이트 TV 시작<br>IBM PC 판매 개시<br>FTC 라디오에 프로그램 형 광고 금지 규정을 철회 |
| 1982 | E.T.를 통한 Product Placement 광고(PPL) 급증<br>가넷(Gannett) 사 USA Today 창간<br>존슨 & 존슨(Johnson & Johnson: J&J)사의 타이레놀(Tylenol)에 극약 투입 사건 일어남. 이 사건에 대한 J&J의 위기관리는 PR 업계의 모범 사례로 꼽히게 됨.<br>FTC 의사(치과의사 포함) 광고 허용 |
| 1983 | 시카고 시에서 휴대전화 서비스 개시. 2005년에는 50%, 2009년에는 82% 보급 |
| 1984 | 애플(Apple) 컴퓨터, 그해 슈퍼볼에 "1984" 광고로 매킨토시 발매. 이 광고와 엄청난 판매가 화제가 됨. 동시에 슈퍼볼 광고는 스포츠 못지않은 화젯거리가 됨. |

| 1984 | 나이키가 시카고 불즈(Chicago Bulls) 팀의 마이클 조던(Michael Jordan) 선수 기용으로 스포츠 마케팅에 새로운 분야를 개척 |
| | FCC는 광고방송 시간 규제를 해제 |
| 1985 | New Coke 발매로 "소비자 반란" 일어남. 이전의 코카콜라로 복귀 |
| 1986 | "Big Bang"이라 불리는 DDB, Needham Harpers, BBDO 3사의 Omnicom Group 창설 |
| | 테드 베이츠 월드와이드(Ted Bates Worldwide) 회장 밥 제이코비(Bob Jacoby)는 1억 1천만 달러를 받고 회사를 Saatchi & Saatchi에 매각 |
| | 매체 제왕 루퍼트 머독(Rupert Murdoch) 미국 제4의 TV 네트워크 Fox TV 개국 |
| 1987 | WPP 그룹 미국 J. Walter Thompson 인수 |
| 1989 | WPP 그룹이 미국 Ogilvy & Mather 인수 |
| | 조지 W. 부시 대통령 취임 |
| 1980년대 후반 | 광고회사 보상 제도 15% 커미션에서 피(Fee)로 바뀌는 대세. 닐슨의 TV 시청률 조사 개인시청률 조사로 변동 |

제9장

컨버전스 시대: 1990년대 이후

# 제1절 정치, 경제, 사회, 문화

**개관** 레이건의 뒤를 이어 1989년에 취임한 조지 부시(George H. W. Bush) 대통령은 1991년에 이라크의 쿠웨이트 침공에 대항하는 전쟁을 치렀다. 1993년에는 빌 클린턴(Bill Clinton)이 제42대 대통령이 되었고 그의 재임 8년간은 미국 경제가 성장을 구가한 시기였다. 2001년에 제43대 대통령이 된 조지 부시(George W. Bush)의 취임 첫해에 미국은 9·11 테러 공격을 받았다. 그리고 이라크와 아프가니스탄에서 미국이 주도하는 전선이 없는 새로운 형태의 전쟁을 맞이했다.

부시의 마지막 해인 2008년에는 1929년 경제 대공황에 버금간다고 불리는 공황이 미국에서 일어났고 세계 전체를 휩쓸어쳤다. 그 시작은 100여 년의 역사를 가진 리먼 브라더즈(Lehman Brothers)의 파산이었다. 그리고 미국 국내 정치로는 도저히 일어날 수 없다던 일이 일어났는데 다름 아니 흑인 오바마 대통령의 당선이었다.

1990년대 중반에 대두해서 미국뿐 아니라 세계를 휩쓸고 있는 인터넷은 정치, 경제, 사회, 문화, 언론, 광고 등 영향이 미치지 않는 분야가 없을 만큼 커뮤니케이션의 혁명을 일으켰다. 2011년 초 아프리카 튀니지, 리비아, 이집트 등을 휩쓸고 있는 민주화운동에서 보듯이 이른바 소셜미디어는 때로 정치 변혁의 도구로도 이용되기에 이르렀다.

국제적으로는 1989년 베를린 장벽이 무너지면서 시작된 소련 공산주의의 붕괴와 전 동구권 국가의 자유화는 정치면뿐 아니라 광고를 포함하는 마케팅 커뮤니케이션에 심대한 영향을 미쳤다. 구소련을 위시한 공산권 국가가 자유경제 체제로 전환함에 따라 미국계 다국적 기업의 진출과 매체와 광고의 폭발적인 증가, 다국적 광고회사의 급속한 진출을 가져왔다.

**"YOU" 등장** 1990년대 이후 21세기 처음 10년 기간에 광고에 일어난 가장 큰 변화는 2006년 12월 26일 TIME 잡지 표지의 사진이 잘 드러내고 있다. 이 잡지의 연례적인 행사는 그해의 인물을 뽑는 것인데 2006년에는 "YOU"를 뽑았다. 그리고 컴퓨터 그림 아래에는 "Yes, you. You control the Information Age. Welcome to your world(그래요, 당신입니다. 당신은 정보 시대를 좌우합니다. 당신의 세계를 환영합니다)."라고 했다. 이보다 1년 전인 2005년에 미국광고계 전문 주간지인 Advertising Age 75주년 기념 특집에는 이 잡지 편집국장과 미국 나아가서는 세계 최대의 광고주인 P&G 회장의 글이 있는데 우연한 일치일는지 모르나 두 글 모두 서두에 소비자가 주인이 되었음을 적고 있다.[29] 정보시대를 지배하는 것은 다름 아닌 독자요, 청취자요, 시청자요, 이메일이나 스마트폰 이용자요, 소비자인 당신이라는 것이다. 이보다 앞서 20세기 마지막 해인 1999년 TiVo(티보)[30]의 출현은 TV 광고를 포함하는 프로그램 지배권은 방송국이 아니라 시청자로 바뀌게 되었음을 보여 주고 있었다.

21세기도 10년이 지난 2011년의 커뮤니케이션의 세계를 단적으로 보여 주는 것을 든다면 아마도 TIME 잡지의 연례적인 행사인 그해의 인물(Person of the Year) 선정에 페이스북 창시자인 Mark Elliot Zuckerberg(마크 엘리엇 저커버그)를 뽑은 일일 것이다.

〈그림 9-1-1과 9-1-2〉 TIME 2006년 12월 26일 자 표지. 그리고 Advertising Age 편집국장 Rance Crain(랜스 크레인)과 Procter & Gamble 회장/CEO A.G. Lafley 의 기고문에 있는 문구 둘: 새 주인과 잘 지내는 일 – 소비자(위, Lafley의 말이며, 소비자를 만족시키는 것이 중요하다는 것을 의미함), 소비자에 대한 최선이 광고주에 대한 최선이다(아래, Crain의 말).

---

29) Advertising Age 2005. 3. 28.

30) 디브이알 히드디스크에 텔레비전 프로그램을 자동으로 녹화할 수 있는 디지털 비디오 리코더를 말하며 상표명이다.

〈그림 9-1-3〉 TIME 지가 2011
년 1월 3일 호 그해의 인물로 뽑은
Mark Elliot Zuckerberg(저커버그)

〈그림 9-2〉 "YOU" 시대를 상징하는 티보(TiVo)

**인터넷의 등장** YOU 시대 도래 예고는 1994년부터 시작된 인터넷 등장과 확산이었음은 말할 나위도 없다. 인터넷은 단순히 광고를 포함하는 마케팅 커뮤니케이션에만 영향을 미친 것이 아니라 정치, 경제, 사회, 문화와 함께 인간 생활 전부와 관련을 가지게 되었다. 또한 나라 따라 정도의 차이는 있으나 온 세계에 영향이 미치게 되었다.

인터넷 사용자 통계에서 알 수 있듯이 2000년에서 2010년에 이르는 10년간 세계 전체의 인터넷 사용자 수는 3억 6천만 명에서 19.6억 명으로 증가해 5배 이상 늘었다. 인쇄, 출판, 방송 그리고 통신 기능까지 갖춘 강력한 매체가 불과 지난 10년 사이에 평균적으로 전 세계 인구의 30% 가깝게 보급이 된 것이다. 물론 지역별 차이는 심해서 인구 대비 사용자 비율은 아프리카의 10.9%에서 북미의 77.4%라는 격차가 있다. 다음이 유럽인데 58.4%로 북미와는 거의 19%의 보급률 차이가 있다. 이 비율은 앞으로도 급속히 변화할 것이다. 아마도 인류 역사상 신문, 잡지, 라디오, TV의 어느 매체도 이렇듯 짧은 기간 내에 그렇게도 빨리 전 세계에 보급된 일은 없을 것이다.

〈표 9-1〉 2010년 인터넷 사용자 인구, 사용자: 100만 명

| 지역 | 인구 | 인터넷 사용자 | | 인구대비 사용자(%) | 성장률 00/10(%) | 점유율(%) |
|---|---|---|---|---|---|---|
| | | 2000 | 2010 | | | |
| 아프리카 | 1,013 | 4.5 | 110.9 | 10.9 | 2,357 | 5.6 |
| 아시아 | 3,835 | 114.3 | 825.1 | 21.5 | 622 | 42.0 |
| 유럽 | 813 | 105.1 | 475.1 | 58.4 | 352 | 24.2 |
| 중동 | 212 | 3.3 | 63.2 | 29.8 | 1.825 | 3.2 |
| 북미 | 344 | 108.1 | 266.2 | 77.4 | 146 | 13.5 |
| (미국) | 281 | 124.0 | 239.9 | 77.3 | 93 | - - - |
| 중남미 | 593 | 18.1 | 204.7 | 34.5 | 1.033 | 10.4 |
| 오세아니아/호주 | 35 | 7.6 | 21.3 | 61.3 | 179 | 1.1 |
| 합계 | 6,845 | 361.0 | 1,966.5 | 28.7 | 445 | 100.0 |

자료: www.internetworldstats.com/stats.htm

마케팅 커뮤니케이션은 디지털 기술의 발달과 각종 제품의 출현으로 "YOU"가 주인이 된 시대가 되었고 여태까지 겪어 보지 못한 새로운 도전의 시대를 맞이하게 되었다. 15세기 중엽에 구텐베르크(Johannes Gutenberg)의 활자 인쇄술 발명 이래 550년 넘게 발전해 온 신문, 잡지에 위기가 닥친다는 말까지 나올 만큼 급격한 변화가 지난 10여 년 사이에 일어났다. 새 주인이 된 "YOU"는 너무도 많은 물건을 팔기 위해 너무도 많아진 광고를 잘라 내고 건너뛰기 시작했다. 광고에 위기가 다가오고 있다는 말이 나왔다.

**정치** 1980년대 말에는 조지 H. W. 부시가 제41대 대통령이 되었다. 1991년 이라크 후세인 정권의 쿠웨이트 침공으로 발발한 페르시아 만 전쟁은 결국 미국이 주도하는 연합군의 승리로 끝이 났다. 부시 1세의 뒤를 이어 1993년에 대통령이 된 사람은 2차 대전 이후에 태어난 세대로서 40대 후반에 접어든 빌 클린턴이었다. 그는 자신의 비서 르윈스키와의 성 추문으로 탄핵을 받을 뻔했으나 경제발전의 공로에 힘입어 탄핵을 면했다. 클린턴 임기 8년은 미국 경제가 호황을 누리던 시기였다.

부시 2세가 대통령으로 취임한 것은 2001년이었다. 그러나 이해에는 9·11 테러 공격으로 미국 경제의 상징처럼 되어 있던 뉴욕의 세계무역센터 쌍둥이 빌딩이 사라지고 3,000명 가까운 사람이 사망했다. 워싱턴의 국방성 건물 일부도 공격을 받았다. 그리고 2003년 미국의 주도로 이라크, 아프가니스탄 침공이 시작되었다. 평화를 구가하고 번영을 누리며 새로운 1,000년, 뉴 밀레니엄을 맞이할 수 있을 것이라던 인류의 꿈은 2001년 9·11 테러

로 산산이 부서졌고 여태껏 겪어 보지 못한 새로운 형태의 전쟁을 겪게 되었다.

**오바마, 미국 최초의 흑인 대통령 취임** 2008년 11월 미국 대통령 선거에서 미국 역사상 최초로 흑인이 대통령에 당선되었다. 아프리카 케냐 출신의 흑인 아버지와 캔자스 주 출신의 백인 어머니 사이에 태어난 버락 후세인 오바마(Barack Hussein Obama)는 미국 제44대 대통령이 되었다. 미국도 놀랐고 세계도 놀랐다.

〈그림 9-3〉 2001년의 9·11 테러로 불타는 뉴욕 월드 트레이드 센터

〈그림 9-4〉 2009년 1월 21일 뉴욕타임스 1면, 제44대 미국 대통령으로 취임하는 오바마 대통령 내외의 사진이 있다.

**인구의 변화** 1990년 2억 5천만이던 미국 인구는 2000년에 2억 8천만, 2010년에는 약 3억 2천만으로 증가했는데 미국 전체의 출산율은 저하했지만 미국에 이민 온 소수민족의 출산은 급격히 증가하는 추세이다. 1990년에서 2000년에 이르는 10년 기간에 이민 인구는 900만 명을 넘었고 그 뒤에도 매년 100만 명을 넘는 이민자들이 미국으로 들어오고 있다. 특히 미국과 국경을 접한 멕시코 불법 이민은 미국의 큰 문제가 되고 있다. 2000년에 들어 20세 이하 인구의 50%는 소수민족이 차지하게 되었다. 미국은 이제 완전히 다민족, 다

인종, 다문화 사회가 되어 있다. 그리고 이러한 사회 변화는 마케팅과 광고에 지대한 영향을 미치게 되었는데 각종 사회 문제와 더불어 한편으로는 새로운 기회를 제공하게 되었다. 또한 따뜻한 지역인 남쪽 선벨트(Sun Belt)로 이동하는 인구 추세가 나타나 새로운 시장을 형성하게 되었다.

2차 대전이 끝난 이듬해인 1946년 이후에 태어난 베이비 붐 세대는 1990년대가 되자 이미 50대에 접어들게 되었고 이들의 자녀들은 성인이 되었다. 때마침 1991년 Douglas Coupland(더글러스 쿠프랜드)의 소설 "Generation X(X세대)"에서 생긴 말이 붐을 이루게 되었다. 이 X세대는 부모의 세대와는 완전히 달랐다. 미국의 4대 TV 네트워크 방송보다는 다른 채널을 시청하고 잡지도 부모의 세대와는 다른 것을 읽으며 미국의 꿈에 대한 생각도 달랐다. 1993년에 이르러 노동 인구 가운데 이 세대 인구가 차지하는 비율이 23%에 달했다(Sivulka, 1998).

**소수민족의 부상** 미국에서 가장 빨리 증가하고 있는 히스패닉 계열의 인구는 1970년 이후 20년 사이에 900만 명에서 2,370만 명으로 증가했고, 2000년에 이르러서는 4,000만 명을 넘게 되었다. 앞으로 30년 뒤에는 이 인구가 다시 배로 늘어날 전망이다. 또한 히스패닉 계통 인구의 구매력은 1994년에 2,000억 달러, 2011년에는 1조 2,000억 달러가 되어 미국 전체 구매력의 9.5%에 도달할 전망이다. 그런데 히스패닉 계라고는 하지만 좀 더 따지고 보면 그 가운데는 멕시코, 푸에르토리코, 쿠바 등 문화와 라이프스타일 등 배경이 복잡해서 스페인어라는 큰 공통점은 있으나 마케팅커뮤니케이션의 입장에서는 자세히 살펴야 할 일들이 많다. 급속히 부상하고 있는 또 다른 소수민족으로는 아시아계가 있다. 약 500만 명의 아시아계 미국인의 인구는 2000년에는 배가했는데 이들의 연간 구매력은 약 350억 달러로 추정되었다(Sivulka, 1998).

**경제** 2008년에 일어난 6,900억 달러의 자산을 가진 리먼 브러더스의 파산은 세계 경제계를 뒤흔들어 놓았다. 세계 최대의 은행인 시티뱅크, 굴지의 보험회사 AIG, 디트로이트의 미국 3대 자동차회사 가운데 제너럴 모터스와 크라이슬러가 줄줄이 정부의 긴급구제를 받고 파산을 면했다. 1929년 미국 경제대공황 이후 처음 있는 일이었다.

2009년 미국 최초로 흑인 대통령이 된 오바마는 사상 유례가 없는 7,870억 달러의 공적 자금을 투자하는 American Recovery and Re-investment Act(미국복구재투자법)을 제정해서 경제 재건에 나섰다. 세계 경제를 움직여 온 선진국 G-7은 세계 경제의 긴요한 문제들을 토의하고 해결책을 찾기 위하여 2009년에는 이른바 선진 주요 공업국과 개발 중인 주요 국가가 참여하는 20개 국가의 모임인 G-20으로 확대되었다. 이제 선진 7개국이 세계를 주무르던 시대에 변화가 온 것이다. 아시아에서는 일본만이 회원이던 G-7에 한국을 비롯하여 중국, 인도, 인도네시아가 새로 G-20 회원으로 가입했다. 이 새로운 경제 그룹은 2009년 이후 미국, 영국이 아닌 국가에서 회의를 개최하면서 급기야 2010년 11월에는 아직 선진공업국으로 분류하지는 않고 있는 한국에서 세계 경제를 논의하기 위한 회의를 개최했다.

〈그림 9-5〉 2009년 9월 미국 펜실베이니아 피츠버그 및 2010년 11월 서울에서 개최된 G-20 사진

　캘리포니아 주에서 시작된 Clean Air Act(맑은 공기법)[31]의 영향으로 미국 서북지역의 목재 채벌 산업은 심한 타격을 받게 되었다. 아울러 에이즈에 대한 공포는 미국 정부가 나서서 TV를 통한 에이즈 예방 광고를 하게 되었다. 새로운 1000년이 시작되는 2000년에는 온 세계에 닷컴 붐이 일어나면서 증권가를 떠들썩하게 했으나 붐은 다음 해에 거품이 되고 말았다. 한국도 예외는 아니었다.
　인터넷의 확장과 함께 e-commerce(전자상거래, 이 커머스)가 성황을 이루게 되었다. 아

---

31) 캘리포니아 주는 미국 연방법에 의해 Clean Air Act가 제정되기 이전부터 미국 내에서 주 자체의 법을 통해 공해를 규제한 유일한 주이다.

마존과 이-베이는 일찌감치 여기에 뛰어들었다. 중간상인을 거치지 않고 소비자에게 직접 제품을 팔 수 있게 되었고, 동시에 소비자에 대한 데이터를 얻게 되었다. 이익을 내지는 못했으나 인터넷을 통한 상거래는 1990년대 말에는 이미 80억 달러에 이르렀다.

2000년에는 Unilever가 Best Foods를 인수했고 Philip Morris 담배회사는 과자류 메이커인 Nabisco 식품을 인수했다.

1990년 이후 20년 기간에 경제에도 오르내림이 있었으나 미국의 개인당 소득은 23,000달러 선에서 2000년에는 35,000달러, 다시 2009년에는 46,000달러가 넘어 20년 사이에 갑절로 증가했다.

〈표 9-2〉 1990~2009년의 20년 동안 미국 개인당 GDP의 변화

| 1990 | $23.185 |
|------|---------|
| 1995 | $27,813 |
| 2000 | $35,237 |
| 2005 | $42,697 |
| 2009 | $46,442 |

자료: U.S. Department of Commerce, Bureau of Economic Analysis.

**1999년 TV 시청자 주권 회복** TiVo의 등장으로 텔레비전 시청자는 원하는 시간에 보고 싶은 프로그램을 볼 수 있게 되었으며 원하지 않는 방송(광고 포함)은 보지 않을 수 있게 되었다. 방송국이 방송을 지배하는 것이 아니라 소비자가 방송을 지배하는 시대로 바뀌었다. TV 시청 환경이 이렇게 바뀌게 되자 문제들이 제기되었는데 그 한 가지가 TV 광고 시청률의 정확한 데이터 요구로 나타났다. 그리고 시청률 조사회사인 닐슨 회사는 2005년 무렵부터 광고시청률 자료를 제공하게 되었다. 한때 500만 가입자를 자랑하던 TiVo도 2009년에는 270만으로 감소했는데, 그 이유는 IPTV, Hulu, Google, Apple 등의 디지털 제품의 출현이었다.

디지털화로 대표되는 새로운 기술의 출현과 급속한 보급은 여행, 쇼핑, 은행 거래, 오락, 업무 등에 커다란 변화를 일으켰는데 크게 볼 때 소비자에게 더 많은 자유를 주게 되었다. 이 시기에는 그린 마케팅이 대두되면서 원자재의 선택, 사용, 제품 제조 그리고 폐기 후까지 모든 과정에서 기업 활동에 영향을 주게 되었다. 광고가 영향을 받게 된 것은 당연했다.

# 제2절 언론, 매체 - 매체 혁명(Media Revolution)

20세기 말에서 21세기 초 10년 기간에 일어난 매체의 변화는 가히 매체 혁명이라고 할 수 있을 만큼 급변했다. 그 급변의 소용돌이 핵심은 인터넷의 대두와 확산 그리고 디지털화에 따른 매체 변화로 집약된다. 2000년에서 2010년에 이르는 10년 사이에 미국 인터넷 사용자는 93%나 증가했으며 인구 대비 침투율은 44.1%에서 77.3%가 되었다. 달리 보면 이제 성인은 거의 모두 인터넷을 사용한다는 뜻이다. 그 결과의 하나로 1998년에 불과 10억 달러로 미국광고비의 0.5%에 불과하던 인터넷 광고비가 2009년이 되자 98억 달러로 10배 가깝게 폭증하고 그 구성비는 7.86%로 예측되었다.[32]

<표 9-3> 인터넷 사용자 추세(2000~2010)

| 연도 | 인구 | 인터넷 사용자 | 침투율 |
|------|------|---------------|--------|
| 2000 | 281.4 | 124.0 | 44.1% |
| 2002 | 288.4 | 167.2 | 58.0% |
| 2004 | 293.3 | 201.7 | 68.8% |
| 2007 | 302.0 | 212.1 | 70.2% |
| 2008 | 303.8 | 220.1 | 72.5% |
| 2010 | 310.2 | 239.9 | 77.3% |

자료: www.internetworldstats.com/am/us.htm

<표 9-4> 일간 신문 추세(1990~2005)

| 연도 | 제호의 수 | | 발행 부수(만 부) | | |
|------|------|------|------|------|------|
| | 조간 | 석간 | 조간 | 석간 | 합계 |
| 1990 | 559 | 1,084 | 4,131 | 2,102 | 6,233 |
| 1995 | 656 | 891 | 4,431 | 1,388 | 5,819 |
| 2000 | 766 | 727 | 4,677 | 900 | 5,577 |
| 2005 | 817 | 645 | 4,612 | 722 | 5,335 |
| 대비. 90/05 | +258 | -439 | +481 | -1,380 | -898 |
| 대비. 90/05, % | +46.2 | -40.5 | +11.6 | -65.7 | -14.4 |

주: 1. 자료: Editor & Publisher International Yearbook.
    2. 대비는 필자가 계산.

---

32) McCann Erickson 광고회사 Robert Coen의 자료를 인용한 Advertising Age 1999. 5. 17. 및 같은 주간지 2010. 12. 20.

〈표 9-5〉 미국 10대 일간지 부수

부수 단위: 1,000

| 신문명 | 2010. 3. | 2009. 3. | 대비(%) |
|---|---|---|---|
| Wall Street Journal | 2,092.5 | 2,082.2 | +0.50 |
| USA Today | 1,826.6 | 2,113.7 | −13.58 |
| New York Times | 951.1 | 1,039.0 | −8.47 |
| Los Angeles Times | 616.6 | 723.2 | −14.74 |
| Washington Post | 578.5 | 665.4 | −13.06 |
| New York Daily News | 535.1 | 602.9 | −11.25 |
| New York Post | 525.0 | 558.1 | −5.94 |
| Chicago Tribune | 452.1 | 501.2 | −9.79 |
| Houston Chronicle | 366.6 | 425.1 | −13.77 |
| Arizona Republic | 351.2 | 389.7 | −9.88 |

자료: 미국 ABC 협회 공사 자료를 인용한 Advertising Age 2010. 4. 26.

〈표 9-6〉 잡지 부수 추세(1990~2005)

| 연도 | 정기 구독 | 낱권 판매 | 합계 |
|---|---|---|---|
| 1990 | 292,444,099 | 73,667,773 | 366,111,872 |
| 1995 | 299,050,282 | 65,846,048 | 364,896,329 |
| 2000 | 318,678,718 | 60,240,260 | 378,918,978 |
| 2005 | 313,992,423 | 48,289,137 | 362,281,278 |
| 대비. 95/05 | +14,942,141 | −17,556,911 | −2,615,051 |
| 대비. 95/05 | +5.0% | −26.7% | −0.7% |

주: 1. 자료: 미국잡지협회(Magazine Publishers of America).
   2. 대비는 필자가 함.

인터넷의 급성장은 다른 언론 매체에 심대한 영향을 끼치게 되었다. 특히 15세기 중반 구텐베르크의 이동 인쇄술 발명 이후 550여 년간 발전해 온 신문, 잡지 등 인쇄매체에 미친 영향은 컸다. 표에서 알 수 있듯이 1990년에서 2005년에 이르는 15년 사이의 미국 일간 신문 추세를 보면 총 발행 부수는 6,233만 부에서 5,335만 부로 898만 부, 비율로는 14.4%나 줄었다. 조간과 석간의 격차가 심해서 석간은 1,084개에서 645개로 439개가 줄었고 부수는 2,102만 부에서 1,380만 부 격감한 722만 부로 줄었다. 하지만 조간은 개수뿐만 아니라 부수도 481만 부 증가했다.

2005년 이후에도 신문의 부수 감소는 계속되었다. 미국 ABC 협회의 자료 가운데서 10대 일간지의 2009년 3월 말과 2010년 3월 말의 1년간 부수를 보면 경제지인 월스트리트 저널 외에 9개 신문은 모두 부수가 줄었다. 10개 신문 가운데 절반인 5개 지의 부수는 불과 1년 사이에 10%를 넘게 감소했다. Los Angeles Times는 14.74%, Houston Chronicle은 13.77%, 미국 유일의 전국 종합 일간지 USA Today는 13.58%, Washington Post는 13.06%, 그리고 New York Daily News는 11.25%나 줄었다. 이런 일은 미국 신문사상 처음 있는 일이었다.

잡지의 경우는 신문 같이 심한 것은 아니었으나 여전히 감소하는 추세는 신문과 다름없었다. 비율로는 0.7%가 감소했는데 그 내역을 보면 정기 구독은 5% 증가했으나 낱권 판매는 27% 가깝게 줄었다.

그 밖에도 신문과 잡지를 중심으로 하는 인쇄매체에 미친 인터넷의 영향은 대단했다. 1908년에 창간한 보수 일간지 Christian Science Monitor(크리스천 사이언스 모니터)는 2010년 3월에 종이 신문 인쇄를 끝내고 주간에는 온라인, 주말에는 부록 잡지를 발행하게 되었다. 1869년에 창간되어 21만 부를 발행하던 Rocky Mountain News는 2009년 2월 말에 폐간했다. 저명한 New York Tims도 부수와 광고 수입 감소로 사원 감축, 자산 일부 및 우선주 매각 등으로 위기를 넘겼다. 세계 굴지의 출판사 McGraw-Hill(맥그로 힐)이 발행하던 Business Week는 2009년에 Bloomburg(블룸버그)로 넘어갔다. 2010년에는 워싱턴 포스트 소유인 Newsweek가 새 주인을 맞았다. 비슷한 신문, 잡지 관련 뉴스는 이 밖에도 많다.

디지털화 추세에 따라 거의 모든 인쇄매체는 온라인 서비스를 제공하게 되었고, 그 결과 잃어버린 인쇄 부수를 온라인 독자로 보충하고 있으며 ABC 협회도 발행 부수 공사뿐 아니라 온라인 독자 공사도 하고 있다. 인터넷의 등장으로 신문에서 사라져 가는 광고 가운데는 안내광고가 있다. 그리고 부수 감소는 광고 수입의 감소로 직결되어 신문 경영난 문제가 되고 있다.

2001년에 있었던 America On-Line(아메리카 온라인, AOL) 회사의 Time-Warner 매입은 미국 매체 역사상 최대의 규모였다.

**매체 환경의 급변** 크게 나누어 1960년대와 인터넷이 등장한 이후 21세기 처음 10년 사이에 일어난 미국 매체의 변화에 관해 Don Longfellow(돈 롱펠로)는 흥미 있는 요약을 발표했다.[33]

---

33) Innocean Worldwide(2010). 한국광고단체연합회 주최 '2010 한국광고대회 국제광고 콘퍼런스' 발표 자료.

<표 9-7> 미국 매체 환경의 변화

| 1965년 | 현재(2010) |
| --- | --- |
| 시청 가능 TV 채널: | |
| 3대 TV 네트워크 | 161개 TV 방송 시청 가능 |
| 18~49세 성인 도달: | |
| 60초 광고 3개로 80%에 도달 | 80%의 시청자 도달에는 117개 프라임 타임 광고 소요됨. |
| ABC, CBS, FOX, NBC 4대 | |
| 네트워크의 프라임타임 | 13.26분(1992) |
| 1시간당 광고 시간: | 18:00분(2007) |
| 1일 평균 광고노출 횟수: | 254(TV-108, 라디오-34, 인쇄매체-112) |
| 소비자반응: 65%의 미국인은 "광고 폭격"을 계속해서 받고 있다고 느끼며 통제 불능 상태라고 생각하고 있다(자료: 2004 Yankelovich Monitor). | |
| DVR 보유 가구 추세: | 2007-12%, 2008-24%, 2009-31%, 2010-36% |
| Mobile Phone 가입자: | 2억 8,600만 명 |
| 매체의 디지털화: | 인간 행동을 근본적으로 바꾸어 놓았다. |

1960년만 하더라도 사람들이 볼 수 있는 TV 채널은 ABC, CBS, NBC의 3개뿐이었으나 지금은 평균 117개 채널을 볼 수 있게 되었다. 60년대에는 60초 광고 3회 방송으로 18세에서 49세 연령층 80%에 도달할 수 있었다. 지금은 프라임 타임에 117회 광고를 해야 같은 도달률을 얻을 수 있다. 지상파 4대 네트워크의 프라임타임 광고 시간은 1992년에는 방송 1시간당 13.26분에서 2009년에는 18분으로 증가했다. 따라서 Clutter(클러터), 즉 광고의 혼잡은 표현할 수 없을 만큼 증가했다. 조사 기준에 따라 현저한 차이가 있지만 사람들이 하루 평균 접하는 광고는 TV 108개, 라디오 34개, 신문, 잡지 112개로서 합계 254개라는 통계가 있는데 이 가운데는 옥외광고나 온라인 광고는 포함되어 있지 않다.

그 결과 65%의 미국인은 "광고 폭격"을 받고 있으며 통제 불능 상태라고 생각하고 있는 것이다. 더구나 디지털 기술의 발달로 2010년 현재 미국 가정의 36%는 디지털 비디오 리코더(DVR)를 가지고 있으며 90% 가까운 사람이 휴대전화를 가지고 있다. 다시 말해서 매체의 디지털화는 인간 행동을 근본적으로 바꾸어 놓았다는 것이다. 기술의 발달이 매체의 발달을 가져왔고 수많은 뉴미디어를 제공한 것은 사실이나 한편 광고의 입장에서 보면 엄청난 문제를 제기한 것도 사실이다.

1990년대에 이르러 미국에서도 15초 광고가 대두했다. 1999년에는 CBS 방송의 Survivor(서바이버) 프로그램 방송으로 리얼리티 TV 방송이 시작되었다,

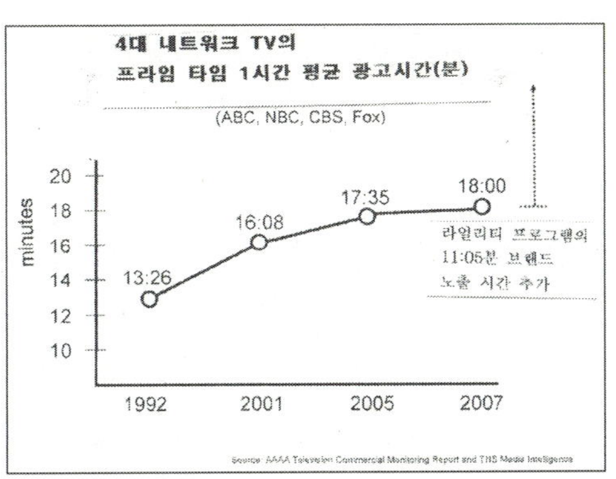


〈그림 9-6〉 TV 환경의 변화: 3개 네트워크에서 161개 채널 〈그림 9-7〉 프라임 타임 시간대 광고 방송 시간의 증가 추세

〈그림 9-8〉 매체의 디지털화. Facebook, YouTube, Twitter 등 마크

Google, Facebook, YouTube, Twitter 등 1998년에 탄생한 Google은 2004년에

이르러 주식 상장을 했는데 그 자산 가치는 1,770억 달러나 되었다. 21세기에 접어들면서 급속하게 확산하고 있는 것은 Facebook, Twitter, YouTube 등 이른바 소셜미디어(Social Media)이다. 2004년에는 하버드대학 학생이 친구들과 교신하기 위해 Facebook을 시작했다. 2005년 초에는 YouTube가 시작되었다. 갖가지 비디오의 송신, 수신, 시청이 폭발적으로 늘었다. YouTube는 2006년 Google이 16.5억 달러에 매입했고 자회사가 되었다. 2006년에는 Twitter가 시작되었다. 소셜미디어 시대가 개막되었고 광고와 PR은 물론 정치, 사회 등 모든 분야에 영향을 미치게 되었다.

새로 대두하는 이런 미디어를 이용한 광고 캠페인의 대두와 성공은 세계적인 화제가 되고 있다. 그 가운데는 2010년에 가장 창의적이고 뛰어난 소셜미디어 캠페인으로 뽑힌 Old Spice(올드 스파이스) 사례가 있다(참조: 3절 광고의 크리에이티브 항목).


## 제3절 광고

1990년에서 2009년에 이르는 20년 기간에 미국광고비는 1,296억 달러에서 거의 갑절로 증가해 2,687억 달러가 되었다. 이 기간에 일어난 변화는 광고비의 매체별 구성이었다. 인터넷 광고비가 처음 나타난 것은 1997년이며 그 액수는 6억 달러로 전체 광고비의 0.3%라는 보잘것없는 것이었다. 그러나 2005년에는 77억 6,400만 달러로 13배나 폭증했으며 전체 광고비 2,711억 달러의 2.9%에 이르렀다. 이미 1980년대 후반부터 시작된 대형 광고회사들의 그룹화는 WPP, Publicis, Omnicom 등으로 나타났다. 가장 대표적인 그룹이 WPP이었는데 이미 1980년대 말에서부터 21세기 초까지 기간에 JWT, Ogilvy & Mather를 인수했고 21세기에 접어들자 다시 Young & Rubicam, Grey를 인수했다. 이렇게 해서 미국의 10대 광고회사 가운데 4개를 WPP 그룹 산하에 두게 되었다. 1990년대에 접어들자 광고회사 매체부서의 분리가 본격화되어 10여 개의 매체 전문회사가 탄생했는데 매체의 폭발적인 증가와 15% 커미션 제도에서 수수료(Fee) 제도로의 전환 등이 그 주된 원인이었다. 동시에 1990년대 말부터는 어카운터빌리티(accountability), 즉 매체 구매를 비롯해 일체의 광고 관련 비용 지출에 대한 사용 근거 설명을 요구하게 되었다. 다시 말해 아이디어를 포함한 모든 비용 지출에 대한 계량화가 요구되었다. 그리고 이런 일을 위해 구매 전문가가 광고회사 업무에 등장했다 광고 전문 주간지 Ad Age는 2005년에 Accountability와 Return-on-

Investment(ROI) 특집을 발행할 만큼 이 두 가지가 중요한 문제로 대두했다. 당연히 광고회사 측의 찬반의 의견이 분분해졌다.[34]

<표 9-8> 1990~2009년 미국의 광고비 지출

| 연도 | 금액(억 달러) |
|---|---|
| 1990 | 1,259 |
| 1995 | 1,629 |
| 2000 | 2,475 |
| 2005 | 2,711 |
| 2006 | 2,816 |
| 2007 | 2,903 |
| 2008 | 2,708 |
| 2009 | 2,587* |

자료: McCann-Erickson의 Robert J. Coen 자료에 의한 Advertising Age Special Issue - The Advertising Century(1999) 126쪽 및 표 9-9의 자료 내용 참조

<표 9-9> 매체별 광고비

금액: 100만 달러

| 매체 | 1991(구성비) | 2000 | 2008 |
|---|---|---|---|
| 신문 | 30,409(24.1) | 49,040(20.2) | 35,788(12.2) |
| 잡지 | 6,524(5.2) | 12,370(5.1) | 12,960(4.7) |
| 농업지 | 215(0.2) | - | - |
| 텔레비전 | 27,402(21.7) | 44,802(18.4) | 43,734(15.7) |
| 케이블TV | - | 14,429(5.9) | 21,440(8.4) |
| 라디오 | 8,476(6.7) | 19,295(7.9) | 17,535(6.4) |
| 전화번호부 | 9,182(7.2) | 13,228(5.4) | 13,844(5.1) |
| DM | 24,460(19.3) | 44,591(18.3) | 59,622(22.6) |
| 비즈니스 지 | 2,882(2.3) | 4,915(2.0) | - |
| 옥외 | 1,077(0.8) | 5,176(2.1) | - |
| 인터넷 | - | 4,333(1.8) | 11,371(4.6) |
| 기타 | 15,773(12.5) | 31,491(12.9) | 54,473(20.4) |
| 합계 | 126,400(100.0) | 243,680(100.0) | 270,767(100.0) |

자료: 1991년 자료는 Advertising Age 1992. 5.(일자 미상), 2000 - Advertising Age 2001. 6. 11., 2008 - Advertising Age 2009. 12. 29. 2000년분은 앞의 표와는 약간의 차이가 있다.

**광고회사** 1990년대 미국광고대행업에 두드러진 현상은 광고회사에서 매체 기능의 분할이었다. 그 원인은 80년대 후반에 본격화된 수수료(Fee) 제도로의 전환, 그리고 90년대

---

34) Advertising Age 2005. 5. 20.

중반에 시작된 인터넷의 확산 및 디지털화에 따르는 폭발적인 매체 증가였다. 이런 이유로 광고회사 매체부서는 수익 센터로 전환하게 되었다. 그 결과 큰 광고회사의 매체부서가 Media Agency 또는 Media Specialist라고 부르는 매체전문 회사로 바뀌었다. 또한 WPP와 같은 그룹으로 모회사가 인수됨에 따라 소속이 바뀌게 되었는데 2009년 현재의 상황을 보면 다음과 같다. 이러한 변동은 PR 회사에도 일어났다.

〈표 9-10〉 세계 10대 매체 전문회사(2009)

| 매체전문회사(소속 지주회사) | 본사 | 수입(억 달러) |
| --- | --- | --- |
| Starcom MediaVest Group(Pubulicis) | 시카고 | 8.09 |
| Zenith Optimedia(Publicis) | 뉴욕 | 7.79 |
| OMD Worldwide(Omnicom) | 뉴욕 | 7.30 |
| Mindshare Worldwide(WPP) | 뉴욕 | 7.13 |
| MEC(WPP) | 뉴욕 | 5.95 |
| Mediacom(WPP) | 뉴욕 | 5.70 |
| Carat(Aegis)* | 뉴욕 | 5.50 |
| MPG(아바스 그룹) | 뉴욕 | 5.34 |
| UM(Interpublic) | 뉴욕 | 3.68 |
| Initiative(Interpublic) | 뉴욕 | 2.48 |

*Aegis는 2012년 7월에 일본 덴츠(電通)가 인수함
자료: Advertising Age 2010. 4. 26.
　　電通의 Aegis 인수 발표 電通報 2012.7.16일자에 보도.

표에서 나타나듯이 10대 매체회사 가운데 Carat을 제외한 9개사는 모두 세계 4대 광고회사 그룹 계열로 되었다. 같은 추세는 PR 회사의 경우에도 해당되는데 10대 사 가운데 그룹 계열이 아닌 곳은 3개 회사뿐이다.

Young & Rubicam이 "Whole Egg"라는 전략을 내세우며 비단 광고뿐 아니라 광고주의 요구 모두를 맡아 일할 수 있는 체제로 바뀌면서 우선 PR 회사를 매입했고, 그 밖에도 디렉트 마케팅, 시장 조사, 판촉, 건강관리 전문 회사들을 차례로 인수했다. 물론 Ogilvy & Mather, JWT, McCann Erickson, BBDO 등도 가세하여 1990년대에 접어들자 독립 PR 회사나 시장조사회사는 찾아보기가 힘들게 되었다. 이러한 추세에 따라 21세기에는 세계 광고 시장은 더블린(Dublin)에 본사가 있는 WPP, 뉴욕의 Omnicom과 Interpublic Group of Companies(IPG) 그리고 파리에 있는 Publicis의 4개 지주회사 그룹이 지배하는 구도로 바뀌었다. 이 4대 그룹 외에 독특한 위치를 차지하고 있는 광고회사는 일본의 덴츠(電通) 광고회사인데 이 회사는 수입이 90%가 일본 내에서 이루어짐으로 인하여 글로벌 회사라기에

는 미흡한 점이 있다. 덴츠는 이를 만회하기 위해 2012년 여름 영국의 매체 전문회사 그룹 Aegis(이즈스)를 인수했다.

그런데 이 4대 그룹 가운데 WPP와 Publicis는 미국회사가 아니지만 사실상 이 그룹 구성 광고회사를 보면 주축을 이루는 것은 미국에 본사가 있는 대행사 네트워크이다. 2009년 현재 그 상황은 다음과 같다.

<표 9-11> 2009년도 4대 광고회사 그룹 현황

| 이름(본사 소재지) | 산하 주요 회사 | 2009년 수입 (억 달러) | 기타 회사 |
|---|---|---|---|
| WPP(Dublin)<br>사원 수: 98,759 | 글로벌 네트워크 | | 광고, PR, 디지털, 매체, 건강관리 전문회사, 판촉, 다문화 등 26개사 |
| | *Young & Rubicam | 26.5 | |
| | *Ogilvy & Mather | 17.5 | |
| | *J. Walter Thompson | 11.2 | |
| | *Grey | 9.1 | |
| | 기타 | 71.7 | |
| | 총수입 | 136.0 | |
| | (미국 수입 44.4억 달러. 34.7%) | | |
| Omnicom Group (New York)<br>사원 수: 63,000 | 글로벌 네트워크 | | 광고, PR, 디지털, 매체, 판촉, 건강관리, 브랜딩, 다문화, DM 등 40개사 |
| | *DDB | 22.2 | |
| | *BBDO | 16.7 | |
| | *TBWA | 15.2 | |
| | 기타 | 63.1 | |
| | 총수입 | 117.2 | |
| | (미국 수입 61.8억 달러. 52.7%) | | |
| Publicis(Paris)<br>사원 수: 45,402 | 글로벌 네트워크 | | 광고, PR, 디지털, 매체, 판촉, 건강관리 전문회사 등 30개사 |
| | 푸블리시스 | 10.6 | |
| | *레오 버넷 | 11.0 | |
| | 사치 & 사치 | 7.59 | |
| | 기타 | 33.7 | |
| | 총수입 | 62.9 | |
| | (미국 수입 27.2억 달러. 43.3%) | | |
| Interpublic Group of Companies(IPG)<br>사원 수: 40,000 | 글로벌 네트워크 | | 광고, PR, 다문화, 매체, 판촉, 건강관리 전문회사 등 22개사 |
| | *McCann Erickson | 26.7 | |
| | *Draft FCB | 11.8 | |
| | Lowe Partner | 5.43 | |
| | 기타 | 16.37 | |
| | 총수입 | 60.3 | |
| | (미국 수입 33.7억 달러. 55.9%) | | |

자료: Advertising Age 2010. 4. 26. *표는 미국에 본사가 있음.

WPP, Omnicom, Publicis, IPG 4대 지주회사 그룹의 간추린 상황은 <표 9-11>과 같은데 이 4개 그룹의 총수입 376.4억 달러 가운데 미국 내 광고 대행에서 올린 수입은 167.1억 달러에 이르며 비율로는 44.4%가 된다(이 비율은 이 네트워크를 가신 광고회사 계열 회사의 수입을 합치면 더 늘어날 것이다). 최대의 광고대행사 그룹인 WPP의 경우 4개의 네트워크를 가진 광고회사가 산하에 있는데 모두 미국에 본사를 둔 회사이다. 이렇게 볼 때 사실상 광고대행업을 지배하고 있는 것은 미국의 네트워크를 가진 회사임을 알 수 있다.

2000년에는 미국의 대 광고회사 네트워크인 Young & Rubicam이 47억 달러에 WPP로 팔렸다. 다시 4년 뒤에는 역시 미국의 Grey 그룹이 15.2억 달러에 WPP로 넘어감으로써 남아 있던 유일한 글로벌 네트워크를 가진 독립 광고회사가 사라졌다. WPP는 2008년 가을에 영불 합작조사회사인 Taylor Nelson Sofres(테일러 넬슨 소프레스)를 19억 달러에 매입했다.

21세기에 접어들자 광고회사에 대한 Accountability(어카운터빌리티), 즉 광고비 투자에 대한 설명을 요구하게 되었다. 그 결과 물건을 사고팔 때 하듯이 일체의 광고 관련 구매에 대해 구매담당관이 일을 맡아 하게 되었다. 말하자면 크리에이티브를 잣대로 재야 하는 상황이 벌어졌다. 광고회사 측으로부터는 심한 반발이 일어났다. 다만 광고라고 해서 투자비용에 대한 설명을 하지 않아도 된다는 법은 없었으며, 투자 효율을 따지는 것은 광고라고 예외일 수는 없었다. Accountability와 ROI는 일상용어가 되다시피 했다. 동시에 우수한 크리에이티브라면 현재 사용하고 있는 광고회사 밖에서도 찾는 일이 일어나게 되었다. 코카콜라 같은 회사도 좋은 크리에이티브를 찾기 위해 Creative Artists Associates(크리에이티브 아티스트 어소시에이츠)를 찾아서 광고를 만들었다. 전통 매체보다 효과가 있는 매체가 등장하면 기꺼이 돈을 투자했다. 이러한 추세의 변화를 감지한 광고회사들은 SP, 디렉트 마케팅, PR 외에도 광고주가 요청하는 것이면 무엇이든 제공할 수 있는 태세를 갖추게 되었다.


**500대 광고회사** 1990년대 10년 기간의 미국 500대 광고회사의 수입을 미국 국내와 해외로 나누어 보면 국내가 대략 56~58% 선을 유지하고 있어서 더 이상 큰 변화는 나타나고 있지 않다. 수입과 대행 금액의 미국 내 및 해외 구성 비율은 대략 비슷하므로 대행 금액의 구성비는 따로 계산하지 않았다. <표 9-12>에 나타나듯이 이미 1990년대에 미국의 큰 광고회사는 해외에서 약 41~44%의 수입을 얻고 있어서 국제화되어 있음을 짐작할 수 있다. 해외 비율은 광고회사에 따라 차이가 있음은 사실이다.

〈표 9-12〉 미국 500개 광고회사의 수입, 대행 금액 추세(1992~2001)

수입과 대행액: 억 달러

| 연도 | 수입 | | | 대행액=취급액 | | |
|---|---|---|---|---|---|---|
| | 세계(%) | 미국(%) | 해외(%) | 세계 | 미국 | 해외 |
| 1992 | 145.4(100) | 81.7(56) | 63.7(44) | 1,034.5 | 597.6 | 436.9 |
| 1994 | 158.0(100) | 93.8(59) | 64.2(41) | 1,174.9 | 718.4 | 456.4 |
| 1996 | 201.1(100) | 115.7(58) | 85.4(42) | 1,576.7 | 915.9 | 660.8 |
| 1998 | 256.3(100) | 150.0(59) | 106.3(41) | 1,979.6 | 1,162.5 | 817.2 |
| 2000 | 325.7(100) | 189.5(58) | 136.2(42) | 2,592.8 | 1,506.4 | 1,086.4 |
| 2001 | 317.4(100) | 185.4(58) | 132.0(42) | 2,564.5 | 1,494.4 | 1,070.1 |

주: 1. 자료: Advertising Age 2002. 4. 22. S-2.
2. 수입의 미국, 해외 비율은 필자 계산이며 반올림함.

**소수민족의 증가** 특히 히스패닉계의 증가는 이미 언급한 바와 같지만 광고회사의 추세에도 이런 현상은 나타나고 있다. 광고회사 연감(Standard Directory of Advertising Agencies) 자료에 따르면 1994년의 상황은 다음 표와 같다.

〈표 9-13〉 소수민족 계열 광고회사

| 민족 계열 | 회사 수 | 취급액(100만 달러) |
|---|---|---|
| 아프리칸-아메리칸계(흑인계) | 2개사 | 107.9 |
| 히스패닉계 | 6개사 | 255.4 |
| 아시아계 | 3개사 | 68.8 |
| 다민족계 | 4개사 | 273.0 |
| 합계 | 15개사 | 705.1 |

자료: Julianne Sivulka(1998).

이러한 히스패닉계의 중요성을 고려한 Ad Age는 1999년에 히스패닉 크리에이티브 광고상 제도를 창설해서 매년 이 행사를 주최하고 있다. 또한 소수민족의 대두와 그 중요성을 인식한 광고회사 네트워크에는 다문화 전문 광고회사를 산하에 두고 있는데, 예컨대 WPP 그룹의 Young & Rubicam은 아시안 아메리칸 전문 Kang & Lee가 있으며 Omnicom 그룹 계열인 DDB Worldwide에는 스파이크 DDB라는 아프리칸 아메리칸(흑인)계 광고회사가 있고 Publicis 그룹 계열인 Leo Burnett 산하에는 Vigilante(비지란트)라는 다문화 광고회사를 두고 있다.[35]

---

35) Advertising Age 2010. 4. 26.

〈그림 9-9〉 Advertising Age가 주최하는 히스패닉 크리에이티브 광고상(Advertising Age 2008. 3. 3.)

## 크리에이티브

**Got Milk?(우유 있어?)** 1993년에 캘리포니아 우유가공 위원회(California Milk Processors Board)의 요청으로 Goodby Silverstein & Partners(굿바이, 실버스타인 & 파트너즈)가 제작한 'Got Milk?' 광고 캠페인은 그 뒤 1995년에는 'Got Milk?'라는 헤드라인 겸 슬로건을 라이선스화해서 사용할 만큼 유명해졌다. 이 광고의 성공으로 Goodby Silverstein & Partners는 일약 이름을 날리게 되었다. 시각적으로는 코 밑 수염 있는 곳에 흰 우유가 묻은 광경이 보인다. 각계각층의 사람들이 갖가지 상황에서 우유를 찾는다는 것을 보여 주는 대성공을 거둔 캠페인이었다.

**Whassup?(뭘 해?)** 1999년에서 2002년까지 전개된 'Whassup?(What's Up?의 속어)' 캠페인은 Anheuser-Busch Budweiser(안호이저 부시 버드와이저) 맥주의 광고 캠페인이다. 내용은 싱거우리만큼 간단한데 '뭘 해?'라고 옮길 수 있는 'What's Up?'을 속어로 발음한 'Whassup?'을 네 사람의 흑인들이 서로 맥주를 마시며 전화하는 광경이다. 시카고 DDB 광고회사의 작품인데 2000년에 만장일치로 Cannes 국제광고제에서 그랑프리를 받아 세계적인 화제가 된 작품이다. Cannes 외에도 Clio 국제광고제에서도 그랑프리상을 받았고 몇 년 뒤에는 Clio의 클래식 작품 명단에 올랐다. Whassup은 유명해진 하나의 광고 테두리를 넘어 미국 대중문화의 서브컬처의 한 부분을 보여 주었다는 평도 듣게 되었다.

**Dove(도브 비누)의 Evolution(진화) 캠페인** 2007년 세계 굴지의 세제, 식품 등 생활용품 메이커 Unilever 회사 Dove의 'Evolution' 캠페인은 Cannes 광고제의 사이버와 필름 부문에서 그랑프리를 받았다. 캐나다 Ogilvy & Mather가 제작한 이 작품은 많은 이야깃거리와 아울러 앞날의 광고에 대한 시사를 제기했다. 2007년 당시 기준으로 54년의 역사를 자랑하는 Cannes 광고제에서 같은 작품이 두 부문의 상을 받는 것은 이것이 처음이었다. 또한 'Evolution' 캠페인은 원래 인터넷 비디오로 방영되었으며 뒤에 몇몇 외국 TV에 방송되었다. 별다른 기교를 부린 것은 아니며 다만 저속촬영 기법을 사용했다. 오랫동안 여러 차례 가꾸고 다듬어서 보통 수수한 얼굴의 한 여성이 매력적인 옥외광고의 모델로까지 진화하는 것을 보여 준 내용이었다.

그런 의미에서는 판에 박힌 미(美)에 대한 의식을 바꾸는 데에도 공헌했다는 평을 들었고 또 앞으로 광고가 나갈 방향을 제시했다는 이야기도 들었다. Ogilvy & Mather는 이 광고를 YouTube에 올려서 수백만 건의 조회 수를 얻었다. 필름 부문 심사위원장이던 미국 DDB 크리에이티브 책임자인 Bob Scarpelli(밥 스카펠리)는 Dove 비누의 'Evolution' 캠페인은 "우리가 본 최대의 아이디어였다"라는 평을 했다.[36]


**2010 Old Spice** 2010년 6월 말 무렵 프랑스 Cannes에서는 새로운 광고의 한 장(章)이 기록되고 있었다. 다름 아니라 지금 젊은이의 할아버지 세대가 쓰던 에프터쉐이브 스킨로션의 일종인 Old Spice 광고가 필름 부문의 그랑프리를 받고 새로운 팝컬처 센세이션을 일으킨 것이다. Old Spice는 P&G의 제품이다. 이 광고를 제작한 대행사는 Wieden+Kennedy(와이든+케네디)였다. 등장하는 모델은 한때 유명한 미식축구 선수였던 Isaiah Mustafa(이사야 무스타파)이었다. 남성 화장품을 구매하는 것은 대개 여성이라는 점에 착안해 여성을 대상으로 했으나 아울러 남성도 고려한다는 힘든 문제가 있었다. '남자다운 냄새 당신의 남자'라고 옮길 수 있을 "The Man Your Man Could Smell Like"이란 헤드라인의 광고였다. 당연히 아이디어, 제작, 주연의 연기 등 모든 면에서 뛰어났지만 이 광고를 세계적인 이야깃거리로 만든 것은 다름 아니 소셜미디어 YouTube였다. 광고가 알려지자 이 비디오를 본 사람은 1주간에 400만 명에 이르렀고 3개월 사이 대화의 75%는 이 광고에 관한 것이었다. 소문이 퍼지자 Wieden+Kennedy는 YouTube나 기타 소셜 매체에 들어오는 문의에

---

36) USA Today 2007. 7. 2.

대한 대답 광고를 통해 인터액티브 캠페인을 전개해서 더욱 확산되게 했다. 캠페인 개시 후 3개월이 되자 매출은 55%나 증가했고 마지막 1개월 사이에는 107%나 매출이 늘었다.[37]

2010년 Cannes 광고상에서 "Obama for America(미국을 위해 오바마를)" 캠페인은 Titanium and Integrated Lions(티타늄 & 통합 라이언스) 부문에서 그랑프리를 받았다. "Obama for America" 캠페인은 정치광고로서 두 가지 부문의 상을 함께 받았다는 데에서 특색이 있었다. 티타늄 상은 어떤 운동을 일으키는 아이디어에 대해 주는 상이었는데 오바마를 대통령으로 추천하는 운동을 만들어 승리로 이끈 아이디어가 훌륭했다는 점이 수상 원인이 되었다.

2000년에는 옛날 광고의 부활이 일어났는데 그 가운데 공익광고도 포함되어 있었다. 그 원인은 2000년에 산불이 빈번해지자 1944년에 제작해서 고전이 된 "Smokey the Bear(스모키 더 베어)"를 되살리자는 것이었다. 달라진 것은 그림보다는 글이었는데 "당신만이 산불을 예방할 수 있습니다(Only you can prevent forest fires)"라는 카피였다.

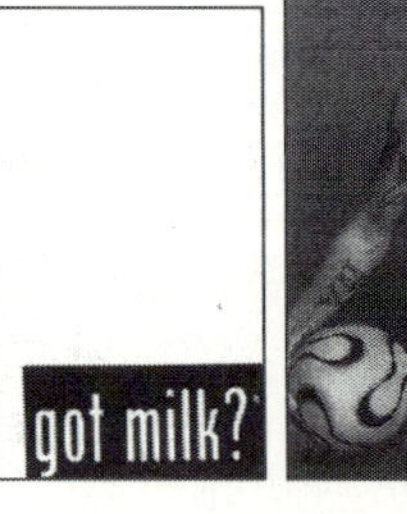

〈그림 9-10-1과 9-10-2〉 Got Milk? TV 광고

---

37) Google 및 You Tube 등에 보도된 "Old Spice Ad Campaign" 또는 "The Man Your Man Could Smell Like" 등 제목의 보도 및 비디오

〈그림 9-11-1과 9-11-2〉 Whassup? TV 광고에는 네 흑인이 등장해서 Whassup?이라 전화하며 버드와이저를 마시고 있다.

〈그림 9-12-1과 9-12-2〉 도브(Dove)의 진화(Evolution)

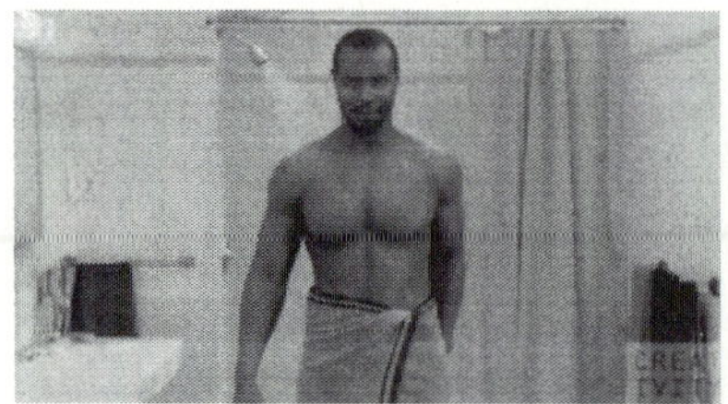

〈그림 9-13〉 미식축구 선수에서 올드 스파이스(Old Spice) TV 광고 탤런트로 변신해서
센세이션을 일으킨 무스타파(Mustafa)가 주연한 광고

〈그림 9-14〉 Advertising Age의 표지를 장식한 Obama for America 캠페인

〈그림 9-15〉 산불 예방 공익광고로 부활한 Smokey the Bear

## 그 밖의 일들

Informercial(인포머셜)의 등장은 1984년의 FCC의 광고시간 규제 해제가 원인인데 가장 잘 이용한 사람은 1992년 대통령선거전에 무소속으로 출마했던 Ross Perot(로스 페롯)이었다.

1990년에는 어린이 대상 TV 광고 법규가 제정되었다. 1991년에는 "Intel−inside"의 협동광고(Co−op Ad)가 시작되었는데 2009년에는 거의 14억 달러에 가까운 광고비를 투자했다. 1992년에는 시카고의 Northwestern(노스웨스턴) 대학 Don Schultz(돈 슐츠) 교수가 제창한 통합마케팅커뮤니케이션(Integrated Marketing Communication: IMC)이 세계적으로 마케팅 커뮤니케이션 분야를 휩쓸게 되었다. 이 학설은 그 뒤 인터넷의 등장과 각종 새로운 매체의 폭발적인 증가로 더욱 각광을 받게 되었다.

〈그림 9-16〉 Don Schultz 교수

1990년대 초에는 간접광고라 부르는 Product Placement(PPL) 광고가 등장해서 대단한 선풍을 일으켰다. 텔레비전 프로그램 속에 어떤 브랜드가 나타난다는 것은 소비자의 구매 행동에 커다란 영향을 미칠 수 있는데 다만 미국 법은 돈을 받고 특정 제품을 프로그램에 등장시키는 것은 금지하고 있어서 그리 쉬운 일은 아니었다. 그런데 영화인 경우 이런 제한이 없어서 PPL은 쉽다. 물론 돈이 드는 일이다.[38]

**1993년 4월 2일 − Marlboro Friday** 이날 말보로 브랜드 담뱃값은 20%나 파격적으로 인하되었다. 이유는 무명 담배 점유율이 전체 시장의 3분의 1에 이르러 이를 막아야 했기 때문이었다. 미국 제1의 담배 브랜드의 가격 인하로 말보로 담배의 모회사(母會社) 주가가 26%나 떨어졌다. 1954년 이래 말보로 맨으로 키워 온 이 브랜드가 무명 브랜드의 가격 공세를 이기지 못해 가격을 내리게 되자 브랜드 시대가 갔다는 말조차 나돌았고 실제로 말보로와 함께 Heinz, 코카콜라, Nabisco 과자 등의 주식도 일제히 하락세를 나타냈었다. 그러나 말보로의 이 조치는 일반 브랜드의 시장 확대를 막았

〈그림 9-17〉 Camel 담배 "Old Joe" 광고. 후에 이 광고를 포함한 캐릭터를 이용한 Camel 담배의 모든 광고는 청소년의 흡연을 부추긴다는 이유로 철수되었다.

---

38) PPL에 관한 내용은 1998년의 Juliann Sivulka, 『Soap, Sex and Cigarettes』, 408쪽을 참조하기 바란다.

다. "브랜드의 사망(Death of a Brand)"이라는 말이 나온 것은 이때였다. 이후로는 광고보다 판촉에 돈을 더 투자하는 추세가 되었다. 그러나 그 이후 미국의 산업이 보여 주듯이 브랜드는 죽지 않았고 오히려 그 힘이 강해졌다.

**Procter & Gamble 회장 뉴미디어 시대 도래에 대해 경고** 미국 나아가서는 세계 최대의 광고주인 P&G 회장 Ed L. Artzt(에드 L. 아츠)는 1994년 5월 미국광고업협회 회의에서 TV 광고의 주류를 이루고 있는 30초 광고의 장래에 대해 경고를 했다. 이 말은 그 뒤 현실로 드러났는데 인터넷, Video−On−Demand(VOD), 게임 디바이스, MP3 등 각종 뉴미디어의 등장으로 TV 시청률은 떨어지고 있었다. 그리고 "New Media"의 장래를 내다보고 연구할 것을 요청했다.

1995년 Microsoft 회사는 Window 95를 출시하면서 대대적인 퍼블리시티 행사를 실시했다. 뉴욕의 엠파이어어스테이트 빌딩을 Window 색으로 만들고 호주 시드니 항구에는 4층 높이의 Window 95 박스를 제작하는 등 초대형 이벤트로 세계를 깜짝 놀라게 했다. 그리고 1995년 8월 24일 12:01분에 신제품을 출시했다. 1996년에는 Nike가 골프의 제왕 Tiger Woods(타이거 우즈)와 5년 스폰서 계약을 체결했는데 그 몸값이 무려 4,000만 달러였다. 1997년에는 미국 담배회사 R. J. Reynolds가 Old Joe라는 별명이 붙은 Camel 담배를 "은퇴" 시킴으로써 갖가지 독특한 캐릭터 디자인으로 소문났던 Camel 광고는 영영 자취를 감추었다. 같은 해에 미국 연방통상위원회(FTC)는 일부 처방 약품의 소비자 대상 직접광고(Direct to Consumer: DTC)를 허용했다. 그 결과 의약품 광고가 폭발적으로 늘어났는데 1989년에 겨우 1,200만 달러이던 것이 1998년에는 12억 달러, 다시 2009년에는 49억 달러로 증가했다.

1998년에는 4대 담배회사를 대상으로 46개 주에서 제소된 담배 관련 피해 배상에 대해 2,060억 달러라는 거금을 지불하기로 기본 합의 계약을 체결함으로써 큰 사회문제가 되었던 사건은 진정되었다. 이 배상 계약과 동시에 광고를 포함한 담배 제품의 마케팅 활동도 제한키로 합의했다.

크게 볼 때 21세기에 접어들어 디지털 기술의 발전이 가속화되면서 마케팅 커뮤니케이션에 일어나는 변화도 빨라졌다. 그리고 그 변화는 미국 한 나라에만 국한된 것이 아니라 그야말로 세계적인 규모로 확산되고 있다. 아마도 그 첫 사건이 2000년의 세계적인 닷컴 붐(Dot com Boom)이있을 것이다. 이 붐은 1년이 지나사 붕괴되었다. 역시 세계 공통의 일이었다. 닷컴 붐이 일어난 2000년에는 미국 최대의 광고 행사이기도 한 Superbowl에 17개나 되는 닷컴 회사가 광고를 했다.

온 세계가 떠들썩하며 맞이한 2000년 1월 1일의 새 천 년, 밀레니엄은 다음 해 9월 11일 뉴욕 무역 센터의 폭파와 미 국방성에 대한 동시다발 공격으로 산산이 부서졌다. 세계는 새로운 형태의 전쟁에 말려들었고 서구 기독교와 이슬람 간의 대립 같은 양상을 띠게 되었다. 이라크에서는 후세인 정권이 무너졌고, 아프가니스탄에서는 탈레반과의 전쟁이 아직 계속되고 있다.

경제적인 측면에서는 2008년에 일어난 Lehman Brothers(리먼 브라더스)의 파산에서 생긴 세계 경제 위기가 일단 수습은 되었으나 2011년 초 현재까지도 아직 아물지는 않고 있다. 당연한 결과로 세계 주요 국가의 경제와 광고는 피해를 겪고 있다.

2003년에는 미국 역사상 최대라는 America－on－Line의 Time－Warner 인수가 있었다. 애플은 iPod을 출시했다. 2004년에는 이미 언급한 대로 Google이 주식을 상장했다. 2006년에는 아마존의 매출이 100억 달러를 넘어섰고 2009년이 되자 250억 달러가 되었다. 2009년에는 Nielsen 조사회사가 TV 광고 시청률을 발표하게 되었다. TiVo로 대표되는 디지털 비디오 녹화기의 보급 증가에 따라 광고를 보지 않는 시청자가 증가해서 정확한 광고 시청률을 알기 원하는 광고주의 요구 때문이었다. 아마도 21세기 언론 및 광고에 결정적인 영향을 미친 사실을 반영하는 것은 1999년에 미국 가구 대비 겨우 1.7% 보급이던 브로드밴드가 불과 10년 사이에 70% 선에 가까워진 일일 것이다.

**글로벌 마케터** 미국광고 전문 주간지인 Ad Age의 자료를 이용해서 미국 외에서 사용한 광고비에 따라 순위를 매긴 1995년과 2005년의 대비는 <표 9－14>와 같다. 물론 미국을 기준으로 하는 이런 기준이 타당한가 하는 문제는 있겠지만 기준 문제는 일단 논외로 한다. 이런 기준으로 본 10대 글로벌 마케터는 1995년에 미국 국적이 4개사, 일본이 2, 독일·스위스·프랑스가 각각 1, 영국과 화란의 합작이 1개로 되어 있다. 2005년이 되자 미국이 5개사, 일본 2, 스위스·프랑스가 각각 1, 영국과 화란 합작 1, 독일과 미국 합작이 1로 되었다. 4개사의 등락이 있었다. 변동이 없는 것은 1위인 미국 P&G와 영국과 화란 합작인 Unilever로, 이 두 회사는 여러 가지 제품을 만들지만 주로 생활용품회사이다. 다만 1위와 2위의 광고비 차이는 거의 1 대 2 정도에 이르고 있다. 2005년을 기준할 때 10위 랭킹에 포함된 업종은 자동차가 4개사인데 제너럴모터스, 포드, 도요타, 혼다로서 미국과 일본이 각각 2개 회사이다. 1, 2위는 변함없이 미국의 P&G와 영국과 화란의 합작회사인 Unilever이다. 스위스의 Nestle, 미국 Coca-Cola, 프랑스 화장품 회사인 Loreal(로레알)이 역시 10위권에 들어 있다. 1위인 P&G의 경우 1995년에 해외에서 사용한 광고비는 전체 광고비의 48%였는데 2005년에는 해외 비율이 59%가 되어 11포인트가 증가했다. Coca-Cola의 경우는 해외 광고비 비율이 훨씬 높은데 1995년에 64%에서 2005년에는 73%로 9포인트나 증가했다.

〈표 9-14〉 10대 글로벌 마케터(Global Marketers)

광고비: 100만 달러

| 글로벌 마케터(국적) | 1995 광고비(순위) | | 2005 광고비(순위) | |
|---|---|---|---|---|
| | 세계 | 미국 외 | 세계 | 미국 외 |
| Procter & Gamble(미국) | 5,298.2 | 2,568(1) | 8,184 | 4,789(1) |
| Unilever(영국, 네델란드) | 3,284.8 | 2,430(2) | 4.197 | 3,434(2) |
| Nestle(스위스) | 1,967.7 | 1,478(3) | 2,109 | 1,524(5) |
| Toyota(일본) | 1,684.8 | 951(4) | 2,840 | 1,765(4) |
| Peugeot(프랑스) | 887.3 | 887(5) | ---- | ---- |
| Philip Morris(미국) | 3,435.6 | 882(6) | ---- | ---- |
| Nissan(일본) | 1,328.9 | 863(7) | ---- | ---- |
| Volkswagen(독일) | 967.7 | 833(8) | ---- | ---- |
| GM(미국) | 2,897.0 | 814(9) | 4,059 | 1,141(7) |
| Coca-Cola(미국) | 1,205.0 | 772(10) | 1,754 | 1,278(6) |
| Loreal(프랑스) | - | - | 2,768 | 1,970(3) |
| Ford(미국) | - | - | 2,643 | 1.076(8) |
| Johnson & Johnson(미국) | - | - | 2,334 | 659(10) |
| Honda(일본) | - | - | 1,833 | 978(9) |

자료: Advertising Age International 1997. 11월 호 및 같은 주간지 2007. 11. 19. 자료로 구성. 광고비는 1,000만 단위에서 반올림.

**100대 광고주, 10대 광고주** 미국의 100대 광고주 관련 자료는 Leading National Advertiser(리딩 내셔널 애드버타이저) 회사가 발표하고 있다. 이 자료에 따라 미국 10대 광고주의 1995~2009년 기간을 5년 터울로 만든 통계는 <표 9-15>와 같다. 이 15년 기간에 10대 광고주 리스트에 오른 회사는 모두 16개사이다. 1995년 이래 줄곧 10위권에 있는 회사는 4개사인데 P&G, GM, Time-Warner, 그리고 Walt Disney이다. 탈락한 회사 가운데는 담배회사 Philip Morris와 백화점 체인 Sears가 있고 Chrysler와 Ford 자동차가 있으나 이 두 개 자동차 회사는 돌아올 가능성이 있다. 부상하는 기업 가운데는 커뮤니케이션 업종인 Verizon(베리존)과 AT&T가 있다. 그 밖에 Pfizer(화이자), Johnson & Johnson, Loreal, GlaxoSmith-

Kline(글락소스미스클라인) 등 화학 계통 회사와 식품회사인 Kraft(크래프트)가 10위권에
오르기도 했다.

〈표 9-15〉 미국 10대 광고주(1995, 2000, 2005, 2009) 미국 내 광고비와 순위

광고비: 100만 달러

| 광고주 | 1995(순위) | 2000(순위) | 2005(순위) | 2009(순위) |
|---|---|---|---|---|
| 프록터 & 갬블 | **2,731(1) | 2,364(3) | 4,609(1) | 4,189(1) |
| 필립 모리스 | **2,554(2) | 2,603(2) | - - - - | - - - - |
| 제네럴 모터즈 | 2,083(3) | 3,935(1) | 4,353(2) | 2,215(4) |
| 타임 워너 | 1,305(4) | 1,770(8)* | 3.494(3) | 1,848(8) |
| 월트 디즈니 | 1,297(5) | 1,758(9) | 2,279(7) | 2,004(7) |
| 시어즈 로벅 | 1,275(6) | - - - - | - - - - | - - - - |
| (다임러)크라이슬러 | 1,247(7) | 1,984(7) | 2,179(10) | - - - - |
| 펩시 | 1,207(8) | 2,107(6) | - - - - | - - - - |
| 포드 | 1,167(9) | 2,345(4) | 2,398(6) | - - - - |
| 미국전신, 전화(AT&T) | 1,081(10) | - - - - | 2,471(5) | 2,797(3) |
| 화이자 | - - - - | 2,265(5) | - - - - | 2,097(5) |
| 베리존커뮤니케이션 | - - - - | 1,613(10) | 2,484(4) | 3,020(2) |
| 존슨 & 존슨 | - - - - | - - - - | 2,209(8) | 2,061(6) |
| 글락소/스미스클라인 | - - - - | - - - - | 2,194(9) | - - - - |
| 로레알 | - - - - | - - - - | - - - - | 1,834(9) |
| 크래프트 식품 | - - - - | - - - - | - - - - | 1,748(10) |

자료: Advertising Age 1997. 9. 29, 2001. 9. 24, 2006. 6. 26, 2009. 12. 28.
* 2000년 이후는 AOL Time-Warner.
** Procter & Gamble 및 Philip Morris의 1995년 광고비는 〈표 9-15〉의 숫자와는 약간의 차이가 있다.
금액은 반올림.

지난 반세기간 100대 광고주의 추세를 보면 1955년의 광고비 합계 18.7억 달러에서
2005년에는 1,013억 달러가 되어 54배나 증가했다. 한편 같은 기간에 미국의 광고비는
91억 달러에서 2,710억 달러가 되어 약 30배 증가했다. 그 결과 100대 광고주가 미국 전
체 광고비에서 차지하는 비중은 20.4%에서 37.4%로 껑충 뛰었다. 달리 말하자면 지난
50년 사이에 미국 100대 광고주가 미국광고비에서 차지하는 비중이 현저하게 높아졌다
는 것이다.

〈표 9-16〉 미국 1, 2위 광고주, 미국광고비, 100대 광고주의 구성비(1955~2009)

광고비: 100만 달러

| 연도 | 1위 | | 2위 | | 100대 사 광고비 | 미국 광고비 | 100대 광고주 점유율: % |
| | 광고주 | 광고비 | 광고주 | 광고비 | | | |
|---|---|---|---|---|---|---|---|
| 1955 | GM | 170.4 | P&G | 85.0 | 1,867 | 9,150 | 20.4 |
| 1960 | GM | 168.5 | P&G | 127.0 | 2,600 | 11,960 | 21.7 |
| 1965 | P&G | 245.0 | GM | 173.0 | 3,731 | 15,250 | 24.5 |
| 1970 | P&G | 265.0 | GF | 170.0 | 4,620 | 19,550 | 23.6 |
| 1975 | P&G | 360.0 | GM | 225.0 | 6,400 | 28,270* | 22.6 |
| 1980 | P&G | 649.6 | SR | 599.6 | 13,000 | 53,500 | 24.3 |
| 1985 | P&G | 1,600.0 | PM | 1,400.0 | 26,670 | 94,750 | 28.1 |
| 1990 | P&G | 2,280.0 | PM | 2,210.0 | 35,600 | 128,640 | 27.7 |
| 1995 | P&G | 2,780.0 | PM | 2,580.0 | 47,300 | 162,930 | 29.0 |
| 2000 | GM | 3,934.8 | PM | 2,602.9 | 81,980 | 247,472 | 33.1 |
| 2005 | P&G | 4,608.8 | GM | 4,353.2 | 101,310 | 271,074 | 37.4 |

주: 1) 자료: Advertising Age 2005. 4. 28.(1955~2000), 2006. 6. 26.(2005)
   2) 약자(略字): GM-General Motors, P&G-Procter & Gamble, GF-General Foods, SR-Sears, Roebuck, PM-Philip Morris
   *1975년 미국광고비는 자료에 따라 약간의 차이가 있다.

**10대 글로벌 광고회사/그룹** 1995년에서 2009년까지 사이에는 광고 산업 가운데 광고회사에 심한 변동이 있었는데 간단히 말하자면 M&A의 급진전이었다. 변동의 시작은 1980년대 후반부터 미국에서 일어났고 구체적으로는 영국의 사치 & 사치의 미국광고회사 매입이 시발점이었다. 그 뒤 1990년대에 들어와서 M&A의 주체는 영국계 WPP가 뒤를 이었는데 Saatchi & Saatchi의 재무담당이던 마틴 소렐(Martin Sorrell)이 주역이었다. 2005년에 이르자 4개 글로벌 광고회사 그룹이 형성되었는데 WPP, Omnicom, IPG, Publicis이다.

WPP와 Omnicom의 수입은 100억 달러를 넘은 수준이고 3, 4위인 IPG와 Publicis는 60억 달러를 약간 넘고 있다. 5위인 일본의 덴츠(電通)가 있으나 수입은 30억 달러 선이고 6위인 Havas(아바스)는 20억 달러 정도이다. 덴츠의 경우는 총수입 가운데 거의 90%가 일본 국내 수입이어서 글로벌이라 하기에는 미흡하다.[39]

---

39) Advertising Age 2007. 4. 30. 및 일본의 광고경제연구소(1997). 『(일본)광고회사의 역사』, 동경.

<표 9-17> 10대 글로벌 광고 그룹/회사(수입=Income)[a]

금액: 100만 달러. 괄호 안 (순위)

| 광고 그룹/회사(본사)[b] | 1995 | 2000 | 2005 | 2009 |
|---|---|---|---|---|
| WPP 그룹(런던) | 3,126(1) | 7,971(1) | 10,032(2) | 13,598(1) |
| 옴니컴 그룹(뉴욕) | 3,036(2) | 6,986(2) | 10,481(1) | 11,721(2) |
| 인터퍼블릭 그룹 회사(뉴욕) | 2,751(3) | 6,596(3) | 6,274(3) | 6,028(4) |
| 덴츠(도쿄) | 1,930(4) | 3,089(4) | 2,888(5) | 3,113(5) |
| 양 & 루비컴(뉴욕)* | 1,356(5) | － － － － | － － － － | － － － － |
| 코디언트(런던)* | 1,169(6) | 1,235(10) | － － － － | － － － － |
| 그레이(뉴욕)* | 988(7) | 1,863(8) | － － － － | － － － － |
| 아바스(레발로 페레, 프랑스) | 974(8) | 2,757(5) | 1,808(6) | 2,010(7) |
| 하꾸호도(도쿄) | 898(9) | － － － － | 1,364(8) | 1,522(8) |
| 추루 노스 커뮤니케이션즈(시카고)* | 890(10) | 1,539(9) | － － － － | － － － － |
| 푸블리시스 그룹(파리) | － － － － | 2,479(6) | 5,107(4) | 6,287(3) |
| 비컴 3 그룹(시카고)* | － － － － | 2,216(7) | － － － － | － － － － |
| 이지스 그룹(런던)[c] | － － － － | － － － － | 1,578(7) | 2,109(6) |
| 아사츠DK(도쿄) | － － － － | － － － － | 445(9) | － － － － |
| MDC 파트너즈(토론토/뉴욕) | － － － － | － － － － | 444(10) | 546(10) |
| Acxiom Corp. | － － － － | | － － － － | 750(9) |

주: 1) *표는 M&A로 타 그룹으로 흡수된 회사이다.
2) a) Marketing Organizations, Global Advertising Organizations라고 부르기도 했다.
3) b) 본사 위치는 1995년 기준이며 더러 달라진 회사도 있다.
4) c) 주로 매체 전문회사이다.
5) 자료: Advertising Age 1997. 4. 21.; 2001. 4. 21.; 2006. 5. 1.; 2010. 4. 26.

<표 9-18> 주요 광고 관련 사건 연표(1990~2010)

| 1990 | 어린이 대상 TV 광고를 규제하는 법 제정 |
|---|---|
| 1992 | 시카고 Northwestern 대학 Don Schultz 교수 통합마케팅 커뮤니케이션(IMC) 제창 |
| 1993 | 빌 클린턴 대통령 취임<br>Marlboro Friday. 일종의 무명인 값싼 담배에 대항하기 위해 말보로 가격 인하<br>증권가에도 영향 미침－American Tobacco 주식 23% 하락. 한때 Brand 가치 의심 |
| 1994 | WWW－"인터넷의 해" 시작<br>미국 최대의 광고주인 프록터 & 갬블 아츠(Artzt) 회장 미국광고업협회 총회에서 새로운 매체 등장에 대한 경고 연설 |
| 1995 | 마이크로소프트 Window 95 출시 |
| 1997 | 연방통상위원회(FTC) 처방 의약품에 대한 소비자 대상 직접 광고(DTC) 허용<br>R. J. Reynolds Camel 담배 단종 |
| 1998 | Stanford(스탠퍼드) 대학 중퇴생 두 명이 실리콘 밸리 자기 집 차고에서 Google 창립. 2004년에 자산 230억 달러로 주식 상장. 2010년 현재 1,870억 달러 자산 |
| 1999 | George H. W. Bush 대통령 취임<br>TiVo 출시 |
| 2000 | 세계적인 Dot－com 붐 일어남. 다음 해에 붕괴<br>WPP 그룹이 Young & Rubicam 인수<br>CBS 방송국의 Survivor 방영으로 Reality 장르 탄생 |

| 2001 | 9 · 11 테러 |
|---|---|
| 2004 | 하버드대학 재학생 Mike Zuckerberg(마이크 주커버그) 친구들과 교신하기 위해 Facebook 시작 |
| | WPP 그룹이 Grey 광고회사 인수 |
| 2006 | Twitter 개시 |
| 2008 | Anheuser−Busch(Miller Lite) 벨기에 InBev에 매도 |
| | Lehman Brothers 파산 |
| 2009 | 버락 오바마 대통령 취임 |
| | Obama 광고 캠페인 Cannes에서 그랑프리 수상 |

제10장

PR

## 개관: Cutlip(커틀립)의 미국 PR 시대 구분

미국에서 Public Relations이라는 말이 처음 나오는 것은 1897년 시카고에서 발행한 Rail Age(레일 에이지)의 철도 문헌 연감(1897 Year Book of Railroad Literature)이라고 알려져 있다.[40] PR 회사가 시작된 것도 20세기에 들어선 후였다. 미국 현대 PR의 아버지라고 부르는 두 사람 가운데 한 사람인 Ivy Lee(아이비 리)가 Parker & Lee(파커 & 리)라는 PR 회사를 차린 것은 1905년이었다. Parker & Lee 이전에도 1900년에 보스턴에서 Publicity Bureau(퍼블리시티 뷰로)가 있었다.

그런데 비록 PR이라는 말이 나타난 것은 19세기 거의 마지막 시절이었으나 여러 가지 PR 활동은 훨씬 오래전부터 있었다. 현대적인 PR이 시작된 것은 아무래도 20세기에 들어선 뒤의 일이었다. Scot M. Cutlip(스콧 M 커틀립), Allen H. Center(알렌 H. 센터) 및 Glen M. Broom(글렌 M. 브룸)의 "Effective Public Relations(효과적인 PR)"은 20세기 미국 PR 발전 역사를 7개의 시대로 나누고 있다(Cutlip 외, 2006).

## 미국의 PR 시대 구분

1. **못자리 시대(Seedbed Era, 1900~1916):** 신문이나 언론 매체의 폭로 성향 기사에

---

40) en.wikipedia.org.wiki/History_of_public_relations

대해 기업이 방어를 위해 PR을 사용한 시기이다. Theodore Roosevelt(시어도어 루즈벨트) 및 Woodrow Wilson(우드로 윌슨) 두 대통령이 PR을 이용해 장기적인 정치 개혁을 달성한 시기이다.

2. **세계 제1차 대전(1917~1919):** 미국의 참전으로 PR의 힘을 통한 전시 국채, 모병, 복지를 위해 수백만 달러 모금을 한 시기

3. **1920년대 붐(1919~1929):** 1차 대전 기간에 터득한 PR 기술을 민간에 적용하기 시작한 시기로 PR이 자리를 잡은 시기이다.

4. **루즈벨트 대통령의 뉴딜 및 제2차 세계대전(1930~1945):** 1929년에 시작된 세계경제 대공황, 그 대응책으로 나온 뉴딜의 성공, 그리고 세계 제2차 대전 기간

5. **전후 붐 시기(1946~1964):** 전시경제로부터 서비스, 정보화 시대로 변환, 냉전 및 미국의 주도 시대, 대학에서 PR 교육의 본격화, PR 단체 설립, PR에 대한 이해 정착, 그리고 TV의 출현

6. **항의와 권한 획득의 시대(1965~1985):** 인종과 성차별, 환경오염, 월남전, 정부의 권력 남용 등에 대한 항의 및 그 결과 사회적 책임에 대한 인식 증가와 반응을 나타내는 조직의 대두

7. **디지털 시대와 글로벌화(1986년 이후):** 기술의 급속한 발전, 커뮤니케이션 채널의 폭증, 글로벌 경쟁시대로 이전하는 경제, 상호의존, 테러리즘, 즉각적인 상호 작용의 시대

미국 PR 산업 창시자의 한 사람으로 꼽히는 Edward L. Bernays(에드워드 버네이스)는 1900년 이전을 "대중경시"의 시대, 1900년에서 1916년에 이르는 못자리 시대를 "대중에게 알리는" 시대, 1차 대전 이후의 시기를 "상호 이해"의 시대라 불렀다.

〈표 10-1〉 PR에 일어난 주요 사건(1850~1950)

**"대중 경시" 시대**

| 1850 | 철도와 서커스 선전인 |
|---|---|
| 1889 | 웨스팅하우스 최초로 기업 신진부 창립 |
| 1897 | 미국철도협회 최초로 Public Relations라는 말 사용 |

**"대중에게 알리는" 시대**

| 1900 | 보스턴에 Publicity Bureau 창립 |
|---|---|
| 1902 | 워싱턴에 W. W. Smith(스미스) 선전 로비회사 창립 |
| 1904 | Parker & Lee 뉴욕에 회사 창립 |
| 1906 | Ivy Lee의 "Declaration of Principles(원칙의 선언)" 발표 |
| 1912 | 미국 전신전화회사 AT&T가 Public Relations Bureau 창립 제안 |

**"상호 이해"의 시대**

| 1917~1919 | 제1차 대전에 미국 참가에 따라 George Creel이 공보위원회(Committee on Public Information) 위원장으로 활약 |
|---|---|
| 1923 | Bernays는 그가 쓴 최초의 PR 책에서 Public Relations Counsel(자문)이라는 말을 처음으로 사용 |
| 1927 | AT&T는 Authur Page(아더 페이지)를 최초로 PR 담당 부사장으로 고용 |
| 1933 | Whitacker(휘태커)와 Bexter(벡스터)가 샌프란시스코에 최초의 정치 캠페인회사 창립 |
| 1934 | J. V. Baker(베이커)가 최초의 흑인소유 PR 회사를 필라델피아에 창립 |
| 1947 | 미국PR협회(Public Relations Society of America) 창립 |
| 1952 | Cutlip과 Center의 『Effective Public Relations』 출판 |

PR 전문가들이 자기 회사를 차리고 PR이 하나의 전문분야로 인정을 받으며 대학에서도 PR 과목이 등장하는데 초석을 놓아 준 것은 1914~1918년의 세계 제1차 대전이었다. 구체적으로는 미국이 1차 대전에 참전한 1917년에 전쟁승리의 일환으로 탄생한 공보위원회(Committee on Public Information: CPI)였다. 위원장은 George Creel로서 그는 신문기자 출신이었다. CPI는 1917년 4월 13일에서 1919년 8월 21일까지 불과 2년 4개월간 존속한 정부 기관이었지만 미국 PR 발전에 남긴 업적과 영향은 대단했다. CPI 위원회에서 일한 Edward Bernays, Ivy Lee, John W. Hill(존 W. 힐), Carl R. Byoir(칼 R. 바이르) 등이 창립한 회사는 뒷날 미국 굴지의 PR 회사로 성장했다.

## 제1절 "못자리" 시대(1900~1916)

20세기 처음 10여 년 기간은 Upton Sinclair(업튼 싱클레어)와 Ida Tarbell(아이다 타벨) 등을 비롯한 추문 폭로 기사, 영어로는 머크레이킹(Muckrating) 신문기자들이 활개 치던 시대였다. 그리고 이런 폭로에 대항하기 위해 주로 방어적인 프레스 에이전트(Press Agent), 즉 보도담당의 활약이 대두된 시기이기도 했다. 20세기에 들어선 뒤 추문 폭로는 주로 도시 거주 중산층 사이에 퍼지게 되었는데 10만 부가 넘는 부수를 가진 잡지를 통해 기업의 불법 행위와 정부의 무능이 항의와 개혁 요구 대상이 되고 있었다.

Sinclair의 "Jungle(정글)"은 시카고 도축장의 실상을 낱낱이 드러낸 소설로서 20세기 초 전형적인 미국 공장 근로자의 처참한 환경을 다룬 내용이었다. 그가 7주 동안 공장에서 남몰래 현장을 보고 쓴 책이었으나 내용이 너무 처참해 다섯 번이나 출판 거절을 당했다. 결국 1906년에 자비로 출판했고 베스트셀러가 되었다. 루즈벨트 대통령은 노동위원장과 사회사업가를 보내서 현장조사를 하도록 했으나 이들의 보고서는 공표되지는 않았다.[41] 이러한 Sinclair의 투쟁으로 일어난 대중의 압력 때문에 1906년에는 청결 식품 및 의약품법(Pure Food and Drug Act)이 제정되었고 정부기관인 화학국(Bureau of Chemistry)이 창설되었다. 이 정부기관은 1931년에 식품의약국(Food and Drug Administration: FDA)의 창설로 이어졌다.

1870년에 창립되어 미국, 나아가서는 세계 최대의 석유 재벌이며 최고의 부자가 된 사람은 John D. Rockefeller(존 D. 록펠러)였다. 그의 Standard Oil에 대한 공격은 역시 폭로기자로서 이름을 날린 여성 Ida Tarbell의 책 "The History of Standard Oil Company(스탠더드 석유회사의 역사)"에 나타났다. Standard Oil은 석유 생산, 정유, 수송 및 마케팅을 망라한 대기업이었고 이른바 트러스트(Trust, 독점)였다. 1890년에는 이 회사의 정유 제품 시장 점유율은 88%에 이르렀다. 이해에는 흔히 독점금지법으로 알려진 셔만 반트러스트법(Sherman Anti-trust Act)이 제정되었고 1911년에는 드디어 미국 대법원 판결에 따라 Standard Oil은 34개의 독자적인 이사회를 가진 독립회사로 분할되었다. 그 결과 Standard라는 이름을 붙인 여러 석유회사가 탄생했다. 지금 세계 굴지의 석유회사인 Exxon(엑슨)은 거슬러 올라가면 Standard Oil of New Jersey이며 Mobil은 Standard Oil of New York이고 Chevron은 Standard Oil of California이다.


**Ivy L. Lee(1877~1934)** 현대적 PR의 창시자라고 알려진 두 사람 가운데 한 사람이

---

41) en.wikipedia.org./wiki/The Jungle

Ivy Lee이다(다른 사람은 Bernays). 처음에는 뉴욕에서 신문기자로 일하다가 George Parker(조지 파커)와 함께 1905년에 Parker & Lee라는 PR 회사를 창설했다. 이 회사는 미국의 세 번째 PR 회사이다. 그리고 1906년에는 미국 PR 역사에 유명한 "Declaration of Principles(원칙선언)"을 발표했는데 그 내용은 PR 회사가 하는 일이 어떤 것이며 어떻게 공개적으로 일하는가를 밝힌 것이었다. 그는 이 선언문을 모든 신문사 사회부장에게 보냈다. 이 선언이 유명한 것은 그 무렵 미국에서는 주로 보도담당자(press agent)로 일하는 사람들에 대한 인식이 좋지 않던 시기였기 때문이다. Lee는 Public Relations이라는 말보다 Publicity라는 말을 사용했다.

　　Lee는 1912년에 펜실베이니아철도에 임원급 직위에 있었는데 이것은 미국 PR 역사에 처음 있는 일이었다. 1914년에는 록펠러 2세의 개인 고문이 되었다. 그 배경에는 이해 봄에 발생한 "Ludlow Massacre(러드로 학살)"이라고 알려진 석탄 광산 파업 진압 때 19명의 광산 노조원 가족이 질식사한 사건이 있었다. 그 뒤 1934년 록펠러 2세가 사망했을 때에 그는 가장 위대한 자선가였다는 추도사가 나왔다.

**Declaration of Principles(원칙선언)**[42] 우리가 하는 일은 비밀 통신이 아닙니다. 우리가 하는 모든 일은 공개됩니다. 우리는 뉴스를 제공합니다. 우리는 광고회사가 아니므로 우리가 제공하는 자료가 신문사 업무부 소관이라고 생각하시면 버리십시오. 우리 자료는 정확합니다. 기사로 취급한 일에 대한 자세한 사항은 즉시 제공합니다. 발표된 사실에 대해 편집자가 직접 확인하기를 원하면 기꺼이 도와드립니다. (중략) 간단히 말해서 우리 계획은 기업이나 공공기관을 위해서 미국 신문과 공중에게 알릴 가치가 있고 흥미가 있는 사항에 관해 재빠르고 정확한 정보를 제공하려는 것입니다.

〈그림 10-1〉 Effective Pubic Relations (9판) 표지

　　현재의 PR 회사에 해당하는 Publicity Bureau가 보스턴에 창립된 것은 1900년 중반이었다. 그 밖에도 Smit & Walmer(스미스 & 월머), 앞에서 언급한 Parker & Lee, Hamilton & Wright(해밀턴 & 라이트), Pendelton Dudley(펜들턴

---

42) Sherman Morse(1906). "Awakening in Wall Street" American Magazine 62호.

더들리), Thomas R. Shipp(토마스 R. 쉽) 등 5개 PR 대행사가 1910년까지 창립되었다.

1912년에 오클라호마 시에서 형의 잡지인 Harlow's Weekly 잡지 판촉을 돕던 Rex R. Harlow(렉스 R 할로우)는 1939년에 스탠퍼드 대학에서 PR 강의를 했고 1945년부터 미국PR협회(PRSA)가 발행하던 Public Relations Journal(월간)을 창시했다. 기업 가운데 PR 부서를 맨 먼저 창설한 것은 AT&T였는데 주된 일은 여론의 추세, 입법에 대한 경향 등을 파악해서 회사 경영진에게 알려 사건 발생 시에 대비하도록 하는 것이었다.

이 시기는 PR이 방어적인 위치에 있던 시대였다고 할 수 있다.

〈그림 10-2〉 아이비 리(Ivy Lee, 1877~1934)

## 제2절 1차 세계대전 기간(1917~1919)

언론의 비난, 폭로 등에 대해 방어적이던 PR이 적극적인 공세로 방향을 바꾼 것은 세계 제1차 대전이 발발하고 미국이 참전한 뒤에 일어났다. 미국의 참전 이유를 국민에게 설명하고, 전쟁 수행을 위해 모병, 국채 판매 등 각종 선전활동을 개시했는데 그 핵심은 1917년 4월 13일에 창립된 공보위원회(Committee on Public Information: CPI)였다. 위원장은 신문기자 출신인 George Creel이었다. 아직 라디오가 없던 시기에 CPI는 4분 연사(Four Minuteman) 제도를 도입했는데 사람들이 가장 주의를 기울이는 시간 길이가 4분이라는 데에서 생긴 것이었다. 미국 3,000개 군(郡, county)에서 민간 지도급 인사 75,000명을 선정해서 갖가지 전쟁 수행을 위해 국민의 여론을 조성하도록 했다. 1918년 전쟁이 끝날 때까지 이 4분 연사는 80만 회의 연설을 했다.

1917년 봄에 자유 국채(Liberty Bond)를 구입한 사람은 겨우 35만 명이었다. 위원회가 캠페인을 개시한 후 이 숫자는 1,000만 명으로 증가했다. 미국이 참전했을 때 372개 적십자 지부에는 50만 명의 회원이 있었고 운영자금은 20만 달러였다. 1918년 전쟁이 끝날 때에는 3,864개 지부에 2,000만 명이 모은 돈이 4억 달러였다.

위원회가 한 일 가운데는 포스터 제작과 배포가 있었는데 1917년 James M. Flagg(제임스 M 플래그)가 제작해서 Uncle Sam(엉클 샘)이란 이름으로 알려진 포스터는 미국 포스터 역사상 가장 많이 제작되었고 또한 가장 유명한 작품이 되었다. 이 포스터는 모병은 물론 국채 판매에 혁혁한 공헌을 세웠는데 그 밖에도 여러 가지 변형 광고가 생겼다. <그림 10-3>에서 알 수 있듯이 술 취하지 마시오, 적당히 먹고 운동하시오, 술 마시고 운전하지 마시오, 그리고 각종 금연, 사회 윤리 향상 등을 다룬 포스터가 나왔다. 어린이들에게 쿼터(Quarter, 25센트)를 아껴서 전시 국채를 사는 것이 나라를 위하는 길이라는 포스터도 있었다. 이 포스터는 뒤에 2차 세계대전 때에도 이용되었으며 지금은 민간기업의 제품 판매에도 이용되고 있다.

〈그림 10-3〉 최초의 포스터는 모병을 위해 제작했으나(왼쪽) 그 뒤 다양해진 Uncle Sam 포스터

〈그림 10-4〉 국채 판매 포스터

Creel의 CPI(공보위원회)는 다음의 미국 PR 시대를 이끌어 갈 여러 사람을 배출했는데 그 가운데 한 사람이 Carl Byoir였다. 약관 28세에 CPI 부위원장이 되었으며 1930년에는 자

기 PR 회사를 설립했는데 1980년대에 미국 10대 PR 회사 랭킹에도 올랐다. 그 밖에도 미국 현대 PR 창시자 가운데 하나로 꼽히는 Edward Bernays, John Hill도 이 위원회가 배출한 PR 전문가들이었다.


## 제3절 1920년대의 붐(1919~1929)

1차 대전 기간에 공보위원회에서 전쟁 수행을 위해 터득하고 가꾼 PR 기술은 전쟁이 끝나자 재빠르게 미국 사회 여러 부문으로 퍼져 나갔다. 정부는 물론이고 기업, 교육계, 종교계, 사회사업 등 PR을 이용하지 않는 곳이 없게 되었다. 가장 효과적으로 PR을 이용한 단체의 하나가 금주운동 단체였다. 영어로는 Anti-Saloon League(앤티살롱 리그)라고 부른 이 단체의 시작은 19세기 말로 거슬러 올라가지만 감리교, 침례교 등 개신교에 뿌리를 둔 이 단체는 드디어 1920년에 수정헌법 제18조의 통과로 미국에서 술을 내쫓는 데 성공한 듯했다. 그러나 이 법은 1933년에 철회되고 말았다. 금주법이 낳은 손실이 너무 컸기 때문이다.

PR 광고가 등장한 것도 이 시기였다. GM, Metropolitan(메트로폴리탄) 생명보험회사, 일리노이 중앙 철도 등 대기업이 1920년대 초부터 기업 PR 광고를 시작했는데, 그 배경에는 PR 전문가의 자문이 있었다. 이러한 회사는 단순히 돈을 벌기 위한 기업일 뿐 아니라 미국사회의 하나의 제도(Institution)로서 미국인을 위해 존재한다는 것을 알리기 위한 광고였다. 지금은 기업광고를 Corporate Advertising이라고 부르지만 1970년대까지만 해도 기업에 따라서는 Institutional Advertising이라 불렀는데 이러한 표현이 생긴 근원은 1920년대로 거슬러 올라간다.

이 시기에 PR 회사를 차린 사람 가운데는 John W. Hill이 있다. 그도 역시 공보위원회 출신인데 1927년에 클리브랜드(Cleveland)에서 회사를 창립했다. 1933년에는 Don Knowlton과 동업을 시작해서 Hill & Knowlton이 되었고 이 PR 회사는 세계 10대 PR 회사 가운데 하나로 성장했다. 1980년에는 JWT가 Hill & Knowlton을 매입했고 그 뒤 JWT가 1989년에 WPP로 넘어가자 이 PR 회사도 같이 WPP 계열이 되었다.

미국 최대의 전화 및 전신회사인 AT&T 부사장으로서 벨 시스템(Bell System)에 PR 개념을 접목시킨 사람으로 Edward D. Howard II(에드워드 D 하워드 2세)가 있는데 비록 PR 전문가는 아니었으나 PR에 공헌한 바가 컸다. GM이 기업광고 캠페인을 시작한 것은 1923년이었으나 PR부를 두게 된 것은 1931년이었다. 그리고 이때 책임자가 된 사람이 Paul Garrett(폴 가렛)이었다. 그는 AT&T의 Arthur Page(아더 페이지)와 함께 여론조사 자료를 PR에 도입해서 PR 프로그램 작성 및 평가의 기준으로 사용한 사람이었다. 이 시기에 미국의 대학에서 PR에 대한 관심이 일기 시작했으며 1917년에 Association of American College News Bureaus(미국 대학뉴스 단체 협회)가 설립되었다. 그러나 이 협회가 제대로 활동을 하게 된 것은 1차 대전 종료 후였다. 그 뒤 몇 차례 이름이 바뀌면서 대학에서 PR에 대한 연구가 늘어났다.

〈그림 10-5〉 메트로폴리탄 생명보험회사의 기업광고는 건강 촉진을 위해 방문 간호사 서비스를 광고하고 있다.

**Edward L. Bernays(1891~1995)** 미국 PR을 이야기할 때 빼놓을 수 없는 현대 PR의 두 아버지 가운데 한 사람으로 Bernays가 있다. 지금은 사라졌지만 한때 미국 최대의 화보 잡지이던 LIFE가 20세기 미국에서 가장 영향력 있는 100명 가운데 한 사람으로 그를 뽑은 적도 있다. 1891년 오스트리아 비엔나에서 유대인 부모에게서 태어난 그는 유명한 정신분석 심리학자 Freud(프로이트)의 겹 조카이다. 아버지는 Freud 부인의 오빠요 어머니는 Freud의 여동생이기 때문이다. 이러한 가족 관계와 아울러 그는 Freud의 제자였고, 그런 이유로 Freud의 영향은 그에게 깊이 남아 있다.

가족이 뉴욕으로 이사 간 것은 1892년이고 그곳에서 고등학교를 졸업한 후 Cornell(코넬) 대학에서 농업을 전공했으나 졸업 후에는 저널리즘을 택했다. 1913년에 극장, 콘서트, 발레 등의 선전대행인을 하다가 1차 대전이 일어나 미국이 참전한 후 Woodrow Wilson 대통령이 창설한 공보위원회에서 일하면서 미국의 참전이 왜 필요한가를 국민에게 알리는 일에 종사했다. Bernays가 뛰어난 재주를 발휘한 것은 그의 생각, 즉 '제3의 권위자'를 이용해서 자기 클라이언트의 주장을 통과시키는 것이었다. 지도자를 설득하면 그가 영향을 미치는 사람들이 영향을 받게 된다는 생각이었다.

1919년에는 뉴욕에 PR 사무소를 개설했다. 1923년에는 뉴욕대학에서 PR 강의를 시작했으며 아울러 "Crystallizing Public Opinion[여론의 결정(結晶)]"이라는 책을 썼는데 PR을 건물에 비한다면 이 책은 기공식과 같은 책이라고 할 수 있었다. 이 책이 나오기 1년 전에는 유명한 언론인 Walter Lippmann(월터 리프맨)의 "Public Opinion(여론)"이 출판되어 여론의 힘과 성격에 대한 관심이 고조되었다. Bernays는 Public Relations Counsel(PR 자문)이라는 말을 사용한 사람이다. 1928년에 그는 다시 『Propaganda(프로파간다, 선전)』라는 책을 썼다.

그는 수많은 캠페인을 전개했다. 1920년에는 전미국흑인지위향상협회(NAACP) 행사를 주최했다. 그 공로로 그는 상을 받았다. 여성이 담배를 피우는 것은 금기처럼 되어 있던 1920년대에 뉴욕에서 퍼레이드를 하는 도중 멋진 모델들이 "자유의 횃불"을 켰는데 다름 아닌 담배였다. 비록 흡연 평등화이기는 했지만 남녀차별의 벽을 무너뜨리는 일이었다. 베이컨과 달걀이야말로 미국인의 전형적인 아침 식사라는 캠페인을 성공시킨 것도 그였다. 1회용 종이컵이 진정 위생적인 컵이라는 캠페인도 그의 작품이었다. P&G의 Ivory(아이보리) 비누가 위생적이라는 캠페인 및 1939년의 뉴욕박람회의 홍보 책임자도 역시 그였다.

그에 대해서는 비판적인 견해도 있다. Bernays는 단순한 PR MAN만은 아니었다. 오히려 PR의 철학자로서 또한 저술가로서 남다른 주장을 내세웠다. 1928년에 그가 쓴 『Propaganda』의 일부를 인용한 다음 글을 보면 대중 심리의 조종자라는 비난을 받는 이유를 알 수 있다.

"대중의 조직적 습관과 여론을 의식적으로 현명하게 조종한다는 것은 민주사회의 중요한 요소이다. (중략) 들어 본 적도 없는 사람들이 우리를 통치하고 있으며 우리 정신을 형틀에 짜 넣고 있으며, 우리 취향을 형성하며 우리 아이디어를 움직이고 있다. (중략) 대중의 마음을 통제하는 줄을 당기고 있는 것은 이 사람들이다.

〈그림 10-6-1과 10-6-2〉 Edward Barnays(1891~1995)와 그의 책 『Propaganda』, 그리고 "Crystallizing Public Opinion"

2002년 영국 BBC 다큐멘터리 프로그램 "The Century of Self(자신의 세기)"는 Bernays를 "비민주적"이라고 했다. 그런데 미국을 제대로 이해하기 위해 Bernays와 그의 동료나 후배에 대한 이해 없이는 지난 100년간의 미국 사회, 정치, 경제 및 문화 발전을 제대로 이해하기는 어렵다.

## 제4절 Franklin D. Roosevelt(프랭클린 루즈벨트) 대통령의 New Deal(뉴딜) 정책과 제2차 세계대전(1930~1945)

1차 세계대전 기간에 터득한 PR은 1929년 세계경제대공황이 일어날 때까지 매우 빠른 속도로 발전했다. 공황 이후에는 루즈벨트 대통령의 뉴딜 정책 시행에 따라 또 다른 이정표를 이룰 만큼 PR은 성숙해 갔다. 2차 세계대전은 1차 대전 때 공보위원회와는 규모가 다른 PR이 이루어졌고 그 결과로 수만 명의 PR 전문가가 탄생했다. 아울러 2차 대전이 미국을 세계 리더로 부상케 한 것처럼 미국의 PR이 국제화를 향해 나가는 계기가 되었다. 현재의 미국공보원(United States Information Service: USIS)의 씨가 탄생한 것도 2차 대전 기간의 일이었다.

대공황과 그 여파로 생긴 수많은 실업자는 미국 역사상 일찍이 겪은 적이 없는 방대한 사회사업을 요구하게 되었다. 각종 법이 제정되었다. 독일의 나치와 이탈리아의 파시즘의 대두를 본 미국 군부는 군사력 강화에 대한 설득의 필요를 낳게 했다. 경제 파탄은 교육기관에도 영향을 미쳤으며 기금을 얻기 위한 PR의 필요가 생겼다. 공황의 원흉으로 손가락질을 받게 된 기업은 단편적인 PR에서 지속적이며 짜임새 있는 PR 캠페인을 전개해야할 필요를 느끼게 되었다.

1930년대에는 PR을 위한 훌륭한 도구가 탄생했다. 1936년의 대통령 선거전을 통해 Gallup의 여론조사는 자리를 잡게 되었다. 갤럽은 겨우 5,000개 표본 조사를 통해 Franklin D. Roosevelt 대통령 후보가 승리할 것이라고 예측했다. 이것은 그 당시 신뢰받던 잡지 Literary Digest가 200만 개 회신을 기초로 경쟁 후보인 Alf Landon(알프 랜던)이 승리할 것이라는 예측과 반대되는 결과였다. 갤럽의 여론조사는 이 사건을 계기로 인정을 받게 되었다. George Gallup이 미국 여론연구소(American Institute of Public Opinion)를 설립한 것은 1935년이었다. 그전에 그는 광고회사인 Young & Rubicam에서 시장과 카피 조사 부장이었다. 갤럽의 새로운 표본선출에 의한 여론조사 방법은 PR에 과학적 근거를 제시할 길을 열었다.[43]

1934년에는 처음으로 필라델피아에 Joseph V. Baker(조셉 V. 베이커)가 창립한 PR 회사가 탄생했는데 Chrysler, Gillette, P&G, NBC 방송 등 굴지의 기업 자문을 했다. Clem Whitaker(크렘 휘태커)와 Leone Baxter(레온 박스터) 부부의 정치 PR 전문대행사가 탄생한 것은 1932년이었는데 이 부부 회사는 80개 캠페인을 대행하는 가운데 여섯 번만 패배했고 나머지는 모두 승리했다는 기록을 남겼다.

2차 세계대전은 PR에 일대 전환기를 가져왔다. 이번에는 1942년 6월에 창설된 전시공보처(Office of War Information: OWI)가 그 기구였다. 전시공보처는 뒤에 미국공보원의 전신이 되었고 전 세계에 걸쳐 미국에 대해 왜곡된 이미지를 방치하는 위험을 지적하는 공로를 세웠다.

1935년 당시 미국 육군참모총장이던 맥아더 장군은 PR 부서를 설립했다. 설립 목적은 앞으로 유럽에서 발생할 사태에 대한 미 국방성의 우려를 국민에게 알리고 동시에 기자들의 취재를 돕기 위한 것이었다. 전쟁이 일어나자 겨우 3명이던 PR부는 장교와 민간인 3,000명을 가진 기구로 확장되었다. 1942년에는 미국광고계 지도자들이 모여 War Advertising Council을 발족시키고 정부와 긴밀한 관계를 유지하면서 전쟁 승리를 위해 광고주, 광고대행사, 매체가 아울러 일하는 기구가 되었다. 이 기구는 전쟁이 끝난 뒤에는 현재의 미국 공익광고 기구인 광고협의회(Advertising Council)가 되었다.

2차 대전 기간에는 엄청난 홍보, 광고물이 제작되었는데 그 가운데서 가장 유명한 포스터 가운데 하나가 "Rosie, the Riveter(리벳공 로지)"이다. Rosie는 가상 인물로서 남자들은 전쟁터에 나가고 여성들이 그 자리에서 대신해서 일하는 것을 그린 작품인데 한 테마를 여러 가지로 변형해서 사용했다. 그 밖에도 유언비어 조심, 애국심 고취, 국채 구입, 그리고 일본군에게 항복을 권유한 삐라(전단) 등 수백, 수천 가지의 인쇄물이 제작, 배부되었다.

〈그림 10-7〉 전시공보처(Office of War Information: OWI) 배지

---

43) www.galiup.com

〈그림 10-8〉 OWI가 제작한 영화 타이틀

〈그림 10-9〉 Rosie, the Riveter 포스터와 그 변형

〈그림 10-10〉 일본 해군기와 독일국기를 밟고 있는 군화. 헤드라인은 그 날이 어서 속히 오도록 전시 채권을 사라는 것이다.

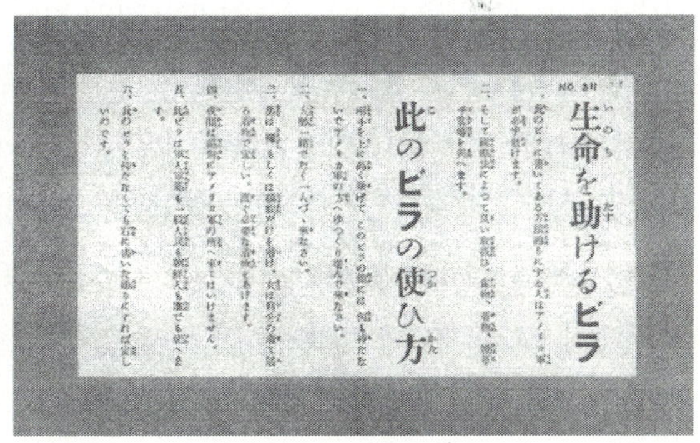

〈그림 10-11〉 국기를 이용한 애국심 고취 포스터

〈그림 10-12〉 일본어로 된 투항 권유 삐라(전단). 제5항에는 군속이나 조선인도 사용할 수 있다는 말이 있다.

# 제5절 전후의 붐(1946~1964)

2차 대전에서 얻은 PR에 대한 경험은 전후 붐 시기 PR 발전에 큰 도움이 되었다. 무엇보다도 2차 대전 기간에 약 75,000명의 PR 경력을 쌓은 전문가가 배출되었다. 전시 경제체제는 평화 시 체제로 전환하게 되었다. 공업생산 위주이던 경제는 서비스 경제로 바뀌었다. 후기 산업사회 이른바 포스트인더스트리얼(Post-industrial) 시대로 접어들고 있었다.

전쟁 기간에 금지되었던 파업이 다시 살아나게 되었다. 그리고 기업에 대한 불만, 비난이 대두했으며 기업은 이에 대응하는 PR이 필요하게 되었다. 수많은 제대군인은 다시 학교로 복귀하게 되었는데 그 결과 엄청난 교육시설 확장이 필요하게 되었다. 대학은 기금마련을 위해 동분서주했고 PR을 이용하게 되었다.

원래 CBS 방송기자로서 2차 대전 기간 심리전 분야에서 일하던 Daniel J. Edelman(다니엘 에델만)은 1952년에 PR 회사를 설립했다. 이 회사는 현재 유일한 독립 PR 회사로서 세계 각국에 40개 지사를 두고 1,800명의 직원을 둔 거대한 PR 회사가 되었다. 6년 동안 단독 경영을 하던 Harold Burson(해롤드 버슨)은 1953년에 광고 경영인 출신 Bill Marsteller(빌 마스텔러)와 합작으로 두 사람의 이름을 딴 Burson Marsteller라는 PR 회사를 설립했다. Burson Marsteller는 1979년에 광고회사 Young & Rubicam에 매도되었다. 1983년에는 27개국 58개 사무소에 2,400명의 사원을 둔 세계 최대의 PR 회사가 되었다. Young & Rubicam은 2000년 영국 WPP 광고회사 그룹에 매도됨에 따라 Burson Marsteller는 WPP 계열사가 되었다(1988년 서울 올림픽 때 조직위원회 PR 업무를 담당한 회사가 Burson Marsteller이다). 1961년에는 특기할 일이 일어났는데 흑인 여성 Inez Y Kaiser(이너즈 카이저)가 PR 회사를 설립했는데 이 회사는 그 뒤 여러 굵직한 대기업의 PR을 대행했다.

1947년에는 미국PR협회(Public Relations Society of America: PRSA)가 창립되었다. 이 협회는 최대의 PR 단체로서 10,000여 명의 회원이 있으며 10개 지역 110개 지부로 구성되어 있다. 이 밖에 약 10,000명의 학생 회원이 있다. 이 협회는 연례회의, 수상식 그리고 두 개의 저널 Strategy(계간)와 Tactics(월간)를 발행하고 있다.

이 시기 20년 동안의 PR 발전 상황은 다음의 여섯 가지로 요약할 수 있을 것이다(Cutlip 외, 2006).

1. 산업계, 공공기관, 사회단체, 정부 부처 및 각종 업계 단체들의 PR 프로그램의 수요는 꾸준히 성장하고 있었다. 또한 기존 프로그램은 단순한 선전을 벗어나 성숙해 가

고 있었다.

2. 독립 PR 회사의 수가 안정되어 가고 있었으며 특히 뉴욕, 워싱턴, 시카고, 로스앤젤레스 같은 커뮤니케이션 센터에서 이러한 추세였다.

3. PR 실무, 철학, 기술과 문제점 등에 대한 서적, 논문, 저널 등이 폭발적으로 증가했다.

4. 실무자들의 새로운 조직, 기존 조직의 방향 재설정이나 통합이 일어났으며 이미 성숙한 단계에 있었다.

5. PR 실무자를 육성할 대학 교육 프로그램이나 코스를 제공하는 대학의 수가 증가함에 따라 취직할 때 젊은 대학 졸업자에 대한 요구가 늘어났다.

6. 국제PR협회(International Public Relations Association: IPRA, 1955년 창립)의 설립이 보여주듯이 PR 실무와 수준이 국제화를 촉진하고 있었다.


## 제6절 항의, 권리 획득의 시기(1965~1985)

이 20년 기간에 사회적 이슈로 대두한 것은 소비자 주권, 환경보호, 평화, 인종차별, 성차별이었다. 소비자 주권 문제가 표면화된 것은 소비자보호운동의 기수 Ralph Nader(랄프 네이더)의 활동이었다. 환경 문제를 극명하게 반영한 일은 1970년 "Earth Day(지구의 날)" 제정이었다. 평화의 제창은 아무래도 월남전이 계기가 되었다. 인종차별 문제는 흑인 목사로 민권운동가 Martin Luther King Jr.(마틴 루터 킹 2세)를 들어야 할 것이다. 성차별은 1960년대 말 월남전 반전 운동이 절정에 달했을 무렵 대두한 히피와 관련된다.

1962년 Rachel Carson(라헬 카슨)의 책 『Silent Spring(침묵의 봄)』은 환경보호 운동의 첫 신호였다. 케네디 대통령의 지시에 따라 과학자문위원회는 이 책에 나온 DDT가 미치는 영향을 조사했다. DDT가 모든 곤충을 무차별적으로 죽이게 되고 해충을 없애기 위해 곡식에 뿌리면 생태계 사슬에 영향을 미치게 된다는 주장이었다. DDT 제조회사는 심히 반발했다. 다만 국민은 이런 주장에 대해 냉담했다. 일련의 규제조치가 나왔다. "Clean Air Act"는 1963년, 환경 문제를 국가 정책으로 다루게 한 "National Environmental Policy Act(국가환경정책법)"는 1969년, 그리고 최초의 "Earth Day"가 1970년에 제정되었고 이해에 Environmental Protection Agency(환경보호처)가 탄생했다. 항의와 변화 요구의 시대는 이렇게 해서 환경 문제에 관한 한 Carson의 승리로 끝났다.

하버드대학 법과를 나온 Ralph Nader가 1965년에 쓴 책 "Unsafe at Any Speed"는 무서운 반향을 일으켰다. Chevrolet 자동차의 Corvette 스포츠카의 서스펜션 시스템이 지닌 위험성을 제기했다. 화가 난 GM은 Nader의 사생활 조사를 시작했고 이 사건은 드디어 GM 사장이 상원 청문회에서 Nader에게 사과하고 자동차의 서스펜션 시스템을 고치게 되었다. 1966년에는 "전국 교통 및 자동차 안전법(National Traffic and Motor Vehicle Safety Act)"이 제정되었고 1970년에는 "직업 안전 및 건강법(Occupational Safety and Health Act)"이 제정되었다. 처음에는 환경문제, 다음에는 자동차 안전 문제가 사회적인 이슈가 되자 PR이 중요한 이슈로 대두하게 됨은 굳이 언급할 필요도 없다.

사회적인 변화와 권한 획득의 한 시대의 아이콘이 Martin Luther King Jr. 목사였음은 설명할 필요가 없다. 1963년 8월 28일 King 목사는 워싱턴에 있는 링컨 대통령 기념관 앞에서 25만 군중이 모인 가운데 유명한 "I have a dream(나에게는 꿈이 있다)"이라는 연설을 했다. 그는 1968년 4월 4일 암살당했다. 그리고 그의 생일을 기념해서 1월 셋째 월요일은 미국 연방공휴일이 되었다.

민권운동에 자극받아 여권 신장 운동도 일어났다. 1972년에 여권 평등에 대한 법안이 국회를 통과했으나 아직 주정부의 비준은 받지 못하고 있다. 실질적으로는 이제 여성은 남성과 동일한 권한을 행사하고 있다.

또 다른 항의는 월남전에서 일어났다. 특히 젊은이 사이에서 일어난 반전 데모는 미국 사회를 갈라놓았는데 여기서 생긴 말이 세대 간 단절, 히피, 성 혁명 따위였다. 이 기간에 두 개의 대학에서 방위군에 의한 총격으로 시위 중이던 대학생이 사망하는 사건이 일어났다. 그리고 1974년에는 닉슨 대통령이 관련된 것으로 밝혀진 워터게이트(Watergate) 사건으로 클라이맥스가 되었다. 닉슨 대통령은 탄핵을 면하기 위해 치욕적인 사임을 했다.

이렇게 해서 60년대 중반 이후 10년 기간은 항의와 국민의 권리 획득의 시기가 되었다. PR 업계는 이제 기업이나 단체 안에서 일종의 "조직 내 주재기자"처럼 일하는 모습이나 "우리의 입장"이라는 일방통행적의 보도 자료의 제시로 취급되던 시대는 완전히 사라졌다. 그리고 "조정(Adjustment)"과 "적응(Adaptation)"의 시대로 접어들었다(Cutlip 외, 2006). 한편 미국의 PR은 이제 미국 내 문제만으로 머물 수 없고 국제적인 양상을 띠게 되었으며 따라서 PR 회사들도 국제화 시대를 맞이하게 되었다.

〈그림 10-13〉 월남전 반전 데모 및 히피

## 제7절 디지털 시대와 글로벌화(1986년 이후)

1980년대 중반에 세계 시장은 글로벌(Global) 시대를 맞이했다. 물론 어느 때를 글로벌 시대의 시작이라고 보는가는 학자 간에 견해 차이가 있을 것이다. 글로벌이라는 말은 오래전부터 있던 단어이고 이의 명사적인 표현 글로벌리제이션(Globalization) 역시 새 낱말은 아니다. 그런데 이 말을 널리 퍼뜨리고 일상용어로 만든 사람은 하버드대학 교수이며 여러 책을 쓴 Theodore Levitt(1925~2006)이었다. 그가 쓴 "Globalization of Markets(시장의 글로벌화)"가 발표된 것은 1983년 5/6월 호 Harvard Business Review이었다. Levitt의 이 논문을 가준해 본다면 1980년대 중반에 이미 세계 시장은 글로벌 시대에 접어들어 있었다. 시장의 글로벌화를 가능케 한 매개체는 다름 아닌 TV이었다. TV를 이용하면 말과 시차가 다르다 뿐이지 전 세계 시장을 대상으로 일시에 동일한 제품을 출시해서 팔 수 있는 시대가 된 것이다.

1984년에 IBM PC가 출시되면서 변화는 커뮤니케이션에 급속하게 파급되었다. 바야흐로 디지털 시대의 도래가 시작된 것이다. 그리고 PR도 이 변화의 물결을 타지 않을 수 없게 되었다. VTR은 사라졌고 플로피 디스크(Floppy Disk)가 나오더니 CD, DVD로 바뀌었다. 텔레비전 방송국에 보낼 보도 자료는 CD 한 장이면 충분한 시대가 되었다. PC 출현 10년 뒤에는 새로 탄생한 Worldwide Web(www)이라는 말과 함께 인터넷이 등장했고 놀랄 만한 속도로 보급이 확장되었으며 이메일, 온라인 서치, 그리고 거의 무제한적인 정보 액세스와 배포가 가능하게 되었다. 책상 위의 출판사, 소규모 방송국의 가능성이 생겼다. 또 다른 커뮤니케이션혁명이 일어난 것이다.

모든 조직의 투명성과 아울러 이해 관련자를 타깃별로 세분해서 정보를 전달할 수 있게 되었다. PR은 새 시대를 맞았다. 새로운 도전과 기회가 다가왔다.

1980년대에 일기 시작한 M&A 선풍은 80년대 말 광고회사 그룹의 등장으로 광고, PR계에도 불어닥쳤다. 세계 광고와 PR 대행업계는 사실상 미국, 영국, 프랑스에 본사를 둔 WPP, Omnicom, IPG, Publicis의 4개사로 계열화되었다. 광고회사 M&A는 광고회사 소속 PR회사의 계열화로 이어졌다. 이제 그 상황을 그룹소속별로 보면 다음과 같다.

〈표 10-2〉 PR 회사와 소속 그룹(2009년)

| PR 회사 | 수입(100만$) | 소속 그룹 |
|---|---|---|
| Fleishman-Hillard | 405 | Omnicom |
| Burson-Marsteller | 385 | WPP |
| Weber Shandwick | 360 | IPG(Interpublic Group) |
| Hill & Knowleton | 330 | WPP |
| MS&L | 237 | Publicis |
| Ketchum | 218 | Omnicom |
| Porter Novelli | 196 | Omnicom |
| Ogilvy PR Worldwide | 122 | WPP |
| Cohn & Wolf | 117 | WPP |
| GolinHarris | 109 | IPG |
| Brodeur Partners | 76 | Omnicom |
| Kekst & Co. | 39 | Publicis |
| MWW Group | 36 | IPG |
| GMMB | 30 | Fleishman-Hillard 소속 |
| DeVries PR | 18 | IPG |
| Cone | 10 | Omnicom |
| 합계 | 2,688 | |

자료: Ad Age 2010. 4. 26. 합계는 저자 계산.

대형 PR 회사로서 독립회사로 남아 있는 것은 뉴욕에 있는 세계 최대의 PR 회사 Edelman, 워싱턴 D.C.의 APCO(앱코), 워싱턴 주의 Waggener Edstrom(와그너 엣스트롬), 뉴욕의 Ruder & Finn(루더 & 핀)뿐이다. Edelman의 2009년 수입은 4억 4천만 달러, APCO는 1억 달러 그리고 Ruder & Finn은 8,900만 달러였다.

21세기로 접어드는 밀레니엄은 2000년의 IT 붐과 이듬해의 폭락으로 시작했다. 그리고 2001년에 일어난 9·11 테러가 세계를 뒤흔들었다. 한편 21세기 첫 10년 기간은 Google과 함께 소셜미디어 대두와 폭발적 성장의 기간이었다. 불과 6년 사이에 세계 최대의 소셜미디어로 부상한 Facebook을 비롯해 YouTube, Twitter, Linked-in, Digg, Blogs 등 수많은 새 매체가 등장했다. 드디어 TIME 지는 2010년의 인물로 27세의 하버드대학 출신이며 Facebook 창시자인 Mark Zuckerberg(마크 저커버그)를 뽑았다. 2004년에 시작한 Facebook은 2008년에 1억 5,000만 명, 2010년에 5억이었으며, 2012년에는 10억 명의 사용자가 생길 것이라는 예측이다. 70개국에서 75개 언어를 사용하는 6억의 사람이 서로 연락할 수 있게 되었다. 아마도 인류 역사상 가장 짧은 기간에, 가장 값싸게, 가장 많은 커뮤니케이션 수단이 보급된 것이다.

〈그림 10-14〉 여러 나라 말로 된 코카콜라 상표　　〈그림 10-15〉 Google, Yahoo 등 Social Media 상표

　　2010년에 접어들자 또 다른 변화가 일어나고 있는데 다름 아닌 애플의 iPad와 이른바 모바일 폰의 경이적인 확산이다. 물론 삼성의 갤럭시(Galaxy)도 이 판매전에 참여하고 있다.

　　이러한 디지털화에 따라 대두되는 기기 보급 확산이 미치는 영향을 여러 측면에서 모두 파악하는 일은 힘이 든다. 소셜미디어와 모바일 폰의 파급이 광고와 PR에 미칠 영향은 더욱 주목할 대상이며 또한 기회가 되고 있다. 지난 수년 사이에 더욱 관심의 대상으로 떠오르는 문제는 이러한 각종 기기, 소셜미디어 등에 나타나는 커뮤니케이션 메시지의 측정이다. 그 결과 미국광고업협회, 광고주협회, 인터넷광고협회 등은 공동으로 효과 측정 문제를 둘러싸고 연구, 토의를 거듭하고 있으나 2010년 현재까지 통일된 측정 기준은 아직 없다.

〈그림 10-16〉 TIME 지 한국판 2011년 1월 31일 호에 게재된 자사(自社) 광고는 다가오는 시대를 반영하고 있다.

　　미국PR협회(PRSA)와 PR 연구소(Institute of Public Relations: IPR)는 국제 커뮤니케이션 자문 기구(International Communication Consultancy Organization: ICCO) 및 영국의 국제 커뮤니케이션 측정 및 평가협회(International Association for Measurement and Evaluation of Communication:

AMEC)와 공동으로 회의를 한 결과 2010년 7월에 "측정 원칙에 대한 바르셀로나 선언 (Barcelona Declaration of Measurement Principles)"을 발표했다. 7개 항목으로 된 이 원칙은 다음과 같다.[44]

1. 목표 설정과 측정의 중요성
2. 내보낸 것 측정보다 나온 결과 측정이 바람직하다.
3. 가능하면 비즈니스 실적에 미친 효과를 측정해야 되며 또 측정할 수 있어야 된다.
4. 매체 측정은 양과 질 양면으로 해야 된다.
5. 광고비 환산 가격(Advertising Value Equivalent: AVE)은 PR의 가치 기준이 아니다.
6. 소셜미디어는 측정할 수 있으며 측정해야 된다.
7. 정상적인 측정에는 투명성과 반복성이 가장 중요하다.

이 7가지 원칙 가운데서 다섯 번째는 현재까지도 PR 효과 측정 기준으로 흔히 사용되고 있다. 즉 인쇄매체의 경우는 PR 기사가 실린 지면의 크기를 광고비로 환산해서 2.5배로 곱한 것을 PR의 가치로 보며 전파매체인 경우는 시간을 기준으로 PR 보도 시간을 광고료로 환산한다는 것이다. 바르셀로나 원칙 선언에서는 이것을 더 이상 기준으로 해서는 안 된다는 주장이다. 그 이유는 PR의 가치는 이보다 훨씬 복잡하기 때문이다. 이런 선언이 나왔다는 사실은 광고와 PR 그 밖의 모든 기업 커뮤니케이션을 ROI(Return on Investment) 각도에서 검토해야 된다는 인식이 높아지고 있음을 방증하고 있다.

## 제8절 PR 비, 종사 인원, PR 회사, PR 단체, 정기 간행물

세계 PR 비용에 대한 자료는 ZenithOptimedia(제니스 옵티미디어) 회사가 정기적으로 발표하는 Advertising Expenditure Forecasts에 발표되고 있다. 21세기 처음 10년 기간의 세계 PR 비 추세를 보면 다음 표와 같은데 2000년의 127.5억 달러가 2010년에는 261.0억 달러로 증가해 갑절이 약간 넘는 105% 성장을 나타냈다. 7개 주요 매체(신문, 잡지, 라디오, TV, 옥외, 극장, 인터넷)의 합계 성장률이 29%를 약간 넘는 성장을 나타낸 것에 비하면 PR의 성

---

44) google.com. Barcelona Declaration of Measurement 및 prsa.org

장은 눈부시다. 특히 2009년 Lehman Brothers(리먼 브라더즈)의 파산으로 생긴 공황에 가까
운 세계 경제 폭락 이전이었던 2004~2008년 사이에는 최하 7.4%에서 최고 16.7%의 성장
을 기록했다.

<표 10-3> 세계 PR 비(2000~2010년)

| 연도 | PR 비($억) | 전년대비 성장률(%) |
|---|---|---|
| 2000 | 127.5 | -- |
| 2001 | 131.2 | 2.9 |
| 2002 | 134.2 | 2.3 |
| 2003 | 139.6 | 4.0 |
| 2004 | 150.0 | 7.4 |
| 2005 | 160.3 | 6.9 |
| 2006 | 187.0 | 16.7 |
| 2007 | 216.7 | 15.9 |
| 2008 | 234.8 | 8.4 |
| 2009 | 240.0 | 2.2 |
| 2010 | 261.0 | 8.8 |

자료: ZenithOptimedia(제니스옵티미디어) 광고비 예측 2010. 12. 대비는 저자 계산.

**미국의 PR 비용** 21세기 10년간의 추세를 보면 미국 PR 비는 2001년의 25억 7,500만
달러에서 2010년에는 39억 6,500만 달러로 10년 기간에 54% 성장했다. 표에서 보듯이 21
세기 10년간 2003년 만이 전년 대비 마이너스였고 그 밖에는 증가했으며 6개년은 4% 이
상의 성장을 기록했다.

<표 10-4> 미국의 PR 비(2001~2010년)

| 연도 | 금액(100만$) | 전년 대비(%) |
|---|---|---|
| 2001 | 2,557 | -- |
| 2002 | 2,575 | 0.7 |
| 2003 | 2,434 | -5.6 |
| 2004 | 2,638 | 8.4 |
| 2005 | 2,876 | 9.0 |
| 2006 | 3,204 | 11.4 |
| 2007 | 3,502 | 9.3 |
| 2008 | 3,652 | 4.3 |
| 2009 | 3,747 | 2.6 |
| 2010 | 3,965 | 5.8 |

자료: ZenithOptimedia, 광고비 예측 2011년 4월.

**PR 종사자** 미국에서 PR에 종사하는 사람의 숫자는 도대체 얼마나 될까? 미국 노동부 (Department of Labor)가 발행하는 월간 고용 및 소득(Employment and Earnings) 통계에는 직업 분류 제목이 "관리자: 마케팅, 광고 및 PR" 그리고 "PR 전문가"로 되어 있다. 그런데 이렇게 구분하면 PR 관리자가 따로 분류되지 않고 마케팅, 광고 관리자와 함께 계산된다. 또한 PR 회사나 관련 업계에서 일하는 아티스트, 그래픽 디자이너, 사진작가, 비디오 제작자는 누락되어 있다. 그러므로 노동부의 통계는 실제보다 50%는 적은 것으로 추정된다. 2003년 노동부 통계에는 15만 명으로 되어 있다. 그런데 사실상 PR 종사자가 가장 많은 부문은 미국정부이다. 정부 인사 관리처(Office of Personal Management) 자료에는 "Public Affairs(공공관계)" 항목에 4,400명이 들어 있다. 그러나 정부 기관에서 일하는 작가, 사진작가, 비디오 작가 등을 포함한 숫자는 30,000명으로 늘어난다. 한국어로는 미국공보원(USIS) 이라고 부르는 기구에 속한 인원은 미국 국내와 해외를 포함하면 6,567명으로 되어 있는데 이 숫자는 앞의 30,000명에 포함되어 있을 것이라고 생각된다. 따라서 PR 업무 종사자의 정확한 숫자를 파악하기는 어렵다.

PR 업무에 종사하는 인원을 조직별로 보면 각종 기업 40%, PR 회사, 광고회사 등 17%, 협회, 재단, 교육계 14%, 각종 의료 기관 8%, 각급 정부 기관 6%, 자선, 종교 기관 5%의 순이다(Cutlip 외, 2006).

**PR 회사** 월간 O'Dwyers(오드와이어스) 2011년 5월 호는 PR 회사 순위 특집인데 모두 518개 PR 회사가 포함되어 있다. 이 가운데 순위가 매겨진 회사는 136개 회사뿐이다. 순위 매김을 하려면 PR 회사가 소정의 자료를 제공하도록 되어 있어서 수록된 회사와 순위 매긴 회사 수에 차이가 생긴다. 그런데 미국 PR 시장을 지배하는 것은 10대 회사이며 2010년 이 10대 사의 수입 합계는 36억 달러에 가까웠다. 편의상 자료가 있는 1978년과 대비해 보면 지난 20여 년 사이에는 5개사가 10대 리스트에서 탈락했다. 물론 그 가운데는 JWT처럼 다른 PR 회사를 매입해서 통합한 사례도 있다. 그리고 이 기간에 10대 PR 회사 수입은 3.3배나 증가했음을 알 수 있다. 당연한 결과이겠지만 1978년 최대의 PR 회사인 Hill & Knowlton의 수입은 2,260만 달러였으나 2009년 최대인 Edelman 수입은 4억 4,000만 달러로서 거의 20배 가깝게 성장해졌음을 알 수 있다. 또한 2009년이 되자 10대 PR 회사 가운데 7개사는 WPP, Omnicom, Interpublic, Publicis 4개 광고회사 그룹 계열로 바뀐 것이 나타난다.

〈표 10-5〉 미국의 10대 PR 회사

금액: US$100만

| 회사(소속) | 본사 | 순위 | | 수입 | |
|---|---|---|---|---|---|
| | | 1978 | 2010 | 1978 | 2010 |
| Daniel J. Edelman(--) | Chicago | 6 | 1 | 4.7 | 532 |
| Fleishman-Hillard(Omnicom) | St. Louis | -- | 2 | -- | 500 |
| Burson-Marsteller(WPP) | New York | 2 | 3 | 22.2 | 450 |
| Weber Shandwick(Interpublic) | New York | -- | 3 | -- | 450 |
| Hill & Knowlton(WPP) | New York | 1 | 7 | 22.6 | 339 |
| MS L Group(Publicis) | Paris | 7 | 5 | 4.7 | 405 |
| Ketchum(Omnicom) | New York | 9 | 6 | 3.6 | 360 |
| Porter Novelli(Omnicom) | New York | -- | -- | -- | 196 |
| FD(--) | New York | -- | 9 | -- | 193 |
| Grayling(--) | London | -- | 10 | -- | 141 |
| Carl Byoir(WPP) | New York | 3 | -- | 12.5 | -- |
| Ruder & Finn(--) | New York | 4 | -- | 7.8 | -- |
| Harche-Rotman & Druck | New York | 5 | -- | 4.8 | -- |
| Doremus(Omnicom) | New York | 8 | -- | 3.6 | -- |
| J. Walter Thompson* | New York | 10 | -- | -- | -- |
| Ogilvy Public Relations(WPP) | New York | -- | 8 | -- | 255 |
| Brunswick(--) | London | -- | -- | -- | 175 |
| 합계 | | -- | -- | 86.5 | 3,996 |

주: 1) 자료: O'Dwyers Directory of PR Firms 및 Advertising Age 2011. 4. 25.
　　　"Corporate Image", Business Week 1979.1.22
　　2) 합계는 저자가 계산.
　　*J. Walter Thompson은 1980년에 Hill & Knowlton을 매입했다.

**PR 단체 및 간행물** 가장 큰 미국의 PR 단체는 Public Relations Society of America(PRSA)로서 1947년에 창립되었다. 현재 43개 주에 300개 가까운 지부를 두고 21,000명의 회원을 가지고 있는데 미국, 나아가서는 세계 최대의 전문 PR 단체이다. 회원은 PR 회사, 기업, 단체, 정부, 군대, 학계 등 PR 활동을 필요로 하는 전 분야를 망라하고 있다. 이 협회 사무국은 뉴욕에 있다. 정기 간행물로는 계간인 Strategy와 월간인 Tactics가 있다. 그 밖에 이메일로 회원들에게 매일 발송되는 Issues & Trends와 PRSAY[45)가 있는데 PR 및 관련 업계의 주요한 이슈들을 담고 있다. 때로는 이 이메일 가운데 무료로 다운로드할 수 있는 중요한 백서(White Paper)도 있는데 예컨대 유명한 싱크탱크(Think Tank)의 하나인 Pew Research Center(퓨 리서치 센터)의 자료 등도 있다. PRSA의 두 정기 간행물에 게재되는 광고 가운데는 PR 관련 회사들의 광고가 많은데 전문지에 개재되므로 자료로서 중요하다.

---

45) PRSA에서 발행하는 인터넷 소식지이다.

PRSA 산하에는 대학생을 위한 PR전공대학생협회(Public Relations Student Society of America: PRSSA)가 있는데 이 단체는 미국 44개 주에 300여 개 지부가 있고 10,000여 명의 회원이 가입해 있다. 대학 PR 교육에 관해서는 부록의 광고 교육에 언급되어 있으며, 아울러 PRSSA가 발행하는 책자와 안내 자료가 있다.

〈그림 10-17〉 Issues & Trends는 인터넷을 이용하여 배포되는데 그 로고이다.

〈그림 10-18〉 Tactics는 타블로이드 규격으로 출판되며, 사 　 〈그림 10-19〉 Strategy 표지
진은 표지의 일부이다.

PRSA 외에 Institute for Public Relations(PR 연구소)가 있다. 그리고 Council of Public Relations Firms(PR 회사 협의회)가 있는데 이 단체는 그 이름이 나타내듯이 PR 회사의 이익을 위해 설립된 단체이다. 흔히 줄인 이름 IPRA로 알려진 International Public Relations Association(국제PR협회)은 1955년에 창립된 국제 PR 단체로서 본부는 영국에 있다. 이 밖에도 국제 커뮤니케이션 자문 기구라고 옮길 수 있는 국제적인 단체 International Communications Consultancy Organization(ICCO)이 있는데 1988년에 창립되었다. 비영리단체로서 회원은 28개국의 PR

단체로 구성되어 있다. 또 다른 국제단체는 국제 비즈니스 커뮤니케이션 협회(International Association of Business Communications: IABC)가 있는데 1970년에 창립되었으며 본사는 미국 로스엔젤리스에 있고 PR뿐 아니라 모든 비즈니스 커뮤니케이션 종사자가 회원이다.

　**PR 관련 자료** O'Dwyers 사가 발행하는 O'Dwyers Directory of PR Firms(PR 회사 디렉터리)에는 독립 PR 회사에 대한 자세한 자료가 수록되어 있다. 미국 PR 회사의 글로벌화에 따라 이 연감은 미국 회사들이 진출한 세계 여러 나라가 포함된다. O'Dwyers는 주간 이메일 뉴스레터, 월간지, 그리고 연감을 발행하고 있다. 5월 호에는 PR 회사의 순위가 발표되는데 2011년의 경우 총 518개 회사가 수록되어 있고 그

〈그림 10-20〉 O'Dwyers Directory of PR Firms

가운데 136개사의 순위가 발표되어 있다. 순위 발표를 원하면 이 회사가 요구하는 자료를 제공해야 된다. 따라서 광고회사 그룹에 소속한 PR 회사 관련 수입 자료는 나와 있지 않다. 다만 이런 회사들의 세계 각 지역별 사무소 등에 관한 자료는 포함되어 있다.

　앞에서 언급한 PR 관련 국제단체들은 회원을 위한 간행물과 자료를 발행하고 있어서 해당 분야별 자료를 얻을 수 있다. 또한 PR 단체 간행물에는 많은 광고가 게재되는데 전문지 광고는 관련 자료를 얻는 데 소중한 출처가 된다.

제11장

한국과의 관계

## 개관

　한국의 광고와 관련하여 미국의 영향이 나타나기 시작한 것은 흔히 말하는 개화기, 즉 19세기 말엽부터이다. 비록 한국이 미국과 수호통상조약을 체결한 것은 1882년 4월 6일이었지만 당시 한국에는 근대적 의미에서 말하는 광고에 필수적인 매체가 없었기 때문에 실질적으로 미국의 영향이 광고에 나타난 것은 그로부터 한참 후인 1896년 독립신문이 등장하면서부터였다. 그로부터 2010년까지 약 120년 기간의 역사를 한국광고 역사의 입장에서 보면 대략 다음과 같은 시기로 나눌 수 있다.

1. 1876~1910: 개화기
2. 1910~1945: 일본 식민지 시대
3. 1945~1970: 광복 이후. 광고 복구, 전파매체 대두, 4매체 시대
4. 1970~1990: 광고 급성장기. 광고회사 시대
5. 1990~: 광고 시장 자유화 이후

　한국과의 관계 속에서 드러난 미국의 광고나 광고제도가 한국에 미친 영향은 너무도 다양하고 많은 영역에서 나타나기 때문에 11장 한국과의 관계에서는 굵직한 사건이나 일들을 중심으로 간략하게 서술할 것이다. 그리고 1990년 이후의 일은 현재 한국광고계에 그대로 나타나고 있기 때문에 자세한 내용은 생략하며, 몇 가지 중요한 사건만 소개하기로 한다.

## 1. 1886~1910년 개화기

사실상 미국의 영향이 한국의 광고 속에서 나타나는 것은 1896년 4월 7일 서재필에 의해 독립신문이 창간된 이후이다. 독립신문은 한국 최초의 민간 신문으로, 발행인 서재필은 독립신문 창간 당시 한국인이 아닌 미국인의 신분이었다. 서재필은 갑신정변의 주역이며, 실패한 쿠데타로 인하여 일본을 경유하여 미국으로 망명한 후 그곳에서 의학 공부를 하는 가운데 미국 시민으로 귀화했다. 서재필은 과거 광고를 게재하지 않았던 한국 최초의 신문 한성순보 때와는 달리 독립신문 초기부터 광고를 실었는데, 그것은 미국 생활이 그에게 미친 영향으로 보인다. 미국의 언론은 철저하게 상업주의에 근거하여 성장해왔기 때문에 신문에는 당연히 광고가 등장하고 이러한 미국의 신문 제도가 서재필에게 영향을 미쳤다는 것은 의심의 여지가 없다.

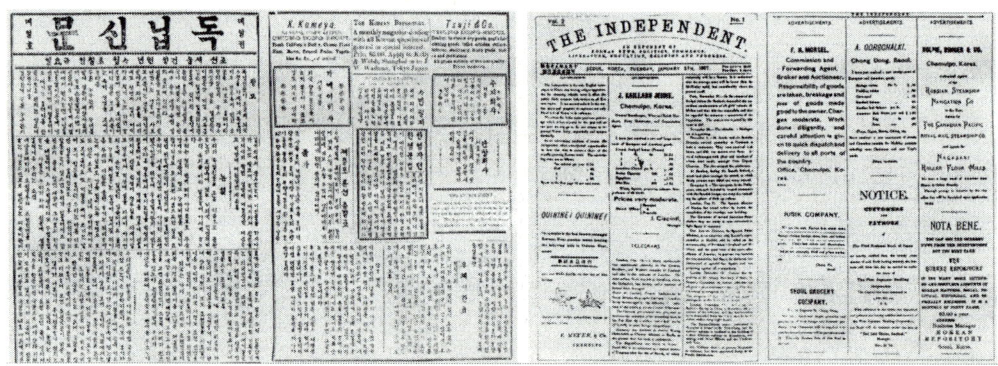

〈그림 11-1〉 독립신문 창간호(1896.4.7)와 독립신문의 영문판 The Independent 1897.1.5.호

그런데 당시 독립신문은 한글판과 영문판을 병행하여 발행했는데 그 가운데 한글판에는 광고가 적었다. 이것은 당시 한국 사회의 경제적 낙후성으로 인하여 광고를 게재할 만한 회사가 별로 없었을 것이란 점과 다른 한편으로 한국인들이 아직 광고 자체에 대한 이해가 부족했기 때문으로 보인다. 한국에서 광고가 처음 신문에 등장한 것이 1886년 한성주보에 실렸던 독일 무역상 세창양행의 광고이었기 때문에 독립신문이 등장하여 광고를 실었더라도 광고에 대한 이해는 여전히 낮았을 것이다. 독립신문에서 사고를 통해 기사는 무료이고 광고는 유료임을 설명했다는 것[46]을 볼 때, 또한 그보다 몇 년 후인 1900년 5월

---

46) 독립신문 1897년 2월 4일자 사고.

10일 자 제국신문의 기사 내용 가운데 "한국의 정서로는 좋은 것을 스스로 내세우지 않으며 좋은 것은 말하지 않더라도 남들이 자연스럽게 알고 찾아온다"는 내용 등을 고려할 때 아직 한국 사회에 광고에 대한 이해는 매우 낮았을 것으로 본다. 어찌되었든 당시 독립신문에 등장한 광고주는 주로 외국 회사의 것이었다. 1897년 1월 영문판을 따로 발행하면서 이 영문판 Independent에는 매일 4면 중 한 면은 모두 광고였고, 1면에도 광고를 실었는데 그 가운데는 미국 물건에 대한 광고들이 있다.

독립신문에서 두드러지게 드러난 미국광고제도의 도입이라고 보는 것은 요금 제도이다. 오늘날까지 한국에 남아 있는 신문의 광고요금 제도는 소위 모찌단가(持單價. 일본어) 제도라고 부르는 각각의 광고주에 따라 차등적으로 광고요금을 책정하던 일본식 광고요금 제도이다. 이 제도는 매체사와 광고주 사이에 얼마나 오래, 얼마나 자주 광고를 해 왔는가에 따라 광고 요금을 차등 적용하고 그 단가는 비밀에 부쳐지는 것으로 관계를 중요시하는 동양적인 사고가 그 밑바탕에 자리 잡고 있다. 하지만 서재필이 독립신문에 적용한 광고 요금 제도는 광고주에 상관없이 모든 광고주에게 얼마나 많이, 얼마나 자주 광고를 하는가에 따라 광고요금에 일정한 할인율을 적용해 주는 말하자면 광고량과 빈도에 따른 할인제도(Volume & Frequency Discount System)였다. 이러한 제도는 당시 미국을 비롯한 서구 사회의 광고요금 제도로, 일본의 것과는 다른 것이었으며, 독립신문에는 이러한 할인율 제도를 사고를 통해 알리고 있다. 이러한 요금 제도는 독립신문보다 나중에 등장한 대한매일신보에도 나타나고 있는데 대한매일신보 역시 그 창립자가 한국인이 아닌 영국인 배설(Ernest T. Bethell)이었다는 점에서 당시 서구사회에서 사용하던 광고요금 제도가 한국에 도입된 것으로 볼 수 있다.

독립신문을 통해 선보인 광고량과 빈도에 따른 광고요금 할인 제도는 후에 한국이 일본의 식민지가 되면서 점차 사라지고 결국 일본식 광고요금 제도인 모찌단가 제도가 정착하게 되었다.

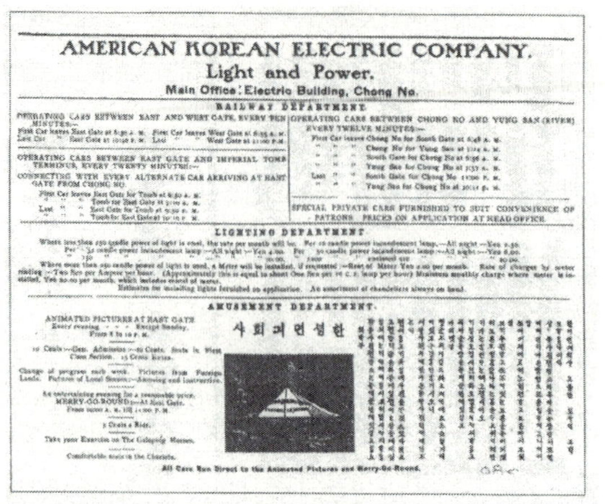

『대한매일신보』[The Korean Daily News] 영문판 페이지[1904. 10. 11]

〈그림 11-2〉 대한매일신보(1904. 7. 18. 창간) 최대의 광
고주이던 한미전기회사 광고. 전차 운행, 회전마차(Merry-go-
round), 환등 상영, 가정 전기 가설 광고

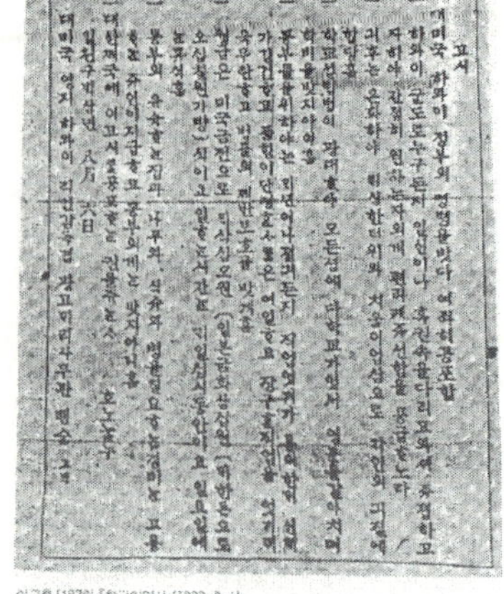

이구용 [1979], 『한국이민사』[1903. 8. 6]

〈그림 11-3〉 하와이 이민 모집 포스터

## 2. 1910~1945년 일본 식민지 시대

한국이 일본의 식민지가 되면서 일본이 한국 언론 매체와 관련하여 제일 먼저 시도한
것이 한국어 언론의 폐지였다. 단, 대한매일신보는 대한이란 말을 삭제하고 매일신보라는
제호하에 조선총독부의 기관지로 남겨 유일한 한국어 신문이 되었다. 당시 한국에 머물고
있는 일본인 인구는 29만 1천 명이었고 한국 사회 전체 인구는 1,593만 명이었음에도 불
구하고 한국어 신문은 1개, 이에 비해 일본어 신문은 19개가 활동하게 되어[47] 원천적인
언론 탄압 상황을 보여 주고 있는데, 역사적으로 보통 이 시기를 무단통치 시기 혹은 무
단정치 시기라고 부르고 있다.

일본 식민지 시대는 광고와 관련하여 다시 1910~1919년, 1920~1939년, 1940년~해방까
지의 세 시기로 나눌 수 있다. 1920년에 이르러 3·1운동의 여파로 일본 식민지 통치 방법이
무단통치에서 문화통치로 전환이 이루어지면서 조선일보와 동아일보가 창립되어 한국어
신문이 살아나고 그에 따라 광고도 발전을 이루게 된다. 하지만 1937년 일본의 중국 침공에
따른 중일 전쟁의 발발과 1940년 조선일보와 동아일보의 강제 폐간, 미국 진주만 해군 기지
공습을 계기로 시작된 태평양 전쟁 등으로 한국의 광고 산업은 침체기를 맞이하게 되었다.

태평양 전쟁이 시작되기 이전, 미국의 회사들이 한국에서 진행했던 광고틀에는 자동차,

---

47) 신인섭 외(1998), 『한국광고사』 73페이지에서 인용.

추잉검, 석유 등이 있다. 1922년 한국인 최초의 비행사 안창남이 비행기를 타고 귀국하자 미국의 Standard Oil 석유회사는 이 비행기의 연료가 자기 회사 제품이라는 축하 광고를 게재했다.

미국 Ford 자동차 회사는 1927년 5월 28일 동아일보에 광고를 게재하였다. 그 내용은 Ford 자동차 전시에 관한 안내 광고였는데, 이듬해인 1928년 2월 23일, 24일, 25일 연사흘에 걸쳐 또다시 동아일보에 전면 광고를 게재했다. 당시 신문은 고작 하루 6면을 발행하던 시기였는데 그런 시대에 전면 광고를 게재했다는 것은 매우 대단한 일이었고, 사람들의 이목을 사로잡기에 충분한 사건이었다.

Ford 자동차가 광고를 개시하자 경쟁 관계에 있었던 GM 계열의 Chevrolet 자동차도 광고를 게재하기 시작했다. 1928년 3월 8일 Chevrolet는 기업 광고 유형의 광고를 동아일보에 게재했고, 2주 후 다시 "1928년식 신 쉐보레 근일 출현합니다"라는 신제품 광고를 게재했다. 그리고 3주일 정도 후에는 "1928년식 쉐보레호의 타는 데 새로운 맛"이란 헤드라인 광고가 동아일보에 게재되었다.[48] 이렇게 해서 1928년부터 미국 두 자동차 대기업이 한국에서 광고전을 전개한 것으로 볼 수 있을 것이다.

이러한 자동차 광고 외에도 미국광고비에 관한 기사가 신문에 등장하기도 했다. 이것은 미국이란 미지의 국가에 대한 한국의 관심이나 동경심의 표현이라고 볼 수도 있을 것이다. 재미있는 것은 오늘날 거리 오염의 주범 가운데 하

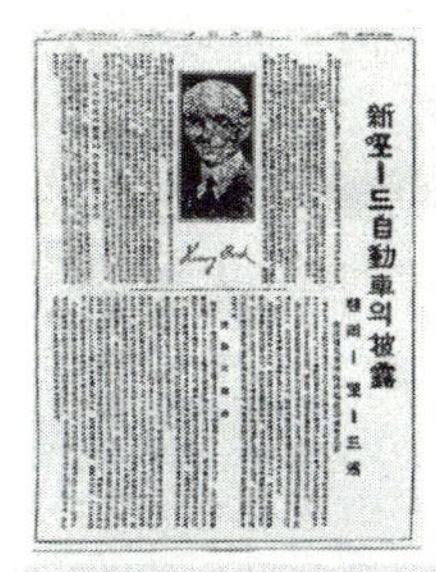

〈그림 11-4〉 GM과 Ford 자동차, 그리고 Wigley's 껌의 광고

나로 인식되고 있는 추잉껌의 광고가 이미 일본 식민지 시대에 등장하고 있다는 것이다. 지금도 유명한 Wrigley's Gum(리글리 껌)의 광고가 나타난 것은 바로 이 시대였다.

하지만 이러한 미국 상품의 광고는 일본이 미국과의 전쟁을 일으키면서 중단되었고, 이후 해방이 될 때까지 한국에서 미국 상품에 대한 광고는 볼 수 없게 되었다.

한편, 한국의 광고발전과 관련하여 미국과의 관계에서 빼놓을 수 없는 일이 유한양행의 설립과 발전이다. 유일한은 한국 태생의 미국시민으로 미시간 주립대학교(University of

---

48) 신인섭 외(1998). 『한국광고사』 pp.161~162.

Michigan)를 졸업하고 귀국하여 유한양행을 설립한 사람이다. 그는
회사를 경영하며 오늘날 기업의 사회공헌활동에 해당하는 많은 광
고캠페인을 전개하였으며, 권위 있는 의사의 조언을 담은 가정 의
학이나 생활위생 등과 관련된 소책자를 유한양행의 이름으로 무료
로 배포하기도 했고, 신문을 이용하여 많은 광고를 집행하기도 했
다. 그런 점에서 유일한은 한국의 근대광고 발전에 지대한 영향을
미친 인물로 평가하기도 한다.

## 3. 1945~1970년 광복 이후(광고 복구, 전파매체 대두, 4매체 시대)

〈그림 11-5〉 유한양행 설립자 유일한 박사

　이 시대를 미국과의 관계하에서 보면 "광고의 성장과 광고회사
의 도입기"라고 부르는 것이 더 타당할 것이다. 하지만 한국광고학계에서 말하는 한국광
고사의 일반적인 시대 구분에 의해 시대 명칭을 제시한다.

　일본이 태평양전쟁에서 패배하면서 미국에 무조건 항복을 선언한 후 한국은 8·15 광
복을 맞이하고, 북위 38도 선을 경계로 한반도 남쪽에는 미군이, 북쪽에는 소련군이 각각
진주하게 되었다. 당시 한국어 신문은 조선총독부 기관지였던 매일신보 하나만이 남아 있
을 뿐이었으며, 그나마 하루 타블로이드판 2면 발행에 불과했다. 라디오의 보급률은 매우
낮았고 일본 식민지 시대의 영향으로 라디오 방송에서는 광고를 하지 않았다. 조선일보와
동아일보가 복간된 것은 해방되던 해 말이었으며, 두 신문 역시 타블로이드판 2면 발행이
고작이었다.

　**PR과 OCI** 미군의 한국 진주와 함께 PR과 관련된 특기할 일이 하나 있다. 해방과 함께
당시 남한 통치를 담당했던 미군 군정청은 1947년 오늘날의 공보실 혹은 국정홍보처 등
에 해당하는 Office of Civil Information(OCI)이라는 기구를 설치했다. OCI의 개설 목적은 한
국의 앞날에 대해 의혹에 찬 눈으로 미군을 바라보던 남한의 국민들에게 미국의 의도를
제대로 알리기 위한 것이었는데, 이것은 한국에서 최초의 조직을 갖춘 전문적인 PR 기구
였다. 당시 OCI는 5개의 분과 조직으로 구성되어 37명의 미국 민간인과 군인, 그리고 한
국인 76명이 근무했으며, 그 책임자는 James L. Stewart(제임스 L. 스튜어트)이었다(신기혁
외, 2011).

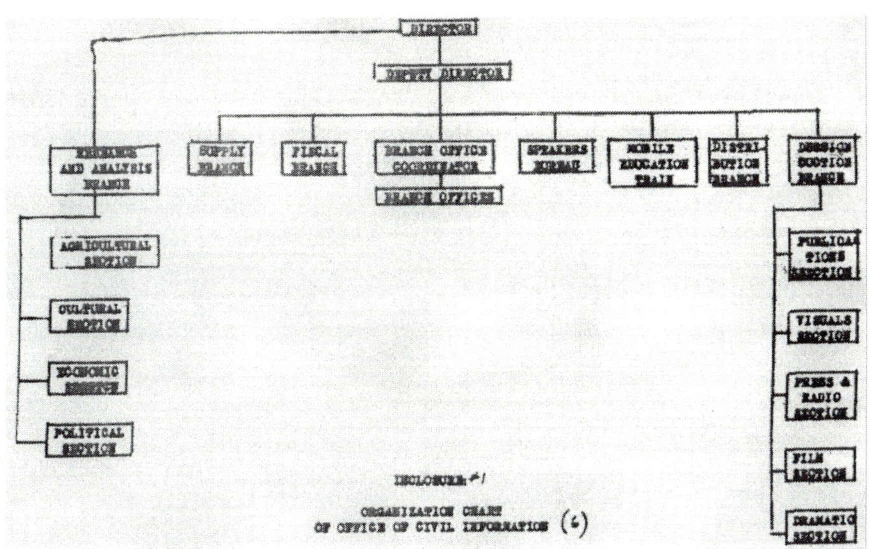

〈그림 11-6〉 미 군정청의 PR 담당 부서의 조직도

**상업방송의 시작** 한국전쟁이 끝나고 전쟁 복구에 힘쓸 무렵인 1956년 5월 12일에 한국 최초의 민간 상업방송 KORCAD-TV(호출부호 HLKZ)가 서울 종로 보신각 근처에서 개국했다. 개국 당시 서울 22개 지역에 31대의 TV를 설치하여 시민들이 무료로 TV를 볼 수 있도록 하였다. RCA 텔레비전이라고 하던 KORCAD-TV는 그 이름에서도 드러나듯이 미국 RCA TV 회사와의 인연으로 시작된 것인데 라디오와는 달리 처음부터 광고를 방송했고, 그 결과 한국은 라디오보다 TV에서 먼저 광고를 시작한 나라가 되었다. 이것은 미국의 경우 방송 산업은 민간상업방송의 형식이 기본적인 운영형태이었으므로 미국의 협조로 시작된 TV 방송은 그러한 미국의 상업주의 방송제도를 그대로 도입했던 것이다. KORCAD-TV는 개국 1년 뒤인 1957년 5월에 미국과 합작으로 설립된 대한방송주식회사(DBS)에 운영권을 넘기게 되는데, DBS의 대표이사는 당시 한국일보의 사장이었던 장기영이 맡게 되었다. 이 방송국은

〈그림 11-7〉 KORCAD-TV 개국방송 순서지와 방송국 모습

1959년 화재로 시설 모두가 전소하여 방송을 중단했고, TV가 다시 등장한 것은 그로부터 2년 후인 1961년이었다.

참고로 한국은 일본 식민지 시대부터 라디오 방송은 있었으나 공영이었기 때문에 운영비를 나라에서 부담했고 그 결과 라디오 방송에서는 광고가 없었으며, 이러한 전통은 해방 후에도 부산 MBC 라디오 방송이 개시될 때까지 지속되었다. 그 결과 TV 광고가 라디오 광고보다 먼저 시작된 세계적으로 보기 드문 현상이 한국에서 일어난 것이다.

〈그림 11 - 8〉 영문월간지 This Month in Korea

## IAA 한국지부, 그리고 『새광고』 잡지

1959년 당시 한국일보의 광고국장이었던 윤동현과 광고인 장상홍은 국제광고협회(International Advertising Association: IAA) 회원으로 가입하여 한국 최초의 IAA 회원이 되었다. 그리고 1960년 9월에는 한국 최초의 광고전문지 『새廣告』가 창간되었다. 『새광고』는 10호를 발행한 후 이듬해인 1961년 6월에 폐간되었는데, 아마도 당시 한국경제 상황이 광고전문지에까지 광고를 게재할 정도의 규모는 아니었던 것에 5·16쿠데타 뒤에 단행된 언론정비의 영향 등에 그 원인이 있을 것이다. 하지만 『새광고』의 창간호에는 지금 보아도 매우 놀라운 일이 담겨 있었다. 『새광고』의 창간호에는 "광고계 최초의 학술지인 <새廣告>를 발행함으로써 광고의 효과적 선전기술과 상업미술, 그리고 광고의 사회성 및 문화성에 입각한 책임 등 귀중한 문제를 공동연구, 발표"와 같은 대목이 있으며, 창간 축하문 8편이 실려 있는데 놀라운 것은 그들 대부분이 쟁쟁한 미국의 광고단체나 간행물의 광고 책임자였다는 점이다.

〈표 11 - 1〉 『새광고』 창간호에 축하문을 게재한 사람들의 명단

| 인명 | 회사명 |
| --- | --- |
| Elmo C. Wilson | 당시 IAA 회장 |
| Frederic R. Gamble | 미국광고대행사협회 회장 |
| Robert T. Lund | Printer's Ink 잡지 발행인 |
| Allen Reffler | TIME-LIFE 잡지 광고부장 |
| Shirley F. Woodel | IAA가 선출한 올해의 광고인 |
| Elizabeth M. Dodge | Alcan Asia 광고부장 |
| Roy Sanada | Newsweek 태평양지구 광고부장 |
| 金孝祿(김효록) | 고려대학교 상과대학 부속 기업경영연구소장 |

자료: 신인섭 외(2011).

IMPACT, S/K Associates(S/K 어소시에이츠)[49] 한국에서 오늘날과 같은 기능을 수행하는 종합광고대행사의 시작은 보통 1967년 합동통신광고기획실 설립으로 보고 있다. 하지만 그 이전에도 광고대행사는 있었는데 1962년에 미국인 Michael O'Sammon(마이클 오새먼)이 IMPACT(임팩트)라는 광고회사를 설립했다. 그는 이듬해에 Press Translation of Korea라는 일종의 영문 통신정보를 발행하던 Karl L. Bruce(칼 L. 부르스)에게 IMPACT를 팔았다. IMPACT는 대한석유공사(지금의 SK 정유), 일본항공, 펩시콜라 등의 광고를 대행하다가 1970년대 초에 폐업했다. IMPACT에서 근무하던 한국인 사원들의 일부는 후에 MBC 방송으로 자리를 옮겼다가 MBC 방송의 주도로 연합광고(1990년대 초에 MBC 애드컴으로 사명 변경)를 설립하면서 자리를 옮겼다.

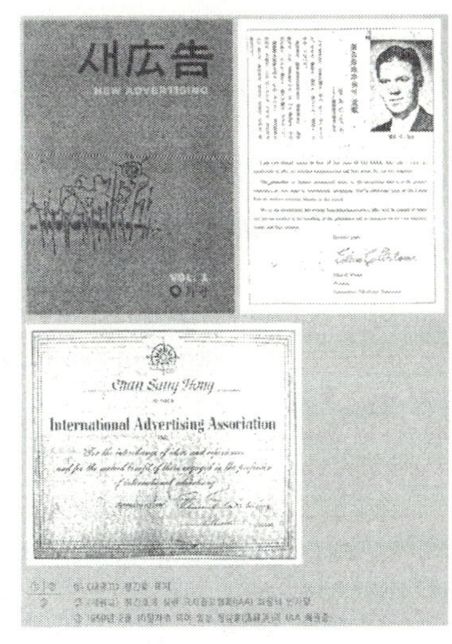

〈그림 11-9〉 『새廣告』 창간호 표지와 IAA 회장 Wilson의 축하문

한편, IMPACT에 근무하던 미국인 John C. Stickler(존 스티클러)는 1965년 따로 독립하여 한국인 김동선과 함께 S/K Associates(SK 어소시에이츠, 후에 S/K International로 상호 변경)를 설립했다. S/K는 1970년 후반에 폐업했는데 폐업하기 전까지 한국광고에 많은 기여를 했다. 그 가운데 하나가 1968년 IAA의 한국지부의 창립에 공헌한 것인데, S/K의 대표였던 Stickler는 이 밖에도 Advertising Age에 한국 관련 광고기사를 처음으로 싣기도 했다. 1974년에는 신인섭, 김용한 그리고 Stickler가 함께 영문으로 쓴 『Advertising in Korea』라는 소책자를 출판했는데, 이것은 한국광고에 관한 첫 영문서적이었다.


**코카콜라와 만보사** 1945년 태평양 전쟁에서 일본이 패망하고 미국은 점령군의 자격으로 일본에 진입하게 되면서, 미국의 코카콜라가 일본 시장에 진출하게 되었다. 일반적으로 미국에서 어떤 기업이 해외로 진출하게 되면, 그 기업의 미국 내 광고를 담당하는 광고대행사는 사업 동반자로서 해외에서의 광고활동을 지원하기 위해 함께 진출하는 것이 관례이다. 따라서 코카콜라가 일본에 진출하게 되자 미국에서 코카콜라의 광고를 대행하던 McCann Erickson 광고회사도 일본에 진출하게 되었다. 그런데 일본은 미국광고회사에 있어 낯선 시장이었고, 때문에 코카콜라의 마케팅 활동과 광고활동을 지원하기 위해서

---

49) 신인섭 외(2011).

는 일본을 잘 아는 조직이 필요하게 되었다. 이에 따라 McCann Erickson은 일본 2위의 광고회사 하쿠호도(博報堂, Hakuhodo)와 합작회사를 설립하게 되었고, 그 이름은 McCann Erickson Hakuhodo라고 지었다. 당연히 이 회사는 일본에서의 코카콜라 광고를 전담하게 되었다. 그런데 코카콜라가 1968년 한국에 진출하게 되면서 한국에서의 광고활동을 지원할 조직이 필요하게 되었다.

1969년 미국의 콜라회사와 석유회사로 인해 한국의 광고계에 큰 변화가 일어나는 해가 되었다. 코카콜라의 한국진출은 합동통신 광고기획실에 필적하는 또 하나의 광고대행사가 탄생하도록 만들었는데 그 회사의 이름은 만보사(萬報社)였다. 만보사가 설립된 데에는 복잡한 국제적인 광고대행사와 광고주의 관례가 뒤에 숨어 있어 이에 대해 좀 더 자세한 설명이 필요하다.

1968년 코카콜라가 한국에 진출하던 당시 한국에서 코카콜라의 병입(bottler, 보틀러)을 담당하기로 결정된 회사는 한양식품이었고, 한양식품은 OB 그룹의 계열사였다.[50] 이렇게 되자 OB 그룹은 코카콜라의 광고대행을 자신의 계열사였던 합동통신광고기획실이 맡기를 원했는데, 당시 합동통신광고기획실은 일본 1위의 광고대행사 덴츠와 업무제휴 상태에 있었다. 덴츠 광고회사는 합동통신광고기획실의 설립 이전부터 설립을 위한 자문을 담당했으며, 설립 이후에도 계속 업무 지도를 담당하던 관계였지만, 동시에 일본 내에서는 하쿠호도 광고회사와 경쟁 관계에 놓여 있는 입장이었다. 말하자면 일본에서는 덴츠의 경쟁 회사가 코카콜라의 광고를 담당하고 있는데 한국에서는 그 경쟁사에 코카콜라의 광고를 맡겨야 할지도 모르는 묘한 입장이 초래된 것이다. 코카콜라의 입장에서 이런 일은 국제적 관례에서 있을 수 없는 일이기에 코카콜라의 한국 내 광고를 위해서는 합동통신광고기획실이 아닌 다른 회사가 필요하게 되었고, 그런 필요를 충족시키기 위해 탄생하게 되는 것이 바로 만보사이다. 그렇게 하여 만보사는 OB 그룹과 동아일보가 합작해서 1969년에 탄생하게 된다. 물론 처음부터 만보사가 코카콜라의 광고를 담당했던 것은 아니고 당시 현대기획이라는 작은 광고회사가 코카콜라의 광고를 담당했지만 만보사가 설립되면서 코카콜라의 광고는 만보사로 옮겨 가게 되었다.


**콜라전쟁과 석유전쟁** 코카콜라가 해외에 진출하면 항상 그 뒤를 이어 진출하는 회사가 있는데 그것은 바로 펩시콜라이다. 이 점은 그 반대의 경우에도 똑같다. 코카콜라가

---

50) OB 그룹은 지금의 두산그룹이며, 두산그룹은 더 이상 주류 사업은 하지 않고 있다.

한국에 진출하자 진출 바로 다음 해인 1969년 펩시콜라 역시 한국에 진출하게 되었다. 펩시콜라는 한국에 진출하면서 광고 업무를 IMPACT에 맡기게 되는데, 당시 IMPACT는 O'Sammon이 소유권을 미국인 Karl Bruce에게 넘긴 후였다. IMPACT는 펩시의 광고를 담당하면서 당시 일본에 진출하여 지사를 운영하던 J. Walter Thompson(JWT)과 업무제휴계약을 맺게 되었는데 이것은 펩시콜라의 광고를 JWT가 담당하고 있었기 때문이었다. 두 콜라회사가 한국에 진출하자 본격적인 광고전이 전개되었음은 두말할 나위가 없다. 참고로 IMPACT는 1972년에 문을 닫고 광고 업무는 MBC가 인수했으며 1974년에는 MBC가 주도한 연합광고가 펩시콜라의 광고를 담당하게 된다.

한편, 1969년이 되자 미국 석유회사 CALTEX(칼텍스)는 럭키그룹과 합작으로 호남정유를 창립하여 한국에 진출하게 된다.[51] 호남정유가 설립될 당시 이미 한국에는 미국의 Gulf(걸프) 석유회사와 합작한 국영기업 대한석유공사(약칭 유공)가 영업을 하고 있었다.[52] 따라서 호남정유의 설립은 미국 석유회사의 배경을 지닌 두 석유회사가 한국에서 경쟁을 시작하는 신호탄이 되었다.

코카콜라의 한국 진출은 한국의 광고업계에 큰 변화를 가져왔는데 캠페인의 개념과 크리에이티브에 대한 투자가 바로 그것이다. 당시 코카콜라는 한국에서 광고를 진행하면서 주먹구구식이 아닌 연간 계획에 의거한 캠페인을 전개하였고, 광고 제작에도 아낌없이 투자하여 높은 수준의 광고를 보여 주었다. 이러한 코카콜라의 모습은 다른 한국 기업에도 영향을 미쳐 보다 조직적인 광고활동의 필요와 제작비에 대한 투자를 일깨우는 계기가 된 것이다(신기혁, 2003).

이후 코카콜라와 펩시콜라, 호남정유와 대한석유공사는 치열한 광고전을 전개하게 되고, 결과적으로 미국의 4개 광고대행사의 노하우(knowhow)가 한국 광고대행사를 통해 한국에 진출하는 계기가 되었다.

**유신마케팅리서치회사** 한국에서 시장조사회사가 처음으로 등장하는 것은 1968년의 일이다. 유한양행의 설립자 유일한의 아들 유일선(미국명 Ilson W. New)은 미국 시민으로 미국에서 성장하여 학업을 마친 후 한국에 귀국하여 유한양행에 근무하게 되었다. 하

---

51) 럭키그룹은 후에 LG그룹으로 그룹사 명칭을 변경하여 호남정유는 LG정유로 부르다가, 다시 그룹은 LG와 GS로 나누면서 LG정유는 GS칼텍스로 이름을 바꾸게 된다.

52) 대한석유공사는 후에 선경그룹이 인수했으며, 그룹명을 SK그룹으로 바꾸면서 SK정유로 부르고 있다.

지만 미국식 생활과 사고방식에 젖은 그는 유한양행에서의 생활에 잘 적응하지 못하고 결국 유한양행을 그만두고 그와 함께 유한양행에서 근무하던 김용한(金龍漢)을 불러 1968년에 서울 충무로에 유신 마케팅리서치 회사를 시작했다. 그런데 김용한은 한국 사람이지만 학부를 미국에서 공부했고 뉴욕 컬럼비아 대학원에서 심리학을 전공했다. 이 회사는 설립 2년 후에 폐업했는데, 당시 한국 경제 규모가 작았고, 아직 시장조사의 필요성을 별로 느끼지 못했던, 말하자면 시기상조 때문이었다. 하지만 김용한은 폐업 후에도 계속 시장조사분야에서 일하면서 후에 A. C. Nielsen(닐슨) Korea 대표이사를 역임하는 등 한국 시장조사분야의 개척자로 평가받는 업적을 남겼다.

<그림 11-10> 김용한의 자서전 『내가 걸어온 調査人生 35年』 표지

## 4. 1970~1990년 광고 급성장기, 광고회사 시대

앞서 말했듯이 미국을 대표하는 청량음료 코카콜라와 펩시콜라가 한국에 진출하면서 시작된 광고전쟁은 다시 Gulf와 CALTEX 두 정유회사의 광고전으로 확산되어 1970년대 한국의 광고 발전에 기여하는 가운데 미국과의 관계 속에 광고와 관련된 또 다른 일들이 한국에서 진행되었다.

**CLIO 입상작 상영** 코카콜라의 진출로 인해 광고 캠페인과 크리에이티브에 관해 눈을 뜨게 된 한국광고인들에게 시야를 한 번 더 넓혀 주는 사건이 1970년에 발생했다. 그것은 다름 아닌 미국의 유명 국제광고제 CLIO 입상 작품 국내 상영이었다. 물론 그 이전에도 외국의 우수 광고작품 상영 행사가 없었던 것은 아니었다. 예를 들면 1968년 서울 YMCA 강당에서 상영된 All Japan Radio & Television Commercial(ACC, 전 일본 라디오 TV 광고대상) 수상 작품과 일본 덴츠 회사가 제작한 광고 작품의 상영 등이 그것인데, 당시 덴츠의 도움이 컸던 것으로 알려져 있다. 하지만 당시 일본의 광고제작 수준은 미국의 것에 비해 뒤떨어져 있었고, 일본적 내용이 주를 이루고 있기 때문에 CLIO 입상작품들과 비교할 때 국제적인 감각이나 수준이 떨어지는 것도 사실이었다.

CLIO 입상 작품 감상회는 IAA 한국지부가 주관한 것으로 서울 소공동에 위치한 옛 상공회의소 강당에서 이루어졌다. 이 행사는 당시 한국의 광고인들에게는 큰 충격으로 다가

왔는데, 외국 방송중계는 말할 것도 없고 VTR(VCR)조차도 없던 시절이라 외국의 방송광고는 접할 기회가 전혀 없었기 때문이었다. 따라서 이러한 행사는 한국의 광고인들에게 광고 제작과 관련된 기법을 소개하고, 크리에이티브 능력을 향상시켜 주는 자극이 되었다. 당시 감상회의 해설은 신인섭과 이병인 두 사람이 진행했다. ACC와 CLIO 수상 작품 소개는 이후에도 계속됐고, 드디어 1978년에는 CLIO 출품작에 대한 예비 심사가 서울에서도 개최되었다.

**한국의 국제 광고** 한국의 국제광고가 증가한 것은 1977년 한국의 무역 수출액이 100억 달러를 넘어선 무렵부터이다. 한국에서 국제광고에 먼저 눈을 뜬 회사는 대한항공이었는데, 그 이유는 국제선 운영을 위한 필요성 때문이었다. 그래서 대한항공은 1976년부터 미국의 광고회사 Ogilvy & Mather의 서비스를 이용했는데 Ogilvy는 미국에 본사를 두고 유럽과 아시아, 중남미에도 지사를 둔 세계적인 네트워크를 갖춘 대행사였고 이것은 다양한 노선을 운영해야 하는 대한항공의 필요와도 맞아떨어졌기 때문이었다.

1970년대 한국의 국제광고를 상징하는 것으로는 1977년 12월 12일 자 미국 Business Week 잡지에 게재된 한국특집 광고가 있다.

〈표 11 - 2〉 1977년 12월 12일 자 Business Week 한국특집 광고 내용

| 광고페이지 | 광고주 | 크기(페이지) | 색도 |
| --- | --- | --- | --- |
| 16 | 대우그룹 | 1 | 컬러 |
| 18 | 삼성중공업 | 1 | 컬러 |
| 19 | 서통 | 1/2 | 흑백 |
| 22 | 외환은행 | 1/2 | 흑백 |
| 23 | 삼성물산 | 1 | 컬러 |
| 25 | 국제상사 | 1 | 컬러 |
| 27 | 쌍용그룹 | 1 | 컬러 |
| 28 | 효성그룹 | 1 | 흑백 |
| 29 | 상업은행 | 1/2 | 흑백 |
| 30~31 | 삼성그룹 | 2 | 컬러 |
| 32 | 무역협회 | 1/3 | 흑백 |
| 33 | 코오롱 | 1 | 컬러 |
| 34 | 선경(현재 SK 그룹) | 1 | 컬러 |
| 36 | 현대그룹 | 1 | 흑백 |
| 38 | 삼성전자 | 1 | 컬러 |

| 39 | 수출입은행 | 1/2 | 흑백 |
|---|---|---|---|
| 40 | 산업은행 | 1 | 흑백 |
| 42 | 광성피혁 | 2/3 | 컬러 |
| 44 | 신라호텔 | 1/2 | 흑백 |
| 45 | 럭키그룹(현재 LG 그룹) | 1 | 흑백 |
| 46 | 목산그룹 | 1 | 컬러 |

**광고시장 개방 논쟁과 다국적 광고대행사와의 업무 제휴** 한국의 경제가 발전하면서 1970년대에 이르러서는 외국의 기업들이 한국에 진출하는 것은 더 이상 특별한 사건은 아니었다. 하지만 그렇다고 그 숫자가 오늘날처럼 셀 수 없이 많은 정도는 아니었고, 다만 필요한 분야에는 어김없이 외국의 기업들이 있는 정도였다. 거기에는 한국의 경제가 발전을 하고 있다고 해도 아직까지 풍요의 단계는 아니었고 또한 기술적인 자립도 낮았던 이유가 있었다. 게다가 법적 규제도 있어서 업무 제휴, 기술 지원 등의 형태가 더 많았다. 오늘날 세계적인 기업으로 성장한 현대자동차가 시작된 것도 1970년대이며, 시작 당시에는 주로 일본의 미쓰비시 회사와의 기술 제휴 등을 통하여 회사를 발전시켜 나갔다. 한국에서 외국 기업의 숫자가 조금씩 증가하면서 그 기업들의 한국 내 마케팅 및 광고활동을 위해 자국 내에서 광고활동을 지원하던 광고회사가 한국에도 함께 진출하여 도움을 주어야 할 필요성도 증가하게 되었다.

1979년 10·26 박정희 대통령 시해 사건 사태로 불거진 정변은 다시 같은 해 12월 12일 전두환 육군소장을 주축으로 하는 신군부의 집권으로 이어졌고, 1980년에 제5공화국이 탄생하게 된다. 그리고 새로 탄생한 제5공화국 정권은 그해 12월에 언론기본법을 공포하여 언론을 재정비하고, 더 나아가 한국방송광고공사(KOBACO)를 설립하여 1981년부터 광고계에 대대적인 변화의 바람이 불게 되었다. 한국방송광고공사는 모든 TV와 라디오를 포함한 공중파 방송에 대한 광고영업 독점권을 가지는 한편으로 방송광고 대행을 할 수 있는 광고대행사 허가권까지 부여받아 방송광고에 관한 한 막강한 권력을 쥐게 되었다. 공사는 방송광고대행과 관련하여 몇 가지 특이한 규정을 신설하여 추진했는데, 그 가운데 하나가 방송광고대행을 하고자 원하는 광고회사는 반드시 한국 자본에 의한 광고회사라야 한다는 조항이었다. 따라서 외국의 국제적인 광고대행사는 한국에서 방송광고대행업은 원천적으로 봉쇄가 된 것이나 마찬가지였다. 한국에 진출하는 외국 기업들이 나날이 늘어나는 가운데 자신들의 사업 동반자로서 그들 기업의 한국 내 광고활동을 도와야 할 의무가 있는 이들 외국의 국제적인 광고대행사들은 자신들의 사업 파트너인 광고주들을 도울 길을 찾아야만 했고, 해답을 찾은 것이 바로 한국의 광고대행사들과 업무협력 계약의 체결이었다. 이에 따라 굵직한 국제적인 광고대행사들과 국내의 광고대행사늘 사이에 업무제휴 계약 체결이 급물살을 이루었고, 이것은 한국광고시장 개방이 이루어질 때까지 지속되었다.

<표 11-3> 1980년대 업무제휴 계약 체결 대행사

| 외국 광고대행사 | 한국 광고대행사 | 비고 |
|---|---|---|
| J. Walter Thompson | (주)나라기획 | |
| Ogilvy & Mather | 코래드 | |
| Grey<br>다이꼬(大廣) | 연합광고(MBC 애드컴) | |
| FCB | 거손 | |
| Ted Bates<br>아사쯔(旭通) | 금강기획 | 여기에 있는 내용은 초기 업무 제휴 관계를 보여 주는 것이며 이후 서로의 이해관계에 따라 업무 제휴선에 변화가 있었고, 다국적 광고대행사의 경우 한국 광고시장 완전 개방이 이루어짐에 따라 후에는 직접투자로 대부분 바뀌었음. |
| SSC & B: Lintas | 삼희기획(현재의 한컴) | |
| DDB Needham<br>Saatchi & Saatchi<br>다이이치키카쿠(第一企劃) | 대홍기획 | |
| BBDO | LG 애드 | |
| 하쿠호도 | 제일기획 | |
| 만넨사(萬年社) | 서울광고 | |
| McCann Erickson | 오리콤 | |

자료: 신기혁(2003)에서 인용 후 재구성.

일단 업무제휴를 통해 광고주에 대한 서비스를 지원하면서 한편으로 한국의 광고시장 정책에 불만을 표시하던 외국계 광고대행사들이 힘을 되찾기 시작하는 계기가 된 것은 1984년 말 주한미국상공회의소(American Chamber of Commerce in Korea)가 '한국광고시장 진입을 위한 장애(Barriers to Entry in the Korean Advertising Industry)'라는 보고서를 발표하면서이다. 주한미국상공회의소가 한국 정부의 외국기업에 대한 광고시장진입을 통제하는 것의 부당성을 지적하면서 이 사실이 언론에 보도되었고, 한국과 미국 정부는 광고시장 개방을 놓고 줄다리기를 하게 되었다. 결국 한국의 광고시장은 점진적으로 개방을 하되 1991년부터 완전 개방하는 것으로 귀결되었다. 결국 미국의 압력으로 인하여 한국의 광고 시장은 개방이 된 것이다. 이후 그동안 한국의 광고대행사들과 업무제휴를 체결하여 광고 주에 대한 서비스를 제공하던 다국적 광고대행사들은 직접 한국지사를 설립하여 운영하게 되었다.

**88 서울올림픽 그리고 Burson Marstellar(버슨 마스텔러) PR 회사** 비록 노
태우 정권의 제6공화국이 시작된 1988년에 개최되었지만 제5공화국 전두환 정권의 업적
가운데 하나라고 할 수 있는 서울 올림픽은 한국에 PR의 중요성을 다시 한번 일깨우는
계기가 되었다. 사실 1988년 이전 한국은 전 세계가 참여하고 주목하는 가운데 치러지는
국제적인 행사를 경험해 본 적이 없었다. 1986년 아시안 게임을 치렀지만 그것은 서울 올
림픽 개최를 위해 예행연습 삼아 한국에 개최권을 부여한 것으로, 여전히 올림픽과 규모
면에서 상대가 되지 않는 이벤트였다.

　서울올림픽조직위원회(Seoul Olympic Organizing Committee: SLOOC)는 서울올림픽의 성
공적인 개최를 위해 전 세계를 대상으로 하는 대대적인 홍보활동의 필요를 인식하고 이
를 추진하려 했으나 역부족이었다. 보다 직설적으로 말하면 한국에는 그렇게 전문성이 필
요한 사업을 감당할 수 있는 회사나 조직이 전혀 없었다. 따라서 그 해결 방안으로 생각
한 것이 세계적인 네트워크를 지닌 PR 회사를 고용하여 업무를 진행하는 것이었고, 미국
최대의 PR 회사 Burson Marstellar가 이 일을 담당하게 되었다. 물론 서울올림픽은 역대 최
고의 참가국을 자랑하며 전반적으로 대성공을 거둔 올림픽 가운데 하나로 기록되었다. 동
시에 한국에서 PR 활동의 중요성을 다시 한번 눈여겨보는 계기를 제공한 것으로, 여기에
는 미국의 PR 회사의 힘이 컸다.


**대학의 광고교육** 광고가 한국에서 독립된 학문분야로 대학교육에 포함된 것은 1974
년 중앙대학교 광보(廣報)학과가 처음이다. 물론 그 이전에도 하나의 과목으로 대학에 광
고 관련 과목을 개설한 것은 있었으나 학과 단위로 개설한 것은 그것이 처음이었다. 역사
적으로 볼 때 일본 식민지 시대에도 이미 광고 교육은 있었던 것으로 보이는데, 광고 교
육이 미국의 영향이라고 보이는 기록이 남아 있다. 1973년에 발행된 연세대학교사를 보면
1935년 연희전문학교 시절, 상과(商科)에서 '광고론'이라는 과목을 개설했었으며, 담당 교
수는 임병혁(林炳赫)이었고, 그는 미국 Syracuse(시라큐스) 대학에서 석사를 받은 것으로 되
어 있다(신기혁, 2003). 이 자체로 일본 식민지 시대의 광고교육이 미국의 영향이라고 보
기는 어렵지만 Syracuse 대학 출신의 교수가 담당했다는 점과 연세대학이 전통적으로 커뮤
니케이션 분야에 강세를 보이는 대학이란 점에서 의미는 있다고 보인다. 한국에서 광고교

육이 전공 분야로 대학에 개설되었고, 그 시작은 신문방송학 전공에서 분리되어 시작되었다는 것은 일본식 교육 제도가 아니라 미국식 교육제도라고 할 수 있다. 미국의 경우 광고학 전공은 저널리즘 혹은 매스커뮤니케이션 전공 계열에서 먼저 시작되었다. 하지만 일본의 경우 광고 전공은 언론학 계열이 아닌 상과대학의 계열의 배경을 지니는 것이 보통인데, 한국의 경우 일본 식민지 시절을 겪은 나라임에도 불구하고 신문방송학 계열에서 분리되어 광고학 전공이 시작되었다. 또한 교육 과정이나 내용, 운영 방법 역시 일본의 대학보다는 미국의 대학 교육에 훨씬 더 가깝다는 것은 시스템 자체가 미국의 것을 모방했다는 것을 알 수 있다. 실제로 한국대학의 광고 교육에 쓰이는 많은 교재들 가운데 미국 학자들의 저서를 번역해서 사용하는 경우가 많으며, 직접 저술하는 경우에도 이를 인용하는 경우가 무

〈그림 11-11〉 한림대학교에서 개최한 IAA 인증 기념 세미나 포스터

척 많기 때문에 한국의 대학 광고 교육에 미친 미국의 영향은 절대적이라고 할 수 있다.

국내에서 미국이 대학 교육에 미친 영향과 관계된 일 가운데 하나의 예를 보자. 대학의 광고 교육 커리큘럼과 관련하여 IAA에서 이를 인증하는 제도가 있는데 춘천 소재 한림대학교 언론정보학부 광고홍보전공이 2008년도에 IAA의 인증을 받음에 따라 이를 기념하여 세미나를 개최한 바 있다. 하지만 한림대학교뿐만이 아니라 많은 대학의 광고 또는 광고홍보학과의 경우 이미 IAA에서 제시하는 과정과 정확하게 일치하는 것은 아니겠으나 IAA에서 제시하는 대부분의 과목이 개설되어 있기 때문에 한국 대학의 광고 교육은 미국의 것을 거의 그대로 받아들이고 있다고 본다.


## 5. 1990년~현재, 광고시장 자유화 이후

1984년 주한미국상공회의소가 광고시장 개방과 관련하여 백서를 발표한 이후, 한국 정부는 순차적으로 광고시장을 개방하게 되었는데 완전 자유화는 1991년부터 시작되는 것으로 결정하였다. 이에 따라 1991년 이후 다국적 광고대행사들은 한국에서 독자적인 서비스를 개시하는 것은 물론 더 나아가 한국 굴지의 광고대행사를 인수하는 등 놀라운 변화를 주도하였다. 금강기획(현대그룹 하우스에이전시), LG 애드(LG 그룹 하우스에이전시), 동방기획(태평양화학 그룹 하우스에이전시) 등 한국 굴지의 광고대행사를 인수하는가 하

면, JWT Korea, McCann Erickson Korea, Ogivy & Mather Korea 등 이름만 들어도 알 수 있는 세계적인 광고대행사가 서울에 사무실을 개설하고 광고주에 대한 서비스를 제공하고 있다. 그뿐만이 아니었다. 1990년대 이후 세계적인 추세 가운데 하나로 보였던 매체전문대행사(Media Rep.)가 문을 열었으며, PR 회사, TV 시청률 조사나 시장조사와 관련된 각종 조사회사의 진출 등 눈부신 변화가 일어났다.

신문 잡지의 발행 부수의 공사 기관인 ABC 협회는 애초 미국에서 시작된 것으로 한국에서는 1989년에 설립되었지만 실제로 그 역할을 제대로 수행하게 된 것은 훨씬 뒤의 일이다. 한국의 광고시장이 개방되고 난 후, 광고주와 광고대행사들의 언론사에 대한 압력이 거세지면서 조선일보를 비롯한 일부 신문들이 조금씩 자신들의 부수를 공개하기 시작했고, 실질적으로 광고활동에 유용한 정보는 ABC 협회 창설로부터 20년이 지난 후에야 공개되었다.

1996년에는 IAA 세계광고대회가 한국에서 개최되어 한국이 세계 광고의 중심국 가운데 하나로 부상하는 계기를 마련했다. 특히 1996년 IAA 세계대회는 49개국으로부터 등록 인원 2,358명을 기록하면서 행사규모 면에서 역대 IAA 세계광고대회 가운데 최고를 기록했다. 세계 광고업계 저명인사들이 대거 참여했던 서울대회에는 또한 김영삼 대통령의 축하메시지가 있었으며 IAA 대표들의 청와대 방문도 있었기 때문에 그 어느 IAA 세계광고대회와도 비교할 수 없는 성공적인 행사로 평가받게 된 것이다. 한국에서 국제적인 광고행사를 처음으로 경험한 것은 1984년 ADASIA(아시아 광고회의) 광고대회가 한국에서 개최된 바가 있으나, 당시는 아시아 국가들의 행사였기 때문에 1996년의 IAA 세계대회와는 규모 면에서 상당한 차이가 있다. 1996년의 행사 당시 대회장은 김명하 코래드 사장이 맡았으며 신인섭은 1984 ADASIA 광고대회에 이어 IAA 세계광고대회에서도 사무총장을 맡아 모든 행사를 성공적으로 마무리하였다.

〈표 11-9〉 1996년 IAA 세계광고대회 주요 연사 및 참석자 명단

| 주요 연사 및 참석자 성명 | 직함 |
| --- | --- |
| Martin Sorrell | WPP 광고회사그룹 회장 |
| Bill Lynch | Leo Burnett 광고회사 회장 |
| Michael Bungy | Bates 광고회사 회장 |
| Keith Reinhard | DDB Needham 회장 |
| 코구레 코레이(小黑剛平) | 덴츠 회장 |
| 이소베(磯部) 리츠호 | 하쿠호도 회장 |
| Urban Lehner | Asian Wall Street Journal 회장 |
| Zhu Xinmin | 인민일보 논설위원 겸 비서장 |
| Joe Cappo | IAA 회장 |

자료: 신인섭, 서범석(2011).

이후 한국에서 미국과 관련하여 광고계에서 특별히 더 진전된 것은 크게 눈에 띄지 않는데, 그것은 이미 한국이 경제적으로나 사회적으로 모든 면에서 선진국의 대열에 합류한 것에 기인한다. 물론 뉴 미디어 분야에서는 미국에서 새로운 광고 미디어가 나오게 되면 얼마 안 되어 한국에서도 그러한 미디어가 소개되면서 광고 활동에 응용되는데, 이것은 한국만의 일이 아닌 범세계적인 현상이 되었다.

〈그림 11-12〉 1984년 ADASIA 로고

〈그림 11-13〉 IAA 서울 대회 마크

# 부록: 광고와 관련된 중요한 정보

## 1. 광고비 조사의 음과 양

**광고비는 어디까지나 추정이다.** 기업, 정부, 단체 등 광고주는 많으나 대개 광고를 제일 많이 하는 것은 기업이다. 그런데 주식회사나 상장회사는 손익계산서에 총 광고비가 공개되지만 그 내역은 밝히지 않는다. 그것은 기업의 비밀이기 때문이다. 매체의 경우도 광고 수입을 굳이 밝힐 필요는 없다. 또 설사 총 광고 수입은 발표된다 하더라도 그 내역은 나오지 않는다. 그래서 어느 나라이건 광고비 조사는 광고비를 지출하는 기업의 광고비 자료와 각 매체별 단체에서 집계한 자료를 수집, 검토, 연구해서 발표한다. 그러나 광고비 자체 그리고 매체에 대한 명확한 정의와 구분이 때로 다를 수도 있어서 광고비 계산은 백퍼센트 정확할 수는 없다. 그 밖에 염두에 두어야 할 것은 나라 따라 광고 매체 구분이 다르다는 것이다. 광고비에서 세계 1, 2위인 미국과 일본의 구분을 보면 이것을 알 수 있다.

세계 각국 광고비를 수집해서 여러 가지 분석한 결과를 미 달러로 처음 발표한 것은 뉴욕에 본부가 있는 국제광고협회로서 1968년이었다. Starch—International Research Associates 조사회사의 도움을 받아 발표했다. 그런데 각국 화폐와 미국 달러의 환율은 매일이다시피 달라진다. 경우에 따라서는 연초와 연말의 환율에 상당한 차이가 생긴다. 그래서 대개 연중앙의 환율을 기준하지만 여전히 차이는 생기게 마련이다.

미국의 경우 광고비에 대한 조사를 제대로 하기 시작한 것은 1930년대 중반이었다. 물론 그전에도 자료는 있었다. 그러나 본격적으로 면밀한 조사를 하기 시작한 것은 미국의 큰 광고회사인 McCann—Erickson의 Robert J. Coen이 광고비 조사 책임을 맡고 난 뒤였다. Coen이 McCann—Erickson에 입사한 것은 1948년으로 대학에서 수학 전공 석사 학위를 얻은 직후였다. 그보다 앞서 같은 광고회사에서 광고비 조사 업무를 담당한 사람은 L. D. H. Weld였는데 예일대학 경영학 교수 출신이었다. Coen이 광고비 조사 업무를 시작한 것은 1950년이었고 그 뒤 줄곧 이 일을 맡아 하다가 2008년 노년으로 은퇴했다.

미국광고비가 매체별로 짜임새 있게 발표되기 시작한 것은 1935년부터이다. 그 이후는 Coen의 자료가 발표되고 있다. 그의 광고비 자료는 1888년에 창간되어 1970년대 초에 폐간된 광고 전문지 Printer's Ink., 1930년에 창간한 광고전문지 Advertising Age, 그리고 미국 통계국의 미국 통계 초록(Abstract)에도 인용되고 있으며 미국 정부가 집계한 미국광고비와도 대개 일치한다.

1990년대에 들어선 뒤 대형 광고회사 매체 부서가 분리되어 독립 매체 전문회사가 되자 자연히 미국광고비 조사를 하기 시작했다. 그리고 그 자료들이 업계 지에 발표되고 있다. 즉 미국광고비를 조사하는 회사가 늘어났다. 그 가운데는 Taylor Nelson Sofres(TNS), 프랑스 Publicis 계열 매체 전문회사인 ZenithOptimedia, WPP 그룹 계열의 매체전문회사 Group M, 독립 매체 전문회사 Carat 및 영국의 조사회사 WARC 등이 있다. 역시 조사회사인 A. C. Nielsen도 미국을 비롯한 세계 여러 나라의 광고비 조사를 하고 있다. 그런데 이 여러 회사의 자료가 각각 다른데 그 주된 원인은 조사 대상 매체의 종류와 수가 다른 데에 있다. 세계 신문협회(World Association of Newspapers), 세계잡지연맹 등은 ZenithOptimedia의 자료를 인용하고 있는데 이 회사는 신문, 잡지, 라디오, 텔레비전, 극장, 옥외, 인터넷의 7개 매체만을 대상으로 해서 집계하고 각국, 각 지역을 대비하고 있다. 다만 ZenithOptimedia도 미국광고비 자료는 다음 표에서 보듯이 이 7개 매체 외에 마케팅 서비스를 포함한 자료를 발표하고 있다. 이런 이유 외에도 집계한 자료에는 차이가 있어서 지난 수년 사이에는 서로 다른 미국광고비가 발표되고 있다.

McCann Erickson 계열인 Universal McCann의 Coen 자료는 과거로부터 내려오는 분류 방식으로 계속 발표되고 있어서 시계열적인 대비가 가능하다. 코은의 자료는 매년 6월에 "Insider's Report"라는 제목으로 공개되고 있다. 따라서 광고비 자료를 볼 때에는 조사기관에 따라 기준에 차이가 있다는 것을 염두에 두어야 한다.

<표 12-1> 미국과 일본의 광고비 매체 구분

| 미국 1 | 미국 2 | 일본 |
|---|---|---|
| 신문 | TV | 총광고비 |
| 잡지 | 라디오 | 매스컴 4매체 광고비- |
| 공중파 TV | 잡지 | 신문, 잡지, TV, 라디오 |
| 케이블 TV | 신문 | 위성 매체 관련 광고비 |
| 라디오 | 옥외 | 인터넷 광고비- |
| 전화번호부(Yellow Page) | 인터넷(7종으로 구분) | 매체비, 광고제작비 |
| DM | 주요 매체 합계 | 판촉 미디어 광고비- |
| 비즈니스 지 | DM | 옥외, 교통, 전단, DM |

| 옥외 | 텔레마케팅 | 무가 신문/잡지 |
|---|---|---|
| 인터넷 | 판촉 | POP |
| 기타 | PR | 전화번호부 |
| 전국 합계 | 이벤트 스폰서 | 전시 등 |
| 지방 합계 | 디렉터리 | |
| 총계 | 마케팅 서비스 합계 | |
| | 총계 | |

자료: 미국 1. Advertising Age 2003. 5. 5., 미국 2. Advertising expenditure forecasts 2008. ZenithOptimedia. 195쪽.
일본 덴츠호(電通報) 2009. 3. 2.

다음 자료인데 McCann Erickson, ZenithOptimedia, Group M의 3개사 자료이다. 매체별로 금액의 차이가 심한 경우도 있는데 예컨대 2006년의 Universal McCann 자료는 신문이 477억 달러인 데 비해 Group M의 자료는 285억 달러로 되어 있다. 한편 이 두 회사의 추정치 차이는 2006년 잡지 광고에서도 드러나는데 Universal McCann은 134억 달러, 그룹 M은 256억 달러로 되어 있다. 2006년의 총광고비에 대한 대비에서 이 두 회사 간의 추정치는 McCann이 2,851억 달러, 그룹 M은 2,031억 달러로서 820억 달러의 차이가 있으며 비율로는 40%쯤 차이가 난다.

자료의 제목이 "PASS THE BUCK"이라는 흥미로운 문장으로 되어 있는데 이 말은 책임 전가라는 뜻이다. 즉 서로 달라서 분간할 수가 없다는 뜻이다. 광고비 조사에 음과 양이 있다는 것은 바로 이런 이유 때문이다.

## 2. 미국의 주요 광고 관련 단체

주소에 USA, Website의 http://www와 전화번호에 국가번호는 생략했다.

### 1) 공익광고협의회(The Advertising Council: AC)
창립: 1942, 창립 당시의 명칭은 War Advertising Council.

본사: 261 Madison Avenue, New York, NY 10016−2303

web: adcouncil.org

업무: 공익광고 계획 및 관리. 집행은 각 언론매체에 요청해서 무료로 집행

재원: 기부금

2) 광고교육 기금(The Advertising Educational Foundation: AEF)

창립: 1983년

주소: 220 42<sup>nd</sup> Street, Suite 3300, New York. NY 10017-5806

web: aef.com

업무: 문화, 경제, 사회를 위한 광고의 역할 이해 증진을 위해 교육 자료 제공 및 배부

재원: 매체, 광고주 및 광고회사 등의 기부금, 비영리 단체


3) 광고조사재단(The Advertising Research Foundation: ARF)

창립: 1936년

주소: 11F, 641 Lexington Avenue, New York, NY 10022

web: arf.org

회원: 350

업무: 공정한 조사를 통한 광고, 마케팅 효과 증진. 새로운 조사 방법, 기술 개발. 조사
　　　기준 및 보고 방법 확립

재원: 회비, 기관지 구독료, 출판물 판매 수입, 특별한 프로젝트 기부금

기타: Journal of Advertising Research(격월) 발행


4) 미국광고학회(The American Academy of Advertising: AAA)

창립: 1958년

주소: 사무소는 없으며 회장 및 임원의 주소를 통해 업무를 집행함.

web: aaasite.org

회원: 약 700명. 미국 및 국제

업무: 광고 교육자들에게 교육 향상을 위한 기구 제공. 광고 전문 교육의 가치와 필요
　　　를 업계 및 학계가 더욱 인식도록 함. 대학 광고 교육 향상을 위한 각종 조사 실시

재원: 회비

기타: Journal of Advertising(계간). Proceedings(학술대회 후)


5) 미국광고연맹(The American Advertising Federation: AAF)

창립: 1905년

주소: 1101 Vermont Avenue, NW Suite 500, Washington DC 20005－6306

web: aaf.org

회원: 52,000명

업무: 광고인의 복지 보호. 전국적인 광고주, 광고회사, 매체사, 지방 광고 클럽, 대학
　　　지부 소속 회원을 통한 풀뿌리 조직을 통한 활동


## 6) 미국광고업협회(The American Association of Advertising Agencies: AAAA)

창립: 1917년

주소: 18F, 405 Lexington Avenue, New York, NY 10174

web: aaaa.org

회원: 1,200

업무: 미국광고대행업을 대표하는 기구로서 광고대행업의 이익을 보호, 강화, 개선. 회
　　　원에게 각종 서비스 제공

재원: 회비. 회비는 수입에 따라 차등화되어 있다.

기타: Agency Magazine(계간)


## 7) 미국 마케팅협회(The American Marketing Association: AMA)

창립: 1937년

주소: 311 South Wacker Drive, Suite 5800 Chicago, IL 60606

web: ama.org

회원: 92개국에 45,000. 북미에 500개 지부

업무: 비영리 단체이며 회원의 교육을 촉진하고 마케팅 전문가에게 개인적으로나 전문
　　　분야에서 발전하도록 도우며 마케팅이 과학적, 윤리적 측면에서 발전하도록 한다.

재원: 회비, 출판물 판매, 기부금

기타: Marketing News(격주간); Marketing Management, Marketing Research, Marketing Health
　　　Service(계간); Journal of Marketing, Journal of Marketing Research, Journal of International
　　　Marketing, Journal of Public Policy & Marketing(월간)

8) 미국광고주협회(The Association of National Advertisers: ANA)

창립: 1910년

주소: 33F, 708 Third Avenue, New York. NY 10017

web: ana.net

회원: 400

업무: 광고주 전체의 이익을 대표하는 기구. 독자적인 조사, 사례 연구, 위탁 조사 등을
　　　통해 광고와 마케팅커뮤니케이션에 대한 정보 제공

재원: 회비

기타: Executive Review(연 10회), The Advertiser(계간)


9) 신문, 잡지 부수공사기구(The Audit Bureau of Circulations: ABC)

창립: 1914년

주소: 900 North Mecham Road, Schaumburg, IL. 60173－4958

web: accessabc.com

업무: 신문, 잡지(유료) 부수 공사 및 관련 업무

회원: 신문, 잡지 발행회사, 광고주, 광고회사

재원: 회비 및 공사비

기타: 수많은 부수 공사 관련 각종 자료가 인쇄물 또는 인터넷으로 발표된다.


10) 업계지 부수공사기구(Business Publication Audit of Circulations, Inc.: BPA)

창립: 1931년

본사: 100 Beard Sawmill Road 6th Floor, Shelton, CT 06484

web: bpaww.com

업무: 창립 시에는 미국 ABC가 조사 대상에서 제외한 무가잡지 공사를 했으나 현재는
　　　해외에 진출해서 유가와 무가를 가리지 않고 인쇄매체 부수 공사를 하고 있다.

회원: 3,000(광고주 251, 광고회사 455, 업계지 1,145, 기타 190)

재원: 회비 및 공사비

11) DM 협회(The Direct Marketing Association: DMA)

창립: 1917년

주소: 1120 Avenue of Americas, 13th&14th Fl., New York, NY 10036

web: the-dma.org

업무: 온라인, 오프라인을 이용한 디렉트 마케팅 비즈니스의 최대 단체

회원: 미국을 포함해 54개국에 4,500 회원사


12) 연방통신위원회(The Federal Communications Commission: FCC)

창립: 1934년[연방라디오위원회(Federal Radio Commission)의 후신]

주소: 445 12th Street SW, Washington, DC 20554

web: fcc.gov

업무: 미국 국민에게 무선과 통신 사업에 접촉할 수 있는 기회를 제공하며 아울러 통신,
　　　무선을 미국 국방을 위해 이용한다. 이에 따라 모든 방송 관련 사항을 관리한다.
　　　5명의 위원은 대통령이 임명하고 상원이 인준한다.


13) 연방통상위원회(The Federal Trade Commission: FTC)

창립: 1914년

주소: Washington D.C.

web: ftc.gov

업무: 소비자 이익 보호와 경쟁에 반대하는 기업의 관례를 규제한다.


14) 국제광고협회(The International Advertising Association: IAA)

창립: 1938년(창립 당시 호칭은 수출광고협회, Export Advertising Association)

주소: 521 Fifth Avenue, Suite 1807, New York. NY 10175

web: iaaglobal.org

업무: 광고를 포함하는 마케팅커뮤니케이션 관계자의 유일한 비영리 국제단체. 광고의
　　　가치 옹호, 상업 표현의 자유와 소비자 선택의 자유 옹호, 광고 자율규제 강화, 전
　　　문성 향상 발전, 각종 포럼 제공

회원: 95개국에 5,300(개인, 단체, 기업). 61개 지부

재정: 회비


15) 인터넷 광고국(The Internet Advertising Bureau: IAB)

창립: 1996년

주소: 38 Tyler Circle, Rye, New York 10580

web: iab.net

업무: 온라인 광고 기준과 관례 평가와 건의, 온라인 매체의 효과를 증명하는 조사 실
    시 및 관련 업계에 대한 교육 실시

회원: 300명(주로 서구국가 및 홍콩, 브라질, 호주 등에서 회원 증가 운동 중)


16) 미국잡지협회(The Magazine Publishers of America, 2010년에는 Association
    of Magazine Media로 명칭 변경)

창립: 1919년

주소(본사): 919 Third Avenue, New York, N.Y. 10022

web: magazine.org

업무: 잡지의 장래에 대한 신뢰 구축, 잡지 광고 점유율 증진, 정부에 대해 잡지의 이익
    주장, 잡지 리더십과 판매 증진, 잡지 프랜차이즈를 통한 새로운 수입 개발

회원: 미국 내 200개 잡지 출판사(1,200개 잡지) 및 90개 준회원사


17) 전국광고심의기구(The National Advertising Review Board: NARB)*

창립: 1971년

주소: 215 Lexington, Avenue, 4th Floor, New York, N.Y. 10016

web: asrcreviews.org

업무: 전국적인 광고의 진실과 공정을 확보하기 위한 자율규제기관

회원: 60

*National Advertising Review Board는 2012년에 Advertising Self-Regulatory Council로 명칭 변경


18) 전국방송협회(The National Association of Broadcasters: NAB)

창립: 1922년

주소: 1771 N Street, NW, Washington D.C. 20036-2891

web: nab.org

업무: 라디오와 텔레비전의 자주적 강령 관리를 통해 정부의 부당한 차별적 입번 반대


19) 전국 케이블 TV 협회(The National Cable & Telecommunications Associa-
    tion: NCTA)

창립: 1951년(창립 당시 호칭은 National Community Television Council. 2001년에 현재 이
    름으로 바뀜)

주소: 25 Massachusettes Avenue, NW Washington D.C. 20001

web: ncta.com

업무: 케이블 TV 발전을 위한 각종 활동

회원: 케이블 산업의 90%


20) 미국신문협회(The Newspaper Association of America: NAA)

창립: 1992년(1887년에 창립된 미국신문발행인협회 및 5개 관련 단체의 합명으로 창립)

주소: 1921 Gallows Road, Suite 600, Vienna, VA 22182-1600

web: naa.org

업무: 신문 광고 수입과 판매 및 마케팅 능력의 촉진. 정부에 대해 표현의 자유를 보장
    하는 수정헌법 제1조 관련 문제에 대한 신문계의 견해와 이익 촉진. 신문의 장래
    를 위한 연구, 조사 실시 및 제공 등이다.

회원: 1,700개 이상의 미국 일간/주간 신문사 및 중남미, 유럽, 태평양 연안 국가의 신문
    관련 개인, 기업, 단체, 조직 그리고 부회원


21) 미국옥외광고협회(The Outdoor Advertising Association of America:
    OAAA)

설립: 1891년

주소: 1850 M Street, NW Suite 1040, Washington DC 20036

web: oaaa.org

업무: 옥외광고업에 대한 지나친 규제 반대 및 옥외광고 품질의 향상 및 지원과 촉진

회원: 700여 개 미국 내외옥외광고회사 및 관련 회사

기타: 기관지 Outlook


22) The Point-of-Purchase Advertising Institute(POPAI)

창립: 1938년

주소: 1660 L Street NW, 10th Floor, Washington DC 20036

web: popai.com

업무: 마케팅 믹스에서 POP 광고의 중요성 촉진을 위해 조사, 훈련, 회의 개최 및 정책
　　　제창

회원: 국내, 국제 1,500여 회원. 유럽, 호주, 일본에 지부가 있다.

재원: 회비

기타: POPAI News(격월)


23) 미국PR협회(Public Relations Society of America: PRSA)

창립: 1947년

주소: 33 Maiden Lane, New York, NY 10038-5150

web: prsa.org

업무: PR의 전문성 개발, 전문 기준 설정, 회원의 윤리 기준 제고 및 PR 산업의 대변

회원: 20,000(대학생 회원 약 10,000명 포함)

기타: 회원에게는 무료로 PRSA Tactics(월간), Strategy(계간) 및 매일 Issues & Trends 이메
　　　일로 제공


24) 라디오광고국(The Radio Advertising Bureau: RAB)

창립: 1951년

주소: 261 Madison Avenue, 23rd Floor, New York, NY 10016

web: rab.com

업무: 라디오에 관한 인지, 신뢰 및 판매 촉진 및 라디오 광고 수준 향상을 통한 라디오
　　　수입 증진

회원: 미국 및 해외의 4,700개 방송국(네트워크 포함)

25) TV 광고국(The Television Bureau of Advertising: TBA)

창립: 1954년

주소: 3 East 54th Street, 10th Floor, New York, NY 10022

web: tvb.org

업무: 광고계에 대한 텔레비전의 유일한 창구로서 지방 방송국 및 토막광고의 증진을
통해 TV 토막광고 수입 증가

회원: 350

재원: 회비


26) Art Directors Club

창립: 1920년

주소: 106 West 29th Street, New York, NY 10001

web: adcglobal.org

업무: 광고, 미술, TV 등의 연차/순회 전시회

회원: 1,100명

재원: 연차 전시회, 기부금


## 3. 광고상, 광고 간행물(각 단체 기관지 제외)

**광고 전문지**


1) Advertising Age

창간: 1930년

주소: 360 N. Michigan Avenue, Chicago, IL 60601 − 3806

web: adage.com

발간 빈도: 주간

내용: 마케팅커뮤니케이션 전반. 광고회사, 100대 광고주, 글로벌 마케터 특집 발행. 다
량의 백 데이터 보유. 각종 광고서적 발행

2) Ad Week[53]

창간: 1978년(창간호)

주소: Ad Week. 770 Broadway, 7th Floor, New York, NY 10003

web: adweek.com

발간 빈도: 주간

기타: Brandweek, Mediaweek 자매지가 있다.


## 광고상


3) Clio

창립: 1959년(첫 시상은 1960년)

주소: CLIO Awards. 770 Broadway, 7F. New York, NY 10003

web: clioawards.com


4) New York Festival

창립: 1957년

주소: 260 West 39$^{th}$ Street, 10F, New York, NY 10018

web: newyorkfestival.com


5) Art Directors Club

창립: 1920년

주소: 106 West 29$^{th}$ Street, New York. NY 10001

web: adcglobal.org


## 4. 미국광고비


미국광고비에 대한 자료는 Statistical Abstracts of the United States를 비롯해 여러 군데에 공개되어 있다. 이미 본문에서 언급한 대로 1930년대 이후에는 McCann Erickson 광고회사

---

53) Ad Week 잡지는 CLIO 국제광고제와 함께 Prometheus Global Media 그룹의 소유이다.

의 Robert J. Coen이 추정해 왔다. 한편 Douglas Galbi(더글러스 갈비)는 Coen의 자료를 기본
으로 해서 미국광고비에 대한 연구를 발표하고 있는데 1900년 이후 2005년까지의 총광고
비 자료를 5년 간격으로 본 것이 다음 표이다.

<표 12-2> 미국광고비[1900~2005(5년 간격)]

금액: 억$

| 연도 | 광고비 | GDP | GDP 대비 광고비(%) | 비고 |
|---|---|---|---|---|
| 1900 | 4.5 | | | |
| 1905 | 7.75 | | | |
| 1910 | 10.0 | | | |
| 1915 | 11.0 | | | |
| 1920 | 24.8 | 884 | 2.8 | 1920년대 초 라디오 등장 |
| 1925 | 26.0 | 906 | 2.9 | |
| 1930 | 24.5 | 912 | 2.7 | 1929년 경제 대공황 |
| 1935 | 17.2 | 733 | 2.3 | |
| 1940 | 21.1 | 1,014 | 2.1 | 1941년 12월 태평양 전쟁 발발 |
| 1945 | 28.4 | 2,231 | 1.3 | 2차 대전 종결, TV 등장 |
| 1950 | 57.0 | 2,938 | 1.9 | |
| 1955 | 91.5 | 4,148 | 2.2 | |
| 1960 | 119.6 | 5,264 | 2.3 | |
| 1965 | 152.5 | 7,191 | 2.1 | |
| 1970 | 195.5 | 10,385 | 1.9 | 1973년 겨울 1차 오일 쇼크 |
| 1975 | 279.0 | 16,383 | 1.7 | |
| 1980 | 535.7 | 27,985 | 1.9 | |
| 1985 | 949.0 | 42,203 | 2.2 | |
| 1990 | 1,299.7 | -58,031 | 2.2 | |
| 1995 | 1,629.3 | -73,977 | 2.2 | 인터넷 등장 |
| 2000 | 2,474.7 | -98,170 | 2.5 | 2001년 9·11 테러 발생 |
| 2005 | 2,710.7 | -123,560 | 2.2 | |

자료: www.galbithink.org/ad-spending

<표 12-3> 전년 대비 광고비가 감소한 연도

| 연도 | 비고 |
|---|---|
| 1918 | 세계 제1차 대전 종료 |
| 1921 | |
| 1930~1933, 1938 | 1929년부터 시작된 세계 경제 대공황 |
| 1942 | 1941년 일본의 진주만 기습 공격 다음 해 |
| 1959, 1961, 1991 | |

자료: The Advertising Century(Advertising Age, 1999).

이 표를 통해 알 수 있듯이 미국광고비는 국내총생산(GDP) 대비로 대개 2%를 넘고 있다. 물론 경기가 불황일 때는 비율이 2% 이하로 떨어지고도 한다. 1929년의 경제대공황 이후와 1973년 세계가 겪은 오일 쇼크가 그런 예이다. GDP 대비 광고비가 2%를 넘는 나라는 극히 드물다.

20세기 100년 기간에 미국광고비가 전년 대비로 감소한 해는 모두 11년이었다. 그 가운데서 가장 오랜 기간은 1929년 경제대공황 뒤의 1931, 1932, 1933년의 3년 기간이었다. 그 밖의 해는 모두 1년으로 끝났다.

## 5. 광고, PR 교육

2006년에 출판된 Ross의 『Advertising Education: Yesterday, Today and Tomorrow(광고 교육: 어제, 오늘, 내일)』에 따르면 미국에서 광고, PR 전공으로 학위를 수여하는 대학의 수는 148개가 있다. 그 가운데 52개 대학은 광고와 PR을 아울러 공부할 수 있다. 따라서 광고와 PR 모두를 공부할 수 있는 대학은 전체의 35%에 이른다. 석사 과정은 41개, 박사 과정은 19개 대학에서 학위를 수여하고 있다.

1995년에서 2003년 기간에는 광고와 PR을 모두를 두고 있는 대학은 12개에서 48개로 증가했다. 반면 광고만을 전공할 수 있는 대학의 수는 23개나 줄었다는 조사 결과가 나왔다. 새로 시작하는 과목 가운데는 통합커뮤니케이션(IMC)과 전략적 커뮤니케이션(Strategic Communication) 프로그램이 폭증하고 있다. 또 한 가지 추세로는 20세기 말엽부터 시작된 컴퓨터의 확산 및 21세기에 들어서서 더욱 늘어나는 커뮤니케이션 기기 발달에 의한 컨버전스 시대의 부상에 대처하는 대학 교육의 필요성이다. 2005년까지는 아직 이런 과목을 제공하는 대학은 없었으나 대학원 과정으로 연구가 진행되고 있다.

**대학의 광고교육** 대학에서 광고 교육이 시작된 것은 20세기 초 무렵부터였다. 광고 교육의 효시는 New York 대학이었고, 시카고의 Northwestern 대학, Missouri 대학, Kansas 대학, Iowa 대학 등이 20세기 처음 10년까지 광고 강의를 시작했다. 그 뒤는 다음 표에서 알 수 있듯이 대학에서 광고 교육이 증가해서 1950년까지 17개 대학에서 광고 강의가 있었다.

〈표 12-5〉 1910년 이전 광고 강의를 개설한 미국의 대학

| 연도 | 대학 | 비고 |
|---|---|---|
| 1905 | New York University | John Wanamaker 회사 광고부장 W. R. Hotchkiss가 광고 강의함. |
| 1908 | Northwestern | Walter D. Scott가 "1Psychology of Business, Advertising and Salesmanship" 강의함. |
| | University of Missouri | Journalism 학부에서 "광고와 출판(Advertising and Publishing)" 강의함. |
| 1909 | University of Kansas | 광고 강의 개설 |
| | Iowa State University | |

<표 12-5>와 <표 12-6>에서 알 수 있듯이 10년 터울로 보면 20세기 첫 10년에 5개 대학, 1920년대에 11, 1920년대 15, 1930년대에는 오히려 2개 대학이 줄어서 13개, 1940년대에는 17개 대학이 되었다. 1930년대의 감소는 아마도 1929년에 시작되어 수년간 계속된 미국 경제 대공황의 영향이 있었을 것이다. 하여간 20세기 50년 기간에 5개 대학에서 3배 이상 늘어난 17개로 증가했다. 초기에 광고 강의는 심리학에서 시작되었으나 그 뒤는 저널리즘과 마케팅 과목 가운데 포함되어 있다가 광고라는 과목으로 바뀌게 되었다(Ross, 2008).

〈표 12-6〉 1900~1949년 기간에 광고 코스를 처음으로 설립한 대학

| 연도 | 설립 대학의 수 |
|---|---|
| 1900~1909 | 5 |
| 1910~1919 | 11 |
| 1920~1929 | 15 |
| 1930~1939 | 13 |
| 1940~1949 | 17 |

광고 프로그램을 두고 있는 대학의 수는 1950년까지 43개이었으나 2000년에 152개로 증가했다. 즉 20세기 후반에 갑절 이상이 늘어났음을 알 수 있다. 2000년에서 2005년 사이에는 다시 40여 개 대학이 증가했다.

광고 강의를 시작한 전공과목은 저널리즘이 30, 마케팅 21, 비즈니스 12의 뒤를 이어, 상업, 경제, 심리, 영어, 철학, 소매, 광고의 순이다. 달리 보면 광고로 시작한 경우는 극히 드물었음을 알 수 있다.

〈표 12-7〉 광고 프로그램이 있는 대학(1910~2005년)

| 연도 | 대학의 수 |
| --- | --- |
| 1910 | 1 |
| 1920 | 6 |
| 1930 | 10 |
| 1940 | 19 |
| 1950 | 43 |
| 1960 | 59 |
| 1970 | 64 |
| 1980 | 90 |
| 1990 | 111 |
| 2000 | 152 |
| 2005 | 148 |

〈표 12-8〉 광고 강의가 시작된 전공

| 전공 | 수 |
| --- | --- |
| 저널리즘 | 30 |
| 마케팅 | 21 |
| 비즈니스 | 12 |
| 상업 | 2 |
| 경제 | 2 |
| 심리 | 1 |
| 영어 | 1 |
| 철학 | 1 |
| 광고 | 1 |
| 소매 | 1 |

자료: Ross(2006).

광고 교육 발전 과정에서 특기할 일 두 가지가 있는데 1980년에 있었던 일로서 국제광고협회(IAA)가 인정하는 교육과정이 창설되었다. 대학이나 전문 광고 교육 기관의 광고 교육 프로그램을 IAA가 공식으로 인증하는 제도인 것이다. 다음은 Compton(콤튼) 광고회사 회장이던 Barton Cummings(버튼 커밍스)의 제창으로 미국광고학회와 공동으로 "방문교수 프로그램(Visiting Professor Program)"을 시작한 것이다. 이 프로그램은 실무 경험이 없는 대학교수에게 광고 실무를 경험할 기회를 제공하는 것인데 주로 광고회사에 가서 실지 일하는 경험을 터득하는 프로그램이다(Ross & Richards, 2008).

광고 교육 개척자 22명 가운데는 현업 출신이 퍽 많다. 광고 교육의 원로로 알려진 사람은 George B. Hotchkiss로서 1915년에 뉴욕대학에 광고, 마케팅학과를 설립했다. 현업 출신으로서는 처음에는 대학에 있다가 Young & Rubicam 광고회사 조사부장으로 가서 여론 조사 개척자가 된 George Gallup, 유명한 카피라이터 John E. Kennedy, 미국 공익광고 첫 제창자로 J. Walter Thompson의 James W. Young 등이 있다.

**대학의 PR 교육** PR 교육은 광고 교육에 비하면 늦게 시작되었다. PR 교육의 효시는 Edward L. Bernays인데 그는 1923년에 뉴욕대학 저널리즘 학과에서 한 학기씩 2년간 PR 강의를 했다. 20여 년이 지나 1946년에는 30개 대학에서 47가지 각종 PR 관련 과목을 가르치고 있었다. 1956년 미국PR협회가 최초로 시시한 PR 교육에 대한 서베이 결과 1956년에 PR 강의를 하는 대학의 수가 3배나 증가했음이 나타났다. 1981에 PR교육위원회가 실시한 조사 결과 300개 각종 교육기관에서 10,000명이 PR 교육, 훈련을 받고 있었다(Cutlip 외, 2006).

## 6. 광고 연표(1639~2010년)

| 연도 | 주요 내용 |
|---|---|
| 1639 | 최초의 인쇄기 영국으로부터 수입하여 하버드 대학에 설치 |
| 1664 | 인쇄 규정 반포 |
| 1669 | 9월 25일 Publick Occurrences, Both Forreign and Domestick 발행. 발행인은 Benjamin Harris. 정부는 방행 허가증 받도록 요구, 광고 없음. 1호로 발행 끝남. |
| 1704 | John Cambell이 보스턴에서 Boston News-Letter 발행. 최초의 유료 광고를 1704. 5. 1.~5. 8.호에 게재. 미국 최초의 신문으로 간주된다. |
| 1712 | 영국에서 인지세(Stamp Act) 시행. 1850년대에 폐지했다. 식민지이던 미국에서 실시하려고 했으나 실패로 끝났다. |
| 1725 | 뉴욕에 최초의 신문 New York Gazette 창간 |
| 1728 | Benjamin Franklin이 Pennsylvania Gazette(주간) 발행. 18세기 중반부터 일러스트레이션 사용 개시. 광고 사이에 간격을 두고 활자체를 혼용. 신문 7개로 증가 |
| 1733 | New York Weekly Journal 창간(11. 5.). 발행인 John P. Zenger는 정부 비판으로 피소되었으나 Andrew Hamilton 변호사 때문에 무죄가 됨. |
| 1760 | 10월 30일 자 New York Gazette(The Post-Boy) 미국 최초로 제1면 전체에 광고 게재 |
| 1770 | 영국에서 산업혁명 시작(산업혁명의 시작 연도에 관해서는 이견이 있음) |
| 1775 | 신문 25개로 증가 |
| | 3월에 영국 의회는 미국에서 인지세 실시를 의결했으나 심한 반대에 부딪혀 1776년 3월에 철폐함. |
| | 백인 인구 200만 명. 그중 80%는 영국인 |
| | 9인치×15인치(23cm×38cm) 크기 4페이지 신문이 1주당 5,000부 발행됨. |
| 1776 | 7·4 미국 독립선언 |
| 1783 | 파리조약으로 영국과의 전쟁 종료. 영국은 미국 독립 승인 |
| 1784 | 9월 21일 미국 최초의 일간신문 Pennsylvania Packet and Daily Advertiser 발행. 이 신문은 1771년에 John Dunlap이 창간. 1783년에 주 3회 간행. 9월 21일 호는 1면이 4단이므로 합계 16단. 그 가운데 10단은 광고 |

| 1785 | 9월 1일 New York Daily Advertiser 뉴욕 최초의 일간신문으로 창간 |
| 1789 | 1월 29일 조지 워싱턴 장군이 같은 해 1월 6일 자 New York Daily Advertiser 3면에 게재된 광고를 보고 천 구입을 원하는 편지를 친구인 장군에게 부탁함. 워싱턴 장군은 그해에 미국 초대 대통령에 취임함. |

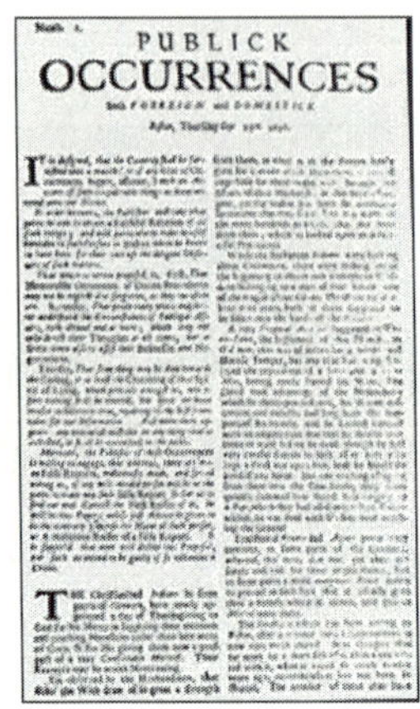

〈그림 12-1〉 Publick Occurrences
Both Forreign and Domestick

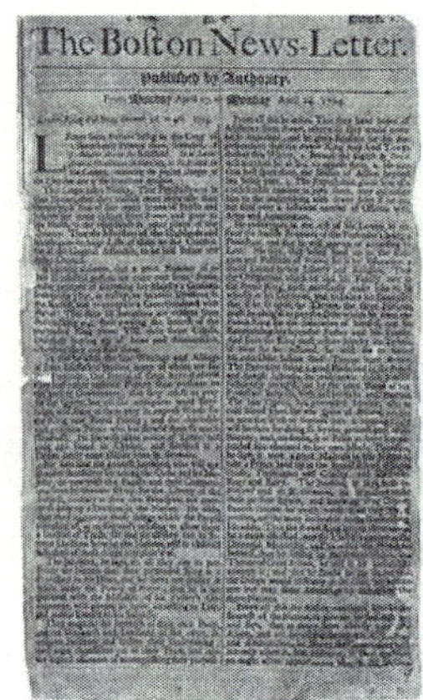

〈그림 12-2〉 Boston News-Letter
창간호

〈표 12-10〉 19세기 미국광고와 관련된 주요 사건들

| 연도 | 주요 내용 |
| --- | --- |
| 1800 | 워싱턴을 수도로 정함. |
| 1807 | 알래스카를 720만 달러에 러시아로부터 구매함. |
| 1810 | 정기 간행물의 수: 359개 |
| 1820~30 | 뉴욕에 샌드위치맨 등장. 퍼레이드 개시. 종이 생산 기계화로 신문 용지 저가 시대개막. 신문 대형화됨. |
| 1830~60 | 철도 23마일에서 2,818마일로 급증. 1850 - 9,000마일. 1859 - 30,000마일 |
| 1833~39 | 9월 5일 New York Sun 1센트 신문 등장으로 Penny Paper 시대 개막. 신문가두판매 개시. 1835년에는 30,000부로 세계 최대의 신문이 됨. 뉴욕 인구는 27만 명. Penny Paper의 수 34개로 증가함. |
| 1841 | 미국 최초의 광고대리인(Advertising Agent) 신문광고 지면 판매 대리인 Vonley Palmer 업무 개시(연도는 불확실하지만 1841로 추정됨) 미국 서부 Gold Rush |
| 1850 | 신문의 수 3,000개(일간신문 200, 주간지 2,300, 잡지 500). 일간신문 부수는 약 100만 부 철도와 서커스단 홍보 대행 시대 |
| 1861 | 뉴욕에 20개 광고대리인 활동 중 |
| 1861~5 | 남북전쟁 |
| 1863 | 링컨대통령 노예해방 선언 |
| 1864 | J. Walter Thompson 창립(1878년에 Carlton & Smith를 톰슨이 매입했음) |
| 1865 | 링컨대통령 암살 광고비 5천만 달러에 도달 |
| 1868 | N. W. Ayer 필라델피아에 개업 |

| 연도 | 내용 |
|---|---|
| 1869 | George P. Rowell 미국 신문연감(American Newspaper Directory) 발행. 미국 신문, 잡지 5,411개, 캐나다 신문, 잡지 267개 수록 |
| 1870 | 미국광고비 7,000만 달러 |
| 1873 | 뉴욕에서 최초로 광고대리인 회의 개최 |
| 1878 | N. W. Ayer 지면 브로커에서 광고주를 위해 서비스 제공하는 회사로 전환 선언. 광고료 공개 제도 채택. 에이어는 처음에 커미션 8~12.5%에서 뒤에 15%로 정함. |
| 1880 | 광고비 2억 달러<br>백화점 왕 John Wanamaker 최초로 전문 카피라이터 채용 |
| 1881 | 시카고에 Lord & Thomas 광고대행사 창립(뒤에 Foote, Cone & Belding이 됨) |
| 1882 | Procter & Gamble 아이보리 비누 광고에 11,000달러 사용 |
| 1883 | Ladies Home Journal, McCall's, Good Housekeeping 등 여성잡지 붐 일어남. Ladies Home Journal은 1890년에 100만 부 판매. 광고 수입 100만 달러 |
| 1887 | 미국신문협회(American Newspaper Publishers Association) 창립 |
| 1888 | George Rowell 미국 최초의 광고전문지 Printer's Ink 창간 |
| 1890 | Advertising Agent로부터 Advertising Agency로 전환. 광고비 3억 6,000만 달러 돌파 |
| 1891 | 미국옥외광고협회 창립<br>N. W. Ayer 광고 카파라이터 채용<br>George Batten 광고대행사 창립 |
| 1892 | 광고 정화 캠페인 개시<br>Ladies Home Journal 특허약 광고 게재 거부 |
| 1893 | 시카고 박람회에 1,200만 명 참관<br>코카콜라 상표 등록<br>Frank Munsey는 Munsey's 잡지 권당 구독료를 10c로 인하하고 미국 최초로 판매수입보다 광고수입에 의존하는 경영방식을 채택 |
| 1897 | 미국철도협회가 처음으로 Public Relations라는 말 사용 |
| 1898 | 주요 광고주의 수 2,483개사 |
| 1899 | 코닥 연간 광고비 75만 달러로 최대의 광고주<br>J. Walter Thompson 미국광고대행사 최초로 영국에 지사 설치 |

〈그림 12-3〉 New York Sun 로고

〈그림 12-4〉 J. Walter Thompson

〈그림 12-5-1〉 코카콜라에서 판촉을 위해 19세기 말부터 20세기 초까지 사용했던 무료시음 쿠폰

〈그림 12-5-2〉 미국 루이지애나 주 Minden(민덴) 마을에 남아 있는 1943년도의 코카콜라 간판

〈그림12-5-3〉 1915년에 사용된 코카콜라 병

〈표 12-11〉 20세기 미국광고와 관련된 주요 사건들

| | |
|---|---|
| 1900년대 초 | Harlow Gale 교수, Psychology in Advertising 발간. Walter D. Scott의 광고 심리 논문 연재로 광고계에 충격 일어남(Scott는 뒤에 시카고 Northwestern 대학 총장이 됨).<br>통신강좌에 광고 과목 포함됨.<br>New York, Boston, Northwestern, Missouri 대학 등에서 광고 교육 개시<br>자동차 연간 생산 대수: 5,000(1900), 12.7만(1909), 600만(1914), 400만 (1924)<br>1900년 광고비 4억 5,000만 달러 돌파 |
| 1904 | Associated Advertising Club of America 창립<br>John B. Kennedy의 Hard Sell 광고 유명해짐.<br>Ivy Lee가 신문사 사회부 편집자들에게 '원칙 선언(Declaration of Principles)' 자기 고객에 관해 신속하고 정직한 자료를 제공하겠다는 약속을 함. |
| 1905 | American Advertising Federation 설립 |
| 1906 | Kellogg(켈로그) 회사 광고 개시<br>청정식품 및 의약품법(Pure Food & Drug Act) 제정으로 식품 라벨에 성분 표기 의무화됨. |
| 1908 | 포드 자동차 모델 T 출시 |
| 1910 | Claude Hopkins의 Reason Why 광고 유명해짐.<br>Association of National Advertisers 설립<br>Association of Magazine Media 설립 |
| 1911 | Printer's Ink 지에 광고자숙강령 발표. 이 강령이 1920년대 말에는 23개 주에서 법으로 채택됨.<br>Procter & Gamble이 최초로 외부 광고회사(JWT)를 사용해서 신제품 도입<br>우드버리 비누(Woodbury Soap) 처음으로 여성의 섹스어필을 이용한 광고 캠페인을 Ladies Home Journal 지에 전개함. 헤드라인은 "당신이 만지고 싶어지는 피부(The skin you love to touch)" |
| 1914 | 세계 제1차 대전 발발. 1918년 종전<br>연방통상위원회(Federal Trade Commission: FTC) 창설<br>Audit Bureau of Circulations(ABC 협회) 설립 |
| 1916 | J. Walter Thompson 은퇴. Stanly Resor 인수 후 런던 사무소 폐쇄하고 마켓 리서치 부서 설치 |
| 1917 | American Association of Advertising Agencies 창설 |
| 1917~1919 | 1차 세계대전에 미국 참전이 결정되자 정부 안에 공보위원회(Committee on Public Information)를 설치. George Creel이 책임자가 되어 홍보 활동. 이 위원회에서 일하던 사람들이 전쟁이 끝난 뒤에 PR 회사 설립함. |

| 1919 | Burton, Durstine & Osborn 광고대행사 창립 |
|---|---|
| 1920 | Art Director's Club 뉴욕에 창설 |
| 1922 | RCA 라디오 방송 개시. 광고 수입 500만 달러(1921), 6,000만 달러(1922)<br>방송협회 창립 |
| 1923 | Young & Rubicam 필라델피아에 설립, 뉴욕으로 이전(1926)<br>미국 현대 PR의 아버지라고 불리는 Edward L. Barnays 뉴욕대학에서 미국 최초로 PR 교육 개시. PR Counsel이라는 말 사용 |
| 1925 | Better Business Bureau(BBB) 전국 조직 결성 |
| 1926 | RCA가 미국전화전신회사(AT&T)로부터 뉴욕에 있는 WEAF 라디오 방송국 매입. 1년 내에 19개 방송국망 설립하여 NBC 창립 |
| 1927 | CBS 개국<br>연방라디오위원회(Federal Radio Commission) 창설. 뒤에 연방통신위원회로 됨.<br>Arthur Page는 American Telephone & Telegraph(AT&T)에서 미국 대기업 최초로 PR 담당 임원으로 선출됨. |
| 1928 | 영국의 Lever Brothers(현재의 Unilever)가 Lintas Lever International Advertising Service라는 하우스에이전시를 창립해서 자신들이 진출한 지역이나 국가에서 광고대행사가 없거나 미약한 경우를 대비함.<br>George Batten과 Burton, Durstine & Osborn 합병으로 현재의 BBDO가 창립됨. |
| 1929 | 경제대공황으로 광고비 급감<br>Benton & Bowles) 창립<br>American Tobacco 회사 Lucky Strike 담배 광고를 위해 사상 최대의 금액인 $1,200만 투입함. |
| 1930 | Advertising Age 창간 |
| 1931 | Procter & Gamble(P&G)의 Neil McElroy 브랜드 관리에 관한 메모 작성으로 브랜드의 중요성에 대한 인식 대두. 그는 뒤에 P&G 사장이 됨. |
| 1932 | George Gallup은 Young & Rubicam에 입사해서 여론조사 개시 |
| 1933 | 라디오에 낮 방송 연속극(Soap Opera) 개시 |
| 1934 | 통신법 제정에 따라 연방통신위원회(Federal Communications Commission: FCC) 창립 |
| 1935 | 광고대행사 Leo Burnett 창립 |
| 1936 | 미국광고주협회와 광고업 협회 공동투자로 미국조사재단(American Research Foundation) 창립<br>LIFE 지 창간 |
| 1938 | 국제광고협회(International Advertising Association) 뉴욕에 창립<br>Townsend 형제의 27개 항으로 된 카피 테스트 방법 공개<br>식품, 의약품, 화장품법 통과로 연방통상위원회(FTC)에 "상업의 허위 행위" 규제 권한이 부여됨. |
| 1940 | 광고회사 Ted Bates 창립 |
| 1941 | 7월 1일 오후 2:29분에 뉴욕의 NBC 계열 WNBT 방송 TV 시험방송 실시 때 방송된 Bulova 시계 120초 광고는 미국 그리고 세계 최초의 TV 광고임. 다만 태평양 전쟁으로 민방 TV는 1945. 8. 15. 2차 대전 종료 후로 연기됨. |
| 1942 | 전쟁 승리를 위한 광고계 단체로 시작한 전시 광고협의회(War Advertising Council) 창립. 창설을 선창한 사람은 James W. Young. 2차 대전 중 가장 유명했던 포스터 리벳공 로지(Rosie the Riveter) 포스터 제작. 이 단체는 2차 대전 후에 Advertising Council로 명칭을 변경하여 공익광고기구가 됨. |
| 1943 | Albert Lasker가 Lord & Thomas 광고회사를 Foote, Cone 및 Belding 세 사람에게 인계하고 은퇴함으로써 Foote, Cone & Belding(FCB) 회사로 탄생함. |
| 1945 | 2차 세계대전 종료 |
| 1946 | 동기조사(Motivational Research) 개시 |
| 1947 | 미국PR협회(Public Relations Society of America) 창립<br>JWT의 취급액 처음으로 1억 달러 초과 |

| 연도 | 내용 |
|---|---|
| 1948 | Ogilvy & Mather 광고회사 창립<br>McCann Erickson의 Marion Harper 사장 광고대행사에서 크리에이티브 리뷰 제도화 및 PR, 조사, 판촉 등 서비스 유료화<br>"다이아몬드는 영원히(A diamond is forever)"라는 20세기 최고의 슬로건 탄생<br>2차 대전 후 Ruder & Finn(1948), Burson Marstellaer(1953), Daniel Edleman(1953) 등 PR 회사 설립 붐 이룸. |
| 1949 | DDB 창립 |
| 1950 | A. C. Nielsen 조사회사 세계 최초로 TV 기계식 시청률 조사 개시 |
| 1952 | 아이젠하워(Dwight D. Eisenhower) 대통령 후보 미국 최초로 TV 광고 캠페인 전개. Rosser Reeves가 캠페인 담당 |
| 1955 | 말보로 담배를 상징하는 말보로 맨(Marlboro Man) 탄생<br>맥도널드 프랜차이즈 확장 |
| 1957 | 미국광고비 100억 달러 돌파<br>Vance Packard 『숨은 설득자(Hidden Persuader)』 출판. 광고에 대한 비판 대두<br>포드자동차 Edsel 모델 시장에서 참패 |
| 1958 | 미국광고학회(American Academy of Advertising) 창립<br>Bank of America에서 신용카드 도입, 신용카드 시장 활성화<br>국제 광고제 뉴욕 페스티벌(New York Festival) 창설 |
| 1959 | TV 퀴즈 프로그램 사전 조작 스캔들이 터진 뒤 광고주/광고회사가 주도하던 프로그램 제작과 편성을 방송국이 주도하게 됨. |
| 1950년대 | Rosser Reeves가 Unique Selling Proposition(USP) 이론 제창. |
| 1960 | McCann Erickson이 주도한 최초의 광고회사 지주회사 Interpublic Group of Companies(IPG) 창립<br>CLIO 상 창설 |
| 1960년대 | DDB 카피라이터와 디자이너를 크리에이티브 팀으로 묶는 제도 개시<br>크리에이티브 전성시대. DDB의 William Bernbach, Leo Burnett의 Leo Burnett, Ogilvy & Mather의 David Ogilvy 등 광고계 거장 화제에 오름.<br>Volkswagen 자동차의 "작은 것이 꿈(Think Small)" 광고 화제가 됨. |
| 1962 | 월마트(Walmart) 최초의 상점 개점<br>David Ogilvy의 『어느 광고인의 고백(Confessions of An Advertising Man)』 출판 |
| 1963 | Pepsi Generation 캠페인 전개로 콜라전쟁 개시<br>Lever Brothers 광고에 소수민족 등장 문제 검토를 광고회사에 요청<br>Avis 렌터카 "우리는 2위입니다(We are No. 2)" 광고 화제가 됨. |
| 1964 | NBC 방송국 비교 광고 허용. ABC와 CBS는 1972년에 허용<br>위성으로 전달되는 케이블 방송 개시<br>담배가 건강에 해롭다는 사실이 공표됨. |
| 1965 | Ralph Nader의 『어떤 속도에서도 위험하다(Unsafe at Any Speed)』 출판으로 자동차 업계 비난 |
| 1967 | Mary Wells Laurance 최초의 여성 광고회사 사장이 됨. |
| 1968 | IAA 최초로 세계 광고비를 미 달러로 환산해서 발표.<br>어린이 대상 텔레비전 광고 시간과 내용 등 규제 생김. |
| 1970년대 | 미국 10대 광고회사 해외 진출로 취급액 가운데 해외 취급액 급상승<br>미국 10대 광고회사들 사명에 International 호칭 생김. |
| 1971 | 방송매체에 담배 광고 금지<br>전국광고심의기구(National Advertising Review Board) 창립 |
| 1972 | Young & Rubicam 광고회사의 Whole Egg 이론 제창 |
| 1973 | Advertising Age에 "포지셔닝 시대(Positioning Era)" 연재. 포지셔닝이란 개념 세계로 확산<br>제1차 오일 쇼크로 세계 경제 일대 혼란에 빠짐. |
| 1974 | Universal Product Code 공개 |
| 1975 | Miller 맥주회사에서 Lite 맥주 시판으로 맥주시장에 변화 일어남. |
| 1976 | 미국 대법원 광고가 수정헌법 제1조의 보호 대상이 된다고 판결함. |

| 1979 | ABSOLUT 보드카 광고 화제가 됨. |
|---|---|
| 1980년대 | Leveraged Buyout가 마케팅에 경종을 울림. |
| 1980 | CNN 창립 |
| 1981 | MTV 창립으로 새로운 유형의 광고 유행<br>Harvard대학의 Theodore Levitt 교수가 Harvard Business Review 1981 5~6월 호에 Global  Marketing을 제창하여 세계로 확산 |
| 1982 | 미국 전국 일간지 USA Today 창간<br>ET를 통한 Product Placement(PPL) 광고 급증<br>Johnson & Johnson 회사의 타이레놀에 독극물 투입 사건 일어나면서 이 사건에 처리과정은 PR업계에서 위기관리의 전형적인 모델이 됨. |
| 1984 | 애플 컴퓨터가 Superbowl 경기 중계에 단 1회 방영한 "1984" 매킨토시 광고 대성공<br>Nike가 Chicago Bulls 농구팀의 Michael Jordan 선수를 모델로 기용하면서 스포츠 마케팅에 새로운 분야 개척 |
| 1985 | 코카콜라의 New Coke 발매로 코카콜라 구매거부 운동이 일어나 결국 제품을 시장에서 철회함. 그리고 이 사건은 마케팅 사건에서 사회적 사건으로 비화됨. |
| 1986 | 영국 Saatchi & Saatchi 광고회사가 미국 Ted Bates 광고회사 매입으로 화제가 됨.<br>BBDO, DDB, Needham Harpers가 지주회사 Omnicom 창립<br>미국광고비 1,000억 달러 돌파 |
| 1987 | 영국의 WPP 미국 JWT 매입 |
| 1988 | 영국의 WPP 미국 Ogilvy & Mather 매입 |
| 1980년대 후반 | 광고회사 보상제도는 매체가 인정하는 15%에서 피(Fee) 제도로 전환하기 시작함.<br>큰 광고회사의 매체 부문은 독립된 매체전문회사로 분리되기 시작함. |
| 1990 | 타임(TIME)과 워너(Warner)의 합병으로 세계 최대의 미디어그룹 탄생. |
| 1992 | Chicago의 Northwestern 대학 Don E. Schultz 교수가 통합마케팅(Integrated Marketing Communications: IMC) 제창. 세계로 확산 |
| 1993 | 인터넷 등장<br>무명 브랜드 확산에 대항하기 위해 말보로 담배 가격 20% 인하. 그 영향으로 필립모리스 회사 주가 23% 하락. 기타 브랜드 가격 하락에도 영향 미침. 2년 뒤에 회복 |
| 1994 | IBM 세계 광고를 Ogilvy & Mather에 통합 관리 |
| 1995 | Procter & Gamble 회장 미국광고업협회 회의에서 미국광고의 주류를 이루는 30초 TV 광고의 종말 및 대체 매체 발견의 필요에 대한 연설로 파문 생김.<br>Yahoo 창립<br>광고회사 TBWA와 Chiat Day 합병 |
| 1996 | 미국광고비 통계에 인터넷 광고비 처음으로 포함됨. |
| 1997 | FDA 의약품의 소비자 직접 대상 광고(Direct to Consumer: DTC) 광고 허용<br>R. J. Reynolds 회사 Camel 담배 생산 중지 발표 |
| 1998 | 미국광고비 2,000억 달러 돌파<br>미국 주요 담배회사들 흡연에서 생기는 의료비를 위해 2,060억 달러 지불하기로 합의함으로써 법적 문제 해결<br>Google 창립 |
| 1990년대 후반 | 급격한 IT 기술 발전으로 멀티미디어 시대 도래 |

〈그림 12-6〉 1910년대 켈로그의 광고　〈그림 12-7〉 Leo Burnett 사진　〈그림 12-8〉 New York Festival 마크

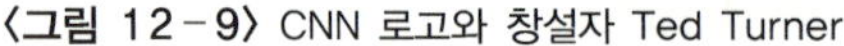

〈그림 12-9〉 CNN 로고와 창설자 Ted Turner

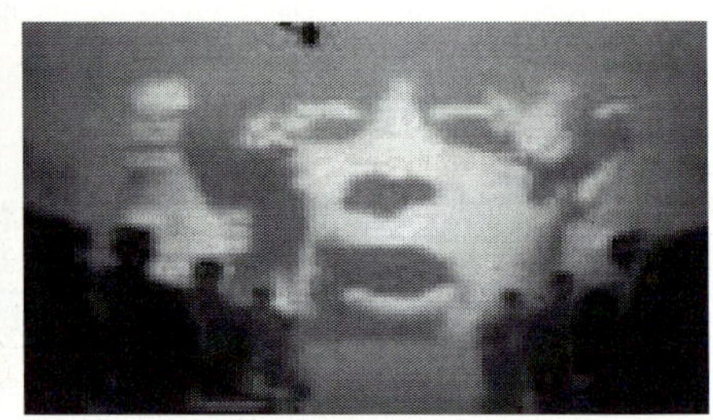

〈그림 12-10〉 애플 컴퓨터 TV 광고 "1984"의 한 장면

〈표 12-12〉 21세기 미국광고와 관련된 주요 사건들

티보(TiVo)와 기타 기기 보급으로 시청자가 보고 싶은 장소에서 보고 싶은 방송 프로그램만을(광고를 **빼** 버릴 수 있음) 볼 수 있게 되어 방송 주도권이 시청자에게로 넘어오게 되었음. 아울러 Yahoo, Facebook, YouTube, Twitter 등 각종 소셜미디어 등장 및 애플의 iPhone, iPad 등으로 매체와 마케팅 커뮤니케이션 산업 전체에 격심한 변동이 일어나게 됨.

| | |
|---|---|
| 2000 | 닷컴 붐 세계를 휩쓸게 됨.<br>식품업계에 M&A 선풍. Unilever가 Best Foods를 매입하고, 필립모리스 담배회사는 Nabisco 과자회사를 매입함.<br>Reality TV 방송 등장 |
| 2001 | 닷컴 붐 파산<br>9·11 테러로 뉴욕 세계무역센터 붕괴 및 미국 국방성 건물 일부 파손. 약 3,000명 사망 |
| 2004 | Facebook 창립 |
| 2005 | YouTube 창립 |

| 2006 | Twitter 창립<br>TIME 잡지 연말 표지에 그 해 인물로 "YOU"를 선정. 변화가 다가오는 시대를 상징함. |
| --- | --- |
| 2008 | 미국 모기지론 사태로 레만 브라더즈 파산과 함께 그 여파로 1929년 미국 대공황에 버금가는 세계 경제 위기 도래 |
| 2009 | iPhone 등 IT 각종 신제품 판매 개시. 매체 시장 더욱 세분, 다양화 |
| 2010 | TIME 잡지 연말 그 해의 인물로 Facebook 창립자를 선정<br>PRSA 등이 주도한 바르셀로나 원칙 선언(Barcelona Declaration of Principles) 발표. 재래식 PR 가치 판단 기준 AVE(Advertising Value Equivalent. 광고료 환산가치, 즉 POR 가치를 동일 지면 광고료의 2.5배로 환산) 방식 포기 선언<br>iPhone, iPad 출현으로 매체, 마케팅커뮤니케이션 산업에 일대 변화 일어남. |

〈그림 12-11〉 Worldwide Developers Conference 2010에서 iPhone4를 소개하며 웃고 있는 Steve Jobs

# 참고문헌

## 1. 국내 문헌


박현주(1998). 『딱정벌레에게 배우는 광고발상법』. 서울: 나남출판.

신기혁(2003). 「한국 근대광고의 형성과 발전에 미친 미국과 일본의 영향」. 박사학위 논문. 서울: 중앙
　　　대학교.

신인섭(1974). 『포지셔닝시대』(1974년 한국어 번역판). 서울: 한국광고연구협의회(현 한국광고협회).

＿＿＿(1979). 「企業(기업)과 PR」. 럭키그룹홍보선전실 간행물 제68호.

＿＿＿(1985). 「Global Marketing: 현재로부터 21세기를 향하여」. 광고정보 1985. 2월호. 서울: 한국방송
　　　광고공사.

＿＿＿(1994). 『광고대행사』 서울: 웅진출판사.

＿＿＿(1999). 「광고대행사 보수제도의 변천사」. 『한국광고산업발달사』. 서울: 한국광고업협회.

＿＿＿(2003). 미국과 일본의 광고 연표(유인물. 2003). 한림대학 언론정보학부.

신기혁, 신인섭(2011). 「American Influence on the Development of Advertising in Korea, 1896－2010」. 『광고
　　　PR 실학연구』. 서울: 한국광고PR실학회.

신인섭, 서범석(2011). 『한국광고사』. 서울: 나남출판.

신인섭, 신기혁(2004). 『국제광고와 PR』. 서울: 나남.

신해진(1989). 『카피, 카피, 카피』. 서울: 한겨레.

한국광고단체연합회(1991). 『세계의 광고산업 총람』. 서울: 한국광고단체연합회.

한국ABC 협회(2004). 『한국 ABC 15년사』. 서울: 한국ABC 협회.


## 2. 해외 문헌


Advertising Age(1999). 『The Advertising Century』. Chicago: Crain Communications.

＿＿＿＿＿＿(2003). 『Encyclopedia of Advertising』. New York: Fitzroy Dearborn.

Advertising Council(2002). 『Matters of Choice. Advertising in the Public Interest. The Advertising Council(1942～
　　　2002)』. New York: Advertising Council.

Bernays, Edward L. (1923). 『Crystallizing Public Opinion』. New York: Liveright Publishing Corp.

Borden, Neil H.(1942). 『The Economic Effects of Advertising』. New York: Richard D. Irwin, Inc.

Clark, Black(1944). 『The Advertising Smoke Screen』. New York: Harper Brothers.

Coen, Robert J.(2007). "Insider's Report June." Advertising Age, New York.

Cutlip, Scott M.(1995). 『Public Relations History: From the 17th to the 20th Century』. The Antecendents.

Cutlip, Scott M., Allen H. Center, Glen M. Broom(2006). 『Effective Public Relations』. Upper Saddel River, N.J.:
　　　Pearson/Prentice Hall.

Fox, Stephen(1984). 『The Mirror Makers』. New York: William Morrow & Company

Fraser, James(1991). 『The American Billboards 100 Years.』 New York: Harry A. Abrams, Inc.

Higgins, Denis(1965). 『The Art of Writing Advertising』. Chicago: Advertising Publications Inc.

Innocean Worldwide(2010). 한국광고단체연합회 주최 '2010 한국광고대회 국제광고 콘퍼런스'(2010. 11. 24.).

Jennings, Marianne M.(2005). 『Business: Its legal, ethical, and global environment』. South-Western College. Chula Vista, CA.

Levitt, Theodore(1983), 『The Marketing Imagination』. New York: The Free Press.

Marchand, Roland(1984). 『Advertising, The American Dream』. Berkeley & Los Angeles: University of California Press.

Morse, Sherman(1906). "Awakening in Wall Street." American Magazine Vol. 62.

Nevett, T. R.(1982). 『Advertising in Britain, A History』. London: The History of Advertising Trust.

Nielsen, Authur C. Sr.(1964). "Greater Prosperity through Marketing Research." Newcomen Society in America.

Ogilvy, David(1963). 『Confessions of an Advertising Man』. New York: Dell Publishing.

Presbrey, Frank(1929). 『The History and Development of Advertising』. New York: Doubleday. Doran & Company, Inc.

Ross, Billy I.(2006). 『Advertising Education, Yesterday-Today and Tomorrow』. Advertising Education Publications: Louisiana State University.

Ross, Billy I., Jef. I. Richards(2008). 『A Century of Advertising Education』. American Academy of Advertising.

Sivulka, Julianne(1998). 『Soap, Sex and Cigarettes』. Wadsworth Publishing Company.

Urdang, Laurence(1996). 『The Timetables of American History』. Millennial Edition. A Touchstone Book. New York: Simon & Schuster.

Weiss, Harry B.(1948). "A Graphic Summary of the Growth of Newspapers in New York and Other States, 1704-1820." Bulletin of the New York Public Library, vol.52, No.4, April 1948.

Wood, James P.(1958). 『The Story of Advertising』. New York: The Roland Press Co.

**齋藤悅弘(1997). 廣告會社の歷史, 東京: 廣告經濟研究所**

# 3. 정기 간행물

## 1) 국내 정기 간행물

『독립신문』 1897년 2월 4일 자
『제국신문』 1900년 5월 10일 자
광고연감(제일기획) 각 호.

## 2) 해외 정기 간행물

Advertising Age. 1957.2.25.; 1964.12.7.; 1973.11.2.; 1973.11.21.; 1976.4.19.; 1982.3.24.; 1982.9.9.; 1992.5(일자 미상); 1997.4.21.; 1997.9.29.; 1999.5.17.; 2001.4.21.; 2001.6.11.; 2001.9.24.; 2005.3.28.; 2005.4.28.; 2005.5.20.; 2006.5.1.; 2006.6.26.; 2007.4.30.; 2007.11.19.; 2008.12.29.; 2009.12.28.;

2010.3.29.; 2010.4.26.; 2011.4.25.

Advertising Age. 미국광고회사, 100대 광고주, 글로벌 마케터 특집

1) US Agency Income Profiles. March 24, 1982.

2) Foreign Agency Income Profiles, April 19, 1982.

3) Agency Report. 1997, 1998, 2001, 2002, 2003, 2004.

4) 100 Leading National Advertisers. 1982, 1994, 1997, 2001, 2002, 2003, 2004.

5) Global Marketers. 1997(Ad Age International), 2002, 2003.

Advertising Age International 1997 November Edition.

Forbes 1982. 7. 5.

New York Times 1987. 12. 10.

New York Times Almanac 2002.

Printer's Ink. 1922. 4. 27.

The Magazine Publishers of America(2010). Magazine Handbook.

USA Today 2007. 7. 2.


# 4. 인터넷 자료

wikipedia.org 자료 목록

www.en.wikipedia.org./wiki/The Jungle

en.wikipedia,org.wiki/History_of_public_relations

en.wikipedia.org/wiki/Chicago — Tylenol — murders

en.wikipedia.org/wiki/Frank_Perdue

en.wikipedia.org/wiki/True_Story_(Magazine)

en.wikipedia.org/wiki/Statue_of_Liberty

en.wikipedia.org/wiki/Ford — Model — T

en.wikipedia.org/wiki/Rail_transportation_in_the_United_States

www.gallup.com

www.google.com

    Barcelona Declaration of Measurement,

    Historical Super Bowl Nielsen TV Ratings, 1967 — 2009

www.high — techproductions.com/historyoftelevision.htm

www.internetworldstats.com/stats.htm

www.measuringworth.org./datasets/usgdp/result/php

www.prsa.org

www.purplemotes.net/2008/09/14us — advertising — expenditures — data

홀가분한 기분이다. 큰 짐 하나를 내려놓은 듯한 느낌이다. 10여 년 전부터 생각해 오던 일을 이제야 마쳤기 때문이다.

공저자의 한 사람인 신기혁은 우리나라 최초로 박사학위 논문을 한국광고사를 주제로 발표한 사람이다. 그리고 신인섭은 한국광고사, 일본광고사, 중국광고사를 쓴 사람이다. 그리고 한국의 광고를 제대로 이해하기 위해 반드시 미국광고의 역사를 연구해야 한다는 것을 주창해 온 사람이다. 이유는 동양 3개국의 현대 광고 발전을 제대로 이해하려면 미국광고 발전에 대한 이해 없이는 힘이 든다는 것에 있다. 다만 쉬운 일은 아니다. 10여 년에 걸친 자료 수집과 검토, 그리고 책을 쓰기 시작한 지도 3년이 걸렸다.

1886년에 한성주보에 독일 세창양행 첫 신문광고가 게재된 지 120여 년 동안 미국의 광고는 줄곧 우리 광고 발전에 영향을 끼쳤다. 특히 해방 후 1960년대 말부터 그 영향은 압도적이었다. 광고에는 광고주, 매체, 광고회사의 세 기둥이 필요한데 이 사실을 현실적으로 보고 느끼고 배워 터득하게 된 것은 1968년 미국 두 청량음료가 한국 시장에 진출하게 된 뒤였다. 지금 70대를 넘은 옛 광고인들은 익히 이 사실을 알고 있다. 돌이켜 보면 지난 40년 사이에 한국의 광고는 양적, 질적인 측면에서 경이적이 발전을 이룩했다. 마치 한국이라는 나라가 그랬듯이.

우리가 배워야 할 일은 더 있다. 아마도 배워야 할 것에 대한 시사가 미국광고의 역사 가운데 스미어 있을지도 모른다. 『논어』「위정편」(『論語』「爲政篇」)에 나오는 온고이지신(溫故而知新)이란 우리 조상들의 경험에서 우러난 정신은 오늘날 광고에 종사하는 우리 모두가 되돌아봐야 할 말이 아닐까 싶다.

이 책의 내용이 완전하다고 말하지 않겠다. 부족한 점, 틀린 곳, 고쳐야 할 부분들도 많을 것이다. 다만 저자들이 바라는 것은 이 책이 디딤돌이 되어 앞으로 더 많은 분이 여러 분야에 걸쳐 미국광고를 샅샅이 연구해서 그 가운데서 우리 광고의 장래를 위한 시사를 얻게 되었으면 하는 것이다. 또한 한국의 광고학계에 부족한 부분 가운데 하나로 지적되는 우리 광고의 역사 연구가 이 책을 통해 어느 정도 보완되기를 바란다.

2012년 11월
글쓴이 신기혁, 신인섭

# 색인

신기혁 ─────────

신기혁은 미국 Korean Community Journal, Inc의 Dallas 지사 매니저를 시작으로 (주)나라기획, (주)MBC 애드컴 등의 광고대
행사에서 주로 국제 분야의 Account Director로 활동했다. 중앙대학교에서 한국 최초로 한국광고사를 주제로 언론학 박사
학위를 받았으며, 『쉽고 빠른 광고기획』, 『TV—CM 제작 입문』, 『Advertising in Korea』, 『국제광고와 PR』, 『매체용어집』
등의 저서와 실무중심적인 논문들이 있다.
현재 고신대학교 광고홍보학과 교수로 재직 중이며, 한국마케팅커뮤니케이션학회 회장(4대)을 역임했다.
e-mail: kie0716@hanmail.net


신인섭 ─────────

신인섭에 대한 설명은 "한국광고계의 대부" 그 하나로 족할 것 같다. 아직까지 신인섭만큼 많은 책과 논문을 발표한 학
자는 없으며, 한국광고학계와 업계 모두의 산증인이라고 할 것이다. ABC 협회 전무(상근)를 비롯하여 한국에서 진행되었
던 AdAsia와 IAA 국제회의 사무총장을 역임했으며, 한국광고의 국제화 및 국제광고계에 한국광고를 알리는 일의 개척자
이다. 80세에 이르기까지 한림대학교 객원교수로 학생들을 지도했고, 이미 80대 중반에 이른 나이에도 여전히 대학 강단
에 서고 있다. 현재 부산국제광고제 자문역할을 담당하고 있다.
e-mail: 1929insshin@naver.com


사회 발전과 문화변화를 통해 보는
# 미국광고사

초 판 인 쇄 | 2012년 11월 30일
초 판 발 행 | 2012년 11월 30일

지 은 이 | 신기혁·신인섭
펴 낸 이 | 채종준
펴 낸 곳 | 한국학술정보㈜
주    소 | 경기도 파주시 문발동 파주출판문화정보산업단지 513-5
전    화 | 031) 908-3181(대표)
팩    스 | 031) 908-3189
홈 페 이 지 | http://ebook.kstudy.com
E - m a i l | 출판사업부  publish@kstudy.com
등    록 | 제일산-115호(2000. 6. 19)

ISBN    978-89-268-3929-4 93330 (Paper Book)
        978-89-268-3930-0 95330 (e-Book)



* 본 연구는 고신대학교 연구기금의 지원을 받았습니다.